독학사 1단계 합격을 결정하는
필수 암기 키워드

사회학개론

01 | 사회학의 성립

(1) 사회학의 창시자들

① **사회학의 성립**
  ㉠ 사회학: 프랑스 오귀스트 콩트에 의해 처음 붙여짐 25
  ㉡ 사회 계약설: 시민 혁명의 사상적 기반이 됨
② **사회학의 시조**: 오귀스트 콩트(A. Comte) 24
  ㉠ 사회학의 창시자, 사회 정학과 사회 동학
  ㉡ 인류의 지적 진화 3단계 법칙 21 22 24
    • 1단계: 신학적·운명적, 사제와 군인, 가족
    • 2단계: 형이상학적·추상적, 성직자와 법률가, 국가
    • 3단계: 실증적·과학적, 경영자와 과학자, 전 인류
③ **마르크스(K. Marx)의 사회학**: 계급 투쟁, 유산자와 무산자의 투쟁, 자본가와 노동자로 구분 25

(2) 사회학 이론의 선구자들

① **스펜서**: 진화론과 사회 유기체설을 사회학에 도입 22
② **뒤르켐**: 사회적 사실을 집합 의식에 의해서 설명 21 23
③ **베버**: 학문의 가치 중립성 주장, 관료제 25

02 | 사회학의 대상과 방법

(1) 사회학의 대상

① **사회학의 사회 과학**
  ㉠ 짐멜의 형식 사회학
  ㉡ 소로킨(P. A. Sorokin)의 종합 사회학
② **사회학의 연구 대상**: 사회 실재론적 관점, 사회 명목론적 관점, 상호 작용론적 관점, 지식 사회학

(2) 사회학의 방법

① **사회학적 이론화**: 객관성, 체계성, 논리적 일관성, 타당성, 일반화된 명제에 근거
  ㉠ 사회학은 사회에 관한 지식을 체계적으로 정리하려는 과학임
  ㉡ 사회학 이론
② **이념형적 방법**: 보편화적 이념형, 개별화적 이념형
③ **사회 조사의 방법**: 현지 조사, 사례 조사, 표본 조사, 서베이 조사
④ **사회 과학 연구 방법** 25
  ㉠ 실증적 연구 방법(양적 접근법): 경험적 자료를 계량화하고 연구하여 과학적, 객관적, 통계적으로 분석 23
  ㉡ 해석적 연구 방법(질적 접근법): 직관적 통찰을 통해 인간 행동 내면의 의미를 해석하는 심층적 고찰 22

03 | 사회학의 이론

(1) 현대 사회학의 이론 조류

① **합의론**: 사회를 하나의 유기체로 보는 입장 24
② **사회 체계론**: 사회 행위 이론, 사회 체계 이론(파슨스) 23 25
③ **갈등론**: 급진적 성향의 이론, 사회 변동에 관점을 둠 21
④ **상호 작용론**: 교환 이론, 상징적 상호 작용론, 현상학적 이론, 민속 방법론의 통칭
⑤ **상징적 상호 작용론**: 미드와 쿨리 22 24 25
⑥ **교환 이론**: 호만스(교환이론의 대표자) 22
⑦ **급진사회학**: 계급 간의 대립과 갈등이 사회 구조의 핵심을 이룸

(2) 가치 중립의 문제 24

① **베버의 가치 중립론**: 가치 이념과 가치 판단을 선명하게 밝혀 객관적·중립적 노력 21
② **사회·문화 현상을 탐구하는 자세**: 객관적인 태도, 개방적인 태도, 상대주의적 태도, 조화의 중요성 인식

(4) 혁명
① 혁명: 일반적으로 가장 과격하고 급격한 총체적인 사회 운동의 한 형태
② 혁명의 이론: 마르크스의 프롤레타리아 혁명 이론, 토크빌의 이론, 데이비스의 J곡선 이론(심리적 요인 중심), 브린톤의 이론, 존슨의 이론

18 | 사회 변동과 사회 발전

(1) 사회 변동의 의미
① 사회적 과정, 유형 또는 형태의 어떤 측면에서의 변화 과정
② 하나의 사회 질서(관습, 규범, 사회 제도 등)가 다른 사회 질서로 바뀌는 것

(2) 사회 변동의 이론
① 진화론 24 25
  ㉠ 스펜서의 진화론: 사회를 생물학적 유기체에 비유, 사회 구조의 분화 및 통합에 초점을 둔 이론
  ㉡ 뒤르켐의 진화론: 사회적 분업과 상호 의존성의 시각
② 순환론
  ㉠ 이븐 할둔(Ibn Khaldun): 최초로 순환론 제시
  ㉡ 파레토(V. Pareto): 엘리트 순환론 제시
  ㉢ 소로킨(P. Sorokin): 사회 문화 체계 내부에 변동의 원천이 있음
③ 균형론
  ㉠ 사회를 균형 잡힌 체계로 보고, 사회 변동을 사회 유기체의 개체 유기 과정으로부터 유출하여 설명한 이론
  ㉡ 대표학자: 파슨스(T. Parsons)의 균형 이론
④ 갈등론 23
  ㉠ 마르크스의 변증법적 변동이론: 계급 간의 상호 갈등을 통해 사회 변동을 이해
  ㉡ 다렌도르프의 갈등론: 사회 갈등의 원인을 정치적인 권위 관계에서 찾음
⑤ 기술 결정론(마르크스, 오스번)
⑥ 관념론: 베버의 프로테스탄트 윤리 이론, 사회심리학적 변동 이론 22 25

(3) 사회 발전의 문제 22 25
① 근대화 이론: 로스토우의 경제 발전 5단계설, 호설리츠의 근대화이론, 스멜서의 근대화 이론, 레버의 근대 사회
② 종속 이론: 프랭크의 세 가지 가설, 푸르타도의 저발전 과정론, 에반스의 종속적 발전론 23 24

19 | 한국 근·현대의 사회 변동과 발전

(1) 19세기 중엽의 한국 사회
① 체제 위기: 서학(천주교)의 포교, 이양선의 연안 출몰, 외국 상선의 통상 요구, 선진 자본주의의 개항 요구, 선진 자본주의 국가들에 의한 식민지화의 위협
② 새로운 사상과 사회 운동: 개화사상과 개화파의 변화 운동, 동학사상과 농민 혁명 운동, 척사 사상과 유림의 체제

(2) 체제 개혁 시도의 계승과 좌절
① 갑오개혁과 을미개혁: 조선 정부에서 전개한 제도 개혁 운동, 근대적 성격의 개혁, 일본에 의한 타율적 개혁
② 독립 협회와 만민 공동회 운동: 독립신문(최초의 한글 신문) 발간, 독립문 건립, 자주독립의식 보급, 러시아 공사관에 있는 고종의 환궁을 요구

(3) 일제 치하의 한국사회
① 1910년대의 일제 식민지 정책과 3·1 운동
  ㉠ 일제 식민지 정책: 무단 통치, 토지 조사 사업
  ㉡ 3·1 운동: 민족 자결주의의 영향
② 1920년대의 일제 식민지 정책: 문화 통치, 경제적 침탈
③ 1930년대의 일제 식민지 정책: 민족 말살 통치, 병참 기지화 정책

(4) 해방과 한국 사회 23
① 1950년의 농지 정책: 농지 개혁법의 제정
② 1960년대 이후의 사회 변동의 요인: 급속한 경제 성장, 무분별한 서구 사회의 제도와 문물의 수용
③ 공업화와 성장 전략의 문제
  ㉠ 경제 발전의 착수와 대외 지향적 성장 전략의 채택 (1960년대) → 경제 개발 5개년 계획(1962년)
  ㉡ 대내외 여건의 불확실성 증대와 중화학 공업의 추진 (1970년대)
④ 문화적 갈등: 자주성에 입각한 가치 창조 작업의 결여, 외래문화의 무비판적 수용

(5) 21세기 정보 사회의 전망 23 25
① 역사적 전환과 구조적 변화: 냉전 체제의 해체(탈냉전), 정보 통신 혁명
② 초고속 정보 통신망 구축: 멀티미디어 시대, 대규모 쌍방향 통신
③ 정보 사회의 변화: 가족의 변화, 전자 공동체의 출현, 교육의 변화, 국제 관계의 변화

② 사회 제도의 분류
   ⊙ 섬너: 제도의 성립 과정을 기준으로 분류
   ⓒ 베커의 비제: 작용적 제도와 규제적 제도
   ⓒ 파슨스: AGIL 기능 → 사회 체계 유지에 필수적인 기능적 측면에서 분류
③ 사회 제도의 기능
   ⊙ 순기능: 사회의 유지와 존속에 기여
   ⓒ 역기능: 사회의 유지와 존속에 방해
   ⓒ 허슐러: 개인의 욕구 충족 및 사회 질서 유지, 사회화와 통제, 문화를 다음 세대로 전승, 기존 가치 체계 수호
   ② 볼드리지: 기초적인 제도와의 비교

(2) 사회 제도의 유형
① 경제 제도
   ⊙ 사회의 모든 재화와 용역의 생산과 분배, 소비에 관여하는 제도
   ⓒ 통제하고 있는 제도적 기제: 시장 기제, 문화적 규범, 공통의 문화적 목적, 행정부와 조직체의 통제
② 정치 제도
   ⊙ 일정 영역 내에서 권력의 획득과 행사를 규제하는 규범을 제도화한 체제
   ⓒ 베버의 분류: 카리스마적 · 전통적 · 합법적 지배
③ 교육 제도: 사회화를 담당하는 필수적 기관, 교육의 기회에 관한 이론(볼드리지)
④ 종교 제도: 인간의 퍼스낼리티 특성과 사회 유대의 필요성 중심으로 종교 성립의 기초 제시(브롬과 셀즈닉)

13 | 사회 계층

(1) 계층과 계급의 개념 21 23 25
① 계층화: 사회층이 시간이 지남에 따라 점차 위계 서열적으로 배열되는 과정
② 계층 구조: 계층화에 의해 배열된 구조적 형상
③ 계급: 계층 성원들이 자기 계층 소속을 확연히 인지하고 있을 때 이 사실을 강조하기 위해 사용
④ 계층의 형태: 완전 성층형(카스트제도), 완전 평등형, 부분 성층형, 부분 평등형
⑤ 사회 계층의 차원론
   ⊙ 마르크스의 단일 차원론: 생산 수단의 유무로 분류
   ⓒ 베버의 다차원론: 계급(경제적 부), 사회적 지위, 정치적 권력 22 23

(2) 계층 이론 24
① 기능주의 이론: 데이비스-무어 이론 22
② 갈등론적 이론: 듀민의 이론(계층 구조의 부정적인 역기능)
③ 렌스키의 종합 이론: 기능주의와 갈등론의 종합

(3) 계급 구조
① 상류 계급: 자본주의 사회에서 자본 계급, 리스먼의 엘리트 분류(적응형 · 아노미형 · 자치형 엘리트)
② 신중간 계급: 자본가와 임금 노동자의 중간에서 봉급 생활을 하는 모든 사람(화이트칼라) 21
③ 하류 계급: 임금 노동자, 농업 노동자, 룸펜, 프롤레타리아 등(무산 계급)

(4) 사회 이동 21 23
① 사회 이동의 요인
   ⊙ 사회 구조적 원인: 공업화, 출생 · 사망 · 계층별 출산력의 차이 또는 인구의 전 · 출입
   ⓒ 개인적 원인: 교육 수준, 상향 이동의 열망, 가정이나 교우 집단의 사회화, 결혼 혹은 개인적 행운 등
② 사회 이동의 종류
   ⊙ 리스먼: 직업적 · 수입적 · 교육적 이동을 구분
   ⓒ 립셋과 제터버그: 직업적 서열의 이동
③ 사회 이동의 유형 25
   ⊙ 수평적 이동과 수직적 이동: 이동의 방향으로 구분
   ⓒ 세대 내 이동과 세대 간 이동: 이동이 이루어진 시간적 거리 또는 기간을 기준으로 구분
   ⓒ 이동의 주체에 따른 구분: 개인적 이동, 집단적 이동

(5) 한국의 계급 구성
① 한국의 소득과 빈곤: 절대 빈곤과 상대 빈곤
② 소득과 불평등의 관계: 역U자 가설(쿠즈네츠), 지니 계수, 불평등 지수

14 | 가족

(1) 가족의 개념
① 버제스와 로크: 혼인, 혈연, 입양에 의해 결합된 집단
② 머독의 정의: 핵가족적 정의
③ 레비-스트로스의 정의: 확대 가족적 정의
④ 가족과 유사한 개념들: 가구, 친족, 동족 등

(2) 결혼 및 가족의 형태
① 배우자의 수에 따른 분류: 단혼제, 복혼제
② 배우자의 선택 범위에 따른 분류: 내혼, 외혼
③ 가족원의 구성 방식과 주거 형태에 따른 분류: 핵가족, 확대 가족 22 25
④ 가계 계승의 원칙에 따른 분류: 부계제, 모계제, 양계제, 장자 상속제
⑤ 가족 내 구성의 소재에 따른 분류: 부권제, 모권제

(3) 가족의 기능
① 가족의 사회적 기능(기능론적 관점), 갈등론적 관점 22 25
② 가족 기능의 분화: 제도의 분화 24
③ 가족 제도의 변천과 여성 문제: 보수적(파슨스) · 자유주의적(미드) · 급진적(마르크스) 관점

(4) 한국의 가족
① 전통적 가족 제도와 가족 규범
   ⊙ 조선 시대: 부계 혈통 계승에 의한 종족제와 적 · 장자 중심의 직계 가족 형태가 제도로 확립
   ⓒ 전통적 가족 생활을 지배한 유교적 행동 규범 중 가장 중요한 것은 효(孝)
② 현대의 가족 제도와 가족 의식 21
   ⊙ 도시화로 인하여 핵가족 형태가 널리 확산
   ⓒ 친족의 중요성 약화, 가부장권이 점차로 축소

15 | 농촌 사회와 도시 사회

(1) 농촌 사회의 발전 단계
① 전근대적 농촌 사회 25
   ⊙ 특징: 자급자족적 생산, 촌락 공동체
   ⓒ 유형: 아시아적 · 고전 고대적 · 게르만적 형태
② 근대적 농촌 사회: 분업과 상품 교환의 진전에 따라 전근대적인 농촌 사회인 촌락 공동체가 해체되면서 출현

(2) 농촌의 저발전
농업과 공업의 분리, 수확량의 증대에만 급급함, 농업의 기계화 어려움으로 농업 발전 지체

(3) 한국의 농촌 사회 21 23 24
① 농촌 인구의 특성: 산업화에 따른 대량 이농 현상, 농촌 인구의 노령화
② 농촌 사회의 계층 구조: 농촌 하류 계층, 독립 자영농 계층
③ 문제점: 노동력 부족, 기술 수준의 미흡, 노동 인구의 노령화, 취약한 경제 구조, 사회 · 문화적 기반 부족

(4) 도시화 22
① 차일드: '인구의 도시화'를 제2의 도시 혁명이라고 함
② 인구 집중으로서의 도시화: 압출형(저발전국), 흡인형(선진국)
③ 생활 양식과 의식의 도시화: 인간 생활의 변화가 더욱 도시적인 방향으로 이동함
④ 거대 도시: 중심이 되는 도시와 그 주변의 비도시, 농업 근교 및 위성 도시들을 포괄하는 광범위한 지역
⑤ 위성 도시: 대도시의 주변에 있으면서 대도시의 기능을 분담하는 도시

(5) 도시의 공간 구조와 사회 과정
① 도시의 생태학적 과정: 멕켄지는 '집중 → 분산 → 중심화 → 분심화 → 격리 → 침입 → 계승' 과정으로 분류
② 도시 공간 구조의 생태학적 과정
   ⊙ 시카고학파: 자연 지역 이론, 동심원 지대 가설(버제스), 선형 이론(호이트), 다핵형 이론(해리스와 울만) 25
   ⓒ 사회 지역 분석법: 사회적 서열, 격리 · 도시화 지표

(6) 한국의 도시화와 도시 문제
① 도시화: 과잉 도시화, 종주 도시화
② 도시 문제: 도시의 하부 구조 및 주민 복지 시설의 미비

16 | 현대 사회

(1) 사회 체제의 이행
① 사회 체제: 특정한 역사적 시기에 있어서 사회의 각 부분들을 전체로서 결합시키는 양식
② 스펜서: 공동 사회에서 산업형 사회
③ 퇴니스: 공동 사회에서 이익 사회
④ 메인: 신분 사회에서 계약 사회
⑤ 마르크스: 원시 공산 사회 → 노예제 사회 → 봉건제 사회 → 자본주의 사회 → 사회주의 사회

(2) 현대사회론
① 산업 사회론
   ⊙ 다렌도르프(R. G. Dahrendorf)의 산업 사회론 21
   ⓒ 벨(D. Bell)의 후기 산업 사회론
② 대중 사회론: 아렌트(H. Arendt)는 대중의 고립성과 정상적 사회관계의 결여에서 대중 사회가 전체주의 사회로 되는 이유를 찾음
③ 복지 사회론: 사회 보장, 완전 고용과 경제 계획, 노동자 보호와 노동조합 육성, 삶의 기회의 균점
④ 관리 사회론: 마르쿠제(H. Marcuse)

(3) 제3세계의 사회 이론
① 제3세계: 세계 체제의 변방에 있는 빈국이나 약국
② 아시아적 생산 양식론, 식민지 반봉건 사회론, 주변부 자본주의 사회론, 세계 체계론 24

17 | 집합 행동과 사회 운동

(1) 집합 행동의 의미 24 25
① 집합 행동: 제도적으로 합법화된 질서 밖에서 구성된 행동
② 기본 형태(스멜서): 집합 도주, 원망 표출 행동, 적의 표출 행동, 규범 지향 운동, 가치 지향 운동

(2) 군중과 공중
① 군중: 어떤 개인 또는 사건을 중심으로 모여 있는 사람들의 일시적인 집합 25
   → 우연적 · 인습적 · 능동적 · 표출적 군중
② 공중: 어떤 사회 문제에 대해 공통의 관심을 갖고 있는 분산된 사람들 23
③ 대중: 군중보다 규모가 크고 이질적이며 상호 작용이 없는 사람들의 모임
④ 여론: 사회 전체의 이해가 관련된 문제에 대해 시민으로서의 공중이 표명하는 집합적 의견
⑤ 선전: 여론에 영향을 미칠 목적으로, 계획된 방법에 의해 일방적으로 특정의 정보를 전파

(3) 사회 운동 25
① 사회 운동의 의미
   ⊙ 사회 운동: 변화를 증진시키거나 또는 그것을 저지하기 위해 조직된 인간 집단의 집합 행위
   ⓒ 사회 운동의 유형: 복고적 · 보수주의적 · 개혁주의적 · 혁명적 · 표출적 사회 운동
   ⓒ 사회 운동의 전개 과정: 스멜서(N. Smelser)의 부가 가치이론, 사회 운동의 주기 이론
   ② 사회 운동의 특성: 뚜렷한 목표, 구체적인 프로그램, 지도자와 추종자 사이의 역할 구분, 당위성과 이데올로기 확립, 연속성과 확산성, 성원의 참여 촉진, 조직성 및 계획성, 지속적 · 반복적 · 장기적 진행 23
② 신사회 운동과 구사회 운동
   ⊙ 신사회 운동: 중간 계급이 주체, 탈물질적 경향, 다변화 추세, 문화적 · 사회적 측면에 관심 22 24 25
   ⓒ 구사회 운동: 노동 계급이 주체, 물질적 지향, 노동 운동 중심으로 전개

04 | 사회학의 과제

(1) 사회학 이론의 수준
① 역사 이론: 역사주의의 전통에서 유래
② 체계 이론: 인간과 사회에 대한 체계 이론, 파슨스 중심
③ 실증 이론: 라자스펠트, 런드버그
④ 한국의 사회학: 한국 사회는 발전 지향적이나 사회학 전공자가 적음, 서구 제도의 모방에 관심, 사회 문제 도외시

(2) 한국 사회학의 과제
① 사회학의 공헌: 우리나라에서 행동 과학을 주도
② 과제: 역사와 사상의 빈곤증 주의

05 | 문화

(1) 문화의 개념
① 사회학에서의 문화: 문화는 지식과 가치 체계, 즉 사회적으로 규준화된 사회성원의 지식 체계
② 문화의 산물: 문화의 내용이 겉으로 드러나는 것
③ 문화의 속성: 창조성, 후천성, 축적성, 공유성, 체계성, 변동성, 보편성, 다양성 `21` `24` `25`

(2) 문화의 내용 `23`
① 경험적 문화: 주어진 자연적·사회적 환경에 적응하면서 얻어진 기술과 지식이 축적된 문화
② 심미적 문화: 아름다움에 대한 판단적 기준을 제공
③ 규범적 문화: 인간 행동의 가치를 제시 → 민습, 원규, 법률 `22` `23`

(3) 문화의 기능
① 개인적 차원: 기본적인 욕구 충족과 제한의 기능
② 사회적 차원: 사회 질서의 유지와 존속의 기능

(4) 문화의 다양성 `25`
① 전체 문화(지배 문화): 사회성원 대부분이 공유하는 문화 `24`
② 부분 문화(하위문화): 특정 집단의 독특한 문화 `21` `24` `25`
③ 문화적 상대주의: 각 문화는 그 문화의 독특한 환경과 역사, 사회적 상황에서 이해해야 한다는 태도
④ 자민족 중심주의: 자기 민족의 모든 것이 타민족보다 우월하다고 믿고 타민족의 문화를 배척하는 태도 `24`
⑤ 문화 사대주의: 다른 사회권의 문화가 자신이 속한 문화보다 훨씬 우월하다고 생각하는 태도

(5) 문화의 변동
① 문화 접변: 문화 간 상호 작용으로 일어나는 문화 변동 `24`
  ㉠ 문화 수용: 한 사회 내에서 공존하는 문화 현상
  ㉡ 문화 동화: 그 사회의 지배 문화로 통합되는 문화 현상
  ㉢ 문화 변형: 각각 본래의 문화 유형을 잃어가고 새로운 문화를 창조해 내는 문화 현상
② 문화 지체: 문화가 변동할 때 같은 속도로 변하지 않고 일반적으로 물질 문화가 정신 문화를 앞질러 발전할 때 생기는 문화의 부조화 현상(오그번의 개념) `21` `22` `23` `24` `25`

(6) 클로드 레비-스트로스에 대한 이해
① 인류학에 구조주의 방법론을 도입
② 인간은 누구나 동일한 논리적 감각과 사고 구조를 가지고 있다는 입장으로, 이분적 대립 관계를 사용해 인간 심성의 구조를 찾으려 함

(7) 한국 문화의 특성
복합적 성격, 다종교적 상황, 심미적·규범적 측면

06 | 사회화와 퍼스낼리티

(1) 사회화의 뜻과 의의 `21` `22` `24` `25`
① 사회화: 한 사람이 사고나 감정, 행동 방식을 획득하는 사회적 상호 작용 과정
② 사회화의 형태: 원초적 사회화, 예기 사회화, 발달 사회화, 역사회화, 재사회화 `24` `25`

(2) 사회화의 과정
① 프로이트(S. Freud)의 성품발달이론 `21`
  ㉠ 성적 본능의 에너지(Libido)의 집중 부위의 변화

단계	시기	특징
구강기	0~1세	입을 통해 만족을 얻는 시기
항문기	2~3세	사회 도덕과 질서 관념이 정립되는 시기
음경기	4~5세	쾌감을 느끼는 만족대가 성기로 옮겨짐
잠복기	6~11세	성적 욕구가 철저히 억압되는 시기
생식기	11세 이후	성적 완숙이 보이는 시기

  ㉡ 자아 개념: Id(원초적 자아), Ego(자아), Super-ego(초자아) `24`
② 에릭슨(E. Erikson)의 자아발달 8단계 이론
  ㉠ 신뢰감과 불신감의 단계(0~1세)
  ㉡ 자율성과 의구심의 단계(2~3세)
  ㉢ 진취성과 죄의식의 단계(4~5세)
  ㉣ 근면성과 열등감의 단계(6~11세)
  ㉤ 자아정체감과 역할 혼돈의 단계(12~18세)
  ㉥ 친근감과 고립감의 단계(청년기)
  ㉦ 창의력과 침체의 단계(중년기)
  ㉧ 자아 완성과 절망의 단계(노년기)
③ 피아제의 인지 발달 이론: 지각 동작 단계, 조작 전기 단계, 구체적 조작 단계, 형식적 조작 단계
④ 미드의 자아 발달 이론
  ㉠ 중요한 타자: 자아 개념과 자아정체감 형성에 중요한 역할
  ㉡ 일반화된 타자: 선과 악에 대한 판단의 기준이 됨
  ㉢ 미드의 자아: 주체적 자아(I), 사회적 자아(Me)
⑤ 쿨리(Cooley)의 영상 자아: 거울에 비친 자아

(3) 사회화의 행동자(대행자)
① 대행 기관: 가족, 동료 집단, 학교, 직장, 대중 매체
② 재사회화와 탈사회화
  ㉠ 재사회화: 새로운 가치 규범, 신념을 내면화하는 것 `22` `23`
  ㉡ 탈사회화: 사회화 과정에서 학습한 모든 것을 잊고 백지화되는 현상

(4) 사회 문화의 유형과 퍼스낼리티
① 베네딕트의 구분: 아폴로형 문화와 디오니소스형 문화
② 사회 유형과 퍼스낼리티(리스먼) `22`
  ㉠ 전통 지향형: 1차 산업이 지배적이었던 사회 유형
  ㉡ 내부 지향형: 초기 공업화 사회에서 개인적인 표준에 따라 행동하는 유형
  ㉢ 타자 지향형: 3차 산업의 비중이 커진 사회에서 나타나는 유형
  ㉣ 「고독한 군중」: 리스먼이 퍼스낼리티 유형을 제시한 저서 `21` `23`

07 | 지위와 역할

(1) 사회적 지위 `25`
① 귀속 지위: 본인의 의사와 노력과는 관계없이 주어진 지위(나이, 성별 등) `21` `22` `23` `24`
② 성취 지위: 본인의 의사와 노력에 의해 성취된 지위(직업, 학력 등) `22` `24`
③ 지위 불일치: 지위들이 동등하게 평가되지 못하여 지위 간의 균형을 유지할 수 없는 상태 `22` `23` `24`

(2) 역할의 개념
① 역할: 어떤 지위에 기대되는 행동 방식
② 다렌도르프(R. G. Dahrendorf)의 역할의 성격
  ㉠ 역할의 내용은 사회 구조에 의해 규정·수정됨
  ㉡ 역할은 사회 구속력 또는 제재력을 가짐

(3) 역할 행동
① 개념: 특정한 사람이 그 역할을 수행하는 활동
② 작용 요인: 역할 기대, 역할 지각 능력, 역할 요구, 역할 수행 능력, 자아 특성과 역할의 일치 정도, 타인의 반감

(4) 역할 갈등 `22` `23` `24` `25`
① 역할 갈등의 개념: 두 개 이상의 역할들이 동시에 요구되어 양립 불가능하게 된 경우에 발생하는 사회 갈등
② 역할 갈등의 해소: 외적 요인을 변형시킴, 구분화, 합리화, 결단, 신념의 변화, 역할 소원

08 | 사회 집단

(1) 개인과 집단
① 사회학적 관심의 대상이 되는 집단(비어슈테트의 분류)
  ㉠ 통계적 집단
  ㉡ 준사회 집단
  ㉢ 사회 집단
  ㉣ 결사체적 집단
② 사회 집단의 특성과 의미: 다수의 사람, 소속감 또는 공동체의식, 지속적 상호 작용 `24`

(2) 집단의 종류 `25`
① 일차(원초) 집단: 친밀한 유대 관계, 강한 소속 의식, 전체감·협동적·상호 의존적, 지속성 `23` `24`
② 이차 집단: 수단적 관계, 제한적·형식적·일시적
③ 내집단: 소속 의식과 동료 의식이 강함, 정체성 형성 `22`
④ 외집단: 소속되어 있지 않은 집단, 배타적
⑤ 준거 집단: 개인의 신념·행동과 가치 판단의 기준으로 삼는 사회 집단 `21` `22` `23`
⑥ 상대적 박탈감: 자신과 다른 사람을 비교하면서 다른 사람보다 열등하다고 느끼는 감정 `25`

(3) 게마인샤프트와 게젤샤프트
① 게마인샤프트: 가족, 친족, 민족, 마을처럼 혈연이나 지연 등 애정을 기초로 하여 이루어진 공동 사회
② 게젤샤프트: 기업, 조합, 국가, 단체 등과 같이 선택에 의해 인위적으로 만들어진 사회

(4) 집단의 유지와 와해
① 집단의 유지·발전 요인: 집단의 크기와 성원 비율, 의견의 일치와 동조, 정서적 만족과 통제, 자발적 헌신, 역할 분담과 조정, 지도력, 의사소통, 보상과 제재
② 집단의 와해: 가치관의 불일치, 역할 분담과 서열 체계의 무질서, 의사소통의 단절

(5) 자발적 결사체
① 의미: 비슷한 관심과 이해관계를 가진 사람들이 자발적으로 결성한 집단
② 기능: 긴장 해소 및 정서적 만족, 사회의 다원화에 기여

09 | 일탈 행동

(1) 일탈의 개념 `21`
① 일탈 개념의 상대성: 시간적·공간적으로 상대적 `24`
② 긍정적 일탈(일탈의 순기능): 집단의 결속력 강화, 축적된 욕구 불만을 해소, 사회 변동의 근원
③ 부정적 일탈(일탈의 역기능): 사회 조직의 해체 및 붕괴 초래, 신뢰감 저하, 사회적 자원을 낭비하는 결과

(2) 문화적·사회 구조적 환경에서 찾는 견해
① 아노미: 인간이 추구해야 하는 뚜렷한 목적이 없는 무규범 상태
② 뒤르켐의 『자살론』 `24`
  ㉠ 자살을 사회 현상으로 보는 입장
  ㉡ 자살의 유형: 이기적·이타적·아노미적·숙명적 자살
③ 마르크스(K. Marx)의 갈등론적 견해
  ㉠ 경제적·물질적 조건이 일탈을 발생시킴
  ㉡ 자본주의의 경제적 불평등 구조는 일탈을 내재함
④ 머튼(R. K. Merton)의 아노미 이론 `25`
  ㉠ 문화적 목적과 제도적 수단 사이의 괴리에서 발생
  ㉡ 아노미에 대한 개인적 적응 방식: 동조형, 개혁형, 의례형, 패배형, 반역형
⑤ 서덜랜드(E. Sutherland)의 차별 교제 이론 `24`
  ㉠ 일탈자와 가까이하면 일탈자가 될 개연성이 커짐
  ㉡ 범죄 행위는 범죄 문화를 깊이 수용한 자들과 상호 작용하는 과정에서 형성(시카고학파)
⑥ 낙인 이론(베커, 레머트): 일탈 과정에 관심을 두는 이론 `21` `23` `24`
⑦ 맛짜의 중화 이론: 범죄자들이 자기 행위의 정당성을 주장하기 위해 중화의 기술이라는 변명을 내세움
⑧ 클라우드와 올린의 기회구조론(아노미이론)

(3) 범죄의 유형
① 유형
  ㉠ 화이트칼라 범죄: 사회의 사람이 직무상 지위를 이용
  사기·문서 위조·탈세 등
  ㉡ 피해자 없는 범죄: 알코올 등 피해를 받는 사람이 없는
② 고전적 범죄 이론(베카리아, 벤

10 | 사회 구조론

(1) 사회 구조의 개념
① 사회 구조의 개념 `23`
  ㉠ 개념: 하나의 사회 단위에 관계를 맺는 질서 정연하고
  ㉡ 특성: 지속성과 안정성, 변호
② 사회 구조의 구성 요소와 차원
  구성요소: 규범, 지위, 역할,
  ㉠ 거시적 차원: 집단의 특성, 또는 국제 사회의 상호 작용
  ㉡ 미시적 차원: 개인의 특성, 상호 작용

(2) 사회 구조의 이론
① 개인과 사회의 관계에 따른 사회 실재론(뒤르켐 등)
② 마르크스주의적 사회 구조 이론 하부 구조로 나뉨 `22`
③ 기능주의적-체계 이론적 구조 체계가 통합 문제를 해결하는 문화적 유형

(3) 사회적 구조 관계의 유형
① 경쟁·적대·갈등 관계, 화해
② 코저가 제시한 갈등 관계의 기능, 집단 구조의 결정, 이데 창출, 집단 동맹의 확대

01 필수 암기 키워드

핵심이론 중 반드시 알아야 할 중요 내용을 요약한 '필수 암기 키워드'로 개념을 정리해 보세요.

02 최신기출문제

'2025~2023년 기출복원문제'를 풀어 보면서 출제 경향을 파악해 보세요.

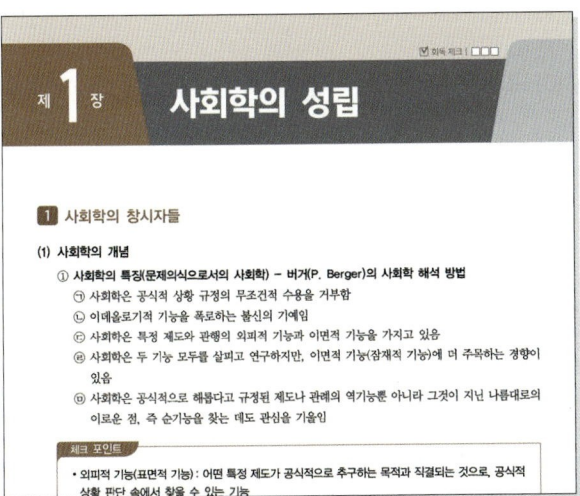

03 핵심포인트

핵심만 간추려 정리한 '핵심포인트'로 주요 내용을 빠르게 학습해 보세요.

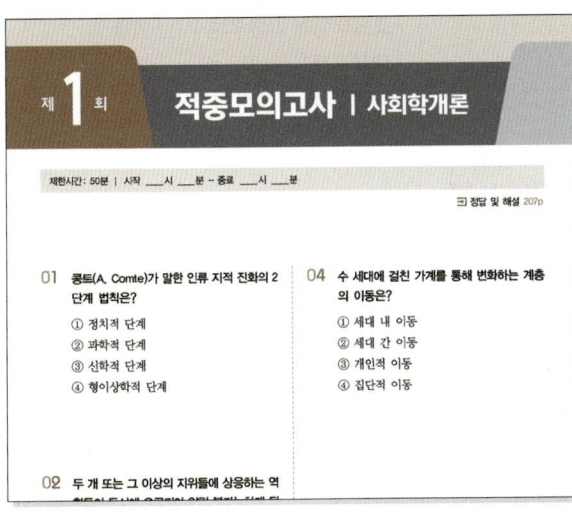

04 적중모의고사

학습한 내용을 바탕으로 '적중모의고사'를 풀어 보면서 실전 감각을 길러 보세요.

+ P / L / U / S +

1단계 시험을 핵심자료로 보강하자!

국어 / 영어 / 국사 <핵심자료집 PDF> 제공

1단계 시험을 준비하는 수험생을 위해 교양과정 필수 과목인 국어 / 영어 / 국사 핵심자료집을 PDF로 제공하고 있어요. 국어는 고전문학·현대문학, 영어는 중요 영단어·숙어·동의어, 국사는 표·사료로 정리했어요.

※ 경로 : www.sdedu.co.kr ➡ 독학사 ➡ 학습자료실 ➡ 강의자료실

독학학위제란?

「독학에 의한 학위취득에 관한 법률」에 의거하여 국가에서 시행하는 시험에 합격한 사람에게 학사 학위를 수여하는 제도

과정별 응시자격

4개의 과정(교양, 전공기초, 전공심화, 학위취득 종합시험)을 모두 거쳐 합격하면 학사 학위 취득 가능

단계	과정	응시자격	과정(과목) 시험 면제 요건
1	교양	고등학교 졸업 이상 학력 소지자	• 대학(교)에서 각 학년 수료 및 일정 학점 취득 • 학점은행제 일정 학점 인정 • 국가기술자격법에 따른 자격 취득 • 교육부령에 따른 각종 시험 합격 • 면제지정기관 이수 등
2	전공기초		
3	전공심화		
4	학위취득	• 1~3단계 합격 및 면제 • 대학에서 동일 전공으로 3년 이상 수료 (3년제의 경우 졸업) 또는 105학점 이상 취득 • 학점은행제 동일 전공 105학점 이상 인정 (전공 28학점 포함) • 외국에서 15년 이상의 학교교육과정 수료	없음(반드시 응시)

※ 시험 일정 : 1단계 - 2월 중 / 2단계 - 5월 중 / 3단계 - 8월 중 / 4단계 - 10월 중
※ 접수 방법 : 온라인으로만 가능
※ 자세한 일정 및 제출 서류 등은 독학학위제 홈페이지(bdes.nile.or.kr) 참조

합격 기준

❶ 1~3단계 : 각 과목을 100점 만점으로 하여 전(全) 과목 60점 이상 득점(합격 여부만 결정)
  ▶ 1단계 : 5과목 합격
  ▶ 2~3단계 : 6과목 합격
❷ 4단계 : 총점 합격제 또는 과목별 합격제 선택

구분	합격 기준	유의사항
총점 합격제	• 총점(600점)의 60% 이상 득점(360점) • 과목 낙제 없음	• 6과목 모두 신규 응시 • 기존 합격 과목 불인정
과목별 합격제	• 각 과목 100점 만점으로 하여 전 과목 (교양 2, 전공 4) 60점 이상 득점	• 기존 합격 과목 재응시 불가 • 1과목이라도 60점 미만 득점하면 불합격

문항 수 및 배점

❶ 1~2단계 : 일반 과목과 예외 과목 구분 없이 객관식으로 40문항 출제(40문항×2.5점 = 100점)
❷ 3~4단계
  ▶ 일반 과목[총 28문항(100점)] : 객관식(24문항×2.5점 = 60점) + 주관식(4문항×10점 = 40점)
  ▶ 예외 과목[총 20문항(100점)] : 객관식(15문항×4점 = 60점) + 주관식(5문항×8점 = 40점)
※ 시험 범위 : 독학학위제 홈페이지(bdes.nile.or.kr) ➡ 학습정보 ➡ 과목별 평가영역에서 확인

독학학위제 전공 분야 (11개 전공)

※ 간호학 : 4단계만 개설
※ 유아교육학 : 3, 4단계만 개설
※ 정보통신학 : 4단계만 2026년까지 응시 가능하며 이후 전공 폐지
※ 시대에듀는 현재 6개 전공(국어국문학, 영어영문학, 심리학, 경영학, 컴퓨터공학, 간호학) 개설 완료

1단계 시험 과목 및 시간표

교시	시간	시험 과목명
1교시(필수)	09:00~10:40(100분)	국어, 국사
2교시(필수)	11:10~12:00(50분)	외국어 : 영어, 독일어, 프랑스어, 중국어, 일본어 중 택 1과목
중식 12:00~12:50(50분)			
3교시	13:10~14:50(100분)	현대사회와 윤리, 문학개론, 철학의 이해, 문화사, 한문, 법학개론, 경제학개론, 경영학개론, 사회학개론, 심리학개론, 교육학개론, 자연과학의 이해, 일반수학, 기초통계학, 컴퓨터의 이해 중 택 2과목

※ 시험 일정 및 세부사항은 반드시 독학학위제 홈페이지(bdes.nile.or.kr)를 통해 확인
※ 시대에듀에서 개설된 과목은 빨간색으로 표시

2025년 기출 경향 분석 ANALYSIS

총평

2025년 시험의 출제 경향은 전반적으로 2024년과 유사하게 대부분의 영역에서 고른 출제 분포를 보였습니다. 다만, 작년에 가장 많은 문항이 출제되었던 '문화' 영역의 비중이 줄고, '사회학의 성립'과 '사회학의 이론' 영역의 문항 수가 증가하는 등 일부 변화가 있었습니다. 이에 따라, 기출 키워드 위주의 학습뿐 아니라 전반적인 내용을 폭넓게 학습할 필요가 있습니다. 참고로 '사회학의 과제', '사회 제도', '한국 근·현대의 사회 변동과 발전' 영역은 최근 몇 년간 출제되지 않았지만, 기출 범위에는 여전히 포함되어 있어 언제든 출제될 수 있습니다. 따라서 이들 영역에 대한 기본 내용은 숙지하고 있어야 합니다.

학습 방법

사회학개론은 기본 이론 개념을 정확히 이해했는지 확인하는 문제가 대부분입니다. 따라서 난이도가 비교적 쉽게 느껴질 수 있지만, 이는 오히려 기본 개념을 정확히 이해하는 것이 합격의 핵심임을 의미합니다. 영역별 이론의 개념을 충분히 이해하고 체계적으로 암기하는 과정이 반드시 필요합니다.

사회학개론은 출제 유형이 쉽게 변하지 않는 안정적인 과목입니다. 이미 출제된 영역은 반복될 가능성이 높으므로, 교재에서 '기출' 표시가 있는 부분은 반드시 여러 차례 반복 학습하시기 바랍니다. 새로운 유형의 문제가 등장하더라도 결국 기본 개념에서 파생되므로, 개념 이해가 충실하다면 충분히 해결할 수 있습니다

출제 영역 분석

출제 영역	문항 수		
	2023년	2024년	2025년
사회학의 성립	3	3	4
사회학의 대상과 방법	2	3	1
사회학의 이론	6	3	4
사회학의 과제	0	0	0
문화	3	7	5
사회화와 퍼스낼리티	2	3	2
지위와 역할	3	3	3
사회 집단	2	2	3
일탈 행동	2	4	3
사회 구조론	1	0	1
사회 조직	2	2	2
사회 제도	0	0	0
사회 계층	3	1	2
가족	0	1	2
농촌 사회와 도시 사회	1	1	2
현대 사회	3	2	2
집합 행동과 사회 운동	2	2	3
사회 변동과 사회 발전	2	3	1
한국 근·현대의 사회 변동과 발전	3	0	0
합계	40	40	40

합격수기 COMMENT

ma*****
★★★★★

시대에듀의 문을 두드리시는 많은 학습자분들처럼, 저 또한 직장생활과 육아를 병행하며 공부에 대한 열정을 놓지 않았습니다. 학력에 대한 미련이 있었기에 독학사에 자연스레 관심이 생겼고, 시대에듀 교재로 공부를 해서 합격했습니다. 처음 독학학위제 공식 홈페이지에서 평가영역을 봤을 때, 많은 범위들을 보고 막막했습니다. 하지만 시대에듀의 교재는 이를 일목요연하게 정리해주어 방대한 학습량을 쪼개어 이해할 수 있도록 도와주는 길잡이 역할을 해주었습니다. 또한 예상문제 수록으로 회독이 지루하지 않게 도와주었습니다.

ar*****
★★★★★

시대에듀 덕분에 많은 불안감을 뒤로하고 시험에 합격할 수 있었습니다. 제가 시대에듀를 선택한 이유는 무엇보다 교재의 내용이 매우 훌륭했기 때문입니다. 중요한 개념은 보기 좋게 표시되어 있었고, 예상문제도 질적·양적으로 모두 만족스러웠습니다. 시험이 임박한 시점에 최종모의고사를 통해 효과적으로 마무리 정리를 할 수 있었던 점이 특히 큰 도움이 되었습니다. 저는 사실 공부란 책 한 권으로 혼자 열심히 이뤄내는 과정이라고 생각했습니다. 하지만 시대에듀를 통해 양질의 책과 강의로 공부하는 것이 효율적이고 중요하다는 것을 깨달았습니다.

ss*****
★★★★★

시대에듀 독학사 패키지를 통해 10개월 만에 학위를 취득한 직장인입니다. 직장생활을 하면서 전문성을 키우고 싶었으나, 정규 대학은 시간도 금액도 부담이 되었습니다. 그러던 중 독학사 제도를 알게 되었고, 시대에듀의 효율적인 온라인 강의에 매력을 느껴 선택하게 되었습니다. 2~3단계를 학습할 때는 배운 내용을 실제 일상과 업무에 적용하며 이해도를 높이려 노력했고, 마지막 학위취득 과정인 4단계에서는 모의고사 등 문제풀이를 통해 학습한 내용을 총정리하였습니다.
일과 학업을 병행하는 과정이 쉽지는 않았습니다. 하지만 목표를 상기하며 꾸준히 노력한 덕에 합격할 수 있었습니다. 이 과정에서 시대에듀가 큰 도움이 되었습니다!

wl*****
★★★★★

타 업체 도서로 먼저 공부하다가 시대에듀 도서를 봤는데, 이론이 체계적으로 한눈에 들어오게 구성되어 있고, 중요 표시도 잘 되어 있어서 좋았습니다. 단원별로 풍부하게 수록된 문제들을 통해 충분한 연습이 가능했고, 해설이 문제 바로 옆에 배치되어 학습 시간을 크게 단축할 수 있어 효율적인 학습에 매우 적합한 교재였습니다. 강의도 들었는데, 이전 업체 강의보다 훨씬 상세하고 쉽게 설명해 주셔서 기대 이상의 큰 도움이 되었으며 그 가치를 충분히 느꼈습니다. 직장생활과 병행하며 공부하는 게 정말 쉽지 않았지만, 자기계발을 위한 시험으로는 독학사만한 게 없다고 생각합니다. 처음부터 시대에듀로 했더라면 더 좋았을 것 같아요.

목차 CONTENTS

부록 　필수 암기 키워드

기출편 　최신기출문제
2025년 기출복원문제 · 3
2024년 기출복원문제 · 26
2023년 기출복원문제 · 49

이론편 　핵심포인트
제1장　사회학의 성립 · 3
제2장　사회학의 대상과 방법 · 9
제3장　사회학의 이론 · 15
제4장　사회학의 과제 · 21
제5장　문화 · 24
제6장　사회화와 퍼스낼리티 · · · · · · · · · · · · · · · · · · · 30
제7장　지위와 역할 · 36
제8장　사회 집단 · 41
제9장　일탈 행동 · 47
제10장　사회 구조론 · 56
제11장　사회 조직 · 61
제12장　사회 제도 · 72
제13장　사회 계층 · 79
제14장　가족 · 89
제15장　농촌 사회 · 94
제16장　도시 사회 · 98
제17장　현대 사회 · 103

제18장	집합 행동과 사회 운동	108
제19장	사회 변동과 사회 발전	115
제20장	한국 근·현대의 사회 변동과 발전	123

문제편   적중모의고사

제1회	적중모의고사	131
제2회	적중모의고사	138
제3회	적중모의고사	145
제4회	적중모의고사	152
제5회	적중모의고사	160
제6회	적중모의고사	167
제7회	적중모의고사	175
제8회	적중모의고사	183
제9회	적중모의고사	191
제10회	적중모의고사	198

해설편   정답 및 해설

제1회	적중모의고사 정답 및 해설	207
제2회	적중모의고사 정답 및 해설	212
제3회	적중모의고사 정답 및 해설	217
제4회	적중모의고사 정답 및 해설	223
제5회	적중모의고사 정답 및 해설	228
제6회	적중모의고사 정답 및 해설	233
제7회	적중모의고사 정답 및 해설	238
제8회	적중모의고사 정답 및 해설	243
제9회	적중모의고사 정답 및 해설	248
제10회	적중모의고사 정답 및 해설	253

기록의 힘

나만의 학습 플래너

D -

공부 시작일(YEAR/MONTH/DAY)   /   /
2026 독학학위제 시험 일정   /   /

WEEK 1	WEEK 2	WEEK 3

WEEK 4	WEEK 5	WEEK 6

WEEK 7	WEEK 8	< MEMO >

학습 진행률 확인

	20%	40%	60%	80%	100%

기출복원문제 및 적중모의고사 점수 변화

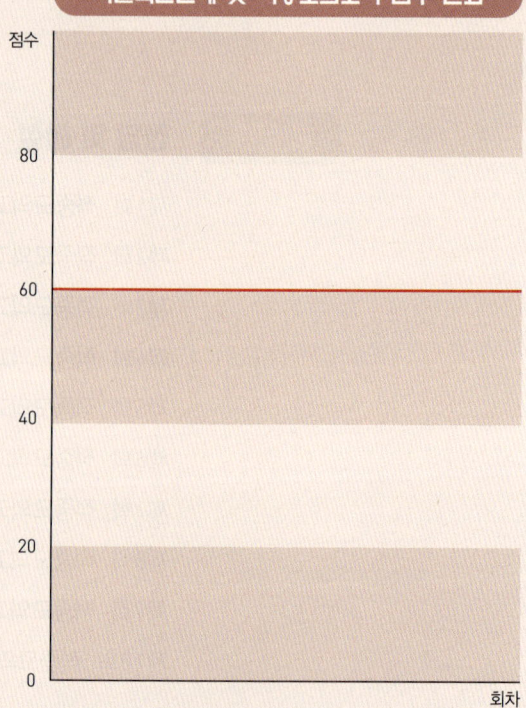

기록의 힘

나만의 키워드 정리

과목

키워드	설명	비고

※ 공부하면서 어려웠거나 헷갈렸던 개념, 중요한 개념 등을 한 번 더 정리해 보세요!

기록의 힘

나만의 키워드 정리

과목

키워드	설명	비고

※ 공부하면서 어려웠거나 헷갈렸던 개념, 중요한 개념 등을 한 번 더 정리해 보세요!

사회학개론

최신기출문제

- **2025년** 기출복원문제
- **2024년** 기출복원문제
- **2023년** 기출복원문제

출/제/유/형/완/벽/파/악/

훌륭한 가정만한 학교가 없고, 덕이 있는 부모만한 스승은 없다.
– 마하트마 간디 –

2025년 기출복원문제

사회학개론

▶ 온라인(www.sdedu.co.kr)을 통해 기출문제 무료 강의를 만나 보세요.

※ 기출문제를 복원한 것으로 실제 시험과 일부 차이가 있으며, 저작권은 시대에듀에 있습니다.

01 사회학의 창시자로 최상위의 학문으로서 사회학이라는 용어를 처음 사용한 학자는?

① 콩트
② 스펜서
③ 베버
④ 마르크스

01 콩트
- 사회학의 창시자로, 사회를 과학적으로 탐구하는 새로운 과학의 필요성을 주장하면서 사회학이라는 용어를 처음 사용하였다.
- 사회의 진보가 인간 정신의 진보에 의하여 이루어진다고 생각했으며, 인류의 지적 진화와 관련하여 3단계 법칙[신학적 단계 - 형이상학적 단계 - 과학적(실증적) 단계]을 제시하였다.

02 다음 중 마르크스(K. Marx)에 대한 설명으로 옳지 <u>않은</u> 것은?

① 마르크스는 자본주의 사회를 생산력의 변화에 따른 봉건사회의 내재적 모순으로부터 발전한 것으로 보았다.
② 마르크스는 경제 관계의 맥락에서 결정되는 계급과 계급 간 투쟁을 사회 변동의 동력으로 보았다.
③ 마르크스는 인류 역사가 생산 양식의 변화에 따라 발전하였다고 보았다.
④ 마르크스는 사회과학자들이 개인적 신념 및 가치관에서 벗어나 객관적 입장에서 연구를 진행해야 한다고 주장하였다.

02 사회과학자들이 가치중립의 입장에서, 즉 그들의 개인적 신념이나 가치관으로부터 벗어나 객관적인 입장에서 연구를 진행해야 한다고 주장한 학자는 베버(M. Weber)이다. 마르크스는 사회과학자들의 이론은 그들의 행위와 분리될 수 없다는 입장을 견지하였다.

정답 01 ① 02 ④

03 베버의 프로테스탄트 윤리는 기독교도들이 금욕의 윤리를 잘 지킴으로써 구원을 받을 수 있다는 동기에서 자본을 축적하여 현대 부르주아 자본주의를 발전시켰다는 것으로, 베버는 프로테스탄트 윤리가 자본주의 발전의 동력이라고 보았다. 또한, 베버는 가치중립의 개념을 강조하였다. 가치중립은 사회과학자는 개인적인 가치관이나 사상을 자신의 연구 과정과 결과에 개입시켜서는 안 된다고 하는 방법론적 태도를 뜻한다. 가치중립성은 사회과학으로부터 실천적·윤리적 가치를 배제해야 한다는 사회과학 방법론상의 이론으로, 가치개입 또는 가치판단과 상반되는 용어이다.

03 다음 내용과 관련 있는 학자는?

- 프로테스탄트 윤리이론
- 가치중립성

① 오그번(W. F. Ogburn)
② 베버(M. Weber)
③ 파슨스(T. Parsons)
④ 로스토(W. Rostow)

정답 03 ②

04 다음 중 질적 연구 방법에 대한 내용에 해당하지 않는 것은?

① 언어, 몸짓, 행동 등 상황과 환경적 요인을 연구한다.
② 행위자가 자신의 경험에 부여하는 의미의 파악을 중시한다.
③ 연역법에 기초하며 연구 결과의 일반화가 용이하다.
④ 연구자의 개인적인 준거틀을 사용하여 비교적 주관적인 연구를 수행한다.

[질적 연구 방법과 양적 연구 방법]

질적 연구 방법	양적 연구 방법
• 현상학적 인식론을 바탕으로 연구자와 대상자 간의 긴밀한 상호작용을 통해 진행된다. • 언어, 몸짓, 행동 등 상황과 환경적 요인을 연구한다. • 연구자의 개인적인 준거틀을 사용하여 비교적 주관적인 연구를 수행한다. • 관찰자의 해석으로부터 독립된 객관적인 관찰은 존재하지 않음을 주장한다. • 행위자가 자신의 경험에 부여하는 의미의 파악을 중시한다. • 탐색적 연구에 효과적이며, 사회과학에서 많이 사용한다. • 귀납법에 기초하며 연구 결과의 일반화에 어려움이 있다. • 외부 감사자가 연구의 정밀성을 검토한다. • 인간 경험의 심미적 차원을 해석한다. • 현지 연구, 근거이론 연구, 담화 분석, 행동 연구, 사례 연구 등이 해당한다.	• 현상의 속성을 계량적으로 표현하고 그들의 관계를 통계분석을 통해 밝혀낸다. • 정형화된 측정 도구를 사용하여 객관적인 연구를 수행한다. • 연역법에 기초하며 연구 결과의 일반화가 용이하다. • 실증주의적 인식론에 바탕을 두며, 객관성과 보편성을 강조한다. • 방법론적 일원주의를 주장한다. • 관찰에 근거하지 않은 지식의 공허함을 주장한다. • 일반화 가능성이 높지만, 구체화에 문제가 있다. • 질문지 연구, 실험 연구, 통계자료 분석 등이 해당한다.

04 질적 연구 방법은 귀납법에 기초하며 연구 결과의 일반화에 어려움이 있다.
[문제 하단의 표 참조]

정답 04 ③

05 파슨스(T. Parsons)는 사회 체계이론에서 '사회 질서가 유지되는 기반이 무엇인가?'에 관심을 두고 그 핵심을 '사회 체계'에서 찾았다. 파슨스는 '사회는 상호 의존적인 성격이 강하고, 균형을 유지하려는 경향'이 있으므로, 사회 한 부분의 변화는 연관된 다른 부분의 변화를 유발하여 균형과 재균형의 순환을 가져온다고 보았다. 또한 이렇게 사회가 유지되기 위해서는 적어도 네 가지의 기본적인 기능이 필수적으로 요구된다고 주장하였는데, 파슨스는 이것을 '적응(A = Adaptation), 목적 달성(G = Goal attainment), 통합(I = Integration), 잠재성(L = Latency)'의 AGIL 모형으로 설명하였다.

06 중범위이론은 로버트 머튼(Robert K. Merton)이 사회학에서 처음 제안한 것으로, 기존의 거대이론(일반이론, Grand Theory)과 소범위이론(좁은 범위의 현상에만 적용되는 이론)의 중간 수준의 이론이다. 머튼은 지나치게 추상적인 거대이론이 실증적 연구와 연결되기 어렵기 때문에 사회과학 연구에서 실증적으로 검증할 수 있는 중간 수준의 이론이 필요하다고 주장하였다.

정답 05 ② 06 ②

05 다음 내용과 관련 있는 학자는?

- 사회 체계이론에 따르면 사회는 상호 의존적인 여러 부분으로 구성되며 각각의 부분이 전체 사회의 균형을 유지하는 경향이 있어서 어느 한 부분의 변화는 연관된 다른 부분들의 변화를 유발하여 균형과 재균형의 순환을 가져온다.
- 사회는 하나의 체계이며, 고유의 기능을 가진 네 개의 하위 체계로 구성되어 있다.

① 베버(M. Weber)
② 파슨스(T. Parsons)
③ 기든스(A. Giddens)
④ 리그스(F. Riggs)

06 다음 내용과 관련 있는 학자는?

거대이론이 추상적이고 경험적 실재에서 동떨어져 있다고 비판하며 경험적 연구와 사회학 이론 사이의 괴리를 메꾸기 위해 중범위이론(middle range theory)을 수립하였다. 이를 통해 추상적인 이론과 실제 조사를 연결하여 사회 구조의 기능을 한층 더 세밀하게 분석할 수 있게 하였다.

① 고프만(E. Goffman)
② 머튼(R. K. Merton)
③ 마짜(D. Matza)
④ 클라워드와 올린(Cloward & Ohlin)

07 현대 사회학의 최근 흐름과 관련한 학자들의 주장으로 옳지 **않은** 것은?

① 부르디외(P. Bourdieu)는 사회적 권력과 불평등의 결정에 세 종류의 자본이 작용한다고 보았다.
② 하버마스(J. Habermas)는 합리적인 의사소통의 창구로 기능하는 공론장이 상업적·정치적 권력에 의해 왜곡되었다고 비판하였다.
③ 부라보이(M. Burawoy)는 공공사회학을 통해 사회학이 사회 변화에 기여해야 한다고 주장하였다.
④ 기든스(A. Giddens)는 구조화이론을 통해 사회 구조와 인간 행위가 각각 독립적으로 작용하는 메커니즘에 대해 설명하였다.

07 기든스(A. Giddens)가 제시한 구조화이론은 사회 구조와 인간 행위의 관계를 설명하는 이론으로, 개인의 행동과 사회 구조가 상호 구성적이고 서로 얽혀 있다고 본다.
① 부르디외(P. Bourdieu)는 사회적 권력과 사회적 불평등을 결정 짓는 데 작용하는 세 종류의 자본이 존재한다고 보았다. 세 가지 자본은 각각 소득과 소유권으로 이해되는 경제자본, 사람들과의 연결을 지칭하는 사회자본, 교육·문화적 대상·학위로 이해되는 문화자본이다.
② 하버마스(J. Habermas)는 시민사회 내부에서 작동하는 민주적인 의사소통의 영역으로 공론장을 제시하였다. 그는 현대 사회에서 언론과 미디어가 이러한 공론장의 역할을 담당하고 있지만, 상업적 이해관계와 정치적 권력이 이를 왜곡한다고 비판했다.
③ 부라보이(M. Burawoy)는 '공공사회학'을 주장하였으며, 이를 통해 사회학이 학술적인 영역을 넘어 사회 쟁점에 대한 비판적 성찰을 촉진하며 대중과 소통하고 사회 변화에 기여해야 한다고 주장하였다.

08 다음 중 상징적 상호작용론과 거리가 **먼** 것은?

① 개인을 활동적·창조적인 주체로 본다.
② 사회문화 현상을 거시적 관점에서 바라본다.
③ 타인과 관계를 맺을 때 상대방이라는 거울에 비추어 자신의 행동을 결정한다.
④ 개인의 자아의식 형성은 사회에서의 상호작용의 결과라고 보았다.

08 상징적 상호작용론은 인간이 언어나 문자와 같은 상징을 통해 상호작용을 하면서 자신과 대상에 의미를 부여하는 능동적인 존재라는 철학적 전제하에 사회문화 현상을 미시적 관점에서 바라보는 이론이다.

정답 07 ④ 08 ②

09 다음 내용에 해당하는 것은?

> 현대 사회는 자동차(자율주행, 전기, 하이브리드), 지하철, 고속철도, 공유 모빌리티 도입 등 교통수단이 매우 발전한 반면 난폭 운전, 신호 위반, 과속 차량, 지하철 큰 목소리 통화 등의 교통 예절이 미흡하다.

① 문화 동화
② 문화 변형
③ 문화 지체
④ 문화 수용

09 문화 지체는 문화가 변동할 때 문화 내용의 제(諸) 측면이 골고루 같은 속도로 변하지 않고 어느 측면은 빠르게 변하는데, 다른 측면은 천천히 변하기 때문에 생기는 문화의 부조화 현상을 말한다. 즉, 물질적 문화(기술, 교통수단, 산업 등)가 빠르게 발전하는 반면, 비물질적 문화(가치관, 윤리, 법, 예절 등)는 변화 속도가 느려 조화를 이루지 못하는 현상이다.
① 문화 동화 : 여러 가지 독특한 하위 문화를 가진 집단이 그 사회의 지배 문화로 통합되는 문화 현상
② 문화 변형 : 한 사회 내에서 두 개의 이질적 문화가 오랜 기간 접촉하면서 각각 본래의 문화 유형을 잃어가고 새로운 문화를 창조해 내는 문화 현상
④ 문화 수용 : 한 사회 내에서 두 개의 이질적 문화가 오랜 기간 접촉하면서도 각각의 문화와 가치관 및 특성을 그대로 유지하면서 공존하는 문화 현상

10 다음 내용의 괄호 안에 들어갈 수 없는 것은?

> 문화는 ( )되는 것이다.

① 유전
② 학습
③ 공유
④ 축적

10 ② 문화는 인간이 창조해 낸 고안물이므로 선천적·유전적으로 타고나는 속성이 아니며, 출생 후 사회에서 성장하며 후천적으로 학습된다.
③ 문화는 한 집단 구성원들이 공통으로 갖는 생활 양식이다.
④ 문화는 상징체계를 통해 세대를 이어서 전승되면서 쌓여 간다.

정답 09 ③ 10 ①

11 다음 내용과 관련 있는 것은?

> 기존 사회의 가치, 규범, 제도에 반대하며 형성된 문화로 새로운 가치와 생활 방식을 주장하며 사회 변화를 촉진한다.

① 대항문화
② 대중문화
③ 물질문화
④ 하위문화

11 대항문화(반문화)는 사회의 지배적인 문화(주류문화)에 정면으로 반대하는 집단의 문화를 말한다. 이들 집단은 전체 문화의 가치관을 받아들이지 않고 그들끼리의 가치관을 내세워 사회 전체 문화의 가치관에 도전한다.
② 대중문화는 대중 매체를 기반으로 한 문화, 혹은 대중이 중심이 되는 문화이다.
③ 물질문화는 인간이 살아가는 데 필요한 도구, 기술, 건축물, 의류, 예술품 등 눈에 보이는 형태의 문화를 말한다.
④ 하위문화는 특정 집단에서 독특하게 나타나는 문화로, 한 사회 내 여러 집단이 각각 집단 성원들끼리만 공유하는 문화이다.

12 다음 내용과 관련 있는 것은?

> 사회적 권력과 불평등을 결정짓는 데 중요하게 작용하는 자본 중 하나로, 도서나 예술 작품과 같이 물질적으로 존재하는 객관화된 자원, 학력이나 자격증과 같이 제도화된 자본, 근본적으로 신체와 연결된 습관이나 태도, 취향, 행동 방식 등과 같이 체화된 자본을 포함한다.

① 사회자본
② 경제자본
③ 지식자본
④ 문화자본

12 부르디외(P. Bourdieu)는 사회적 불평등을 결정짓는 자본으로 소득과 소유권으로 이해되는 경제자본, 사람들과의 연결을 지칭하는 사회자본, 교육·문화적 대상·학위 등으로 이해되는 문화자본을 제시하였다. 그 중 문화자본은 단순한 취향의 차이가 아니라 사회적 위치를 반영하는 하나의 지표가 되며, 문화자본을 많이 가진 엘리트 집단은 자신들의 '고급문화'를 대중문화와 구별 짓고 정당화함으로써 계급 위계를 영속화하고 당연한 것으로 받아들인다.

정답 11 ① 12 ④

13 민속문화(Folk Culture) : 사람들이 오랜 기간 동안 공동생활을 하며 자연스럽게 생성된 경험이 축적되어 만들어진 문화로 전통문화라고도 한다. 주로 평민들의 입을 통해 전해 내려온 문화로 대개 깊은 역사적 뿌리를 가지고 있다.

13 다음 내용에 해당하는 것은?

> 사람들이 오랜 기간 동안 공동생활을 하며 자연스럽게 오랜 경험이 축적되어 만들어진 문화로, 주로 평민들의 구전(입)을 통해 전파되어 기록되지 않은 생활 관습 등이 주가 된다.

① 대중문화
② 민속문화
③ 하위문화
④ 대항문화

14 다문화주의는 각각의 문화를 보존하면서 대등한 관점에서 조화를 이루어야 한다고 보는 관점으로, 문화의 대등성을 강조하는 개념이다. 이는 세계화 시대에 발맞춰 다양한 문화를 인정하고 이해하자는 의미로, 자신의 나라만이 우월하다는 국수주의나 과거 한 나라의 문화만이 우월하다는 문화 사대주의와는 다른 상대적인 의미라고 할 수 있다.

14 다음 내용에 해당하는 것은?

> 주류문화와 비주류문화의 차이점을 구분하지 않고, 문화 간 위계 서열을 부정하면서 다양한 문화의 대등한 공존을 강조하는 이념이다.

① 다문화주의
② 세계주의
③ 공동체주의
④ 전체주의

정답 13 ② 14 ①

15 다음 중 사회화에 대한 설명으로 옳지 <u>않은</u> 것은?

① 사회화는 사회적 규범·규칙·행동 양식을 습득하는 과정이다.
② 취업 준비생이 직장 문화를 익히는 경우는 예기 사회화의 예에 해당한다.
③ 재사회화란 과거에 가지고 있던 것과는 다른 규범과 가치를 내면화하는 것이다.
④ 사회화는 개인이 속한 사회의 문화를 습득하는 과정이다.

15 개인이 속한 사회의 문화를 습득하는 과정은 문화화이며, 사회화는 인간이 자신이 태어난 사회 속에서 살아가면서 다양한 사회적 규범, 규칙, 행동 양식들을 습득하는 과정을 말한다.
① 사회화는 인간이 태어나서 다양한 사회적 환경에서 타인과의 상호작용을 통해 그 사회의 가치와 규범, 도덕, 신념 등을 내면화함으로써 그 사회가 바라는 인간다운 인간으로 성장하는 과정을 말한다.
② 예기 사회화는 미래에 속하게 될 집단에서 요구되는 행동 양식을 미리 학습하는 것이다.
③ 재사회화는 일차적인 사회화에 의하여 학습한 가치·규범·신념 등을 버리고 새로운 가치·규범·신념을 내면화하는 것을 말한다.

16 다음 내용에 해당하는 것은?

군에 입대한 후 동료 및 선임 등에게 규율과 복종을 교육받아 군대 문화에 잘 적응하였다.

① 원초적 사회화
② 예기 사회화
③ 재사회화
④ 규범화

16 재사회화는 개인이 기존의 규범과 가치관을 버리고, 새로운 환경에 적응하기 위해 새로운 규범과 가치를 학습하고 내면화하는 과정을 의미한다.
① 원초적 사회화는 어린 시절의 학습 과정으로 언어와 인지 능력의 향상, 문화적 규범과 가치의 내면화, 정서적 유대의 확립, 다른 사람들의 역할과 관점에 대한 평가 등을 포함한다.
② 예기 사회화는 학습 역할들이 현재가 아닌 미래의 역할에 지향된 사회화이다.
④ 규범화는 사회에서 구성원들이 공유하는 행동 기준과 가치를 정립하고, 이를 통해 일정한 규칙을 따르도록 하는 과정을 말한다.

정답 15 ④ 16 ③

17
- 귀속 지위 : 개인의 의사나 재능과 상관없이 태어나면서부터 운명적으로 갖게 되는 지위를 말한다.
- 성취 지위(획득 지위) : 개인의 능력이나 노력으로 얻게 되는 지위로, 현대 사회에서 중시된다.
- 주요 지위(주된 지위) : 한 개인이 차지하는 여러 지위 중 자신에게 가장 중요하다고 생각되는 지위로, 전통 사회에서는 신분, 현대 사회에서는 직업 등이 해당한다.
- 공식적 지위 : 사회적으로 공식적으로 인정되는 지위로 형식적 지위라고도 한다.

18 역할 긴장은 하나의 사회적 지위에 요구되는 여러 역할 사이에 양립 불가능한 행동이나 기대, 의무 등이 생길 때 개인이 경험하는 스트레스나 긴장을 가리킨다.
① 역할 혼동은 한 개인이 갖는 두 개 이상의 지위들에 상응하는 역할 사이에 문제가 생기지만 그것들이 양립 불가능한 것은 아니어서 어느 역할을 선택할지 고민하는 상황을 말한다.
② 역할 갈등은 두 개 또는 그 이상의 지위들에 상응하는 역할들이 동시에 요구되어 양립 불가능하게 된 경우 발생하는 사회 갈등이다.
④ 역할 모호성은 역할이 명확하지 않거나 일관성 없이 수행되는 상태나 현상을 말한다.

정답 17 ① 18 ③

17 다음 내용의 괄호 안에 들어갈 말을 순서대로 바르게 나열한 것은?

(㉠) 지위는 본인의 의사나 노력과는 관계없이 주어진 사회적 지위로, 그 예로는 나이와 성, 인종 등이 있다.
(㉡) 지위는 노력에 의해 성취한 사회적 지위로, 그 예로는 교육 수준, 직업, 수입 등이 있다.

	㉠	㉡
①	귀속	성취
②	성취	귀속
③	주요	공식적
④	공식적	주요

18 다음 사례와 가장 관련 있는 역할 개념은?

회사원 A가 출장을 갔는데, 동료들로부터 일은 적당히 하고 주변 관광이나 하자고 요청받았을 때, A는 '성실한 회사원'이라는 역할과 '의리 있는 동료'라는 역할 사이에서 어떻게 해야 할지 고민하며 스트레스를 받는다.

① 역할 혼동
② 역할 갈등
③ 역할 긴장
④ 역할 모호성

19 다음 중 사회 집단에 대한 설명으로 옳지 않은 것은?

① 원초집단은 구성원들 간에 인격적인 관계가 맺어지게 되고 인간 본성이 형성된다.
② 이차집단은 특정한 목표를 달성하기 위해 형성된 집단이다.
③ 원초집단은 인간을 성숙한 사회적 존재로 성장시키는 기능을 담당한다.
④ 이차집단의 성립 조건은 지리적 근접성, 소규모 집단, 관계의 지속성 등이다.

20 다음 내용에 해당하는 것은?

> 집단 구성원 간의 활발한 상호작용을 통해 의견 교환이 잘 되어 참여를 이끌어내고 정서적 화합을 이루는 등 갈등을 최소화하는 리더십 유형이다.

① 도구적 리더십
② 방임적 리더십
③ 권위적 리더십
④ 민주적 리더십

---

19 지리적 근접성, 소규모 집단, 관계의 지속성은 원초집단(일차집단)의 성립 조건이다. 이차집단은 구성원 간 목적 달성을 위한 수단적인 만남을 바탕으로 결합된 집단으로, 대규모 집단 안에서 거리를 두고 간접적으로 접촉한다.

20 민주적 리더십 : 피지도자들의 참여와 만족이 강조되는 유형으로, 피지도자들이 자유롭게 의견을 제시할 수 있는 분위기가 조성되며 피지도자들의 다양한 의견을 의사결정에 반영한다는 특징이 있다.
① 도구적 리더십 : 지시적 리더십이라고도 하며 하급자 통제, 조직화, 감독 등과 관련된 리더의 행위이다.
② 방임적 리더십 : 피지도자에 의해 모든 결정이 이루어지고 피지도자에게 완전한 자유가 보장되는 유형이다.
③ 권위적 리더십 : 직무 수행 즉, 임무를 성취시키는 측면이 중시되며, 지도자가 결정하고 지시하는 유형이다.

정답 19 ④ 20 ④

21 사이버 범죄의 특징
- 익명성 : 범죄자의 신분 등을 일절 노출하지 않고 범죄를 일으킨다.
- 비대면성 : 범죄자는 피해자와의 직접적 대면 또는 접촉 없이 범죄를 일으킨다.
- 전파성 : 정보나 프로그램 등에 누구나 손쉽게 접근할 수 있어 광범위한 공간으로 매우 빠르게 전파된다.
- 시간적, 공간적 무제약성 : 컴퓨터 네트워크를 활용하여 언제 어디서나 범죄자가 원하는 시간과 장소에서 범행할 수 있다.
- 영속성 : 범죄 행위가 단 한 번으로 끝나는 것이 아니라 반복적으로 일어나고, 모방 범죄도 가능하다.

22 사회유대이론 : 허쉬가 주장한 사회통제이론으로, 사람들이 일탈 행동을 하지 않고 규범을 준수하는 네 가지 주요 요인으로 애착(타인에게 가지는 애정의 정도), 전념(규범 준수와 사회적 보상의 관련성), 참여(관습적 활동에 투입하는 시간의 양), 신념(관습적 규범의 내면화 정도)을 제시하였다.
① 자아통제이론 : 개인이 자신의 감정, 생각, 행동을 조절하여 목표를 달성하고, 사회적 규범과 기대에 부합하는 행동을 유지하는 능력을 설명하는 이론으로, 낮은 자기통제력을 범죄 원인으로 제시한다.
③ 사회교환이론 : 인간관계에 대한 경제적 관점을 토대로 이익이나 보상에 의한 긍정적인 이득을 최대화, 즉 최소한의 비용으로 최대의 보상을 얻으려고 하며, 이와 같은 보상 욕구를 충족하기 위해 타인과 상호작용을 한다고 보는 이론이다.
④ 사회해체이론 : 사회 질서의 해체나 규범적 혼란이 사회적 결속이나 통합을 약화시켜 범죄 발생률을 높인다고 설명하는 이론이다.

정답 21 ③ 22 ②

---

21 다음 중 사이버 범죄의 특징이 아닌 것은?

① 익명성
② 비대면성
③ 비영속성
④ 전파성

22 다음 내용에 해당하는 것은?

> 개인과 사회 간 형성된 유대를 통해 사회 통제가 이루어진다는 이론이다. 사람들이 일탈 행동을 하지 않고 규범을 준수하게 하는 유대의 요소로 '타인에게 어느 정도 애정을 갖는가'(애착), '규범 준수에 대한 사회적 보상에 얼마나 관심을 갖는가'(전념), '사회 활동에 어느 정도의 시간을 할애하는가'(참여), '관습적 규범이 어느 정도 내면화되어 있는가'(신념)의 네 가지를 제시하였다.

① 자아통제이론
② 사회유대이론
③ 사회교환이론
④ 사회해체이론

23 다음 내용에 해당하는 것은?

- 문화적 목표와 이를 달성하기 위한 제도적 수단 사이의 괴리로 인해 일탈 행위가 발생한다.
- 무규범이론으로, 기능론적 일탈 이론 중 가장 잘 알려진 것이다.

① 차별교제이론
② 아노미이론
③ 낙인이론
④ 갈등이론

---

23 아노미이론은 무규범이론으로, 기능론적 일탈 이론 중 가장 잘 알려져 있다. 문화적으로 공통된 목표를 달성하기 위해 필요한 제도적 수단이 다르게 분포되어 있고, 그 제도적 수단 간에 격차가 생기게 되는데, 이러한 격차를 아노미라고 부르며, 일탈 행위를 부르는 원인이라고 설명하였다. 즉, 문화적 목표와 제도적 수단 간 괴리가 존재하지 않는 경우 일탈 행위가 발생하지 않는다는 의미로도 생각할 수 있다.

① 차별교제이론 : 일탈자와 교제를 하는 사람은 일탈자가 될 개연성이 크다는 이론으로 학습과 사회적 상호작용을 강조하는 이론이다.
③ 낙인이론 : 사회 제도나 규범을 근거로 특정인을 일탈자로 인식하기 시작하면 그 사람은 결국 범죄인이 되고 만다는 것으로, 제도·관습·규범·법규 등 사회를 유지하기 위한 기본적인 제도적 장치들이 오히려 범죄를 유발한다는 이론이다.
④ 갈등이론 : 갈등이 사회에 분열만을 가져오는 것이 아니라, 사회 비판을 가능하게 하고 사회의 변동과 안정 양면에 기여한다고 보는 이론이다.

정답 23 ②

24 화이트칼라 범죄 : 정치·경제적으로 명망이 높은 사회적 지위에 있는 사람들이 그 직무 수행의 과정에서 행하는 지능적 범죄

화이트칼라 범죄의 특징
- 일반 범죄보다 죄의식이 희박하다.
- 피해가 일반 국민에게 간접적으로 파급되기 때문에 일반적으로 크게 죄악시되지 않고, 그로 인해 사회의 비난 강도가 약하다.
- 증거 인멸이 쉽고 수법이 교묘하다.
- 사회의 신용을 파괴하고 국가의 경제 성장을 해친다.
- 전통적인 범죄에 비하여 피해나 손해가 광범위하고 규모가 크며, 그 결과로 인해 범죄자가 범죄로 얻는 이익도 매우 크다.
- 피해자가 불특정 집단이기 때문에 특정하기 어렵다. 이로 인해 법 침해 사실이 현실로 드러나지 않는 경우가 많으므로 숨겨진 범죄가 많다.

24 다음 내용에 해당하는 것은?

- 사회의 지도적 또는 관리적 위치에 있는 사람이 직무상 지위를 이용하여 저지르는 범죄를 의미한다.
- 사회 변화에 따라 금전 관련 사기, 횡령, 배임 등 전문직들의 범죄가 꾸준히 증가하며 경제 전반에 큰 영향을 미치고 많은 사람에게 큰 피해를 주고 있다.

① 화이트칼라 범죄
② 사이버 범죄
③ 옐로우칼라 범죄
④ 블루칼라 범죄

25 관료제는 일정한 훈련 및 자격만 갖추면 누구나 관료가 될 수 있어 경제적·사회적 불평등을 평준화시키는 장점을 가진다.

관료제의 역기능
- 몰인정성, 경직성, 개성 무시
- 절차 합리성의 번문욕례가 오히려 비합리성 조장
- 훈련받은 무능자로 전락
- 경직화 및 변화·혁신에 대한 저항
- 소모적 업무의 창출

25 베버의 관료제의 문제점에 해당하지 <u>않는</u> 것은?

① 몰인정함과 비인간화
② 전문화로 인한 무능
③ 변화 및 혁신에 대한 저항
④ 경제적·사회적 불평등 강화

정답 24 ① 25 ④

26 종교의 기능에 대해 다음 내용과 같이 주장한 학자는?

> 『프로테스탄트 윤리와 자본주의 정신』은 서구 자본주의의 발전 과정에서 종교가 담당한 역할에 주목하고 종교에 의한 자본주의 발전 과정을 설명하며, 칼뱅주의를 비롯한 금욕주의적 개신교 종파들의 교리가 자본주의 정신의 등장에 크게 영향을 미쳤다고 주장하였다.

① 베버(M. Weber)
② 마르크스(K. Marx)
③ 다렌도르프(R. Dahrendorf)
④ 오그번(W. Ogburn)

26 베버는 『프로테스탄트 윤리와 자본주의 정신』에서 금욕적인 개신교 윤리가 서구 자본주의를 발전시켰다는 사실을 역사적으로 증명하려고 하였다. 베버는 "일하지 않으면 먹지도 말라."는 사도 바울의 말처럼 노동을 신성시하는 개신교의 교리에 자본주의 정신이 적합했기 때문에 기독교가 보급된 서구 사회에서는 자본주의가 발달했고, 기독교가 보급되지 않은 동양 사회에서는 자본주의가 발달하지 않았다고 보았다.

27 사회 계층의 차원론과 관련한 다음 내용에서 괄호 안에 들어갈 말을 순서대로 바르게 나열한 것은?

> • (㉠)은(는) 시장에서 어떤 공통되는 상황을 공유하는 사람들의 집단을 의미한다.
> • (㉡)은(는) 한 공동체에 의하여 개인 또는 그의 사회적 역할에 부여된 명예나 위신의 양을 말한다.
> • (㉢)은(는) 어떤 사회적 관계에 있어서 다른 사람들의 저항에도 불구하고 자신의 의지를 관철시킬 수 있는 힘이다.

	㉠	㉡	㉢
①	계급	지위	권력
②	지위	계급	권력
③	권력	지위	계급
④	권력	계급	지위

27 막스 베버는 마르크스의 계급론(단일차원론)이 단순하다고 비판하며 사회 계층의 다차원론을 제시하여 계층 현상이 계급(경제적 부), 사회적 지위, 정치적 권력을 중심으로 전개된다고 하였다.

베버의 다차원론
• 계급(Class) : 시장에서 어떤 공통되는 경제적인 상황을 공유하는 사람들의 집단을 의미하며, 중요한 경제적 기회는 생산 수단 또는 재산의 소유권의 통제뿐만 아니라 개인이 제공할 수 있는 용역까지도 포함한다.
• 지위(Status) : 한 공동체에 의하여 개인 또는 그의 사회적 역할에 부여된 명예나 위신의 양을 말한다. 계급이 재화와 용역의 생산 관계에 의해 결정된다면 지위는 재화와 용역의 소비 관계에 의해 결정된다고도 말할 수 있다.
• 권력(Power) : 어떤 사회적 관계에 있어서 다른 사람들의 저항에도 불구하고 자신의 의지를 관철시킬 수 있는 힘을 말한다. 권력이 획득되면 사회적 지위나 경제적 계급을 얻는 것이 수월하기 때문에, 권력 획득을 지향하는 사람들은 정당을 구성하려고 한다.

정답 26 ① 27 ①

28 세대 간 이동 : 수세대에 걸친 가계를 통해 변화하는 계층의 이동을 말하며, 특히 직업은 얼마나 많은 사람이 사회 이동을 하였는가를 결정하는 데 자주 사용된다. 자식이 성공하여 부모보다 높은 지위로 이동하는 경우는 세대 간 상승 이동, 자식이 부모보다 낮은 지위가 되는 것은 세대 간 하강 이동에 속한다.
① 수평적 이동 : 계층에는 변동이 없으나 다른 직종을 택한다거나 동급의 다른 부서로 이전한다거나 하는 경우를 말한다.
② 수직적 이동 : 현재의 계층보다 위 단계로 이동하거나 현재보다 못한 아래 단계로 이동하는 것을 통틀어 말한다.
③ 세대 내 이동 : 어느 한 개인에 의하여 그의 생애 동안의 경력 이동 등으로 계층의 변화를 가져오는 경우를 말한다.

28 다음 내용에 해당하는 것은?

- 아버지가 교사였으나 자식은 교수가 되어 더 높은 사회적 지위를 획득하였다.
- 부모가 자영업을 했으나 자식은 로스쿨을 나와 변호사가 되어 더 높은 소득과 지위를 획득하였다.

① 수평적 이동
② 수직적 이동
③ 세대 내 이동
④ 세대 간 이동

29 • 확대가족 : 한 가정에 3대 이상의 세대가 어우러져 사는 가족 형태로, 일부일처제 원칙하에 혈연이나 입양으로 인하여 두 쌍의 부부가 자식들과 함께 산다.
• 핵가족 : 미혼 자녀와 부부로 구성된 가족 형태이자 사람들이 이상적이라고 생각하는 가족에 대한 이론적 구성으로(윌리엄 구드), 광범위한 혈족·인척 관계를 배제하고 양계제적 친족 제도를 가진다.

29 다음 중 가족 유형에 대한 설명으로 옳지 않은 것은?
① 핵가족은 양계제적 친족 제도의 특성을 지닌다.
② 핵가족의 부부는 친척들의 도움을 기대할 수 없고, 일가친척들도 부부의 봉사를 요구할 수 없다.
③ 확대가족은 일부일처제 원칙하에 혈연이나 입양으로 인하여 두 쌍의 부부가 자식들과 함께 사는 가족 형태이다.
④ 확대가족은 한 가정에 2대 이상의 세대가 어우러져 사는 가족 형태로 대체로 10명 이상이다.

정답 28 ④ 29 ④

30 가족 제도의 사회적 기능에 대한 설명으로 옳지 <u>않은</u> 것은?

① 기능론자들은 가족이 사회성원을 재생산하고 사회화하는 기능을 가진다고 보았다.
② 기능론자와 갈등론자 모두 가족이 중요한 사회적 기능을 수행한다고 생각한다.
③ 기능론자들은 부모가 자녀에게 기존의 사회적 가치관을 학습시켜 기존 권력 구조를 강화한다고 보았다.
④ 갈등론자들은 가족을 긴장이 끊이지 않는 장소로 보았다.

30 갈등론자들은 부모가 사회화를 통해 기존의 사회적 가치관을 자녀에게 주입하며, 이는 결과적으로 기존 권력 구조를 강화한다고 보았다.

31 다음 내용과 관련 있는 것은?

- 대량 생산을 위해서는 대량 소비가 필요하다는 생각으로 고임금 체제를 도입했다.
- 포괄적인 가이드라인 아래에서 노동자들의 노동 속도와 내용을 통제했다.
- 조절학파가 하나의 역사적 축적 체제로 간주하였다.

① 테일러주의
② 포드주의
③ 포스트포드주의
④ 마르크스주의

31 포드주의(fordism)
- 헨리 포드(Henry Ford)의 자동차 공장에서 시작된 컨베이어 벨트 시스템을 활용한 대량 생산(mass production)과 대량 소비(mass consumption)를 기반으로 한 산업 생산 방식이다.
- 표준화된 제품 생산을 통해 단가를 낮추고 생산성을 극대화하여 노동자들에게 고임금을 지급하여 소비를 촉진하였다.
- 포괄적인 가이드라인 아래에서 노동자들의 노동 속도와 내용을 통제하였다.
- 대량 생산과 분업화를 기반으로 하며, 혁신적인 생산 과정과 노동 분업화로 대표된다.
- 조절학파는 1945년~1970년대 중반까지를 포드주의 시대로 특징 짓고, 이를 포드주의 축적 체제로 간주하였다. 그러나 향후 자본주의 지속에 있어 포드주의 축적 체제는 더 이상 지속될 수 없으며 향후 포스트포드주의 체제를 예상하였다.

정답 30 ③ 31 ②

32 사회의 형태를 이념형으로 분류할 때 전통과 근대, 농촌과 도시, 공동사회와 이익사회 등 다양하게 분류할 수 있다. 그중 이념형 농촌 사회는 전통적인 농촌 공동체에서 나타나는 성격들을 반영한 개념으로, 소규모이고 고립되어 있으며 전통과 관습을 중시하고 강한 유대감을 가진 민속사회의 특성을 지닌다.

32 다음 중 이념형 농촌 사회의 특징으로 옳지 않은 것은?

① 1차 산업 중심의 경제 구조
② 전통과 관습의 중시
③ 핵가족화로 1인 가구 증가
④ 낮은 사회 이동성과 폐쇄성

33 ② 자연지역 이론 : 도시 공간 구조의 생태학적 유형이 인위적인 작용이 아닌 물리적인 특성에 의해 자연스럽게 구획되는 형태로 자리 잡히며, 그에 따라 인간 집단의 사회·문화적 활동도 유형별로 구분된다는 이론이다.
③ 다중핵 이론 : 교통 기술의 발달을 전제로 할 때, 오늘날의 도시들은 몇 개의 상업 중심지, 산업 중심지, 주거 중심지로 발전하면서 다핵 구조를 갖는다는 이론이다.
④ 동심원 이론 : 중심부에 있는 상업지대(중앙업무지구)를 중심으로 원을 그리면서 특정한 성격의 지대가 형성된다는 이론이다.

33 다음 설명에 해당하는 이론은?

도시의 공간 구조에서 특정 용도의 구역이 교통로를 따라 중심부로부터 부채꼴 모양으로 길게 뻗어 나가는 방사형을 띠는 것과 동시에 이들의 사이사이가 서로 격리되면서 내부적으로는 동질적인 거주 지역이 형성됨을 말한다.

① 선형 이론
② 자연지역 이론
③ 다중핵 이론
④ 동심원 이론

정답 32 ③ 33 ①

34 다음 내용의 괄호 안에 들어갈 말을 순서대로 바르게 나열한 것은?

> 라틴 아메리카 발전 정책의 근간인 (㉠)에 대한 비판에서 출발한 (㉡)은 제3세계의 저발전이 선진 자본주의 국가와의 경제적 의존 관계 때문이라고 보는 이론이다. 즉, 이 이론은 제3세계의 발전이 늦은 이유를 선진 자본주의 사회와 후발국들 사이의 불평등한 교환 관계를 심화시키는 세계 경제 체제에서 찾으려고 하는 관점이다.

	㉠	㉡
①	근대화이론	종속이론
②	종속이론	근대화이론
③	제3세계론	세계 체계론
④	세계 체계론	제3세계론

35 다음 중 군중에 대한 설명으로 옳지 <u>않은</u> 것은?

① 어떤 개인 또는 사건을 중심으로 모여 있는 사람들의 일시적인 집합이다.
② 군중을 형성하는 사람들은 상호 간의 존재를 의식하며, 또한 그것에 의해 영향을 받는다.
③ 군중 행동은 '사회적 불안 → 위기감 → 동요 → 지도자의 출현 → 행동화'의 순서를 밟아 진행된다.
④ 자의식이 있고 비판적이며, 사실과 이성을 중시한다.

---

34 ㉠은 근대화이론, ㉡은 종속이론이다. 종속이론은 제3세계 국가의 저발전 원인이 그들 사회 내부의 전통적 구조에 있다고 보는 근대화이론을 비판하면서 등장하였다. 종속이론은 제3세계 여러 국가가 현저한 경제 성장을 달성했음에도 불구하고 선진자본주의 국가와의 상대적 격차가 줄지 않고 오히려 벌어진 원인과 국내의 실업 증가 및 부의 사회적 격차 심화 현상이 나타난 원인을 선진 자본주의 국가와의 경제적 의존 관계 때문이라고 보았다.

35 자의식이 있고 비판적이며, 사실과 이성을 중시하는 사회 집단은 '공중'이다. 군중은 공통된 관심사를 갖고 특정한 장소를 공유하여 직접 접촉하며, 우발성, 조직 및 구조의 결여, 상호작용한 적이 없거나 일시적인 사회적 상호작용 등의 특징이 있다.

군중과 공중, 대중
- 군중 : 어떤 개인 또는 사건을 중심으로 모여 있는 사람들의 일시적인 집합
- 공중 : 어떤 사회 문제에 대해 공통의 관심을 갖고 있는 분산된 사람들로 공동의 관심사에 대해 의견을 같이하거나 달리하는 사람들의 집단
- 대중 : 군중보다 규모가 큰 많은 사람들의 모임으로, 거리상 떨어져 있으므로 이질적이며 상호작용이 없다.

정답 34 ① 35 ④

36 진화론은 생물체가 자연 도태 및 적자생존의 과정을 통해 진화하듯이 인간 사회도 환경에의 적응 과정에서 장기적으로 볼 때 진보한다는 내용이다. 스펜서와 뒤르켐은 진화론의 영향을 받아 오늘날까지 사회학적 사고에 강하게 영향을 끼치고 있는 유기체적 사회 진화이론을 발전시켰다.
① 갈등론은 사회가 본질적으로 불안정하며, 사회의 여러 부분 사이에 항상 갈등이 존재한다고 보는 이론이다.
② 순환론은 사회가 발전·퇴보와 같은 특정한 방향성 없이 단순히 생성·성장·쇠퇴의 과정을 되풀이한다고 보는 이론이다.
④ 균형론은 사회를 균형 잡힌 체계로 보고, 사회 변동을 사회 유기체의 개체 유지 과정으로부터 유추하여 설명한 이론이다.

36 다음 내용에 해당하는 이론은?

> - 생물체의 진화 과정과 같이 인간 사회도 환경에 적응하는 과정에서 장기적으로 진보한다는 사회 변동 이론이다.
> - 스펜서는 사회를 생물학적 유기체에 비유하고, 사회 구조의 분화 및 통합에 초점을 두었다.
> - 뒤르켐은 사회 구조의 점진적 분화를 사회 변동의 핵심 요소로 보았다.

① 갈등론
② 순환론
③ 진화론
④ 균형론

37 상대적 박탈감 : 개인이 자신과 다른 사람의 수준을 비교 평가할 때, 그럴만한 이유 없이 자신이 다른 사람보다 사회적 인정을 받지 못한다거나 경제적으로 열등하다고 느끼는 감정을 말한다.
② 지위 불일치 : 한 개인이 점하고 있는 지위가 경제적·사회적·정치적 측면에서 서로 일치하지 않는 상황을 말한다.
③ 사회적 지위 : 사회 속에서 다른 사람들과의 관계를 통해 형성되는 개인의 사회적 위치를 말한다.
④ 역할 갈등 : 두 개 또는 그 이상의 지위들에 상응하는 역할들이 동시에 요구되어 양립 불가능하게 된 경우에 발생하는 사회적 갈등을 의미한다.

37 다음 내용에 해당하는 용어는?

> 최근 우리 사회는 부(富)의 양극화 현상이 심화하고 있는데, 경제 발전이 이루어져도 부의 분배가 불공정하다면 하층 계급은 불만을 품게 된다. 이 용어는 이들이 느끼는 이러한 심리적 불만을 일컫는 사회학적 개념이다.

① 상대적 박탈감
② 지위 불일치
③ 사회적 지위
④ 역할 갈등

정답 36 ③ 37 ①

38 다음 중 집합 행동과 사회 운동의 차이점에 대한 설명으로 옳지 <u>않은</u> 것은?

① 집합 행동은 자발적·비조직적이지만, 사회 운동은 조직적·체계적이다.
② 집합 행동은 즉흥적이지만, 사회 운동은 장기적인 목표가 있다.
③ 집합 행동은 행동의 결과가 예측 불가능하지만, 사회 운동은 예측 가능하다.
④ 집합 행동에는 노동·인권 운동 등이 있고, 사회 운동에는 군중 행동이 있다.

38 집합 행동의 예로는 군중 행동, 폭동 등이 있으며, 사회 운동의 예로는 노동 운동, 환경 운동, 인권 운동, 시민 운동 등이 있다.
①·②·③ 집합 행동은 자연발생적인 성격이 강하며, 기존의 규범과 통제를 벗어나 다수의 사람들에 의해 일어나는 행동이다. 또한, 사전에 계획된 조직화한 행동이 아니라 어떤 사건에 의해 우발적으로 일어난 행동 성격이 강하여 감정적이고 행동의 결과 예측이 힘들다. 반면 사회 운동은 조직적이고 지속적인 목표를 가지고 사회 변화를 추구하거나 이를 저지하기 위한 전략적인 행동을 말하며 치밀한 계획으로 감정에 크게 휩싸이지 않고 결과에 대한 예측이 가능하다.

정답 38 ④

39 신사회운동은 1960년대 유럽에서 등장한 사회 운동의 조류로, 혁명적 움직임이나 정치권력의 교체가 목표가 아닌 현대 사회 대부분의 시민 운동[인권, 환경, 여성, 장애인, 성소수자, 반전(反戰) 등]의 다양한 분야에서 이루어지고 있는 사회 운동이다. [문제 하단의 표 참조]

39 다음 내용에 해당하는 운동은?

> 근대 공업 사회의 사회 운동은 노동 계급이 주체가 되어 노동 계급의 사회 경제적, 물질적 이익을 위해 전개되었으나, 1960년대 이후 탈물질적, 탈계급적인 경향을 가지는 가치관이 확산되어 문화적·사회적 측면에 관심을 갖게 되면서 사회 운동도 사회 전체의 복지를 추구하고자 하는 방향으로 전개되었다. 대표적인 예로 환경·반핵·여성·소비자 운동, NGO 등이 있다.

① 시민운동
② 신사회운동
③ 탈근대운동
④ 구사회운동

[신사회운동과 구사회운동]

구분	신사회운동	구사회운동
주체	중간 계급	노동 계급
지향점	모든 삶의 질에 관심을 갖으며 탈물질적 경향	물질적인 경향
주요 관심사	문화적·사회적 측면에 관심 – 현대 산업 사회에서 삶의 방식과 질의 문제, 자율적이고 분권화된 조직의 원리 강조	분배, 경제력, 정치권력 문제
실제 모습	환경·반핵·여성·소비자 운동, NGO	노동 운동 중심

정답 39 ②

40 요즘 대두되고 있는 사회적 양극화에 대한 설명으로 옳지 <u>않은</u> 것은?

① 양극화는 사회적 갈등을 초래하지만 장기적인 경제 성장에는 긍정적이다.
② 양극화 현상으로 인해 계층 이동 단절 현상이 심해지고 있다.
③ 정보 환경의 변화도 사회적 양극화에 영향을 주는 요인이다.
④ 사회 통합 저해 요인으로 작용할 수 있다.

40 양극화는 빈부격차로 인한 사회적 갈등을 초래할 뿐만 아니라 장기적인 경제 성장에도 부정적인 영향을 미칠 수 있다.

사회적 양극화
양극화는 중간 계층이 줄어들면서 사회 계층이 양극단으로 쏠리는 현상으로, 계층 간의 갈등을 일으키고 사회 분열을 초래하여 사회 불안을 가중하는 주요 원인으로 작용한다. 양극화의 주요 요인으로는 부의 불평등과 같은 경제적 요인, 교육 기회 불균등이나 주거 격차와 같은 사회적 요인, 정치적 분열과 같은 정치적 요인, 정보 환경 변화로 인한 디지털 격차나 자동화와 같은 기술적 요인, 다문화나 세대 간 갈등 같은 문화적 요인 등이 있으며, 이런 다양한 요인들이 복합적으로 작용하여 현대 사회의 양극화를 심화시키고 있다.

정답 40 ①

사회학개론

출제유형 완벽파악

2024년 기출복원문제

▶ 온라인(www.sdedu.co.kr)을 통해 기출문제 무료 강의를 만나 보세요.

※ 기출문제를 복원한 것으로 실제 시험과 일부 차이가 있으며, 저작권은 시대에듀에 있습니다.

01 제시문은 콩트에 관한 설명으로, 콩트는 사회를 과학적으로 탐구하는 새로운 과학의 필요성을 주장하면서 사회학이라는 용어를 처음 사용한 사회학의 창시자이다. 사회의 진보가 인간 정신의 진보에 의하여 이루어진다고 생각했으며, 인류의 지적 진화와 관련하여 3단계 법칙을 제시하였다. 인간의 지적 능력은 신학적 단계에서 형이상학적 단계를 거쳐 실증적 단계로 발전하고, 이러한 지적 발전과 더불어 사회가 진보한다고 주장하였다.

01 다음 내용과 가장 관련 있는 학자는?

- 사회학의 창시자로, 사회를 과학적으로 탐구하는 새로운 과학의 필요성을 주장하면서 사회학이라는 용어를 처음 사용하였다.
- 인류의 지적 진화와 관련하여 '신학적 단계 – 형이상학적 단계 – 과학적 단계'로 진화한다는 '3단계 법칙'을 제시하였다.

① 베버
② 스펜서
③ 콩트
④ 마르크스

정답 01 ③

02 다음 중 베버의 사회학의 연구 대상으로 옳은 것은?

① 사회 진화론
② 사회적 사실
③ 사회적 행위
④ 사회주의 사회

02 베버는 사회학을 '사회적 행위의 해석적 이해를 통해 그 행위의 과정과 결과를 인과적으로 설명하는 학문'이라고 규정하였다. 그에게 있어 사회학의 과제는 행위자가 자신의 행위에 부여하는 주관적 의미를 파악해서 그것의 인과관계를 밝혀내는 것이었다.
① 스펜서는 다윈의 진화론을 사회에 적용하여 사회도 생물 유기체와 같이 동질적이고 단순한 사회에서 이질적이고 복합적인 사회로 진화한다는 사회 진화론을 주장하였다.
② 사회적 사실은 뒤르켐이 주장한 개념이다. 사회적 사실이란 고정된 것이든 그렇지 않은 것이든 간에 개인에게 외재하며 그에게 구속력을 행사할 수 있는 일체의 감정·사고·행동 양식이다. 뒤르켐은 사회적 사실이 그 자체로 존재성을 갖고 있는 것으로서, 사회 현상은 사회적 사실이며 여기에는 사회 구조적인 결정 인자가 있다고 보았다.
④ 마르크스는 역사적 유물론에 기초하여 지금까지의 모든 인간 역사는 계급 투쟁의 역사라고 보았다. 경제 체계는 공동 소유하에 있게 될 것이며 평등주의적이고 참여적인 사회주의 사회가 건설될 것이라고 주장하였다.

정답 02 ③

03 다음 내용과 가장 관련 있는 이론은?

> 사회는 하나의 유기체이며, 사회를 형성하고 있는 많은 부분 요소 사이에 의견의 합의가 있다. 사회는 많은 개인으로 이루어졌고, 여러 개인이 한 사회 내에서 질서를 유지하며 살기 위해서는 합의가 있어야 한다. 유기체가 균형을 이루는 것과 같이 사회도 균형을 이루며 통합한다.

① 갈등론
② 교환이론
③ 구조기능주의
④ 상징적 상호작용론

03 제시문은 합의론에 관한 내용이다. 합의론은 사회를 하나의 유기체로 보며, 사회가 형성되고 그 속에서 여러 개인이 함께 존재한다는 것 자체가 사회 내의 집단 성원들이 공감하는 어떤 공통의 합의가 이루어졌기 때문이라고 본다. 이러한 합의론적 경향을 보이는 사회 학설에는 사회 유기체설, 사회 체계이론, 구조기능주의 등이 있다.
① 갈등론은 사회 질서보다는 사회 변동에 관점을 두며, 한 사회 안에서 어떤 문제가 발생한 것은 사회가 변화해 가기 위한 지극히 정상적이고 필연적인 계기로 본다.
② 교환이론은 인간의 사회 행위를 서로 주고받는 교환 행위로 규정하고, 모든 인간은 기본적으로 이윤을 추구하는 존재라는 전제에서 출발한다. 또한 자신의 이익을 추구하려는 동기를 가진 인간은 이와 같은 보상 욕구를 충족하기 위하여 타인과 상호작용을 한다고 본다.
④ 상징적 상호작용론은 개인을 활동적·창조적 주체로 보며, 언어나 제스처 등의 상징을 통해 의미를 교환하고 그 속에서 서로의 생각·기대·행동을 조정해 가는 미시적인 사회 과정에 초점을 맞추는 이론이다.

04 다음 내용에 해당하는 개념으로 적절한 것은?

> 찰스 밀스가 주장한 개념으로, 개개인들의 삶의 모습에 영향을 미치는 사회·역사적 과정에 대해 종합적으로 파악하는 정신적 자질을 의미한다.

① 사회 계층
② 사회적 사실
③ 사회적 지위
④ 사회학적 상상력

04 ① 사회 계층이란 사회구성원들을 그들의 지위, 재산, 교육, 수입 등에 의하여 분류할 때 비슷한 지위를 차지하고 있는 일군의 층을 의미한다.
② 뒤르켐은 외부적인 압력을 '사회적 사실'이라고 규정하며 철저하게 외부의 '사물'로 객관적으로 다루어져야 하며, 자신의 주관적인 판단을 포함하면 안 된다고 주장한다.
③ 사회적 지위는 한 개인이 점유하고 있는 각 집단에서의 개별 지위들을 종합한 단일 지위를 말한다.

정답 03 ③ 04 ④

05 다음 내용과 가장 관련 있는 이론은?

> 뒤르켐은 사회학적 관점에서 문제의 원인을 개인적·심리적 영역이 아니라 집단과 개인의 상호적 인과관계 속에서 찾으려 했다. 그가 말하는 인과관계란 현상의 이전과 이후 상태 사이의 필연적인 관계이며, 이 두 상태를 비교함으로써 문제의 원인을 파악할 수 있다고 하였다.

① 자살론
② 사회 명목론
③ 지식 사회학
④ 심리학적 환원론

06 다음 중 사회학의 대표적인 연구 방법에 해당하는 것을 모두 고른 것은?

> ㄱ. 이론적 설명
> ㄴ. 과학적 관찰
> ㄷ. 직관적 사유
> ㄹ. 체험적 이해

① ㄱ, ㄴ
② ㄴ, ㄹ
③ ㄱ, ㄴ, ㄹ
④ ㄱ, ㄷ, ㄹ

---

05 뒤르켐은 『자살론』에서 자살이란 사회현상에서 원인은 '사회와 개인의 관계 유형'이며 결과는 '개인의 자살'이라고 파악하여, 사회 구조 및 현상과 개인의 자살이 갖는 관계를 분석했으며, 이를 통해 자살의 원인을 이기적 자살, 이타적 자살, 아노미적 자살, 숙명적 자살로 유형화했다.
② 사회 명목론은 사회라는 것이 명목(名目)뿐인 것이며 사회의 특질은 그 사회 구성원인 개개인의 특질의 합이라고 본다. 대표적인 학자로는 베버, 쿨리, 미드, 짐멜 등이 있다.
③ 지식 사회학에서는 지식이 사회의 소산임을 문제로 삼고, 지식이 어떠한 사회적 요인을 조건으로 취하며 또 그 요인과 어떻게 기능적 관련을 갖느냐에 관심을 둔다. 만하임이 대표적인 주장자로, 만하임은 정치적 무기로서의 이데올로기론(論)으로부터 과학으로서의 지식 사회학이 성립한다고 주장했다.
④ 사회 명목론을 극단적으로 주장하면 심리학적 환원론에까지 나아가게 되며, 심리학적 환원론은 개인의 심리적 특성, 동기, 태도 등을 옳게 파악하면 사회의 특성은 물론 나아가 사회 구조와 제도적인 운영도 파악할 수 있다는 견해이다.

06 사회학의 대표적인 연구 방법으로는 과학적 관찰, 이론적 설명, 체험적 이해가 있다.
ㄱ. 사회학은 이론적 설명을 위해 논리적 도출을 사용하여 사실이 설명되는 논리·연역적 체계를 취한다.
ㄴ. 사회학은 인간과 사회 구조의 관계를 과학적으로 관찰하는데, 과학적으로 관찰한다는 것은 통제된 관찰을 의미한다.
ㄹ. 사회학은 인간과 집단에 대해 공동체적 연대 의식을 갖고 그들의 삶을 해석하고 체험적으로 이해하려고 한다.

정답 05 ① 06 ③

07 다음 연구 주제에 적합한 사회학적 연구 방법은?

> - 독거노인의 소외감이 우울과 자살에 미치는 영향에 관한 연구
> - 다문화 가정 학생의 학교 적응에 관한 연구

① 연역법
② 귀납법
③ 비교법
④ 개별화

07 제시된 연구 주제와 같이 개별 사실이나 명제로부터 일반적인 결론을 끌어내는 연구 방법은 귀납법이다. 귀납추론은 흔히 '구체적인 사실로부터 보편적 사실을 추론하는 방식'으로 정의된다. 특히 귀납법은 개별적인 특수한 사실이나 원리를 전제로 해서 일반적인 사실이나 원리를 추론하는 연구 방법을 말하며, 주로 인과관계를 확정하는 데 사용한다.
① 연역법은 '보편적인 사실로부터 구체적 사실을 추론하는 방식'으로, '전제가 참이라면 결론은 필연적으로 참이다.'를 특징으로 한다. 특히 연역법은 논리 연역에 따른 추리 방법으로, 일반적 사실이나 원리를 전제로 하여 특수한 사실이나 원리를 결론으로 끌어내는 추리 방법을 말한다. 경험이 아닌 논리를 통해서 필연적인 결론을 끌어내는 것으로, 삼단 논법이 대표적이다.

08 다음 중 세계 체계론에 대한 설명으로 옳은 것은?

① 세계 자본주의 체계의 구조는 단일한 분업의 원칙에 따라 상이한 상품 생산에 입각한 평등한 교환 관계로 서로 연관된 중심부, 반주변부, 주변부의 3가지 국가군으로 되어 있다.
② 강력한 국가 기구를 가지고 자유 임금과 노동에 기초하여 제조품 생산에 주력하는 주변부는, 허약한 국가 기구를 가지고 강제 노동에 기초하여 농산물 경작에 주력하는 중심부에 대하여 국제 교역 과정에서의 잉여를 수탈하는 것으로 파악하였다.
③ 세계 자본주의 체계의 기능은 단일한 자본주의적 생산 양식에 따라 불평등한 교환 관계를 통해 잉여가 주변부에서 중심부로(또는 반주변부를 거쳐) 이전되고, 나아가서 종속적 구조를 주변부에 형성하는 것으로 파악한다.
④ 주변부는 중심부에 의해 수취당하며 동시에 반주변부를 수취하는 제3의 구조적 위치를 점유하고 있는 나라들이다.

08 ① 세계 체계론에 따르면 세계 자본주의 체계의 구조는 단일한 분업의 원칙에 따라 상이한 상품 생산에 입각한 불평등한 교환 관계로 서로 연관되어 있다.
② 강력한 국가 기구를 가지고 자유 임금과 노동에 기초하여 제조품 생산에 주력하는 것은 중심부이다.
④ 반주변부는 중심부에 의해 수취당하며 동시에 주변부를 수취하는 제3의 구조적 위치를 점유하고 있는 나라들이다.

정답 07 ② 08 ③

09 다음 내용과 가장 관련 있는 사회학적 이론은?

> 인간은 사회로부터 영향을 받는 수동적인 존재가 아니라 자신과 대상에 의미를 부여하는 능동적인 존재라는 점을 이론적 전제로 하며, 개인이 사물이나 행위에 주관적으로 의미를 부여하면서 자신의 행위를 선택한다고 본다.

① 사회 명목론
② 사회 실재론
③ 상징적 상호작용론
④ 과학적 관리론

09 상징적 상호작용론은 인간은 언어나 문자와 같은 상징을 통해 상호작용을 하면서 자신과 대상에 의미를 부여하는 능동적인 존재라는 철학적 전제하에 사회문화 현상을 미시적 관점에서 바라본다.
① 사회 명목론은 인간과 사회와의 관계에서 사회보다는 개인이 중요하다고 보는 관점이다.
② 사회 실재론은 인간과 사회와의 관계에서 개인보다는 사회가 우선이고 중요하다는 견해이다.
④ 과학적 관리론은 기업 경영 및 생산 과정 과학화 운동과 고전적 조직이론이 접목되면서 구축된 관리이론이다.

10 다음 내용과 가장 관련 있는 개념은?

> 사회과학자의 연구는 객관적이어야 하며, 개인적인 가치관이나 사상을 자신의 연구 과정과 결과에 개입시켜서는 안 된다고 하는 방법론적 태도를 뜻한다.

① 가치개입
② 가치판단
③ 가치형성
④ 가치중립

10 가치중립은 사회과학자가 개인적인 가치관이나 사상을 연구 과정과 결과에 개입시켜서는 안 된다고 하는 방법론적인 태도를 의미한다. 즉, 가치중립성(몰가치성)은 사회과학으로부터 실천적·윤리적 가치를 배제해야 한다는 사회과학 방법론상의 이론으로, '가치개입' 또는 '가치판단'과 상반되는 용어이다.

정답 09 ③ 10 ④

11 프랑크푸르트학파인 아도르노(T. Adorno)와 호르크하이머(M. Horkheimer)가 『계몽의 변증법(The Dialectic of Enlightenment)』에서 대중문화를 비평하기 위해 사용한 개념은 문화산업(Culture Industry)이다. 프랑크푸르트학파의 주장에 따르면, 후기 자본주의 사회에서 문화는 이윤의 도구가 되었다. 그렇게 이윤의 도구가 된 문화산업, 즉 대중문화는 사물화된 의식을 조장하고 대중을 무력화함으로써 독점 자본주의 체제가 유지되고 재생산될 수 있도록 기능한다고 주장한다.

12 제시문은 인공지능 기술이 발달하긴 했지만, 이를 뒷받침하는 개인정보 보안이나 저작권 보호 등의 문제가 아직 해결되지 않은 상황이다. 이처럼 문화가 변동할 때 문화 내용의 제 측면이 골고루 같은 속도로 변하지 않고 한 측면은 빠르게 변하는 반면 다른 측면은 천천히 변하여 생기는 문화의 부조화 현상을 문화 지체라고 한다.
① 문화 동화란 여러 가지 독특한 하위문화를 가진 집단이 그 사회의 지배 문화로 통합되는 문화 현상, 즉 한 사회의 문화 요소는 없어지고 다른 사회의 문화 요소로 대체되는 현상을 의미한다.
③ 문화 변형이란 두 개의 이질적인 문화가 오랜 기간 접촉하는 동안 각각 본래의 문화 유형을 잃어가고 새로운 문화를 창조해 내는 문화 현상을 의미한다.
④ 아노미란 한 사회에 대립하는 가치관이 공존하여 개인이 가치관의 혼란을 일으키는 현상을 의미한다.

정답 11 ③ 12 ②

---

11 다음 내용에서 괄호 안에 공통으로 들어갈 용어로 적절한 것은?

> (   )은(는) 대중문화를 비평하기 위해 프랑크푸르트학파가 『계몽의 변증법』에서 주장한 개념이다. (   )은(는) 자본주의적으로 대량 생산된 대중문화(Mass Culture)를 의미하는데, 프랑크푸르트학파에서 대중문화 대신 (   )(이)란 용어를 사용한 것은 그것이 대중에 의해 생산된 것이 아니라 산업적 구조에 의해 상품으로서 생산된 것이기 때문이다.

① 대중 매체
② 자본주의
③ 문화산업
④ 소비문화

12 다음 사례를 지칭하는 용어로 가장 적절한 것은?

> 오픈AI에서 개발한 인공지능 언어 모델인 ChatGPT는 방대한 양의 텍스트 데이터를 사전 학습하여 사용자의 입력에 적절하고 의미 있는 응답을 생성할 수 있다. 또한 다양한 주제를 이해하고 텍스트를 생성할 수 있어 챗봇, 언어 번역, 콘텐츠 생성 등 여러 분야에서 응용될 수 있다. 하지만 사용자의 민감한 데이터를 저장하고 사용하여 데이터 개인정보 보안에 대한 문제가 발생할 수 있고, 정보의 소유권이나 저작권 등의 문제를 해결해야 한다는 과제가 남아 있다.

① 문화 동화
② 문화 지체
③ 문화 변형
④ 아노미

13 다음 중 문화의 속성에 해당하지 않는 것은?

① 창조성
② 축적성
③ 공유성
④ 선천성

[문화의 속성]

창조성	문화가 인간의 창조물이라는 것은 문화의 가장 중요한 특성이다.
후천성	문화적 특성은 타고나는 것이 아닌, 출생 후 성장 과정에서 사회화(사회적 상호작용을 통한 후천적 학습)를 통해 획득되므로, 학습성이라고도 한다.
축적성	문화는 상징 체계를 통해 세대를 이어서 전승되면서 쌓여간다.
공유성	문화는 한 집단 구성원들이 공통으로 갖는 생활 양식이다.
체계성	문화의 각 요소는 상호 유기적인 관련을 맺고 있으면서 전체적으로 하나의 통합성을 가진다.
변동성	문화는 고정불변이 아닌, 문화적 특성이 추가 또는 소멸하며 변화한다.
보편성	세계 어느 사회나 문화가 있고 사회성원 모두에게 영향을 미친다.
다양성	문화는 표현의 다양성과 가치관의 상대성을 갖고 있다.

13 문화적 특성은 유전적이거나 타고나는 선천적 속성이 아니라, 출생 후 성장 과정에서 사회화를 통해 획득하는 후천적 속성을 띤다.
[문제 하단의 표 참조]

정답 13 ④

14 하위 문화(부분 문화)는 특정 집단에서 독특하게 나타나는 문화이며, 대항 문화(반문화)는 기존 사회의 질서를 인정하지 않고 그것을 파괴하려는 집단의 문화를 말한다.
- 전체 문화는 한 사회의 성원 대부분이 공유하는 문화로, 그 사회의 가장 기본이 되는 가치와 이념이 행동이나 상징으로 표현되는 것이기 때문에 그 사회성원이 대체로 이질감이나 거부감 없이 받아들이는 문화이다. 사회가 복잡해질수록 다양한 가치관이 나타나며, 사회성원들의 지배적인 가치관이 표현되므로, 전체 문화를 지배 문화 또는 주류 문화라고도 한다.
- 대중 문화는 대중 매체를 기반으로 한 문화, 혹은 대중이 중심이 되는 문화이다.

15 ① 문화(적) 상대주의란 세계 문화의 다양성을 인식하고, 각 문화의 독특한 환경과 역사·사회적 상황에서 이해해야 하며, 각 문화의 가치를 인정하고 존중해야 한다는 태도를 말한다.
② 문화 사대주의는 다른 문화권의 문화가 자기 나라의 문화보다 우월하다고 느끼며 자기 문화를 열등하게 생각하고 다른 문화권의 문화를 비판 없이 동경하는 것이다.

정답 14 ③ 15 ③

---

14 다음 내용에서 괄호 안에 들어갈 용어를 순서대로 고른 것은?

(㉠) 문화는 전체 문화와 달리, 특정 집단에서 독특하게 나타나는 문화, 즉 한 사회 내의 여러 집단이 각각 자기 집단 성원들끼리만 공유하는 문화를 말한다. (㉡) 문화는 기존 사회의 질서를 인정하지 않고 그것을 파괴하려는 집단의 문화를 말한다. 이들 집단이 전체 문화의 가치관을 받아들이지 않고 그들끼리의 가치관을 내세워 사회 전체 문화의 가치관에 도전하기 때문이다.

	㉠	㉡
①	부분	지배
②	상위	전체
③	하위	대항
④	대중	주류

15 다음 내용과 가장 관련이 깊은 것은?

자기 민족과 문화의 모든 것만이 옳고 합리적이며 윤리적이라고 생각하고 다른 민족의 문화를 배척 내지 경멸하는 태도를 말한다. 이 태도가 타민족이나 국가 간의 관계에서 강조될 때는 타민족에 대해 배타적인 편견을 갖게 된다. 서구 사람들이 열대지방 사람들의 옷차림을 보고 경망스럽다고 여기는 것이 한 예이다.

① 문화 상대주의
② 문화 사대주의
③ 자문화 중심주의
④ 문화 통합주의

16 다음 중 문화 변동의 양상에 관한 설명으로 옳지 않은 것은?

① 두 가지 이상의 서로 다른 문화가 오랜 시간 동안 지속적인 접촉으로 인해 일방 또는 쌍방의 문화에 변화가 일어나는 현상을 문화 접변이라고 한다.
② 문화 공존의 예로는 미국의 지배하에 있었던 필리핀에서 현재 영어와 필리핀어를 공용으로 사용하는 것을 들 수 있다.
③ 스페인 문화와 토착 인디언의 문화가 결합하여 제3의 문화를 만들어낸 멕시코 문화는 문화 융합의 예이다.
④ 미국에 사는 중국인들이 차이나타운에서 그들의 문화를 유지하면서 생활하는 것은 문화 동화로 볼 수 있다.

16 미국에 사는 중국인들이 차이나타운에서 그들의 문화를 유지하면서 생활하는 것은 문화 공존으로 볼 수 있다.

정답 16 ④

17 [문제 하단의 표 참조]

17 다음 내용에서 괄호 안에 들어갈 적절한 용어를 순서대로 고른 것은?

(㉠)는 미래에 속하게 될 집단에서 요구되는 행동 양식을 미리 학습하는 것으로, 신입 사원 연수를 예로 들 수 있다. (㉡)는 사람들이 과거에 가지고 있던 것과는 근본적으로 다른 규범과 가치를 내면화하는 경우로, 교도소 교정 교육을 예로 들 수 있다.

	㉠	㉡
①	예기적 사회화	발달 사회화
②	역사회화	발달 사회화
③	예기적 사회화	재사회화
④	원초적 사회화	재사회화

[사회화의 형태]

원초적 사회화	어린 시절의 학습 과정으로 언어와 인지 능력의 향상, 문화적 규범과 가치의 내면화, 정서적 유대의 확립, 다른 사람들의 역할과 관점에 대한 평가 등을 포함한다.
예기(적) 사회화	학습 역할들이 현재가 아닌 미래의 역할에 지향된 사회화로, 어린아이들이 소꿉놀이하면서 어머니와 아버지의 흉내를 내보는 것이 대표적인 예이다.
발달 사회화	새로운 기대나 의무, 역할의 습득이 요구되는 상황(결혼이나 전직 등)에서 새로운 학습이 옛것에 부가되거나 융화되어 일어나는 사회화를 말한다.
역사회화	구세대의 문화 지식이 젊은 세대로 전해지는 것이 아니라 그 반대의 방향으로 일어나는 현상이다. 시골에서 서울로 이주한 노인들이 자식들로부터 대도시의 생활 방식을 배우는 경우, 어른들이 컴퓨터를 어린 세대에게 배우는 경우 등이 이에 해당한다.
재사회화	급격한 생활환경의 변화가 있을 때, 즉 사람들이 과거에 가지고 있던 것과는 근본적으로 다른 규범과 가치를 내면화하는 경우이다. 특히 군대나 포로수용소, 교도소, 수녀원, 정신병원 등과 같은 이른바 '총체적 기관'에서 효율적으로 일어난다.

정답 17 ③

18 다음 내용과 가장 관련 있는 이론은?

프로이트(Freud)는 원초아, 자아, 초자아의 상호작용으로 성격이 형성된다고 보았다. 처음 태어났을 때는 무의식 영역에 있는 본능으로 구성된 '원초아'만 존재하다가, 더 자라면 본능을 현실적이고 논리적으로 해결하고자 노력하는 '자아'라는 성격 구조가 발달하며, 무의식 영역에 있는 '초자아'는 가장 나중에 완성된다고 하였다. '초자아'는 도덕적 규범이 무엇인지 알게 되면서 양심이나 죄책감, 도덕성으로 발달하게 된다. 이러한 세 가지 성격 구조에서 자아가 원초아와 초자아의 욕구와 기대를 적절히 조절하게 될 때 인간은 사회적으로 잘 기능하게 된다고 보았다.

① 인지 발달 이론
② 정신 분석 이론
③ 심리 사회성 발달 이론
④ 상징적 상호작용론

19 다음 중 사회화의 목적에 해당하지 않는 것은?

① 사회적 소속감 함양
② 사회구성원 간의 문화 공유
③ 사회의 유지 및 통합에 기여
④ 사회구성원의 몰개성화

---

18 ① 인지 발달 이론은 피아제(Piaget)가 제시한 인지 이론으로, 그는 인간의 인지 발달은 환경과의 상호작용에 의해서 이루어지는 적응 과정이라고 보았다.
③ 에릭슨은 심리 사회성 발달 이론(사회성 이론)에서 인간의 행동에 기초하여 사회 속에서 맺게 되는 사회적 관계에 따라 일생을 8단계로 나누고 각 발달 단계가 상호 관련성이 있다고 주장했다.
④ 상징적 상호작용론은 상징을 매개로 한 사회 구성원 간의 상호작용에 주로 관심을 가지고 사회·문화 현상을 이해하는 이론이다.

19 몰개성화란 집단 내에서 구성원들이 개별성과 책임감을 상실하여 집단행위에 민감해지는 현상을 말한다. 사회화는 개인 차원에서 개인의 개성과 자아를 형성하는 것을 목적으로 하므로, 사회 구성원의 몰개성화를 사회화의 목적으로 보기는 어렵다.

정답 18 ② 19 ④

20 지위와 역할에 대한 설명으로 옳지 <u>않은</u> 것은?

① 역할은 지위의 역동적 측면을 구성한다.
② 사회적 지위는 사회 또는 집단 안에서 개인의 서열, 즉 높고 낮음을 뜻하는 것이다.
③ 지위 불일치는 한 개인의 사회적 위치가 그의 사회적 지위에 긍정적 효과와 부정적 효과를 동시에 미치는 상황을 뜻한다.
④ 사회 구조는 사회적 지위나 역할을 갖고 있는 개인과 개인 사이의 관계가 일정한 질서에 의해 고정화되고 유형화된 관계들로 구성되어 있다.

20 사회적 지위는 사회 속에서 다른 사람들과의 관계를 통해 형성되는 개인의 사회적 위치로, 사회 또는 집단 안에서 개인의 서열, 즉 높고 낮음을 뜻하는 것이 아니라, 사회관계에서 주어지는 단순한 위치만을 가리키는 용어로 사용된다.

21 다음 내용에 해당하는 것은?

> 두 개의 이질적인 문화가 접촉을 하면서도 각각 자체 문화의 가치관과 특성을 그대로 유지하면서 한 사회 내에서 공존하는 문화 현상을 일컫는다.

① 문화 동화
② 문화 변형
③ 문화 수용
④ 문화 지체

21 ① 문화 동화는 여러 가지 독특한 하위문화를 가진 집단이 그 사회의 지배 문화로 통합되는 문화 현상, 즉 한 사회의 문화 요소는 없어지고 다른 사회의 문화 요소로 대체되는 현상을 말한다.
② 문화 변형(융합)은 두 개의 이질적인 문화가 오랜 기간 접촉하는 동안 각각 본래의 문화 유형을 잃어가고 새로운 문화를 창조해 내는 문화 현상, 즉 A문화와 B문화가 접촉하는 동안 C문화가 나타나는 현상을 말한다.
④ 문화 지체는 문화가 변동할 때 문화 내용의 제(諸) 측면이 골고루 같은 속도로 변하지 않고 어느 측면은 빠르게 변하는데, 다른 측면은 천천히 변하기 때문에 생기는 문화의 부조화 현상을 말한다.

정답 20 ② 21 ③

22 다음 용어들과 가장 관련 있는 지위는?

나이　　성별　　인종

① 주된 지위
② 성취 지위
③ 계층적 지위
④ 귀속적 지위

>>>🔍

[사회적 지위의 유형]

주된 지위	사회적 정체성을 결정하는 데 중요한 역할을 하는 지위로, 전통 사회에서는 신분, 현대 사회에서는 직업 등이 해당한다.
귀속(적) 지위	본인의 의사나 노력과는 관계없이 주어진 사회적 지위로, 나이와 성, 인종 등이 있다.
성취 지위 (획득 지위)	노력으로 성취한 사회적 지위로 교육 수준, 직업, 수입 등이 있다.

22 [문제 하단의 표 참조]

23 다음 사례와 가장 관련 있는 것은?

> A는 사이클 동아리 회원이면서 학급의 배구 경기 대표이기도 하다. 금요일 방과 후 같은 시간대에 사이클 동아리 조별 모임과 학급 배구 예선전이 겹쳐서, A는 사이클 동아리 회원의 역할과 학급 배구 경기 대표로서 해야 할 역할 사이에서 어떤 것을 선택해야 할지 망설이고 있다.

① 역할 혼동
② 역할 긴장
③ 역할 갈등
④ 다중 역할

23 제시문은 역할 갈등의 사례이다. 역할 갈등이란 두 개 또는 그 이상의 지위들에 상응하는 역할들이 동시에 요구되어 양립 불가능하게 된 경우에 발생하는 사회 갈등이다.
① 역할 혼동이란 한 개인이 갖는 두 개 또는 그 이상의 지위들에 상응하는 역할들 사이에 문제가 생기기는 하지만, 그것들이 양립 불가능한 것은 아니어서 어느 역할을 선택해야 할지 고민하는 상황이다.
② 역할 긴장이란 하나의 사회적 지위에 요구되는 여러 역할 사이에서 양립 불가능한 행동·기대·의무들이 생길 때 개인이 경험하는 스트레스 또는 긴장을 말한다.
④ 다중 역할이란 개인이 둘 이상의 사회적 지위를 가지고 있어서 다양한 역할 행동을 하는 것을 말한다.

정답　22 ④　23 ③

24 사회집단의 특성
- 일정 수의 사람이 있어야 한다(최소 두 명 이상).
- 일정 수의 사람이 공유하는 의식과 가치가 있어야 한다.
- 소속 의식이 있어야 한다.
- 상호작용이 있어야 한다.
- 유대 관계가 있어야 한다.

25
① 이익사회(Gesellschaft)는 인간의 선택적 의지에 의해 형성된 집단으로, 합리성과 수단적 인간관계를 중시하고, 공식적인 규율에 의해 질서가 유지된다(회사, 학교, 정당, 국가 등).
② 공동사회(Gemeinschaft)는 인간의 의지와 무관하게 자연적으로 형성된 집단으로, 정(情)과 전인적인 인간관계를 중시하고, 전통과 관습에 의해 질서가 유지된다(가족, 친족, 촌락 공동체, 민족 등).
③ 내집단은 우리 집단이라고도 하며, 자기 자신이 소속되어 있다고 느끼는 집단이다. 구성원 간의 간접적인 접촉과 목적 달성을 위한 수단적인 만남을 바탕으로 형성된 집단은 이차집단이다.

26 일탈의 상대성
- 일탈의 개념은 시간적·공간적인 면에서 상대적인 개념으로, 특정 행위는 역사적 조건이나 사회적 상황에 따라 일탈 행동이 될 수도 있고 아닐 수도 있다.
- 일탈 행위의 평가는 문화적 상황에 따라 다르기 때문에 어떤 문화적 상황에서 야기되는 일탈인가를 고찰하는 데서 일탈의 이해가 시작되어야 한다.

정답 24 ② 25 ④ 26 ③

---

24 다음 중 사회집단의 특성으로 옳지 <u>않은</u> 것은?

① 소속 의식이 있어야 한다.
② 최소 세 명 이상의 사람이 있어야 한다.
④ 지속적인 상호작용이 있어야 한다.
③ 유대 관계가 있어야 한다.

25 다음 중 사회집단의 유형에 대한 설명으로 옳은 것은?

① 이익사회는 자연적 의지에 따라 형성된 집단이다.
② 공동사회는 선택적 의지에 따라 형성된 집단이다.
③ 내집단은 구성원 간의 간접적인 접촉과 목적 달성을 위한 수단적인 만남을 바탕으로 형성된 집단이다.
④ 일차집단은 구성원들 간의 친밀한 대면접촉을 통하여 이루어진 집단이다.

26 다음 내용과 관련 있는 일탈의 특성은?

> 한국 문화에서는 일탈이라고 판단되더라도, 미국 문화에서는 일탈이라고 평가되지 않을 수 있다.

① 절대성
② 일회성
③ 상대성
④ 다면성

27 다음 내용과 가장 관련 있는 이론은?

> 범죄의 원인을 범법자의 얼굴 형태 등 해부학적 특성과 신체적 구성과 같은 개인적인 자질이나 속성을 중심으로 파악하는 범죄이론이다.

① 사회학적 범죄이론
② 생물학적 범죄원인론
③ 심리학적 범죄원인론
④ 사회 구조이론

28 차별교제이론에 대한 설명으로 옳지 않은 것은?

① 서덜랜드(E. H. Sutherland)가 체계화시킨 이론이다.
② 일탈자와 가까이하면 일탈자가 될 개연성이 커진다고 주장한다.
③ 우연적 또는 충동적 범죄는 잘 설명해 주지 못한다.
④ 범죄 행위가 학습될 때 그 범위는 범죄의 기술에 한정될 뿐, 특정한 방향의 동기까지 학습되는 것은 아니라고 본다.

---

27 ① 사회학적 범죄이론은 범죄의 원인을 범죄자의 사회적 환경을 중심으로 파악하는 범죄이론이다.
③ 심리학적 범죄원인론은 인간의 심리 과정을 추적함으로써 비행·범죄 원인을 파악하고자 하는 이론이다.
④ 사회 구조이론은 사회 구조적 측면에서 잘못된 사회 구조의 영향으로 범죄가 발생한다는 이론이다.

28 차별교제이론에서는 범죄 행위가 학습될 때 그 학습은 범죄의 기술뿐만 아니라 특정한 방향의 동기, 추동, 합리화, 태도까지도 포함한다고 본다.

차별교제이론
(Differential Association Theory)
비행 행위를 설명하는 사회학적 이론으로, 에드윈 H. 서덜랜드(Edwin H. Sutherland)가 체계화한 이론이다. 범죄는 일반적인 행위와 마찬가지로 학습을 통해서 배우게 되고, 학습은 주로 친밀한 사람들과의 상호작용을 통해 일어난다고 주장한다. 그러나 우연적 또는 충동적 범죄는 잘 설명해 주지 못한다.

정답 27 ② 28 ④

29 ① 차별교제이론은 일탈 행위가 차별 교제의 과정을 통해 학습된다고 보는 이론이다.
② 기회구조론은 제도적 수단이 없는 아노미적 상태와 비제도적 수단이 있는 범죄 문화의 조건이 상승 작용할 때 일탈과 범죄가 유발된다고 본다.
④ 중화이론은 사람은 누구나 양심의 압박을 중화할 방법만 알면 일탈자가 될 수 있다는 이론이다.

29 다음 내용과 가장 관련 있는 이론은?

> 사회를 유지하기 위한 기본적인 제도적 장치들이 오히려 범죄를 유발한다는 이론이다. 일탈의 결정적 요인은 사람 또는 그의 행위가 불특정 다수의 인식 또는 평가에 의해서 '일탈'로 규정되고 그런 취급을 지속적으로 받게 된다면, 점차 이를 받아들이고 일탈을 반복하게 된다고 본다. 또한, 본질적으로 일탈을 규정하는 절대적인 기준은 없다고 주장한다.

① 차별교제이론
② 기회구조론
③ 낙인이론
④ 중화이론

30 사회 조직은 그 구성원의 지위와 역할이 명백하게 구분되고 체계화되어 운영된다.

30 사회 조직에 대한 설명으로 옳지 <u>않은</u> 것은?

① 사회 조직은 특정 목적을 위해 비교적 분명한 위계와 절차에 따라 소속감을 느끼고 집합적인 활동에 참여하는 사람들의 결합을 의미한다.
② 자발적 결사체는 사회의 다원화에 기여한다.
③ 특정 목적을 위해 의도적으로 만들어진 공식 조직과 친밀한 인간관계를 바탕으로 상호 작용하면서 형성된 집단인 비공식 조직이 있다.
④ 사회 조직은 그 구성원의 지위와 역할의 구분이 모호하다.

정답 29 ③ 30 ④

31 다음 중 관료제의 역기능에 해당하는 것은?

① 지위에 따른 임무를 명쾌하게 규정
② 직책과 지위가 일정한 위계 체계에 따라 배열
③ 형식주의
④ 능력 원칙에 의한 충원

[관료제의 기능]

역기능	순기능
• 관료제에서 일하는 사람은 훈련 받은 무능력자로 전락할 수 있다 (형식주의). • 몰인정함과 비인간화를 초래한다. • 절차 합리성의 번문욕례(Red tape)를 조장한다. • 관료는 윗사람의 눈치를 지나치게 보는 복지부동의 자세로 일을 하게 되는 경우가 많다.	• 관료의 직책은 아무에게나 맡겨지는 것이 아니고, 능력 원칙에 따른 시험으로 해결된다. • 지위에 따른 임무를 명쾌하게 규정한다. • 직책과 지위가 일정한 위계 체계에 따라 배열되어 있다. • 직책 보유자의 능률적 직책 수행을 유발·보장하기 위해 재직의 보장에 필요한 수단들을 강구한다.

32 사회 불평등 현상에 대한 설명으로 옳은 것은?

① 계층은 사회 내에 존재하는 실제적·객관적 지위가 경제력이라는 단일 지표에 의하여 분류된 사회 불평등 구조를 말한다.
② 기능주의적 관점에서는 사회 불평등 구조를 사회의 통합, 기능의 조정, 결속의 필요성에서 생겨난 것으로 본다.
③ 갈등주의적 관점에서는 희소한 재능을 요구하는 역할들이 가장 능력 있는 개인들에 의해서 수행되기 때문에 사회적 보상의 불평등한 배분이 일어난다고 보았다.
④ 계급은 연속선상에 있는 지위의 서열로서 다원적 지표에 의하여 분류되는 불평등 구조를 말한다.

---

31 [문제 하단의 표 참조]

32 ① 계급은 비연속적인 대립과 단절을 전제로 한 집합 개념으로, 사회 내에 존재하는 실제적·객관적 지위가 경제력이라는 단일 지표에 의하여 분류된 사회 불평등 구조를 말한다.
③ 갈등주의적 관점에서는 불평등 구조를 집단 간의 갈등, 경쟁, 정복으로부터 생겨난 결과물로 보았다.
④ 연속선상에 있는 지위의 서열로서 다원적 지표에 의하여 분류되는 불평등 구조는 계층을 의미한다.

정답 31 ③ 32 ②

33 전통 사회에서 가족은 생산과 소비를 자체적으로 해결하는 자족적 단위였으나, 산업 혁명 이후 자족적 생산 기능은 점차 가족에서 분리되어 나가고, 가족은 소비 기능만 남게 되었다.

33 가족의 기능 변화에 따른 현상으로 거리가 먼 것은?
① 가족이 전담했던 교육 기능은 학교 등 전문 교육 기관이 담당하고, 가족은 일부분만 담당하게 되었다.
② 전통 사회에서 가족은 생산과 소비를 자체적으로 해결하는 자족적 단위였으나, 점차 가족은 생산 기능만 남게 되었다.
③ 오락, 휴식, 통신, 후생 복지 등도 가족 외적인 제도로 분화되었다.
④ 질서 유지 기능은 가족으로부터 분화하여 정치 제도로 확립되었다.

34 귀농·귀촌인의 증가 등으로 농촌 사회의 주민 구성원들이 다양해지고 있는데, 가치관·생활 양식 차이 또는 이해관계 등으로 인한 분쟁과 갈등이 증가하고 있다.

34 한국 농촌 사회의 변화 양상으로 옳지 않은 것은?
① 다문화 가정의 증가에 따른 문화 정체성 혼란의 문제가 대두되고 있다.
② 이농 현상, 노령화 현상 등으로 인해 노동력 부족이 심화하고 있다.
③ 도시에 편중된 경제적 자원으로 인해 농촌 사회의 소득 수준은 상대적으로 낮은 편이다.
④ 귀농·귀촌인의 증가 등으로 주민 구성원들이 다양해지고 있는데, 가치관·생활 양식 차이 또는 이해관계 등으로 인한 분쟁과 갈등이 감소하고 있다.

정답 33 ② 34 ④

35 다음 설명에 해당하는 사회 복지와 가장 관련 있는 것은?

> • 일정 조건 이상이면 일률 가입을 원칙으로 한다.
> • 혜택과 관련 없이 능력에 따라 비용을 부담한다.

① 기초연금은 만 65세 이상 소득 인정액이 선정 기준액 이하이면 국민연금과 함께 모두 받을 수 있다.
② 사회보험은 국민에게 발생하는 사회적 위험을 보험의 방식으로 대처함으로써 국민의 건강과 소득을 보장하는 제도이다.
③ 공공부조는 소득 재분배의 효과도 있다.
④ 사회서비스는 도움이 필요한 모든 국민에게 인간다운 생활을 보장하고 국민 삶의 질이 향상되도록 지원하는 제도를 말한다.

36 집합 행동과 사회 운동을 비교하여 설명한 것으로 옳지 <u>않은</u> 것은?

① 사회 운동은 명백한 변화 지향적 이념을 갖고 그들이 바라는 정책들을 추진하기 위해 노력한다는 특성이 있다.
② 집합 행동의 영향이 사회 전반에 영향을 미치게 될 때, 이를 사회 운동이라 한다.
③ 집합 행동이란 대개 제도적으로 합법화된 질서 안에서 구성된 행동이다.
④ 군중 중심의 집합 행동은 연대 감정의 강화로 새로운 의식 주 구조와 사회의 조직화를 초래하여 구조적 변혁을 쟁취할 수 있는 특성이 있다.

---

35 사회보험의 목적은 재해 구제로, 강제 가입을 원칙으로 하며, 당사자가 부담 능력에 따라 일정 비용을 갹출하는 것으로 재원을 충당한다.
① 기초연금의 재원은 국가 및 지자체의 세금이며 대한민국 국적의 국내에 거주(「주민등록법」 제6조 1, 2호에 따른 주민등록자)하는 만 65세 이상 중 가구의 소득 인정액이 선정 기준액 이하이면 받을 수 있다.
③ 공공부조는 과거의 납부와 기여에 상관없이 혜택을 받으며 생활 보호, 의료 보호, 재해 구호 등이 이에 속한다.
④ 사회서비스는 국가·지방자치단체 및 민간 부문의 도움이 필요한 모든 국민에게 복지, 보건의료, 교육, 고용, 주거, 문화, 환경 등의 분야에서 인간다운 생활을 보장하고 상담, 재활, 돌봄, 정보의 제공, 관련 시설의 이용, 역량 개발, 사회 참여 지원 등을 통하여 국민 삶의 질이 향상되도록 지원하는 제도를 말한다. 관계 법령에서 정하는 일정 소득 수준 이하의 국민에 대한 사회서비스에 드는 비용의 전부 또는 일부는 국가와 지방자치단체가 부담한다.

36 집합 행동이란 대개 제도적으로 합법화된 질서 밖에서 구성된 행동이다.

정답 35 ② 36 ③

37 신사회운동에서는 중간 계급이 주체이고, 구사회운동에서는 노동 계급이 주체가 된다.
[문제 하단의 표 참조]

37 구사회운동과 비교해 볼 때 신사회운동의 특성으로 옳지 <u>않은</u> 것은?

① 노동 계급이 주체가 된다.
② 모든 삶의 질에 관심을 두고 탈물질적 경향을 띤다.
③ 자율적이고 분권화된 조직의 원리를 강조한다.
④ 환경 보전, 반핵, 여성 운동, NGO, 소비자 운동 등으로 전개된다.

[신사회운동과 구사회운동]

구분	신사회운동	구사회운동
주체	중간 계급	노동 계급
지향점	모든 삶의 질에 관심을 가지며 탈물질적 경향	물질적인 경향
주요 관심사	문화적·사회적 측면에 관심 – 현대 산업 사회에서 삶의 방식과 질의 문제, 자율적이고 분권화된 조직의 원리 강조	분배, 경제력, 정치권력 문제
실제 모습	환경 보전, 반핵, 여성 운동, NGO, 소비자 운동	노동 운동 중심으로 전개

정답 37 ①

38 다음 내용과 가장 관련 있는 학자는?

> 인류가 맞이한 제1의 물결은 농업 혁명에 의해 수렵 채집의 문명이 농경 사회로 대체되는 혁명적 사회 변화라고 하였다. 그리고 제2의 물결은 산업 혁명에 의한 농경 사회에서 산업 사회로의 변화로 보았다. 고도로 산업화되어 있으며 대량 생산, 대량 분배, 대량 소비, 대량 교육 등에 기반하고 있다고 하였다. 아울러 제3의 물결은 정보화 혁명을 통한 지식기반 사회로의 변화로 보았으며 탈대량화, 다양화, 지식기반 생산과 변화의 가속이 있을 것으로 예측했다.

① 레이먼드 레이 커즈와일
② 울리히 벡
③ 앨빈 토플러
④ 허버트 스펜서

38 제시문은 앨빈 토플러의 『제3의 물결』에 대한 내용이다. 앨빈 토플러(Alvin Toffler, 1928~2016)는 미래학자 겸 저술가로, 정보화 시대를 최초로 예견한 『제3의 물결(The Third Wave)』이나 『권력 이동(The Third Wave)』, 『미래의 충격(Future shock)』 등 10여 권이 넘는 미래학 관련 저서를 발간했다.

39 사회 변동 이론에 대한 설명으로 옳지 않은 것은?

① 파슨스의 균형이론은 사회 내부로부터의 급진적인 변동의 발생과 그에 수반되는 현상을 설명할 수 없다.
② 뒤르켐의 진화론은 사회를 생물학적 유기체에 비유하고, 사회 구조의 분화 및 통합에 초점을 둔 이론이다.
③ 갈등론은 이해의 차이가 갈등을 일으키기도 하지만 이에 따라 사회 발전과 복지를 증진할 수 있다는 이론이다.
④ 신진화론은 사회학적 측면과 문화 인류학적 측면에서 문화의 변동을 설명하는 이론이다.

39 사회를 생물학적 유기체에 비유하고, 사회 구조의 분화 및 통합에 초점을 둔 이론은 스펜서(H. Spencer)의 진화론이다. 뒤르켐은 스펜서와는 달리 분업에 의해 창출된 상호 의존성이 근대 사회에서의 통합을 위한 충분조건이 되지 않는다고 보았다.

정답 38 ③ 39 ②

40 다음 내용과 가장 관련 있는 이론은?

> 라틴 아메리카 발전 정책의 근간이 되어 온 근대화론에 대한 비판에서 출발한 이론이다. 제3세계의 저발전은 선진자본주의 국가와의 경제적 의존 관계 때문이라고 보았다. 이 이론에는 중심-주변 관계, 프랭크(A. G. Frank)의 세 가지 가설, 푸르타도(C. Furtado)의 저발전의 과정 등이 있다.

① 교환이론
② 중화이론
③ 종속이론
④ 사회해체이론

40 근대화론에 대한 부정으로부터 출발한 종속이론은 1960년대에 들어 라틴 아메리카 대륙의 학자들이 라틴 아메리카의 발전 문제를 다루면서 제시한 이론이다. 중심부와 주변부 사이의 교환 관계를 중시함으로써 내부적인 생산 관계의 모순에 따른 계급 갈등이 사회 변동에 미치는 영향을 적절히 포착하지 못했다는 점이 한계로 지적되고 있다.
① 교환이론은 개인 행위에 초점을 맞추는 미시적 접근법에서 출발하였으나, 점차 그 설명 원리를 거시적인 사회 조직과 사회 구조로 확장한 독특한 이론으로, 행동주의 심리학의 영향을 받아 호만스(G. Homans)가 수립했다.
② 마짜(D. Matza)의 중화이론(Techniques of neutralization theory)은 사람은 누구나 양심의 압박을 중화할 방법만 알면 일탈자가 될 수 있다는 이론이다.
④ 사회해체이론은 산업화·도시화에 의한 범죄의 증가 현상을 개인적 결함에 초점을 맞추어 연구하는 사회병리학을 비판하면서 등장한 이론이다.

정답 40 ③

사회학개론

2023년 기출복원문제

※ 기출문제를 복원한 것으로 실제 시험과 일부 차이가 있으며, 저작권은 시대에듀에 있습니다.

01 다음 중 홉스의 사회계약사상과 관련이 없는 것은?

① 성악설에 기반하여 인간의 자연상태를 '만인의 만인에 대한 투쟁' 상태로 보았다.
② 자연 상태는 평화롭지만 인간 이성의 오류 발생 가능성으로 인해 전쟁 발생이 가능한 잠재적 상태이다.
③ 주권은 인민으로부터 지배자에게 양도될 수 있다.
④ 시민의 저항권은 인정하지 않았다.

---

01 '인간 이성의 오류 발생 가능성으로 인한 잠재적 전쟁가능성이 있는 상태'는 로크가 생각한 자연 상태의 정의이다.

③ 홉스와 로크는 주권이 인민으로부터 지도자에게 양도될 수 있다고 생각하였다. 물론, 홉스는 전면적인 양도를 주장하였고, 로크는 언제든 회수 가능한 일부 양도를 주장하였다는 차이점이 있다. 루소는 주권을 지배자에게 양도될 수 없는 것으로 보았다.

④ 홉스는 시민들이 '만인의 만인에 대한 투쟁 상태'로 돌아가는 것보다는 군주에게 절대 복종하는 것이 생명과 안전을 지킬 수 있기 때문에 더 낫다는 입장에서 저항권을 인정하지 않았다. 반면, 로크는 국가가 계약의 목적인 시민의 자연권을 보호하기는커녕, 침해할 경우 그러한 국가에 대해 저항할 수 있다고 보았다. 루소는 군주가 일반의지를 거슬러 권력을 남용할 경우 국민은 그 권력에 저항할 수 있다고 보았다.

정답 01 ②

02 사회학의 형성기는 대략 18C 말~19C 초를 말하며, 대표적인 학자로 '콩트, 생시몽, 스펜서' 등을 꼽는다. 시기적으로 프랑스 혁명 당시와 직후에 활동했던 인물들로, 프랑스 혁명의 참상을 목격하면서 혁명 이전의 세계에 대해서도, 혁명이 가져온 변화에 대해서도 어느 정도 거리를 두려 했다. 이제 정부와 정치는 무소불위의 권력을 가진 존재가 아니며, 인간 사회에 의해 수동적으로 규정당하고 변하는 입장에 놓였다고 주장했기 때문에 정치, 즉 국가를 움직이는 사회는 어떤 원리에 따르는가를 정의하게 되었다.
③ 피에르 부르디외(1930~2002)는 프랑스의 사회학자이자 참여 지식인으로 '부르디외 학파'를 형성하고, 사회학을 '구조와 기능의 차원에서 기술하는 학문'으로 파악하였다. 신자유주의자들을 비판하면서 범세계적인 지식인 연대의 필요성을 주장했다. 대표적인 저서로는 『구별짓기』, 『호모 아카데미쿠스』 등이 있다

02 다음 중 사회학 형성기에 활동을 하지 않은 학자는?

① 오귀스트 콩트(A. Comte)
② 생시몽(S. Simon)
③ 피에르 부르디외(Pierre Bourdieu)
④ 허버트 스펜서(Herbert Spencer)

03 사회 구성원은 각각 자아, 개인 의식 그리고 자유를 가지고 있다. 하지만 개인은 사회라는 외부적인 압력으로 인해 그 의식과 자유를 제한받는다. 예를 들어, 대한민국의 고등학생은 '입시'라는 외부적 압력에 의해 자신의 생각과 자유를 제한받는다. 이때 대한민국의 고등학생들이 겪는 '입시'라는 외부적인 압력을 뒤르켐은 '사회적 사실'이라고 규정한다. 뒤르켐은 이 외부적 압력, 즉 사회적 사실은 철저하게 외부의 '사물'로 객관적으로 다루어져야 하며, 자신의 주관적인 판단을 포함시키면 안 된다고 주장한다.

03 다음 내용에서 괄호 안에 들어갈 용어로 적절한 것은?

> 뒤르켐(E. Durkheim)은 '사회'를 정치 체계·종교 체계·가족 체계 및 기타의 체계 등 여러 부분이 합성되어 새로운 형질로 전화(轉化)된 하나의 실체로 파악하고, 전체로서의 '사회'는 부분들을 개별적으로 분석해서는 파악될 수 없는 것이라고 주장하였다. 그는 사회학을 '( )(이)라고 하는 객관적 현상을 연구하는 학문'이라고 규정한다.

① 사회적 사실
② 사회학적 상상력
③ 사회적 유기체
④ 아노미 현상

정답 02 ③ 03 ①

04 다음 내용에서 괄호 안에 들어갈 용어로 적절한 것은?

> ( )은 사회 현상에 대하여 다음과 같은 가정을 하고 있다. 인간의 행위는 물질의 운동과 마찬가지로 객관적으로 관찰할 수 있다. 즉, '무게, 온도, 압력' 등과 같은 측정값을 가지고 물질의 운동이나 속성을 수량화(quantity)할 수 있는 것과 같이, 인간의 행위를 '객관적으로 측정할 수 있는 방법'을 고안해 내는 것이 가능하다. 이러한 객관적인 측정값을 가지고 관찰된 사항 등으로부터 행위에 대한 이론화가 가능해진다는 것이다. 따라서 ( )은 직접적으로 관찰할 수 있는 행위(behavior)를 특히 중요시한다. 직접적으로 관찰할 수 없는 의미나 감정 또는 목적 등은 중요하게 취급되지 않는데, 이는 행위를 잘못 이해하게 만드는 원인이 된다고 생각하기 때문이다.

① 해석적 방법
② 실증적 방법
③ 관계적 방법
④ 총체적 방법

04 ① 해석학적 방법은 사회과학과 자연과학의 대상은 본질적으로 다르다는 가정하에서 출발한다. 따라서 자연과학의 방법과 가정은 인간 연구에 부적당하다고 본다. 이들은 사회적 세계가 의미를 담고 있는 세계라는 사실을 강조하며, 사회과학 연구의 궁극적 목적은 우리가 살고 있는 세계를 이해하고 해석하는 것이라고 본다. 즉, 사회과학의 목적은 인간 행태(behavior)의 인과관계를 논증하는 것이 아니라, 인간 행위(action)의 의미를 이해하고 해석하는 것이라고 생각한다.

05 이론과 사실의 역할에 대한 설명으로 옳지 <u>않은</u> 것은?

① '이론'은 현상을 설명하고 예측할 목적으로 변수 간의 관계를 상세히 기술하여 현상에 대한 체계적인 관점을 제시하는 것이다.
② '사실'은 사물에 대한 지식을 논리적 연관성에 따라 하나의 체계로 이루어 놓은 것을 말한다.
③ '사실'은 관찰이나 경험 등을 통해서 참이나 믿을 만한 것으로 확립된 내용이다.
④ '사실'은 실제로 일어났거나 현재 진행 중인 사건을 의미하므로, 우리가 그것에 대해 옳고 그름을 판단하거나 좋고 싫음을 판단하는 것과는 무관하다.

05 사회 현상을 규정하고 있는 주요 변수들 사이의 관계를 정립하고, 주요 변수에 의하여 설명되는 사회 현상에 대한 체계적인 관점을 제공하는 것은 '이론'의 역할이다.

정답 04 ② 05 ②

06 연구 대상이 가지는 주관적 의미 해석에 중심을 두는 방법은 '질적 연구 방법'이다. 질적 연구 방법은 연구 대상의 생활 세계에 대한 관찰이나 면담 등으로 자료를 수집한 후 연구자의 해석을 통해 결론을 도출하는 방법이다.

07 '일상적 방법'은 베버가 제시한 '방법론적 이원론'의 방식으로 등장한 해석학에서 쓰이는 사회과학의 탐구 방식이다. 특히 '해석주의'에서는 사회 현상의 연구는 그 구성의 모체인 인간을 대상으로 하는 것이며, 특정한 환경과 조건에 대한 행위자의 의미가 내포되어 있기 때문에 자연과학과 똑같은 방법으로 연구하는 것은 옳지 않다고 보았다. 따라서 사회 현상을 이해하기 위해서는 그 행위를 발생시키는 행위자들의 주관적인 의식에 대한 이해가 우선적으로 필요하다고 보았다. 그러므로 연구자의 '생활 세계'를 이해하기 위한 '일상적인 방법'을 사용한다. 이는 실증주의에서 언급하는 '과학적인 인식 방법'과는 차이가 있다.

정답 06 ③ 07 ④

06 사회과학의 양적 연구 방법에 대한 설명으로 옳지 않은 것은?

① 양적 연구 방법은 계량화된 사료의 통계적 분석을 통해 결론을 도출하는 방법이다.
② 양적 연구 방법은 사회 현상에 대한 과학적 연구를 통해 법칙의 발견이나 일반화의 정립이 가능하다고 생각한다.
③ 양적 연구 방법은 연구 대상이 갖는 주관적 의미 해석에 중심을 두는 방법이다.
④ 양적 연구 방법은 자연 현상과 사회 현상은 본질적으로 같은 특성을 가지고 있기 때문에 사회문화 현상에도 일정한 규칙성이 존재한다고 전제한다.

07 다음 중 과학적 인식 방법과 관련이 없는 것은?

① 객관적 방법
② 비교적 방법
③ 분석적 방법
④ 일상적 방법

08 다음 내용과 가장 관련이 깊은 것은?

- 사회는 상호 의존적인 여러 부분들로 구성되며 각각의 부분이 전체 사회의 균형을 유지하는 경향이 있다고 보았다. 따라서 어느 한 부분의 변화는 연관된 다른 부분의 변화를 유발하여 균형과 재균형의 순환을 가져온다고 보았다.
- 사회는 네 개의 분화된 하위 체계로 구성되어 있으며, 각 하위 체계는 특정한 문제의 해결과 관련된 고유의 기능을 수행한다.

① 파슨스(T. Parsons) - 사회 체계이론
② 다렌도르프(R. Dahrendorf) - 갈등론
③ 쿨리(C. H. Cooley) - 상징적 상호작용론
④ 호만스(G. Homans) - 교환이론

---

08 파슨스는 사회 체계이론에서 '사회 질서가 유지되는 기반이 무엇인가?'에 관심을 두고 그 핵심을 '사회 체계'에서 찾았다. 파슨스는 '사회는 상호 의존적인 성격이 강하고, 균형을 유지하려는 경향이 있다'고 보았다. 따라서 사회 한 부분의 변화는 연관된 다른 부분의 변화를 유발하여 균형과 재균형의 순환을 가져온다고 보았다. 이렇게 사회가 유지되기 위해서는 적어도 네 가지의 기본적인 기능이 필수적으로 요구된다고 주장하였는데, 파슨스는 이것을 '적응(A = Adaptation), 목적 달성(G = Goal attainment), 통합(I = Integration), 잠재성(L = Latency)'의 AGIL 모형으로 설명하였다.

② 다렌도르프는 사회를 비롯한 모든 조직이 상명하복의 위계 관계로 짜인 권위 구조가 존재한다고 보고, 권위가 있는 지배자 집단과 권위가 없는 피지배자 집단이 서로 지배자 집단이 되기 위해 갈등하는 구조로 사회가 이루어진다고 보았다.

③ 쿨리는 미시적 관점에서 일상생활에서 발생하는 사람들 간의 상호작용에 초점을 두었다. 특히 상징, 즉 언어나 제스처를 통해 의미를 교환하고 그 속에서 서로의 '생각, 기대, 행동'을 조정하는 과정이 사회 현상을 일으키는 근본적인 원인이라고 보았다. 따라서 사회 현상을 이해하기 위해서는 '개인에게 주어진 상황'과 '자신 및 자신과 상호작용 관계에 있는 사람들의 행위에 어떠한 의미를 부여하는가'를 이해하는 것이 선행되어야 한다고 주장하였다.

④ 교환이론은 행동주의 심리학의 영향을 받아 호만스가 주창하였다. 기본적으로 교환이론은 '인간은 기본적으로 이윤을 추구하는 경제학적으로 합리적인 존재'라는 가정에서 출발하며, 인간의 상호작용이 단순한 행위가 아니라 '손익을 계산하여 얻어지는 이기적인 상호작용'이라고 생각한다.

정답 08 ①

09 블루머는 미국의 사회학자 조지 미드(G. H. Mead, 1863~1931)의 제자로, 1930년대 처음으로 '상징적 상호작용'이라는 용어를 사용한 학자이다.

09 다음 중 갈등이론가가 <u>아닌</u> 인물은?

① 코저(L. Coser)
② 마르크스(K. Marx)
③ 블루머(H. Blumer)
④ 다렌도르프(R. Dahrendorf)

10 ① '가치중립'은 베버가 주장한 것으로, 사회과학자는 개인적인 가치관이나 사상을 연구 과정과 결과에 개입시켜서는 안 된다고 하는 방법론적인 태도를 의미한다. 즉, 가치중립성(= 몰가치성)은 사회과학으로부터 실천적·윤리적 가치를 배제해야 한다는 사회과학 방법론상의 이론으로, '가치개입' 또는 '가치판단'과 상반되는 용어이다.

10 다음 내용에서 괄호 안에 공통으로 들어갈 용어로 적절한 것은?

> '사실판단'은 사실을 있는 그대로 표현하는 것으로, '나팔꽃은 나팔꽃이다.'와 같이 사실 확인을 통해 객관적인 진위의 판단이 가능하다. 이에 비해 (   )은(는) 사람의 가치관이 개입되는 판단으로, 주로 진·선·미 따위의 가치 일반의 문제와 관련되기 때문에 객관적인 진위의 판별이 쉽지 않다. 이와 관련하여 '나팔꽃은 예쁘다.'를 예로 들 수 있는데, (   )은(는) 사람마다 다르므로 똑같은 현상에 대하여 여러 가지 판단이 가능하기 때문이다.

① 가치중립
② 가치자유
③ 가치판단
④ 가치논쟁

정답 09 ③ 10 ③

11 다음 중 "사회학적 상상력"이란 용어를 주장한 인물은?

① 밀스(C. W. Mills)
② 뒤르켐(E. Durkheim)
③ 짐멜(G. Simmel)
④ 비트겐슈타인(Wittgenstein)

11 사회의 각 성원이 소속되어 있는 집단이나 조직이 처해 있는 상황적 여건을 관찰·연구함으로써, 사회학자들은 개개 사회성원들의 사생활을 광범위한 사회와의 관계로 조명한다. 이러한 사회적 관계 및 조건의 변화는 늘 우리의 일상생활에 영향을 미치기 때문에, 사회가 어떻게 돌아가는지를 이해하려면, 개개인들의 삶의 모습에 영향을 미치는 사회·역사적 과정에 대한 관계적·종합적 사고가 필요하다. 이를 통해 다양한 개개인의 외부에 나타나고 있는 인생의 경력(경험)이 가지는 내적 삶의 의미와 관련된 생애를 확대한 역사적 표시를 이해할 수 있게 된다. 또한, 인간의 삶에 가장 친근한 특색과 아주 거리가 먼 개인과 관계가 없는 변화와의 관계를 관찰할 수 있는 능력을 밀스(C. W. Mills)는 '사회학적 상상력'이라고 하였다.

12 다음 중 문화의 3대 구성요소가 아닌 것은?

① 물질문화
② 관념문화
③ 제도문화
④ 상징문화

12 문화의 구성요소는 크게 '물질문화'와 '비물질문화'로 구분된다. 물질문화는 인간이 살아가는 데 필요한 도구나 기술을 말한다. 이는 인간이 환경에 적응하는 중요한 수단이 된다. 비물질문화는 '제도문화'와 '관념문화'로 구분할 수 있는데, 제도문화는 '법, 예절, 관습' 등 사회의 질서 유지와 원활한 운영을 위한 사회 제도 및 행동 기준을 말한다. 관념문화는 '언어, 종교, 예술, 학문, 가치, 태도' 등 인간 행동에 의미를 부여하거나 방향을 제시해 주어 인간의 삶을 보다 풍요롭게 만들어주는 정신적 창조물을 의미한다.
볼드리지(J. V. Baldridge)는 문화를 '경험적 문화, 심미적 문화, 규범적 문화'로 나누었는데, '경험적 문화(= 물질문화), 심미적 문화(= 관념문화), 규범적 문화(= 제도문화)'라고 생각하면 된다.

정답 11 ① 12 ④

13 다음 내용과 가장 관련이 깊은 것은?

- 일상적인 개인의 생활을 중심으로 규정해 놓은 행동 규범으로, 상식 또는 에티켓이라고 하며, 가장 규제력이 낮은 사회 규범이다.
- 식사 예절, 옷 입는 법, 말씨 등의 규범을 뜻하는 표현이다.
- 이 규범을 어겼다고 해서 사회적 제재나 형벌을 받지는 않지만, 따돌림이나 비난 등의 제재를 받을 수 있다.

① 법률
② 원규
③ 민습
④ 유행

13 ① 법은 의식적으로 제정하고 공식적으로 선포된 정당성에 입각하여 집행하는 규범이다. 사회가 복잡해짐에 따라 규범의 위반 행위에 대해 개인 또는 집단의 보복이 자의적으로 이루어질 경우 혼란과 부작용이 우려되기 때문에, 정부나 국가기관이 합법성의 틀 안에서 물리적 제재를 담당한다.
② 원규는 사회의 유지와 존속이라는 근본적인 가치를 위해 불가피하다고 인정되고, 따라서 반드시 지켜야 할 규범이다. 사람들은 원규를 위반하면 사회 질서가 붕괴될 위험까지 있다고 믿기 때문에, 원규의 위반자에게는 가혹한 처벌이 따른다. 특히 '절대로 해서는 안 되는 것'과 같은 부정적 원규는 '금기'(taboo)로 간주된다(예 근친상간의 금기). 특히, 원규와 민습은 명확하게 구분하기는 어려운데, 차이는 종류의 차이라기보다는 정도의 차이로 보아야 한다. 즉, 중요성의 정도나 처벌의 가혹성의 차이이다.
④ 유행은 사회 전반에 걸쳐 특정한 행동 양식이나 사상 따위가 일시적으로 많은 사람의 추종을 받아서 널리 퍼지는 현상이나 경향을 의미한다. 유행은 사람들의 '선호'(preference)를 의미하는 것이지, 지켜야 하는 규범으로 인식되지는 않는다.

정답 13 ③

14 다음 내용과 가장 관련이 깊은 것은?

> 오그번(W. F. Ogburn)은 문화의 변동이 기술 발달에 의해서 일어난다고 보았다. 또한 그는 한 사회에서 기술 발달이 그 기술을 뒷받침하는 가치관과 같은 정신적인 발달과 동반되어 나타나지 않을 때 문화의 부조화 현상이 생긴다고 하였다.

① 기술 지체
② 문화 지체
③ 규범 지체
④ 인지 부조화

14 문화 지체는 문화가 변동할 때 문화 내용의 여러 측면이 골고루 같은 속도로 변하지 않고 어느 측면은 빠르게, 다른 측면은 천천히 변하기 때문에 생기는 문화의 부조화 현상을 말한다. 일반적으로 기술 수준은 빠르게 변하지만, 그에 따른 윤리적 규범 수준이 따르지 못할 때 발생하는 현상을 말한다.

① 기술 지체는 '문화 지체'의 반대 개념으로, 비물질문화의 변동 속도를 물질문화가 따라잡지 못하는 것을 의미한다. 예를 들어, 개발도상국 등에서 서구식 민주주의나 사상의 유입으로 국민들의 의식과 기대 수준이 높아졌음에도 지역 사회의 과학기술이 이를 따라가지 못하는 것이 대표적인 사례이다. 이러한 기술 지체의 해결 방안으로 해당 지역 사회의 인프라 수준을 고려하여 만드는 기술인 '적정 기술' 개념이 등장하였다. 예를 들어, 아프리카 지역의 '물 부족 국가'에서는 엄청난 첨단 시설이 아닌 적정한 수준의 여과 기술 정도면 충분히 건강한 생활을 유지할 수 있는데, 이런 기술이 적정 기술의 사례이다.

정답 14 ②

15 재사회화는 급격한 생활환경의 변화가 있을 때, 즉 사람들이 과거에 가지고 있던 것과는 근본적으로 다른 규범과 가치를 내면화하는 경우이다. 특히 군대나 포로수용소, 교도소, 수녀원, 정신병원 등과 같은 이른바 '총체적 기관'에서 효율적으로 일어난다.
① 발달 사회화는 새로운 기대나 의무, 역할의 습득이 요구되는 상황(예 결혼, 전직 등)에서 새로운 학습이 옛것에 부가되거나 융화되어 일어나는 사회화를 말한다.
③ 역사회화는 구세대의 문화 지식이 젊은 세대로 전해지는 것이 아니라 그 반대의 방향으로 일어나는 현상이다. 노인들이 새롭게 컴퓨터를 배우는 경우 등이 그 예이다.
④ 원초적 사회화는 어린 시절의 학습 과정으로, '언어와 인지 능력의 향상, 문화적 규범과 가치의 내면화, 정서적 유대의 확립, 다른 사람들의 역할과 관점에 대한 평가' 등을 포함한다.

16 '고독한 군중'은 타인지향형 현대인들, 즉 소속된 집단으로부터 격리되지 않기 위해 항상 타인의 눈치를 보며 내적 고립감과 갈등을 겪는 사람들을 의미하는 표현이기도 하다. 참고로 '사회적 퍼스낼리티'란 한 사회의 개인들에게 가장 흔히 나타나는 성격을 말하며, '사회적 성격'이라고도 한다.

15 다음 내용과 가장 관련이 깊은 것은?

- 이미 습득한 사회화의 내용이 개인의 새로운 집단이나 직업, 지위, 변화한 상황에 부적합하거나 개인의 적응을 저해할 우려가 있는 상황을 전제로 한다.
- 이미 습득한 사회화의 내용을 새로운 내용으로 대체함으로써 개인이 새로운 집단이나 직업, 지위, 변화한 상황에 순조롭게 적응하는 데 기여한다.
- 주로 군대나 교도소 등에서 발생한다.

① 발달 사회화
② 재사회화
③ 역사회화
④ 원초적 사회화

16 다음 내용에서 괄호 안에 들어갈 용어로 적절한 것은?

리스먼(D. Riesman)은 (　　)이라는 저서를 통해 사회적인 발달 단계에 따른 퍼스낼리티 유형을 제시하였다. 그는 21세기 대중사회의 인간 유형을 '전통지향형, 내부지향형, 외부지향형(타인지향형)'의 세 가지로 구분하고, 이 순서대로 인류의 사회적 성격이 발전해 왔다고 주장한다.

① 고독한 시민
② 위대한 군중
③ 고독한 군중
④ 자비로운 군중

정답 15 ② 16 ③

17 다음 중 귀속 지위가 <u>아닌</u> 것은?

① 한 집안의 딸
② 조선 시대의 노비
③ 성인 남성
④ 한석봉의 어머니

17 어머니는 결혼을 해서 출산을 해야 얻을 수 있는 지위이다. 결혼이라는 행위 자체가 본인의 의지로 하는 후천적인 성취 지위라는 것을 고려해보면, 어머니는 성취 지위라고 볼 수 있다.

18 다음 내용에서 괄호 안에 들어갈 용어를 순서대로 고른 것은?

- (A) : 도둑인 아들을 잡은 경찰관 아버지
- (B) : 자상하면서, 재미있고, 카리스마 있는 선생님이 되기를 요구함

	A	B
①	역할 모순	역할 긴장
②	역할 기대	역할 모순
③	역할 혼동	역할 긴장
④	역할 갈등	역할 혼동

18 역할 갈등이란 '한 개인'이 동시에 여러 지위를 가지거나, 하나의 지위에 대해 서로 상반되는 역할이 요구될 때 나타나는 갈등으로, '역할 긴장'과 '역할 모순'으로 구분할 수 있다.
[문제 하단의 표 참고]

[역할 긴장과 역할 모순]

구분	역할 긴장(Role Strain)	역할 모순(Role Conflict)
지위의 수	하나의 지위	여러 개의 지위
의미	하나의 지위에서 서로 상반되는 둘 이상의 역할이 기대될 때 발생하는 역할 갈등	한 개인이 자신이 가진 두 개 이상의 지위에 따른 역할을 동시에 수행해야 할 경우 발생하는 역할 갈등
사례	• 자상하면서 카리스마 있는 선생님을 요구 • 아름다우면서 억척스러운 주부를 요구	• 부모님이 돌아가셨지만, 개그 공연을 해야 하는 개그맨 • 도둑인 아들을 잡은 경찰관 아버지

정답 17 ④ 18 ①

19 '구성원 간의 간접적인 접촉과 목적 달성을 위한 수단적인 만남을 바탕으로 결합된 집단'이란 이차집단을 의미한다.
원초집단(일차집단, Primary Group)은 쿨리(C. H. Cooley)에 의해 처음 언급된 집단으로, 구성원 간의 친밀한 접촉을 통해서 이루어진 집단을 의미한다.

20 준거집단은 1942년 하이먼(H. Hyman)이 도입한 개념으로, 한 개인이 그 자신의 신념・태도・가치 등을 규정하고 행동의 지침으로 삼는 집단이다. 즉, 한 개인이 특정한 상황 속에서 자아 정체감을 얻고 행위의 판단 기준을 배우며, 거기에서 지배적인 규범에 따라 판단하고 행위하는 집단을 준거집단(reference group)이라고 부른다. 따라서 준거집단은 자아 평가와 태도 형성을 위한 준거의 틀을 제공하고 행위 기준이 되는 집단으로, '표준집단'이라고 부르기도 한다.
① 내집단은 한 개인이 그 집단에 소속한다는 느낌을 가지며 구성원 간에 '우리'라는 공동체 의식이 강한 집단으로, 자아 정체감을 얻으며 판단과 행동의 기준을 배우게 되는 집단이다.
③ 외집단은 내가 소속된 집단이 아니므로 이질감을 가지거나 심지어는 적대감이나 공격적인 태도까지 가지게 되는 경우로서, '타인집단'과 같은 의미이다. 인간은 외집단을 통해서 집단의 성격을 비교・파악할 수 있게 되고 내집단의 결속의 필요성을 인식하게 되며, 서로 다른 판단과 행동의 기준이 있다는 것을 알게 된다.

정답 19 ④ 20 ②

---

19 다음 중 원초집단에 대한 설명으로 옳지 않은 것은?

① 구성원들 간의 친밀한 대면 접촉을 통하여 이루어진 집단으로, 인간을 성숙한 사회적 존재로 성장시키는 데 가장 중요한 기능을 담당하는 사회 집단을 말한다.
② 구성원들 간에 인격적인 관계가 맺어지게 되고 인간 본성이 형성된다.
③ 어린이는 부모와의 공감을 통해 사회 규범과 도덕적 가치를 배운다.
④ 구성원 간의 간접적인 접촉과 목적 달성을 위한 수단적인 만남을 바탕으로 결합된 집단이다.

20 다음 내용에서 괄호 안에 공통으로 들어갈 용어로 적절한 것은?

( )이 자신의 소속 집단과 일치하는 경우 만족감과 안정감을 형성한다. 반면 자신이 속해있지 않은 집단을 ( )으로 삼을 경우 현재 소속 집단 성원들에게 배척당하고, 자신이 속해 있지 않은 집단 성원마저 자신을 거부하면 어느 집단에도 소속되지 못하는 주변인이 된다. 또한, 객관적 조건이 비슷함에도 불구하고 다른 집단에 비하여 자신의 처지가 열등하다고 느끼게 되어 상대적 박탈감을 갖는다.

① 내집단
② 준거집단
③ 외집단
④ 공식집단

21 다음 내용과 가장 관련이 깊은 것은?

- 일탈 행동은 타자에 의해 상대적으로 규정된 것이다.
- 한 사람이 타자에 의해 일탈자로 규정되고 그런 취급을 지속적으로 받게 된다면, 그는 점차 이를 받아들이고 일탈을 반복하게 된다.
- 이차적 일탈에 초점을 두고 있기 때문에, 일차적 일탈과 강자(= 권력자)의 일탈을 경시하는 경향이 있다.

① 낙인이론
② 차별교제이론
③ 아노미이론
④ 중화이론

---

21 낙인이론은 1960년대에 등장한 이론으로, 비행이 사회 통제를 유발한다는 기존 이론과 달리 사회 통제가 일탈을 유발한다는 정반대의 주장을 펼쳤다. 한 사람을 일탈자로 낙인찍고 '형벌, 교정처분' 등의 사회적 제재를 적용하는 것은 일탈을 줄이기보다 증폭시킨다고 주장하는 이론이다.

② 차별교제이론을 주장한 서덜랜드(E. H. Sutherland)는 일탈 행동을 정상적으로 학습된 행동으로 묘사하면서, 이러한 정상적인 학습의 본질을 밝히고자 하였다. 일탈은 개인의 성향이나 사회경제적 지위의 발현으로 나타나는 것이 아니라, 일탈도 일반적인 행위와 마찬가지로 학습을 통해서 배우게 되고 일탈자 역시 일반인과 마찬가지의 학습 과정을 거친다는 것이다. 학습은 주로 친밀한 사람들과의 상호작용을 통하여 일어나며, 일탈에 대한 긍정적 정의보다 부정적 정의에 많이 노출될수록 일탈 가능성이 높다고 보았다.

③ 아노미란 'A(Anti) + nom(규범)ie'의 구조로, '지배적인 규범이 부재(不在)하는 상황'이라고 정의할 수 있다. 사회의 규범이 약화되거나 부재할 때, 또는 그 이상의 상반된 규범이 동시에 존재할 때, 한 개인은 행동의 지침을 잃게 되고 개인의 욕구와 행위를 조정해 줄 수 있는 사회적 규율이 없으므로 행동 방향을 잃게 되는 상태를 말한다.

④ 중화이론(Techniques of neutralization theory)이란, 일탈자와 정상인이 다르다는 통념을 배격하고, 규범에 동조하는 사람이나 어기는 사람이나 근본적으로는 모든 규범을 어기고 싶은 욕구를 가지고 있다는 것이다. 즉, 사람은 누구나 양심의 압박을 중화할 수 있는 방법만 안다면 일탈자가 될 수 있다는 이론이다. 범죄 환경을 접하고도 범죄에 빠지지 않는 이유는 범법 행위의 부도덕성을 수긍하기 때문이며, 반대로 범죄를 저지르는 이유는 나름대로의 이유를 들어 범법 행위의 부도덕성을 부정(함으로써 자신의 행위를 정당화)하기 때문이다.

정답 21 ①

22 화이트칼라 범죄는 정치·경제적으로 명망이 높은 사회적 지위에 있는 사람들이 그 직무 수행의 과정에서 행하는 지능적 범죄를 말한다. 화이트칼라 범죄는 다음과 같은 특징을 가진다.
- 일반 범죄보다 죄의식이 희박하다.
- 피해가 일반 국민에게 간접적으로 파급되기 때문에 일반적으로 크게 죄악시되지 않고, 그로 인해 사회의 비난 강도가 약하다.
- 증거 인멸이 쉽고 수법이 교묘하다.
- 사회의 신용을 파괴하고 국가의 경제 성장을 해친다.
- 전통적인 범죄에 비하여 그 피해나 손해가 광범위하고 그 규모가 크며, 그 결과로 인해 범죄자가 범죄로 얻는 이익도 매우 크다.
- 피해자가 불특정 집단이기 때문에 특정하기 어렵다. 이로 인해 법 침해 사실이 현실로 드러나지 않는 경우가 많으므로 숨겨진 범죄가 많다.

22 다음 내용에서 괄호 안에 공통으로 들어갈 용어로 적절한 것은?

> 1939년 서덜랜드(Edwin H. Sutherland)에 의해 처음으로 ( ) 범죄라는 용어가 사용되었다. ( ) 범죄는 사회의 지도적 또는 관리적 위치에 있는 사람이 직무상 지위를 이용하여 저지르는 범죄를 의미한다. 횡령, 배임, 탈세, 외화 밀반출 등을 비롯하여 뇌물 증여, 주식이나 기업 합병, 공무원의 부패, 근로기준법·공정거래법 위반 등을 대표적인 사례로 볼 수 있으며, 자본주의 사회의 일상적 현상으로 볼 수 있으나 기업 활동이나 행정 집행 과정에서 저질러지기 때문에 적법 또는 위법의 판단을 내리기 어렵다.

① 블루칼라
② 블랙칼라
③ 화이트칼라
④ 옐로우칼라

23 사회 구조란 '사회적 규칙'이라고 이해하면 된다.

23 다음 내용에서 괄호 안에 공통으로 들어갈 용어로 적절한 것은?

> ( )은(는) 사회 구성원 간 상호 관계를 맺는 방식과 관련된 안정적이고 정형화된 상호작용의 틀을 말한다. ( )은(는) 개인이 행동할 수 있는 범위나 행동 양식(사회적 상호작용의 틀)을 제시함으로써 개인의 자유를 구속하거나 강제한다는 점에서 부정적인 면이 있다. 그러나 이러한 ( )은(는) 구성원들이 구조화된 행동을 하도록 함으로써 구성원들의 행동을 예측할 수 있게 하여 안정되고 규칙적인 인간관계의 존속을 가능하게 한다는 점에서 긍정적인 면이 있다.

① 사회 구조
② 사회적 상호작용
③ 사회적 제재
④ 사회적 영향력

정답 22 ③ 23 ①

24 다음 중 과학적 관리론에 대한 옳은 설명을 모두 고른 것은?

> ㉠ 작업 수행에 있어서 낭비와 비능률을 제거하고, 생산 과정에 있어서 필요한 지식과 기술을 활용해서 생산의 효과를 올리려는 이론이다.
> ㉡ 각각의 노동자에게 업무를 배당하여, 업무를 완수한 노동자에게 높은 성과금을 지불하고, 그렇지 못한 노동자에게 일급 정도의 낮은 보수를 지급하여 생산을 극대화하려 하였다.
> ㉢ 인간의 사회적·심리적인 측면까지 고려하여 생산성의 비능률을 적극적으로 개선하려 했다는 평가를 받는다.
> ㉣ 개개인의 작업을 분해하고 분석하여 표준화된 하루 작업량을 설정하고, 이것을 기준으로 관리의 과학화를 도모하려고 하였다.

① ㉠, ㉡
② ㉡, ㉣
③ ㉠, ㉡, ㉣
④ ㉠, ㉡, ㉢, ㉣

24 과학적 관리론은 인간의 사회적·심리적인 측면을 도외시하고 너무 기계적·물리적·생리적 측면을 강조하였다는 비판을 받고 있으며, 인간을 기계의 일부로 취급하여 '인간 소외 현상'을 심화시킨다는 비판 또한 받고 있다.

25 다음 내용에서 괄호 안에 들어갈 용어로 적절한 것은?

> 관료제는 대규모의 업무를 효율적으로 수행할 수 있다는 점에서, 그리고 업무에 대한 책임 소재의 명확성이 높다는 점에서 장점이 있다. 하지만 구성원들이 각자의 단편적인 업무만을 반복적으로 수행하고 자율성과 창의성을 발휘하지 못하는 기계 부속품 취급을 받는다는 점에서 (   )이 발생할 수 있다.

① 목적 전치 현상
② 무사안일주의 현상
③ 인간 소외 현상
④ 위계 서열화 현상

25 ① 목적 전치 현상은 목적과 수단의 가치가 바뀌어 목적보다 수단이 더 중시되는 현상을 의미한다.
② 연공서열에 따른 보상과 신분 보장이 지나치게 강조될 경우 무사안일주의가 발생할 수 있다.
④ 위계(位階)란 사회적 위치(지위)의 단계를 의미하며, 서열(序列)이란 일정 기준에 따라 순서대로 늘어선 것이다. 따라서 위계 서열화란 사회적 위치(지위)가 순서대로 늘어선 것이다.

정답 24 ③ 25 ③

26 계층은 사회적 희소가치의 불평등한 분배 상태를 범주화하여 이해하려는 분석적인 의미로, 각 계층들은 수직적으로 하나의 연속선상에 배열되지만, 사회적 이동이 자유롭다.

26 계급과 계층에 대한 설명으로 옳지 않은 것은?

① 계급은 사회 내 존재하는 실제적·객관적 지위가 경제력이라는 단일 지표에 의해 분류된 사회 불평등 구조를 말한다.
② 계층은 연속선상에 있는 지위의 서열로서, 다원적 지표에 의하여 분류되는 불평등 구조이다.
③ 계급은 지배와 피지배, 갈등과 대립이 불가피함을 전제로 하며, 계급 의식이 강조된다.
④ 계층은 사회적 희소가치의 불평등한 분배 상태를 범주화하여 이해하려는 분석적인 의미로, 각 계층들은 수직적으로 하나의 연속선상에 배열되지만, 사회적 이동은 제한된다.

27 ① 역할 갈등은 두 개 또는 그 이상의 지위들에 상응하는 역할들이 동시에 요구되어 양립 불가능하게 된 경우에 발생하는 사회적 갈등을 의미한다. 한 사람이 가지고 있는 역할들 사이에서만 나타나는 것이 아니고, 하나의 제도 안에서 서로 다른 지위를 차지하고 있는 사람들 사이에서도 나타난다.

27 다음 내용과 가장 관련이 깊은 것은?

- 한 개인이 가지는 사회적 지위의 차원별 높이가 서로 다른 상황이다.
- 한 개인의 사회적 위치가 그의 사회적 지위에 긍정적인 효과와 부정적인 효과를 동시에 미치는 상황이다.
- 지속적으로 일어난다면 기존 사회 체제에 대한 불만이 표출되어 사회 통합을 저해할 수 있다.

① 역할 갈등
② 역할 행동
③ 성취 지위
④ 지위 불일치

정답 26 ④ 27 ④

28 다음 내용과 가장 관련이 깊은 인물은?

- 계급론이 사회 계층의 복잡다단한 측면을 취급하기에는 너무 단순하다고 주장하면서, 다차원적인 접근 방법을 제시하였다.
- 계층 현상이 경제적인 '계급', 사회적인 '지위', 정치적인 '권력'을 중심으로 분화된다고 보았다.

① 데이비스-무어(K. Davis & W. Moore)
② 베버(M. Weber)
③ 마르크스(K. Marx)
④ 다렌도르프(R. Dahrendorf)

28 ① 데이비스-무어 이론은 각 직업의 기능적 중요성의 차이와 희소성에 입각하여 계층 현상을 불가피하고 긍정적인 존재로 파악하고 있다. 사회의 특정 위치는 다른 지위나 위치들보다 더 중요하고, 그 수행을 위해서는 특수한 기능을 요한다고 보았다.
③ 마르크스는 생산 수단의 소유 유무라는 단일 요인에 의해 사회 계층을 '자본가 계급'(부르주아)과 '노동자 계급'(프롤레타리아)의 두 집단으로 분류했다.
④ 다렌도르프는 갈등론의 관점에서, 가치와 규범에 근거를 둔 제재(Sanction)와 보상이 불평등의 근원이라고 보았다.

29 사회 이동에 대한 설명으로 옳지 않은 것은?

① 개인 또는 집단이 하나의 계층적 위치에서 다른 계층적 위치로 이동하는 현상을 말한다.
② 부모의 지위가 자녀에게 그대로 세습되는 전통 사회에서는 세대 간 사회 이동의 폭이 현재 사회에서보다 크다.
③ 집단 또는 개인의 사회적 지위의 변화를 통틀어 일컫는 말로, 분배 체계에서 개인의 위치 변화를 의미한다.
④ 한 사회의 계층 체계가 폐쇄적인가 개방적인가에 따라 그 양, 정도, 폭이 다르게 나타난다.

29 부모의 지위가 자녀에게 세습되는 전통 사회보다는, 개인의 능력에 따라서 사회적 이동이 일어나는 현재 사회에서 사회 이동의 폭이 훨씬 크다.

정답 28 ② 29 ②

30 소득 불평등은 도시보다 농촌이 더 낮다. 즉, 도시의 소득 불평등이 더 심하다.

30 요즘 한국 사회의 변화의 특징으로 옳지 않은 것은?
① 우리나라의 자영업자와 경영자 계층의 소득 불평등은 점점 커지고 있다.
② 사회 계층의 구조화 정도가 낮다.
③ 우리나라에서 교육은 개인의 경제적 지위를 가져오는 중요한 요인으로 작용한다.
④ 소득 불평등은 농촌보다 도시가 더 낮다.

31 인터넷 통신의 발달로 인한 농수산물 산지와 소비자 간의 직접 연결이 늘어나면서 경제적인 측면의 수준이 많이 향상되었으나, 도시에 편중된 경제적 자원으로 인해 아직까지 소득 수준이나 사회적 지위의 차이는 큰 편이다.

31 요즘 한국의 농촌 사회의 특징으로 옳지 않은 것은?
① 보건 및 사회서비스 영역의 인프라가 부족하여 의료 시설이나 문화 시설들의 부족 현상이 심화되고 있다.
② FTA 등 농업 시장 개방으로 인한 경쟁력 문제 및 농촌 인구 고령화로 인한 생산성의 문제 같은 거시적인 압력에 직면해 있다.
③ 인터넷 통신망의 발달로 인해 교육 수준에서나 경제적인 측면에서 도시와 비슷한 수준의 사회적 지위를 누리고 있다.
④ 다문화 가정의 증가에 따른 문화 정체성 혼란의 문제는 현재 한국 농촌이 해결해야 하는 어려운 문제이다.

32 노인 부양에 따른 세대 간 갈등의 심화는 고령화의 원인이라기보다는 고령화 현상으로 인해 나타난 하나의 사건으로 보아야 한다.

32 우리 사회의 급격한 고령화의 원인으로 옳지 않은 것은?
① 노인 부양에 따른 세대 간 갈등의 심화
② 출생률의 감소
③ 의료 기술의 발달과 생활 환경의 개선
④ 사회 보장 제도의 발달

정답 30 ④ 31 ③ 32 ①

33 현대 사회의 변화 양상으로 옳지 <u>않은</u> 것은?

① 1990년대 구소련 체제의 해체로 인해 냉전체제는 붕괴하고, 미국과 소련을 중심으로 한 '자본주의 vs 공산주의' 이념 대립은 종결되었다.

② 정보화는 '자본, 기술, 인력'에 관한 정보가 국경을 초월해 넘나들게 함으로써, 세계화 추세를 북돋워 세계를 하나의 큰 자본주의 시장으로 통합시켰다.

③ 쌍방향 통신이 일상화되는 원격 교육이 이루어지면, 교사와 학생이 직접 서로 마주 보고 있지 않더라도 영상을 통해 서로 의사를 교환함으로써 교육과 학습이 상호보완적으로 이루어질 수 있다.

④ 현대 사회의 사회 운동은 노동 계급을 주체로 하여, 노동 계급의 경제적 이익과 정치 권력을 수호하기 위한 물질적인 경향을 중심으로 전개되었다.

33 노동 계급이 주체가 되어 '노동계급'의 경제 사회적 이익을 위해 움직였던 사회 운동은 '구사회운동'으로 1980년대 이전에 중심이 되었던 사회 운동이다. 1980년 이후에는 '물질적인 경향'이 아닌 모든 삶의 질에 관심을 가지는 탈물질적 성향(⑩ 환경, 반핵, 여성운동 등)을 가지는 '신사회운동'이 시작되었다.

③ 현대 사회는 정보통신 기술의 발달로 인해 '일방향 통신'에서 '쌍방향 통신'으로 통신의 주체가 바뀌게 된다. 쌍방향 통신은 정보화 사회의 시민을 단순한 정보의 소비자가 아니라 토플러가 말한 정보의 프로슈머(Prosumer)로 만들었다. 즉, 정보의 생산자(Producer)인 동시에 소비자(Consumer)가 되는 것이다. 또한, 쌍방향 통신 매체를 이용하여 시민운동이 활성화될 수 있기 때문에, 중간 집단의 부재나 약화를 극복함으로써 '원격민주주의'(Teledemocracy)의 발전에 기여할 수 있다.

34 1990년대 한국 시민운동에 대한 설명으로 옳지 <u>않은</u> 것은?

① 1990년대에 들어서면서 다양한 의제를 중심으로 한 전문 시민운동으로 변모하였다.

② 환경, 여성, 생활경제, 소비자 운동, 먹을거리 등 시민의 일상과 가까운 의제를 중심으로 하는 단체들이 등장하였다.

③ 경제정의실천시민연합, 참여연대, 환경운동연합 등 여러 시민단체들이 활발하게 활동하였다.

④ 인터넷 기반의 커뮤니티가 활성화되면서 시민들은 온라인에서 사회문제에 대한 의견을 공유하였다.

34 인터넷 기반의 커뮤니티가 활성화되어 온라인상에서의 사회 문제 토론이 활성화된 것은 2000년대 이후부터이다.

정답 33 ④ 34 ④

35 다음 내용에서 괄호 안에 들어갈 용어로 적절한 것은?

> 대중이 대중 매체를 통해 공동의 쟁점에 관심을 갖고 자신의 의견을 갖게 되면 ( )이 되는데, 이러한 집단의 집단적 의견을 여론이라고 한다. 여론은 대중 매체에 의해서 형성이 되기 때문에, 대중 매체를 장악하면 여론을 조작하는 것도 가능하다.

① 대중
② 공중
③ 군중
④ 관중

35 대중은 지위·계급·직업·학력·재산 등의 사회적 속성을 초월한 불특정 다수의 사람들로 이루어진 집합을 의미한다. 대중들의 집합 행동은 주로 대중 매체에 의해 만들어지는 경향이 많은데, 대중 매체는 대중들의 집합 행동 출발점과 지향점을 제시해주는 역할을 한다. '대중'이 대중 매체를 통해 공동의 쟁점에 관심을 갖고 자신의 의견을 갖게 되면 '공중'(public)이 된다.
군중이란 어떤 개인 또는 사건 주위에 모여 있는 사람들의 일시적인 집합을 의미한다. 사회 집단이 '규범, 역할, 사회 통제' 같은 조직 요소들을 바탕으로 구조화되어 있는 반면, 군중은 구조화되어 있지 않은 일시적인 사회적 상호작용을 나타낸다. 일시적인 상호작용이기 때문에 그 상호작용은 예측하기 어려운 점이 존재한다.

36 다음 내용과 가장 관련이 깊은 것은 무엇인가?

> • 목표가 뚜렷하며, 목표 달성을 위한 구체적인 프로그램이 있다.
> • 정당성을 제공하고, 방향을 제시해 주는 이념(이데올로기)을 갖추고 있다.
> • 그 성원의 참여를 촉진시키기 위한 슬로건·노래·회합 등의 의식 행위가 있다.
> • 지도자와 추종자 사이에 뚜렷한 역할 구분을 하고 있다.

① 폭동
② 혁명
③ 개혁
④ 사회 운동

36 ② 혁명은 기존 질서에 깊이 불만을 품고 모든 사회 조직과 구조를 근본적으로 바꾸려고 하는 사회 운동을 말한다. 그 예로는 프랑스 혁명, 볼셰비키 혁명, 동학농민운동 등이 있다.
③ 개혁은 기존 사회 질서의 일부에 개혁이 필요하다고 판단될 때 현존하는 가치관이나 행동을 변화시켜 자신들이 의도하는 새로운 질서를 만들어 보려고 하는 개혁 지향적인 운동을 말한다. 예를 들어, 여성임금차별 폐지운동은 기존의 정치 체계·경제 체제·가족 관계 등은 인정하고, 다만 경제 제도 중에서 여성에 대한 임금 차별에 대한 관행과 제도를 바꾸어 보고자 하는 운동이다.

정답 35 ② 36 ④

37 1960~1970년대 한국의 공업화와 경제 발전 과정에 대한 설명으로 옳지 않은 것은?

① 1962년부터 경제 개발 계획을 수립·추진함으로써 풍부한 노동력을 바탕으로 한 경공업 부문의 수출 산업화에 성공하였으며, 이를 토대로 대외지향적 성장 전략이 가속화되었다.
② 공업화 전략의 추진으로 취업 기회가 크게 확충됨에 따라 근로자를 중심으로 소득 분배 구조가 개선되었으나, 농공 간의 발전 격차 문제가 제기되기 시작하였다
③ 1960년대는 새마을 운동이 경제 활동의 주가 되었고, 1970년대에 들어서면서 1차 산업인 농업과 섬유업이 중심이 되어 경제가 서서히 살아나기 시작하였다.
④ 1970년대 후반 들어 경공업이 발달하기 시작했으며, 전자제품을 외국으로 수출하기 시작하였다.

37 1960년대는 1차 산업인 농업과 섬유업이 중심이 되어 경제 활동의 주가 되었고, 1970년대에 들어서면서 새마을 운동으로 경제가 서서히 살아나기 시작하였다.

38 다음 내용에서 괄호 안에 공통으로 들어갈 용어로 적절한 것은?

> 'A 이론'은 제3세계에서 나타난 근대화의 결과와 방향에 대한 반성과 비판의 소리를 배경으로 출현하였다. 즉, 제3세계의 여러 국가들은 현저한 경제 성장을 달성했음에도 불구하고 선진 자본주의 국가와의 상대적 격차가 줄어들지 않고 오히려 증가하였으며, 국내적으로 실업, 부의 사회적 격차들이 감소되지 않고 심화되는 현상을 보였던 것이다. 이 때문에 남아메리카의 사회과학자들은 "(   )(이)란 무엇인가?", "왜 (   )이(가) 지속되고 있는가?"에 대한 의문을 가졌고 이에 대한 문제의식이 'A 이론'으로 등장하게 되었다. 그들은 서유럽 사회의 발전이론인 'B 이론'은 중심부에 있는 유럽국가의 발전에는 적합하게 적용된다고 보았다. 다만, 그 발전은 주변부에 있는 제3세계 국가들의 '자원과 노동'을 착취하면서 성립되는 것이고, 이에 따라서 주변부에 있는 나라들이 (   )에 시달리게 된다는 것이다.

① 종속 상태 ② 세계화
③ 근대화   ④ 저발전

38 종속이론은 제3세계 국가들의 '발전 속도'에 주목하였다. 중심부에 있는 선진국들은 '빠른' 속도의 발전을 하는 반면, 주변부에 있는 제3세계 국가들은 '느린' 속도의 발전을 한다고 생각했기 때문이다. 주변부의 이 느린 발전속도를 종속이론 학자들은 '저발전' 상태라고 칭하였다.

정답 37 ③ 38 ④

39 근대화론이 가지는 문제점에 대한 설명이다. 근대화론은 개별 사회의 특징이나 성향을 무시하고 '사회 진화론'적인 측면에서 '미발전 사회'가 '발전된 사회'로 보편적인 여정을 따라 진화한다고 보는 이론이다. 이러한 사고방식은 후대에 많은 학자들에게 비판받았다.

40 ③ 위정척사 사상은 조선 후기 외국의 세력 및 문물이 침투하자, 이를 배척하고 유교 전통을 지킬 것을 주장하며 일어난 사회적 운동이다. 위정(衛正)이란 바른 것, 즉 성리학과 성리학적 질서를 수호하자는 것이고, 척사(斥邪)란 사악한 것, 즉 성리학 이외의 모든 종교와 사상을 배척하자는 것이다. 위정척사 세력들은 전통적인 사회 체제를 고수하는 것이 목적이었기 때문에 개화사상에도 반대하였다.

정답 39 ② 40 ④

39 종속이론에 대한 설명으로 옳지 않은 것은?

① 1960년대 중반 이후 남미의 발전을 연구하는 학자들에 의하여 전개된 사회 및 경제 발전에 관한 이론이다.
② 종속이론에 따르면 사회의 발전은 '사회적 진화의 보편적 노정'이라는 입장에서 출발하였다.
③ 종속이론에 따르면 제3세계 국가들의 발전은 현재의 세계 자본주의 체제에는 거의 불가능하다고 생각한다.
④ 라틴 아메리카 발전 정책의 근간이 되어 온 근대화이론에 대한 부정으로부터 출발한다.

40 다음 내용에서 괄호 안에 들어갈 용어로 적절한 것은?

> 1894년 '전봉준'을 중심으로 하여 농민층의 주도로 일어난 '동학농민운동'은 1차 봉기에서 반봉건(反封建)의 기치를 걸고 전라도 일대를 장악하였다. 5월의 '전주화약'을 계기로 해산하였던 동학 농민군이 이후 '일본군'의 경복궁 점령으로 촉발된 '청일전쟁'을 기점으로 외세의 침략에 대응하기 위한 반외세(反外勢)적인 성격을 지닌 보수적 (   ) 운동으로 성격이 변화하였다.

① 개항 반대
② 사대주의
③ 위정척사
④ 민족주의

합격의 공식 시대에듀

교육은 우리 자신의 무지를 점차 발견해 가는 과정이다.
– 윌 듀란트 –

사회학개론

핵심포인트

제1장 사회학의 성립	**제11장** 사회 조직
제2장 사회학의 대상과 방법	**제12장** 사회 제도
제3장 사회학의 이론	**제13장** 사회 계층
제4장 사회학의 과제	**제14장** 가족
제5장 문화	**제15장** 농촌 사회
제6장 사회화와 퍼스낼리티	**제16장** 도시 사회
제7장 지위와 역할	**제17장** 현대 사회
제8장 사회 집단	**제18장** 집합 행동과 사회 운동
제9장 일탈 행동	**제19장** 사회 변동과 사회 발전
제10장 사회 구조론	**제20장** 한국 근·현대의 사회 변동과 발전

교육이란 사람이 학교에서 배운 것을 잊어버린 후에 남은 것을 말한다.

– 알버트 아인슈타인 –

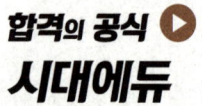 자격증 · 공무원 · 금융/보험 · 면허증 · 언어/외국어 · 검정고시/독학사 · 기업체/취업
이 시대의 모든 합격! 시대에듀에서 합격하세요!
www.youtube.com → 시대에듀 → 구독

제1장 사회학의 성립

1 사회학의 창시자들

(1) 사회학의 개념

① 사회학의 특징(문제의식으로서의 사회학) – 버거(P. Berger)의 사회학 해석 방법
  ㉠ 사회학은 공식적 상황 규정의 무조건적 수용을 거부함
  ㉡ 이데올로기적 기능을 폭로하는 불신의 기예임
  ㉢ 사회학은 특정 제도와 관행의 외피적 기능과 이면적 기능을 가지고 있음
  ㉣ 사회학은 두 기능 모두를 살피고 연구하지만, 이면적 기능(잠재적 기능)에 더 주목하는 경향이 있음
  ㉤ 사회학은 공식적으로 해롭다고 규정된 제도나 관례의 역기능뿐 아니라 그것이 지닌 나름대로의 이로운 점, 즉 순기능을 찾는 데도 관심을 기울임

> **체크 포인트**
> - 외피적 기능(표면적 기능) : 어떤 특정 제도가 공식적으로 추구하는 목적과 직결되는 것으로, 공식적 상황 판단 속에서 찾을 수 있는 기능
> - 이면적 기능(잠재적 기능) : 공식적 판단 속에서는 잘 드러나지 않지만, 공식적 기능보다 더 중요한 결과를 낳기도 하는 기능

② 사회학의 연구 동기
  ㉠ 폭로하려는 동기 : 버거는 공식적 체계의 위선(기존의 전체주의 사회)을 폭로하려는 동기를 사회 의식의 본질로 파악
  ㉡ 예기치 못한 결과에 대한 새로운 역사적 설명 : 베버(M. Weber)는 사회학적 시각은 사회현상을 분석한 결과 예기치 못한 현상이 발생했을 때는 새로운 설명을 부여하는 기능이 있다고 주장
  ㉢ 절대적인 것을 상대화하려는 욕구 : 사회학은 절대적으로 신성하다고 주장하는 담론을 상대화하려는 동기를 지님

(2) 콩트(A. Comte)의 사회학이론(사회학의 시조) 기출 25, 24, 21

① 질서와 진보의 문제(콩트 – 사회학의 이론적 지주)
  ㉠ 사회학의 창시자인 콩트는 최상위의 학문으로서 사회학이라는 용어를 처음 사용
    → 사회를 과학적으로 탐구하는 새로운 과학의 필요성을 주장하면서 사회학이라 불렀음
  ㉡ 사회학은 사회의 진보와 질서의 법칙들을 연구하는 학문 → 연구에는 자연과학에서 사용하는 여러 가지 방법들(관찰, 실험 등)이 사용될 수 있다고 보았음

② **사회 유기체적 접근**
  ㉠ 콩트는 사회정학에서는 생물학적 유기체적 관점을, 사회동학에서는 진화론적 관점을 강조하였음
  ㉡ 사회 유기체적 접근은 사회의 여러 가지 기능적 부분들 간의 조화와 균형을 강조함
  ㉢ 사회 유기체적 접근에서는 부분보다 전체가 강조되므로 질서를 중요시함

③ **사회정학과 사회동학**
  ㉠ 사회정학 : 질서의 문제를 다루는 것으로 주로 유기체적 연대의 구조를 찾으려 함
  ㉡ 사회동학 : 진보의 문제를 다루면서 구조의 변동을 추적하고 이상사회 건설을 위한 방향을 제시함

> **체크 포인트**
> **사회 유기체와 생물 유기체와의 비슷한 점**
> • 존속해 가는 동안 그 크기가 증대하고 성장함
> • 양의 증대에 따라 구조의 복잡성이 증대함
> • 구조의 분화가 기능의 분화를 가져옴
> • 분화된 부분 간의 상호의존성이 형성됨

④ **인류의 지적 진화의 3단계 법칙** 기출 22

구분	지적 단계	지배자 유형	사회 단위
제1단계	신학적·운명적	사제와 군인	가족
제2단계	형이상학적·추상적	성직자와 법률가	국가
제3단계	과학적·실증적	산업경영자와 과학자	전 인류

⑤ **실증 과학의 위계**
  ㉠ 콩트는 사회학이 실증 과학이기를 주장하지만 이것이 가능하려면 사회학보다 단순한 다른 학문들이 먼저 실증적 단계에 도달해야 한다고 보고 개별 과학의 위계를 설정했음
  ㉡ 이 위계는 '수학 → 천문학 → 물리학 → 화학 → 생물학 → 사회학'의 순을 이루고 있음

(3) **칼 마르크스(K. Marx)의 사회학이론** 기출 25, 22, 21
 ① **마르크스 사상의 3가지 원천**
  ㉠ 독일 고전철학 : 변증법적 유물론을 제창
  ㉡ 영국의 고전정치경제학 : 노동가치설의 영향을 받았음 → "노동이 가치를 창출한다."
  ㉢ 프랑스의 유토피아적 사회주의 사상 : 이상사회 건설을 위한 방향 제시(생시몽, 콩트)는 마르크스의 이상사회 수립을 위한 이론 구상의 결정에 많은 영향을 주었음

 ② **방법론적 접근 방식**
  ㉠ 전체적 접근법 : 사회를 하나의 전체 또는 체계로 보고, 그 속에 사회 집단, 제도, 신념, 교리, 교육제도, 종교, 예술을 상호 관련된 전체로 연구해야 함

ⓒ 역사적 접근법 : 모든 사상, 사고, 교리, 진리 등은 역사적 특수성과 관련지어 이해해야 함
ⓓ 변동성 : 변동 사례를 연구하면 일정한 규칙성을 발견할 수 있음

③ **인류 역사의 단계적 발전이론**
ⓐ 마르크스는 생산양식의 변화에 대한 분석을 전 인류 역사에 걸쳐 시도하였음
ⓑ 사회는 그 사회의 발전 정도에 따라 생산력이 결정되고, 생산력 또한 그것에 적합한 생산관계를 결정함(생산력과 생산관계의 조응법칙)
ⓒ 생산양식의 변화에 따른 발전단계 : 고대적 → 봉건적 → 자본제적 → 사회주의적 단계

④ **사회 구성체와 계급** : 마르크스는 사회를 상부구조와 하부구조로 이루어진 사회 구성체로 보았음
ⓐ 상부구조 : 하부구조 위에 있는 법, 도덕, 가치, 이념, 정치, 종교, 문화, 규범 등
ⓑ 하부구조 : 생산력과 생산관계의 복합체인 생산양식으로, 그 사회의 토대가 되며 곧 경제제도가 됨
ⓒ 생산력과 생산관계 사이의 모순과 갈등이 새로운 사회의 출현, 즉 사회 변동을 가져옴
ⓓ 인류 역사의 발전 5단계 과정 : 인류 역사는 '원시 공산사회 체제 → 노예제 사회 → 봉건제 사회 → 자본주의 사회 → 사회주의 사회'의 5단계로 발전해 왔다고 봄

⑤ **프롤레타리아트(Proletariat) 혁명론**
ⓐ 프롤레타리아트(노동자 계급)가 지도 주체가 되는 계급혁명을 통하여 일체의 자본주의적 관계를 소멸시키고 계급 없는 공산주의 사회를 건설해 나가는 과정
ⓑ 역사의 목적의식에 따른 사회주의 도래를 예견하고, 계급 투쟁의 혁명을 이루어내는 과학적 사회주의를 제창

⑥ **마르크스의 관점과 비판**
ⓐ 관점
  • 사회 변동의 주요 원천은 경제적 영향에 의하여 일차적으로 촉진
  • 마르크스는 지금까지의 모든 인간역사는 계급 투쟁의 역사라고 하였음
  • 마르크스가 관심을 가진 부분은 자본주의 사회의 붕괴와 사회주의 사회의 건설
ⓑ 비판
  • 마르크스는 지나치게 결정론적인 주장을 제시한다는 비판을 받았음
  • 그가 예견한 사회주의 사회의 도래 역시 실제로는 빗나갔음
  • 자본주의 체제가 지니는 자기 치료적 능력을 간과하였음

체크 포인트

초기 사회학의 두 흐름
• 콩트 사회학 : 전통적인 원류
• 마르크스 사회학 : 사회주의라는 특정의 이념을 전파하는 이론 체계로 간주
• 콩트, 마르크스 사회학의 공통점 : 종합 사회학적 성향, 과학주의, 실천적 지향

2 사회학이론의 선구자들

(1) **허버트 스펜서(H. Spencer)의 진화론** 기출 22, 21
   ① 스펜서의 사회학 사상은 콩트나 마르크스와는 달리 현실에 대해 긍정적임
   ② 진화론과 사회 유기체설을 결합한 사회 진화론적 관점의 주창자
   ③ 진화의 원리가 우주의 근본원리라고 보고 사회 발달의 기본 원리를 진화론에서 찾았음
   ④ 초기 이론은 단순 사회에서 복합 사회로 진화, 후기 이론은 군사형 사회와 산업형 사회로 분류
      ㉠ 군사형 사회 : 강제적 협동과 정부의 의지에 의해 지배되는 사회
      ㉡ 산업형 사회 : 개인 스스로가 자제하는 분권화된 규제 장치가 마련되어 있는 사회
   ⑤ 개인주의와 자유주의를 강력히 주장
   ⑥ 스펜서의 사회설은 콩트의 견해와 유사성이 있음

(2) **에밀 뒤르켐(E. Durkheim)의 사회학이론**
   ① **뒤르켐의 사회적 사실** 기출 23, 21
      ㉠ 사회학은 '사회적 사실(Social Facts)'을 연구해야만 한다고 주장 → "사회적 사실을 사물로 취급하라." (뒤르켐 명제)
      ㉡ 사회적 사실의 개념
         • 사회학의 연구대상으로 개인에게 외재하며 그에게 구속력을 행사할 수 있는 일체의 감정, 사고, 행동양식
         • 개인의 외부와 상부에 존재하는 객관적 사실
         • 개인들보다 범주가 큰 사회행위의 유형이며 개인적 차원을 초월한 현실을 지님
         • 사회적 사실의 예로는 관료제, 과잉인구, 인종주의 범죄 등이 있음
         • 개인을 생물학적 실체로 보고 개인의 심리학적 특성으로부터 사회현상을 설명하는 환원론을 거부함
         • 사물과 같이 개인의 외부에 존재하는 것이고, 개인의 생각이나 의도에 대하여 일정한 한계와 방향을 제시함
         • 외재성과 강제성, 구속성, 초개인적인 성질을 가짐
         • 사회구성원들의 경험에 의해 인식됨
   ② **뒤르켐의 집합의식(사회적 사실의 형성)**
      ㉠ 사회질서의 기초가 되는 것은 집합의식, 즉 사회성원들이 공유하고 있는 신념과 가치
      ㉡ 사회적 사실은 사회성원들의 의식의 종합으로 이루어지는 것, 즉 집합의식을 의미
   ③ **실증연구**
      ㉠ 뒤르켐은 자신의 사상을 증명하기 위해『사회분업론』,『자살론』,『종교생활의 원시 형태』등 대표적인 저서들을 남김
      ㉡ 사회학의 연구대상을 '사회적 사실'로 설정하고 사회적 사실을 '사물(Things)'로 연구할 것을 주장

ⓒ 선입견을 배제해야 한다고 지적하고, 사회학자들은 사회적 사실을 자신들의 개인사와 독립적인 것으로 생각해야 한다고 지적
ⓔ 뒤르켐의 학설은 콩트의 사회적 유기체설과는 달리 사회적 사실이 사회학의 대상이 됨
ⓜ 뒤르켐은 자살행동의 근본적인 영향은 사회적 요인들이라고 했음(자살론)
ⓗ 뒤르켐은 달라지는 사회 변동을 산업화의 부분으로서 분업의 발전이라는 용어로 이해하려고 시도하였음(사회분업론)
ⓢ 종교는 성(聖)과 속(俗)의 구별에서 시작되고, 성과 속은 특정 대상에의 의미로 구별, 즉 사회적 규정임(종교생활의 원시 형태)

(3) 막스 베버(M. Weber)의 사회학이론
① **베버의 사회학적 이론의 두 가지 명제**
  ㉠ 사회학의 궁극적인 분석의 단위를 구체적으로 활동하는 '인간의 행위'로 보았음
  ㉡ 역사의 흐름을 '합리화'의 진행으로 보았음
  ㉢ 이 두 가지 명제를 가지고 그는 현대 서구사회를 분석하고, 서구사회의 변동 추세를 예측하면서 이론화시키려고 했음
② **인간의 사회적 행위에 대한 이해** 기출 24
  ㉠ 뒤르켐과 달리 베버는 어떠한 제도나 조직 등 일체의 사회적 형성물은 그 자체의 독자적인 실재성을 가지고 있지 않다고 봄
  ㉡ 베버에게 있어서 사회학의 과제는 행위자가 자신의 행위에 부여하는 주관적 의미를 파악해서 그것의 인과관계를 밝혀내는 것
  ㉢ 베버는 사회학을 사회적 행위의 해석적 이해를 통해 그 행위의 과정과 결과를 인과적으로 설명하는 학문이라고 규정
③ **프로테스탄트(Protestant)의 윤리와 자본주의 정신** 기출 25
  ㉠ 베버의 유명한 저서 『프로테스탄트의 윤리와 자본주의 정신』에서 그는 현대의 부르주아 자본주의는 왜 (동양사회가 아닌) 서구사회에서 먼저 일어났는가를 규명하였음
  ㉡ 베버는 부르주아 자본주의를 합리적인 노동과 생산조직을 통해서 이윤을 최대화하는 정신에 기초하고 있는 것으로 '이념형'화하고 프로테스탄트의 소명사상 및 금욕정신과 밀접히 관련된다는 것을 '상상적 실험'의 방법을 통해 밝혀냄
  ㉢ 베버는 여러 역사적이나 사회적 현상에 대한 과학적 인식이 가능하다고 보았으며, 그의 사회과학 인식론은 역사학파와 마르크스주의에 대한 비판이었음
  ㉣ 사회 변동의 동인은 물질적인 것이 아니라 기독교 정신과 같은 사회의 도덕, 규범, 가치, 종교 등 개인의 일상생활을 지배하고 있는 정신적인 측면임
  ㉤ 베버는 논문에서 자본주의가 발달한 때에는 자본주의 정신의 원천의 하나가 개신교의 윤리와 적합했기 때문이라는 것을 역사적으로 증명하려 했음 예 일하지 않으면 먹지도 말라

④ 베버의 관료제에 대한 연구
　㉠ 관료제는 다양한 서열을 가진 관료들에 의하여 직무와 직원으로 나뉘는 대규모 조직
　㉡ 대규모 기업, 정부조직, 병원, 학교 등이 모두 관료제의 대표적 사례
　㉢ 관료조직은 비개인적인 인간관계를 가지며, 관료제의 진보는 필연적인 특징이라 함

(4) 현대적 사회학
① **초기 사회학자들(콩트, 마르크스)**: 극심한 사회적 혼란과 대립 속에서 바람직한 사회의 모습을 구상하는 데 있어서의 사회학적 인식의 필요성을 역설
② 사회학의 이론적 기초를 확립한 스펜서, 뒤르켐, 베버 역시 현실 사회의 발전 방향을 조감하고 그 부작용에 미리 대처하려는 과제에 대해 사회학이 해결할 수 있다고 보았음

제 2 장 사회학의 대상과 방법

1 사회학의 대상

(1) 사회학과 사회과학

① 사회학의 연구 영역
  ㉠ 사회학은 사회를 연구하는 학문임
  ㉡ 사회학은 사회현상의 전 영역을 연구대상으로 삼는 종합 사회과학임
  ㉢ 사회학은 집단 과정과 사회체계 등에 특별한 관심을 기울이게 됨

② 짐멜(G. Simmel)의 형식 사회학
  ㉠ 형식 사회학을 주장함
  ㉡ 개별적이고 전문적인 고유 영역을 갖고 있어야 한다고 주장
  ㉢ 사회학이 다루어야 할 정당한 대상은 인간 상호작용의 특수한 형식과 형식의 집단적 특성을 묘사하고 분석하는 데 있음
  ㉣ 사회학이 사회생활의 '형식'을 연구하는 학문이라 주장
  ㉤ 사회학의 곤경을 해결하는 데 기여
  ㉥ 종합 사회학적 입장에 반대

③ 소로킨(P. A. Sorokin)의 사회학
  ㉠ 소로킨은 사회학을 'N + 1'의 학문이라고 규정하였음
  ㉡ 여러 사회현상의 일반적 공통성이 연구대상이라고 보았음
  ㉢ 사회학의 고유 영역을 주장
  ㉣ 사회학은 여러 사회과학들의 기초 학문 또는 종합 학문임

(2) 사회학의 연구 대상

① 사회실재론적 관점
  ㉠ 명제 : "전체는 개개 구성원의 합보다 더 크다."
    • 인간과 사회와의 관계에서 개인보다는 사회가 우선이고 중요하다는 견해임
    • 인간의 종속성과 의존성이 강조되는 반면, 사회의 질서유지를 위해서 사회가 행사하는 강력한 구속성이 정당화됨
  ㉡ 사회의 외재성과 구속성 : 에밀 뒤르켐(E. Durkheim)
    • 사회의 외재성(外在性) : 사회란 하나의 실체로서 인간 개개인의 밖에 존재함
    • 사회의 구속성(영향력) : 사회란 밖에서 개인을 향해 무시 못할 영향력을 행사하는 구속성을 강조함
  ㉢ 뒤르켐의 자살론에서의 실재론 : 자살 같은 개인의 행동도 일정하게 사회결속력 또는 구속력에 의해 좌우됨

② **구조결정론적 관점** : 사회는 거대한 감옥이고, 인간은 그 감옥의 수인이라는 견해임(뒤르켐)
③ **사회명목론적 관점**
  ㉠ 명제 : "전체는 개개 구성원의 합 이외의 아무 것도 아니다."
    • 인간과 사회와의 관계에서 사회보다는 개인이 중요하다고 보는 관점임
    • 구성원 개개인의 합 자체가 사회이기 때문에 개인을 떠난 사회는 존재할 수 없음
  ㉡ 한계
    • 인간의 주체성과 창의력을 강조하는 사회명목론은 사회의 많은 문제점을 설명하지 못함
    • 구조적인 악의 근원을 개개인의 특성으로 설명할 수 없는 한계에 부딪힘
  ㉢ 심리학적 환원론 : 개인의 심리적 특성, 동기, 태도 등을 옳게 파악하면 사회의 특성은 물론 나아가 사회 구조와 제도적인 운영도 파악할 수 있다는 견해

> **체크 포인트**
> **사회명목론과 사회실재론의 차이점**
> • 사회명목론 : 인간(개인) 중심적 견해(사회계약설, 심리학적 사회학)
> • 사회실재론 : 사회 중심적 견해(사회 유기체설, 사회학주의)

④ **상호작용론적 관점**
  ㉠ 상호작용론은 실재론과 명목론의 단점을 극복하기 위해 등장한 이론
  ㉡ 개인 속에 내재하는 사회
    • 사회규범의 내면화 : 사람이 태어나서 자라는 과정
    • 프로이트(S. Freud) : 내면화된 사회를 '초자아(Super-ego)'라고 했으며, 초자아는 양심처럼 도덕적 판단에 따라 개인의 행동을 명령하는 힘
    • 미드(G. H. Mead) : 인간이 사회적 상징인 언어를 배움으로써 자아(Self)를 얻게 되고 사회화됨을 강조
    • 쿨리(C. H. Cooley) : 사회적 존재로 성숙된 자아를 '거울 보는 자아(The looking glass self)'라고 하였음
  ㉢ 사회 속에 내재하는 개인
    • 사회 구조는 특정한 사회적 지위들로 구성되어 있고, 모든 인간은 사회 속에서 역할과 지위를 가짐
    • 사람이 일정하게 행동하도록 요구받는 것은 그 지위에 수반하는 역할(Role) 때문임
    • 개인은 사회적 지위의 보유자이고, 역할 수행자임
⑤ **지식사회학**
  ㉠ 제1차 세계대전 후 독일에서 지식의 사회적 피제약성 또는 존재의 피구속성을 주장한 셸러(M. Scheler), 만하임(K. Mannheim)이 정립함
  ㉡ 셸러가 현상학적 입장에서 정신의 자기 결정성과 영원성을 강조한 데 비해서, 만하임은 자기까지도 포함한 모든 사상(事象)을 존재의 제약을 받은 이데올로기이자 부분적인 것이라고 지적하였고, 이를 상대화하면서 지식인에 의한 전체 종합을 주창하였음

ⓒ 지식사회학에 직접적인 영향을 끼친 이론은 마르크스와 엥겔스의 이데올로기 이론임
ⓓ 지식사회학의 비판자들은 만일 모든 철학이 이데올로기라면 지식사회학도 다른 어떤 관념의 체계와 마찬가지로 이데올로기이며, 또 그것들과 마찬가지로 가치중립적이지 못하다고 주장함

(3) 사회학과 사회과학의 관계
① **사회학과 정치학의 관계**: 정치학은 '정치이념, 정치철학, 정부형태, 정치권력의 분배 및 구조화, 정치제도, 정치체계' 등을 연구하고, 사회학은 '사회적 행위로서의 정치행동이나 정치제도 또는 다른 사회 제도와의 관련성'을 연구함
② **사회학과 경제학의 관계**: 경제학은 '재화와 용역의 생산, 분배 및 소비현상'을 연구하는 사회과학으로, 수요자와 공급자·시장의 운용 등에 중점을 둠
③ **사회학과 심리학의 관계**: 심리학은 주로 지각과정, 인지과정, 학습과정, 동기, 정서, 감정, 인성 등 개인의 심리상태 및 행위에 중점을 둠

2 사회학의 연구방법 기출 24

(1) 과학적 관찰
① 보통 가설을 세워 경험적 자료를 수집해 통계적 처리를 거쳐 가설을 검증하는 방법이 사회학에서는 관례화되어 있음
② 인과관계의 논리구조는 어떤 결과의 필요충분조건을 밝히는 문제임(필요조건이 되는 경우, 충분조건이 되는 경우, 필요충분조건이 되는 경우)
③ **사회학적 인과관계**: 사회현실에서 필요충분조건의 관계는 전혀 찾을 수 없음

(2) 이론적 설명 기출 24, 22
① 논리적 도출을 사용하여 사실이 설명되는 논리·연역적 체계를 취함
② 논리·연역적 체계는 상위명제로부터 논리적으로 끌어내어 결론을 지을 수 있는 설명체계임
③ 대체로 3단 논법의 형식이 여기에 해당
  ㉠ 연역적 논리: 기존의 원리로부터 새로운 가설을 도출하고 검증하여 사실을 규명하는 방법
  ㉡ 귀납적 논리: 개별적 사실로부터 일반적 원리를 도출하는 방법
    예 소크라테스는 사람이다 → 사람은 죽는다 → 그러므로 소크라테스도 죽는다
④ 이론적 설명은 명제들로 이루어져 있으므로 논리·연역적 체계를 갖추어 설명해야 함
⑤ **사회학의 이론 구성 과정**: 공리 → 정리 → 경험적 가설 → 실제 조사 및 증명 → 이론적 설명
⑥ 호만스의 방법론(성공명제, 자극명제, 가치명제)을 통해 사회학에서 가장 기본적인 명제는 개인의 행위에 관한 명제라고 주장함

(3) 체험적 이해
① 체험적 이해의 방법은 사회적 행위의 의미를 해석하는 방법
② 베버(M. Weber)는 인간행위가 본질적으로 사회적 성격을 갖게 됨을 강조
③ 추체험의 연구방법과 인식론적 특권
  ㉠ 추체험의 연구방법 : 연구자가 피연구자의 입장에서 피연구자의 체험을 경험하려는 것
  ㉡ 인식론적 특권 : 공감적 체험을 정당하고 적합한 사회학 방법으로 활용하는 연구자들은 빈민이나 민중들도 전문가 못지않은 이론 구성자로 보고, 그들의 상황 판단을 존중해 주는 것

(4) 사회현상 연구방법 기출 23
① **실증적·경험적 연구방법(양적 연구)**
  ㉠ 경험적 자료를 계량화하고 연구하여 과학적·통계적·객관적으로 분석
  ㉡ 자연현상과 사회·문화현상은 본질적으로 다르지 않음
  ㉢ 가설 검증 및 법칙 발견이 유리하며 객관적이고 정밀한 연구 가능
  ㉣ 추상적인 개념의 객관적 관찰이 가능하도록 하는 개념의 조작적 정의 과정을 거침
② **해석적 연구방법(질적 연구)** 기출 25, 22
  ㉠ 연구자의 경험, 지식, 직관적인 통찰을 통해 인간 행동 내면의 의미를 해석하는 심층적 고찰
  ㉡ 연구자의 직관적 통찰로 인간의 주관적 영역의 심층적 이해를 통하여 사회·문화현상 분석

3 사회 조사의 방법

(1) 현지 조사
① 사회현상이 존재하는 현장에 직접 가서 집단생활의 전반에 걸쳐 자세하게 관찰할 필요가 있을 때 사용되는 조사 연구방법(연구자의 직접 체험으로 주관적임)
② 사회현상이 실제로 일어나고 있는 모습을 묘사하고 이해할 수 있음

(2) 사례 조사(사례 연구)
① 연구자의 관심을 충족시켜줄 만한 특정한 사례를 집중적으로 분석하는 방법(객관적임)
② 사회현상을 완벽하게 관찰하면서 많은 조사 지역이나 조사 대상을 한 번에 연구하는 것은 불가능함

체크 포인트

사회·문화 현상의 연구
- 실증적·경험적 방법(양적 연구) : 경험적 자료를 수집하고 계량화하여 통계적으로 분석
- 해석적·분석적 방법(질적 연구) : 연구자의 직관적 통찰로 주관적 의식에 대한 심층적 이해를 통해 해석

(3) 표본 조사
① 통계학적인 원리에 의해서 표본을 추출하여 전체를 추리하려는 모든 조사를 가리킴
② **장점** : 시간·비용 절감, 폭넓게 조사, 전수 조사에 비하여 집중적으로 탐구하고 또 응답한 내용을 세밀히 검토할 수 있음
③ **단점**
  ㉠ 적절한 표본을 잡기 어렵고 언제, 어떤 대상에나 적용되는 것은 아님
  ㉡ 세분해서 대상의 다양한 부분까지 알려고 하는 경우에는 적절치 않음
  ㉢ 전수 조사보다 오래 걸리고, 오차나 부정확한 결과를 낳을 가능성이 있음

(4) 서베이 조사
① 서베이 조사(Survey Research)란 연구자가 자신의 연구 문제에 관한 일정한 설문을 구성하고 조사 대상자들에게 설문을 배포하여 자료를 수집하는 조사 방법
② 사회과학자들이 자료 수집을 위하여 가장 많이 사용함
③ 설문을 어떠한 방법을 사용해서 수거하느냐에 따라서도 우편 서베이, 전화 서베이, 전자 서베이 등으로 세분됨
④ **장단점** : 서베이는 많은 사람들을 대상으로 일시에 조사를 시행함으로써 시간과 비용의 측면에서 효율성이 높지만, 응답자들의 응답 내용이 인위적이거나 피상적일 수 있다는 단점이 있음

(5) 실험
① 연구의 초점이 되는 변수 이외의 다른 요인들이 작용하지 못하도록 통제하여 원인과 결과가 되는 변수 간의 관계를 보다 명백히 규정할 수 있음(실험적 방법에서는 실험을 한 집단을 실험집단, 실험하지 않는 집단을 통제집단이라 함)
② **실험의 3대 구성요소**

독립변수와 종속변수	독립변수	인과관계에서 원인으로 작용하는 변수
	종속변수	인과관계에서 결과로 작용하는 변수
실험집단과 통제집단	실험집단	실험처치가 가해지는 집단
	통제집단	실험처치가 가해지지 않는 집단
사전측정과 사후측정	사전측정	실험처치가 가해지기 이전의 상태를 측정하는 것
	사후측정	실험처치가 가해진 이후의 상태를 측정하는 것

③ **장단점**
  ㉠ 장점 : 실험은 인과관계를 명확히 규명할 수 있음
  ㉡ 단점 : 많은 수의 사람들을 대상으로 실험을 하기 어렵고, 피험자들이 실험 상황임을 인식함으로써 있는 그대로의 평소의 행동을 보이지 않는 단점이 있음

(6) 관찰
① 관찰(Observation)은 사람들의 행동과 태도를 있는 그대로 관찰하여 기록하는 방법
② 사람들의 행동(Behavior)을 연구하기 위해서는 관찰이 적당함

(7) 면접법
① 조사자와 피조사자가 마주보고 상호작용으로 자료를 얻어냄
② 일정한 조건에서 언어로 질문을 하여 답을 얻음

(8) 내용분석법
① 연구대상물에 대한 자료를 간접적으로 수집함
② 경제적이고 반복이 가능하지만, 기록된 자료에만 의존함

> **체크 포인트**
>
> **사회 조사 절차**
> 작업 가설의 설정 → 조사 설계의 수립 → 자료 수집 기법의 결정 → 자료 분석 → 가설 검정과 이론의 통합

제3장 사회학의 이론

1 현대 사회와 사회학

(1) 사회학의 흐름
  ① 현대 사회학
    ㉠ 현대 사회 : 제1차 세계대전(1914~1918년)과 1917년의 러시아 혁명 발발을 기점으로 봄
    ㉡ 제2차 세계대전의 종전과 더불어 사회학이론도 이데올로기를 배경으로 공산 진영과 자유 진영으로 구분됨
  ② 사회학의 접근 방법
    합의론적 접근(합의론, 체계론, 사회체계론, 구조기능주의, 균형론), 갈등론적 접근(급진적 사회학, 교환이론), 상호작용론적 접근(상징적 상호작용론, 민속방법론, 연극학적 접근), 비판이론, 역사이론, 지식 사회학적 접근, 제3세계이론 등

(2) 현대 사회학의 관점
  ① 공산 진영
    ㉠ 마르크스주의를 사회학의 인식론적 기초로 하는 갈등론적 관점
    ㉡ 정통 마르크스주의를 공식 교리로 사회학의 인식론적 기초로 삼았음
  ② 자유 진영
    ㉠ 질서지향적이고 보수적인 색채를 기초로 하는 합의론적 관점
    ㉡ 현대 사회에 새롭게 나타난 양상들을 강조하면서 마르크스주의와 대결하려는 분위기가 팽배하면서 이른바 아카데미 사회학의 주류가 형성됨

2 현대 사회학 이론의 종류

(1) 합의론
  ① 개념
    ㉠ 사회를 하나의 유기체로 보는 입장
    ㉡ 합의론적 경향을 보이는 사회학설 : 사회 유기체설, 사회체계이론, 구조기능주의 등
    ㉢ 사회 유기체설 : 사회를 하나의 유기체로 간주하고, 생물체 혹은 생물 진화라는 유추(類推)로 사회를 파악하려는 학설
    ㉣ 합의론적 관점의 대표자 : 파슨스 – 합의 기준이 없으면 사회란 성립할 수 없음

② 합의론적 관점의 공통 과정(합의론, 체계론, 사회체계론, 구조기능주의, 균형론 등) 기출 24, 22
  ㉠ 체계(또는 전체)는 여러 부분 요소들로 구성되어 있음
  ㉡ 각 부분 요소들은 각각 맡은 바 기능을 담당함
  ㉢ 각각의 기능을 담당하고 있는 부분 요소들은 상호유기적인 협력관계를 맺음
  ㉣ 각 부분 요소들은 전체의 유지와 존속에 기여함
  ㉤ 체계는 언제나 스스로 균형과 조화를 이루려는 경향이 있음(체계의 항상성)

(2) 사회체계론
  ① 사회행위이론
    ㉠ 사회행위가 일어나기 위한 기본요소 : 행위자, 상황, 지향
    ㉡ 사회행동의 유형 변수 : 행위자는 구체적인 상황에 직면했을 때 여러 가지 행동 유형 중에서 그때의 상황에 맞는 행동 유형 한 가지를 자의적으로 선택해서 행동함
    ㉢ 파슨스의 사회행동의 유형 변수 : 감정적(감정 중립성), 확산적(제한적), 특수적(보편적), 귀속적(성취적), 집합체 지향적(자기 지향적)
  ② 사회체계이론 기출 25, 23
    ㉠ 사회체계론 : 사회체계 전반의 기능을 살펴보고, 개인 수준에서의 사회행위가 설명된다고 보는 이론
    ㉡ 사회행위가 일어나려면 최소 두 명의 개인, 즉 복수의 행위자가 필요함(자아와 타자)
    ㉢ AGIL 모델 : 파슨스(T. Parsons)가 설명하는 사회체계의 속성
      • 적응의 기능(A = Adaptation) : 사회체계는 변하는 외부환경에 적응할 수 있어야 함(사회에서는 경제제도가 이 기능을 수행)
      • 목적 달성의 기능(G = Goal attainment) : 체계가 계속 존속하기 위해서는 체계가 존재하는 목적을 달성해야 함(사회에서는 정치제도가 이 기능을 담당)
      • 통합의 기능(I = Integration) : 체계는 여러 부분들로 구성되어 있기 때문에 체계 내의 각 단위를 조정·통합하는 기능이 필요함(사회에서는 법, 관습 등이 이 기능을 수행함)
      • 잠재적 유형 유지와 긴장 관리 기능(L = Latent pattern variables and management) : 체계의 유형 유지와 체계 내에서 일어나는 긴장을 처리할 수 있어야 함(사회에서 일어나는 긴장은 교육, 문화, 종교가 이 기능을 담당함)

(3) 갈등론 기출 23
  ① 한 사회 안에 많은 문제가 생겨나는 것은 사회질서의 바탕을 이루는 필연적인 것으로 보는 이론
  ② 갈등론적 입장을 대표하는 사람은 마르크스이며, 갈등의 원인을 경제적인 것에서 찾음
  ③ 마르크스는 인류의 역사를 투쟁, 그것도 계급투쟁의 역사로 봄
  ④ 마르크스는 생산수단의 소유 여부에 따라 계급을 유산자계급과 무산자계급으로 나누고 그 갈등은 모두 사회에 존재한다고 봄

⑤ 다렌도르프(R. Dahrendorf)는 사회 및 조직 내에서는 상명하복의 위계 관계로 짜인 권위구조가 존재한다고 보며, 갈등의 원인을 정치적인 것에서 찾음
⑥ **코저(L. Coser)의 갈등집단의 긍정적 기능**: 코저는 갈등 관계가 반드시 역기능적인 측면만을 가지고 있는 것이 아니라 여러 가지 긍정적인 기능도 수행한다고 보고, '집단결속의 기능, 집단보존의 기능, 집단구조의 결정, 이데올로기의 창출, 세력균형의 창출, 집단동맹의 확대' 등을 긍정적 기능으로 강조하였음

> **체크 포인트**
>
> **마르크스와 다렌도르프의 갈등 원인**
>
> | 구분 | 계급 구분의 원천 | 가진 자 | 안 가진 자 |
> | --- | --- | --- | --- |
> | 마르크스(K. Marx) | 생산수단의 소유 여부 | 유산자계급 | 무산자계급 |
> | 다렌도르프(R. Dahrendorf) | 상명하복의 권위구조 | 지배계급 | 피지배계급 |

(4) 상호작용론과 상징적 상호작용론

① **상호작용론**
  ㉠ 인간의 상호작용은 일찍이 짐멜의 형식 사회학에서부터 사회학자들의 관심의 대상이었음
  ㉡ 상호작용론은 하나의 통합된 이론이기보다는 여러 이론, 즉 교환이론, 상징적 상호작용론, 현상학적 이론, 민속방법론 등을 통칭하는 용어임
  ㉢ 가장 대표적인 상호작용론은 상징적 상호작용론과 교환이론임
  ㉣ 교환론에서는 상호작용을 대가와 보상의 교환으로 봄

② **상징적 상호작용론** 기출 25, 24, 22
  ㉠ 상징적 상호작용론은 사람들이 상징, 즉 언어나 제스처를 가지고서 의미를 교환하고 그 속에서 서로의 생각, 기대, 행동을 조정해 가는 미시적인 사회 과정에다 초점을 맞추는 이론 → 미드, 쿨리, 블루머 등 시카고학파
  ㉡ 상징적 상호작용론의 이론적 특징은 개인을 활동적이고 창조적인 주체로 봄
  ㉢ 타인과의 상호작용 상황에서 기계적으로 반응하는 것이 아니라 인간의 자율적이고 창조적인 능력을 매우 강조하고 있음
  ㉣ 연구방법에 있어서도 생동하는 경험 세계의 유동성을 손상하지 않는 직접적인 참여관찰, 개별사례 연구, 사문서 분석 등의 방법을 중요시함
  ㉤ 상징적 상호작용론은 소규모의 사회적 현상에 과도하게 집중한다는 비판을 받기 쉬움

(5) 교환이론과 급진 사회학

① **교환이론** 기출 22
  ㉠ 개인행위에 초점을 맞추는 미시적 접근법에서 출발, 점차 그 설명 원리를 거시적인 사회 조직과 사회 구조로 확장시킨 독특한 이론 – 행동주의 심리학의 영향을 받아 호만스(G. Homans)가 수립
  ㉡ 인간의 사회행위를 서로 주고받는 교환행위로 규정하고 모든 인간은 기본적으로 이윤을 추구하는 존재라는 전제에서 출발
  ㉢ 호만스는 주로 개인 대 개인 사이에서 일어나는 상호작용의 유형을 형식화하려 했음
  ㉣ 블라우(P. Blau)는 교환이론을 개인과 개인 간의 관계만이 아니라 개인과 집단, 집단과 집단, 집단과 국가, 국가와 국가, 나아가 세계질서의 권력구조에도 적용할 수 있는 거시적인 이론의 정립을 시도
  ㉤ '최대 다수의 최대 행복'이라는 공리주의 경제학의 영향을 받음

② **급진 사회학**
  ㉠ 급진 사회학은 사회의 약자 편에 서서 기존 체제를 근본적으로 변화시키지 않는 한 불평등 구조는 해소될 수 없다고 보는 견해
  ㉡ 급진 사회학자들은 계급 간의 대립과 갈등이 사회 구조의 핵심을 이룬다고 봄
  ㉢ 인간은 원래 조화로운 공존을 원하는 천성을 가지고 있으나, 억압과 착취의 불평등한 사회체제는 그 발현을 저지하고 사람들을 홉스적인 의미의 동물적 존재로 만들어 버린다고 봄
    예 사회 병리, 일탈 행위, 범죄, 알코올 중독 등

3 가치중립의 문제

(1) 사실판단과 가치판단 기출 23
① **사실판단** : 사실을 있는 그대로 표현하는 것
② **가치판단** : 사람의 가치관이 개입되는 판단

(2) 베버의 가치중립성
① **가치중립성(몰가치성)의 개념** 기출 24, 21
  ㉠ 베버가 주장한 것으로, 사회과학자는 개인적인 가치관이나 사상을 자신의 연구과정과 결과에 개입시키면 안 되는 방법론적 태도
  ㉡ 사회과학으로부터 실천적·윤리적 가치를 배제해야 한다는 사회과학 방법론상의 이론으로 가치개입 또는 가치판단과 상반되는 용어임
  ㉢ 사회학적 인식은 가치판단이나 세계관으로부터 객관적이고 중립적이기 때문에 어려움
  ㉣ 베버의 가치중립은 실천을 포기하고 과학을 위한 과학에 치중한 것이 아니고, 과학이 사회 현실의 개조에 객관적이고 실천적으로 참여할 수 있게 하는 주장

② **가치중립의 한계성**
  ㉠ 사회과학은 인간을 위한 것이어야 함
  ㉡ 사회과학은 인간에 의해 연구되고 있음

(3) 사회·문화 현상을 탐구하는 자세
  ① **객관적인 태도** : 객관적 입장에 서야 하고, 선입관이나 특정 집단의 가치와 관점 및 이해관계가 개입되지 않도록 해야 함
  ② **개방적인 태도** : 새로운 사실 또는 다른 사람의 주장을 아무런 편견 없이 받아들임
  ③ **상대주의적 태도** : 각 사회와 문화의 특수성을 감안하여 그 사회와 문화를 인식하고 탐구해야 함
  ④ **조화의 중요성 인식** : 참다운 조화를 이루는 생활을 하도록 노력

4 새로운 이론의 도전

(1) 민속방법론
  ① 우리가 일상생활에서 당면하게 되는 타인과의 관계를 규정짓는 기본원칙에 대한 연구방법으로 미국의 가핑클(H. Garfinkel)이 대표적인 학자임
  ② 현상학적 사회학의 한 분야로 실증주의적 전통에 대한 대안적인 비판으로서의 의미를 지님
  ③ 관심사는 사회질서의 실재성보다는 구체적으로 사람들 사이에서 서로 합의된 것으로 인정하는 규율(Rule)을 찾는 데 더 비중을 둠
  ④ 상호작용의 미시적 측면에만 주안점을 둠으로써, 보다 큰 사회구조 문제는 도외시한다는 비판을 받기도 함

(2) 구조주의
  ① 구조주의는 뒤르켐과 모스, 그리고 언어학자 소쉬르 등을 원조로 하는 프랑스의 독특한 지적 전통 위에서 출현한 사상조류임
  ② 구조주의의 대표적 이론가이자 인류학자인 레비-스트로스(C. Levi-Strauss)가 있음
  ③ 레비-스트로스는 인간이 '자연'으로부터 '문명'으로 이행하는 한계적 영역 가운데서 인간 생활의 보편적 원리를 찾아냄으로써, 서구적 이성의 우월성을 공공연히 내세우는 풍조에 대해 반성의 계기를 제공
  ④ **구조주의에 대한 비판**
    ㉠ 구조주의적 마르크스주의는 알튀세르(L. Althusser)를 중심으로 발전한 이론
    ㉡ 구조주의는 너무 정태적이고 비역사적이며, 관념론적이라는 비판을 받았음
    ㉢ 구조주의는 경제활동, 정치활동과 같은 사회생활의 보다 거시적이고 실제적인 문제에 적용하기에는 어려움이 있음

(3) 비판이론
① 독일의 프랑크푸르트학파가 견지하고 있는 이론적 입장으로 대표적 학자로는 호르크하이머(M. Horkheimer), 아도르노(T. W. Adorno), 마르쿠제(H. Marcuse) 등이 있음
② '비판'은 원래 전통적 이론에 대한 비판의 의미로부터 출발하였으나, 차츰 현대의 사회생활 및 지적 생활의 광범위한 부분에 대한 비판이라는 의미로 발전해 갔음
③ 비판이론에서 비판의 원점은 인간 주체이며, 과학적 정밀성을 추구하는 실증주의적 특징을 지님

(4) 실존사회학
① 프랑스의 작가이자 사상가인 사르트르(J. P. Sartre)의 사상적 영향을 받아 근래에 성립된 이론으로서, '현세적으로 이루어지는 모든 형태의 인간 경험'에 초점을 맞추는 접근법
② 현상학의 미시적 관점과 마르크스주의의 거시적 관점을 변증법적으로 통합하려는 시도에서 출발하였음
③ 사람은 사회적으로 구속받을 수밖에 없다는 사실을 인정하고 그럼에도 불구하고 개인적으로 자유로울 수 있다는 것을 강조한 이론

(5) 사회학의 사회학(지식사회학)
① 만하임(K. Mannheim)이 대표적이며, 사회학에 지식사회학적 방법을 정립시킨 사회학임
② 지식사회학이란 모든 지식이나 사상은 내용만 아니라 형식까지도 사회적으로 결정된 것으로 보는 분석 방법
③ 미국의 사회학자 프리드릭스는 이러한 지식사회학의 방법을 사회학이론 및 사상에까지 적용시키는 '사회학의 사회학'이란 개념을 도입

제4장 사회학의 과제

1 사회학이론의 수준

(1) 역사이론
① **개념** : 역사주의의 전통에서 유래한 이론으로, 콩트, 마르크스, 스펜서, 베버 등 사회적 현실을 평면적으로 파악하지 않고 역사의 산물로서 파악하려는 경향
② **역사이론의 강점**
  ㉠ 역사 발전을 주장하는 힘이 미래의 추진력이 되어 강렬한 발전적 충동을 일으킴
  ㉡ 역사의 법칙을 밝히고 사회의 미래상을 제시
  ㉢ 문제의식을 불러일으켜 역동적 사회 형성에 기여
③ **역사이론의 결점**
  ㉠ 사회 발전을 위한 구체적인 계획, 경험적 연구에서 얻어질 수 있는 자료 등을 제시해 주지 못함
  ㉡ 객관적 논리를 무조건 긍정적으로 수용
  ㉢ 경험적 이해 이전의 이론을 전체로 받아들이기 쉬움(사회 변동이론, 갈등이론의 기반이 되고 있음)

(2) 체계이론
① **개념** : 인간과 사회에 대한 이론으로 파슨스를 중심으로 한 미국 사회학자들의 경향
② **파슨스(T. Parsons)의 두 가지 관점**
  ㉠ 의사소통을 가능하게 하는 상징체계의 질서
  ㉡ 기대의 규범적 측면에 대한 동기지향의 상호성에 있어서의 질서
③ **장점**
  ㉠ 다른 사회를 분석할 때 이론적 경제성 보장
  ㉡ 사회를 전체적으로 계획할 때 매우 짜임새 있는 이론
  ㉢ 사회적 평형을 찾기 위한 밑받침이 됨
④ **단점**
  ㉠ 역사적·동태적 분석이 어렵고, 이데올로기를 문제시하지 않는 이론으로 전락
  ㉡ 사회문제를 본의 아니게 외면하는 인식방법 자체에 이미 한계를 내포하고 있음

(3) 실증이론
① **개념**: 라자스펠트(Lazarsfeld), 런드버그(Lundberg) 등을 중심으로 하는 경험주의적·실증적 연구방법
② **비판과 평가**
   ㉠ 경험주의적 방법은 오늘날 중대한 사회문제나 인간적 문제를 등한시함
   ㉡ 긍정적으로 평가한다면, 이론의 발견·수정·보완과 같은 적극적인 기능이 인정되어야 함

(4) 한국의 사회학
① **한국 사회학의 현실**
   ㉠ 한국사회는 발전을 지향하고 있으나, 사회학을 전공한 학자는 희소성을 가짐
   ㉡ 집권자들은 서구 제도의 모방에만 관심을 두었고 민주화를 위한 사회문제를 외면
   • 1950년대 : 6·25 전쟁 이후 미국 사회학의 영향 하에 있음
   • 1960~1970년대 : 농촌, 가족, 근대화 등을 주로 연구
   • 1980년대 말 : 거시담론보다 다양한 사회학이론 소개
② **발전과정**
   ㉠ 제1기 : 일본 교육체계가 남긴 서구 사회학의 전통을 밑받침으로 한 이론 사회학의 도입과 수련기
   ㉡ 제2기 : 미국 사회학이 본격적으로 도입되고, 사실 탐구를 위한 조사방법이 사회학 연구 방법으로 크게 활용되었던 시기
   ㉢ 제3기 : 미국 사회학의 조사방법론의 무비판적 추종을 지양하고, 한국적 특색의 사회학이 모색된 단계

2 이론과 실천

(1) 사회학의 역할
① 사회학이론의 기능은 사회 재조직의 확고한 기초를 마련하는 것
② **실증주의 사회학의 역할**
   ㉠ 지성의 이론적 법칙을 실증하는 유일의 합리적 방법을 제공
   ㉡ 우리 교육체계의 재조직을 지도
   ㉢ 여러 가지 종류의 과학의 진보에 기여

(2) 이론과 실천
① 이론과 실천이 사회과학의 입장 속에서 통일을 이룰 수 있어야 함
② 과학의 본질적 과제가 진리를 추구함으로써 실천에 기여하는 것이라면, 베버의 가치중립성의 기준은 사회과학자가 자기의 실천적 의지에 의해 사실을 왜곡하지 않기 위한 윤리, 즉 진리를 탐구하는 과학자적 윤리에 있음
③ **미르달(K. G. Myrdal)**
   ㉠ 실천과 이론, 학문과 정책의 진정한 협력을 위해서는 자유로운 학문적인 분위기를 보장하여야 함
   ㉡ 관련된 광범위한 문제를 두고 최고의 학문적 수준에서 공개적인 토론이 필요함을 지적하였음

제 5 장 문화

1 문화의 개념과 속성

(1) 문화의 개념
① **문화**는 지식과 가치체계, 즉 한 사회성원의 인지와 표현의 규범이 사회적으로 규준화된 지식 체계 → 사회학적 관점에서의 문화
② **타일러(Edward B. Tylor)** : 저서『원시문화』에서 인간이 사회의 성원으로서 습득한 지식, 신앙, 예술, 도덕, 법, 관습 그리고 기타의 모든 능력과 습관을 포함한 복합적인 총체라고 정의 → 인류학적 관점에서의 정의
③ **사회생활의 소산** : 인간의 사회생활에서 나타나는 생활양식
④ **학습된 것** : 문화는 후천적인 학습을 통해 형성된 것
⑤ **공통된 생활양식** : 사회구성원이 공유한 것
⑥ 문화는 학습된 행위 유형들과 인식을 말하고, 사회는 상호작용하고 있는 유기체들의 집단을 말함

(2) 문화의 산물
① **개념** : 규준화된 지식체계에 의해 문화의 내용이 겉으로 드러나는 것
② **문화의 예** : 건축 양식, 행동과 도덕규범, 의미나 상징
③ **문화의 산물의 예** : 건축양식이 구체적으로 표현된 건축물, 개인의 구체적 행동, 유사한 집단 성격이나 심리 특성
④ **현대문화의 산물의 예** : 컴퓨터, 전신, 전화, 냉장고, TV 등

(3) 문화의 속성 [기출] 25, 24, 21
① **창조성** : 문화가 인간의 창조물이라는 것, 문화의 가장 중요한 특성
② **후천성(학습성)** : 출생 후 성장 과정에서 사회화를 통해 획득하고 다시 다음 세대에게 학습을 통해 전승
③ **축적성** : 언어, 문자 등을 통해 한 세대가 전 세대에서 전승받은 문화와 해당 사회에서 학습한 문화가 함께 다음 세대로 전승되면서 축적되어 감
④ **공유성** : 한 집단의 구성원들이 공통적으로 가지는 생활양식
⑤ **체계성** : 문화의 각 요소는 상호 유기적인 관련을 맺고 있으면서 전체적으로 하나의 통합성을 가짐
⑥ **변동성** : 문화는 고정불변이 아닌 문화적 특성이 추가 또는 소멸되며 변화함
⑦ **보편성** : 세계 어느 사회나 문화가 있고 사회성원 모두에게 영향을 미침
⑧ **다양성** : 문화는 표현의 다양성과 가치관의 상대성을 갖고 있음

2 문화의 내용과 기능

(1) 문화의 내용

① 볼드리지(J. V. Baldridge)
  ㉠ 경험적 문화
   - 자연적·사회적 환경에 적응하면서 얻어진 기술과 지식이 축적된 문화
   - 인간의 경험을 통해서 얻은 기술과 지식이 축적된 문화
   - 우리가 살고 있는 현실 혹은 실재에 대해서 우리 스스로가 생각하고 판단하기 이전에 미리 '상황'을 규정해 줌
   - 현재라는 개념은 객관적 상황이라기보다는 문화가 규정해 준 개념

   > **체크 포인트**
   > **상황의 정의(토마스)**
   > 지금의 현실이 어떤 상황이라고 파악하는 인지 내용은 절대적인 의미에서 객관적인 상황을 파악한 것이 아니라, 문화가 개인에게 특정 상황이라고 규정해 주는 대로의 상황을 실제적인 상황인 것처럼 받아들이고 그에 따라 행동한다는 말이다.

  ㉡ 심미적 문화
   - 한 사회 내에서 아름답거나 예술적이라고 생각되는 신념체계
   - 아름다움에 대한 판단의 기준을 제공해 주는 문화
   - 아름다움에 대한 미적 기준도 시대와 공간에 따라 다름
   - 우리에게 무엇이 아름다운가 하는 미에 대한 정의를 규정해 줄 뿐 아니라 예술에 대한 감각도 규정해 줌
  ㉢ 규범적 문화
   - 인간 행동의 가치를 제시해 주고, 옳고 그름을 판단케 해 주는 행위의 기준이 되는 문화
   - 사회성원들에게 특정 행동의 옳고 그름을 밝혀 주고, 행동의 방향을 제시하여 구체적 행동의 지침을 정해 놓은 행동의 규칙
   - 규범은 강제성이 있으며, 강제성으로 인하여 문화가 세대에서 세대로 전승됨

② 섬너(W. G. Sumner)에 의한 사회규범
  ㉠ 민습(Folkways) 기출 23
   - 일상적인 개인의 생활을 중심으로 규정해 놓은 행동규범으로, 상식 또는 에티켓이라고 하며 가장 규제력이 낮은 사회규범
   - 식사예절, 옷 입는 법, 말씨, 친척에 대한 호칭 사용법, 가정에서의 제례의식 등
  ㉡ 원규(Mores) 기출 22
   - 원규는 그 사회가 추구하는 가치를 실현할 수 있도록 구체화한 행동규범
   - 원규는 민습보다는 강력한 사회적 제재를 받는 사회규범
   - 국가에 대한 애국심, 일부일처제와 배우자에 대한 정절, 근친상간 금기 등

ⓒ 법률(Laws)
- 민습과 원규는 명문화되지 않은 사회제재 수단이지만 법률은 공식적으로 명문화된 사회 통제 수단
- 민습이나 원규를 위반했을 경우에는 그 행위 또는 행위자의 모든 것(재산, 신분, 지위, 생명 등)에 규제력이 미치나 법률을 위반했을 때에는 구체적인 위반행위에 대해서만 징계를 받음

체크 포인트

민습과 원규, 법률의 차이점

민습과 원규	법률
• 명문화되지 않은 사회 통제 수단	• 공식화·명문화된 사회 통제의 수단
• 직계범위가 위반행위는 물론 행위자까지 확대 적용	• 징계범위는 구체적 행위 자체에 국한됨
• 마을공동체 혹은 사회구성원 전체가 규범의 집행자	• 훈련된 전문인(판사, 검사, 경찰 등)만이 법의 집행자

③ 규범의 내면화
㉠ 규범이 규범으로서 지켜지고 존속되기 위해서 정당성, 강제력(구속성), 내면화 조건이 충족되어야 함
㉡ 규범은 마땅히 지켜야 할 가치가 있다고 집단성원들이 그 당위성과 정당성을 인정한 행동에 대해, 합의에 의한 사회적 제재가 뒷받침되고 내면화될 때 사회규범으로서 지속됨

(2) 문화의 기능

① 인간과 사회에 대한 문화의 기능
㉠ 인간과 동물의 구별을 가능하게 함
㉡ 개인에게 주어진 자연환경에 가장 적합한 적응방식을 제공해 줌
㉢ 개인의 생존과 안정에 필요한 물질적·심리적 욕구를 일으키고 충족시킬 수 있는 수단을 제공해 주기도 함
㉣ 문화는 사회 통제의 기능을 하며, 개인적 욕구를 규제하기도 하고 욕구 수준을 제한하기도 함

② 사회가 존속할 수 있는 기본 조건 - 베넷과 튜민(J. W. Bennett & M. M. Tumin)
㉠ 사회성원을 재생산하여 계속 충원해야 함
㉡ 사회성원들이 생물학적으로 기능을 유지할 수 있도록 해 주어야 함
㉢ 사회성원들을 사회화시켜야 함
㉣ 사회활동과 삶에 필요한 재화와 봉사를 생산하고 분배해야 함
㉤ 사회질서를 유지하고 외부의 침입으로부터 보호해야 함
㉥ 성원들에게 삶의 의미를 부여해 줄 수 있어야 하고, 어떤 일에 임하도록 자극과 동기를 주어야 함

3 문화의 다양성

(1) 전체 문화와 부분 문화 기출 24

① 전체 문화
㉠ 한 사회의 성원 대부분이 공유하는 문화(지배 문화)
㉡ 사회의 가장 기본이 되는 가치와 이념이 행동이나 상징으로 표현되는 것

② 부분 문화 기출 21
㉠ 의미 : 특정 집단에서 독특하게 나타나는 문화, 즉 한 사회 내의 여러 집단이 각각 자기 집단 성원들끼리만 공유하는 문화(하위문화)
㉡ 부분 문화의 아노미(역기능적 측면) : 부분 문화가 너무 많으면 가치관이 다양해지고 전체 사회의 규범이 약화될 수 있음 예 아노미 현상
㉢ 파슨스(T. Parsons) : 사회가 분화되고 재통합되는 과정에서 제도적 융통성이 생기고 융통성이 있을수록 더 발전된 사회라고 봄

③ 반문화 기출 22
㉠ 기존 사회의 질서를 인정하지 않고 그것을 파괴하려는 집단의 문화
㉡ 폭력집단, 마약 중독자, 알코올 중독자, 동성연애자 등의 가치관, 히피문화 등

(2) 문화의 태도

① 문화적 상대주의
㉠ 세계 문화의 다양성을 인식하고, 각 문화의 독특한 환경과 역사·사회적 상황에서 이해해야 하며, 각 문화의 가치를 인정하고 존중해야 한다는 태도
㉡ 문화적 상대주의의 결여에서 나타나는 폐해 : 자문화의 발전을 저해하고, 집단 간의 갈등을 야기 (문화의 몰이해, 왜곡된 가치관, 국가 간의 마찰)

② 자민족 중심주의 기출 24
㉠ 민족우월주의 : 자기 민족과 문화의 모든 것(가치관, 도덕성, 정치체제, 경제제도, 생활 방식 등) 만이 옳고 합리적이며 윤리적이라고 생각하고, 다른 민족의 문화를 배척 또는 경멸하는 태도
㉡ 자민족 중심주의가 자국 내에서 강조될 때에는 긍정적 기능을 함(민족의 자부심, 긍지, 일체감 조성 등)
㉢ 자민족 중심주의가 타민족이나 국가 간의 관계에서 강조될 때에는 타민족에 대해 배타적인 편견을 갖게 됨(나치즘의 유태인 학살, 일제강점기의 조선인 차별과 학대)

③ 문화 사대주의
㉠ 다른 문화권의 문화가 자기 나라의 문화보다 우월하다고 느끼고 자기 문화를 열등하게 생각하고 다른 문화권의 문화를 무비판적으로 동경하는 것
㉡ 주체성이 없고 무비판적이며, 옆에서 누가 좋다고 하면 생각도 해보지 않고 무조건 따라서 하는 경우가 많음
㉢ 글로벌 시대가 되어가면서 이런 관념을 가진 사람들이 늘고 다른 나라의 문물을 서슴없이 받아들이는 추세임

② 영어 지상주의와 세계 최고의 과학문자인 한글 경시 풍조, 서구인의 체형에 맞춘 성형 수술 바람 등
④ **다문화주의** 기출 25, 22
  ㉠ 국적, 인종, 성별, 문화, 연령 등에 관계없이 모든 사람이 보편적 권리를 가지며, 그들의 삶의 방식이 존중되어야 한다는 것
  ㉡ 최근 이민자 정책을 주도하는 이념

4 문화의 변동

(1) 발견과 발명
① **발견** : 이미 세상에 존재해 있던 사물이나 지식, 이념을 새로운 방법으로 인식하고 사용할 수 있도록 깨닫게 하는 것
② **발명** : 이전에 없던 새로운 물건을 만들어 내거나 기술과 지식 혹은 이념을 만들어 내는 것

(2) 문화의 접촉과 전파
① **문화접촉** : 외래문화와 직접 혹은 간접적인 접촉을 통하여 문화의 내용이 변하는 것(외부의 새로운 지식이나 기술, 이념, 사상, 생활습관 등의 소개에 의해서 문화의 내용이 바뀌기도 함)
② **문화전파**
  ㉠ 접촉하지 않아도 외래문화의 내용이 전파되어 문화변용을 일으키는 것
    예 신데렐라, 콩쥐팥쥐 이야기 등
  ㉡ 자극전파 : 다른 사회의 문화요소로부터 아이디어를 얻어 새로운 발명이 일어나는 것

(3) 문화접변
① **허스코비츠(M. J. Herskovits)** : 서로 다른 문화를 가진 집단들이 직접적이고 지속적인 접촉을 함으로써 어느 일방 또는 쌍방의 본래 문화유형에 변화를 가져올 때 일어나는 현상
② **여러 가지 양상** 기출 24, 21
  ㉠ 문화수용(공존) : 두 개의 이질적인 문화가 접촉을 하면서도 각각 자체 문화의 가치관과 특성을 그대로 유지하면서 한 사회 내에서 공존하는 문화현상
  ㉡ 문화동화 : 여러 가지 독특한 하위문화를 가진 집단이 그 사회의 지배 문화로 통합되는 문화현상
    예 미국 문화에 동화되는 이민 집단 분화
  ㉢ 문화변형(융합) : 두 개의 이질적인 문화가 오래 접촉하는 동안 각각 본래의 문화유형을 잃어가고 새로운 문화를 창조해 내는 문화현상

(4) 문화지체 기출 25, 24, 23, 22, 21
　① 의미
　　㉠ 문화가 변동할 때 문화 내용의 제 측면이 골고루 같은 속도로 변하지 않고 어느 측면은 빠르게 변하는데, 다른 측면은 느리게 변하기 때문에 생기는 문화의 부조화 현상
　　㉡ 문화의 제 측면의 변화 속도의 차이에서 일어나는 사회현상
　　㉢ 물질문화의 속도를 비물질 문화의 변화 속도가 쫓아가지 못하는 현상
　② 오그번(W. F. Ogburn)의 문화지체
　　㉠ 문화의 변동은 기술발달에 의해서 일어난다고 봄
　　㉡ 문화지체란 문화의 여러 측면이 같은 속도로 골고루 변동하지 않을 때 나타나는 현상

(5) 끌로드 레비-스트로스에 대한 이해
　① **이분적 대립**: 사물과 감정을 그 성질에 따라 이분적으로 대조하고 대립시키는 것(대립 구조)
　　예 하늘과 땅, 검은색과 흰색, 남성과 여성, 남쪽과 북쪽, 왼쪽과 오른쪽 등을 서로 대조
　② **구조주의**: 인간은 누구나 동일한 논리적 감각과 사고 구조를 가지고 있으며 이분적 대립 관계를 사용해 인간 심성의 구조를 찾으려 했음

제 6 장 사회화와 퍼스낼리티

1 사회화의 뜻과 의의

(1) 사회적 상호작용의 중요성
- ① **사회적 상호작용의 의미** : 사회적 행동의 상호교환 과정, 상황에 대응한 선택적 반응과정
- ② **사회적 상호작용의 특성**
  - ㉠ 사회적 상호작용은 공유하고 있는 문화 혹은 상징을 밑바탕으로 하여 발생
  - ㉡ 사회적 상호작용이 일정기간 동안 지속적으로 일어나면 그것은 어떤 형태로든 유형화되어 사회구조를 이루게 됨
- ③ **상호작용의 유형**
  - ㉠ 협동 : 공동의 목표를 달성하기 위해 성원들이 서로 힘을 합치는 것으로, 평등한 참여 기회를 보장하고 목표 달성 시 그 혜택을 공평하게 나눠야 함
  - ㉡ 경쟁 : 둘 이상의 행위자 혹은 집단이 공통의 규칙에 따라 동일한 목표를 서로 먼저 차지하기 위해 애쓰는 것으로, 심할 경우 갈등으로 발전함
  - ㉢ 갈등 : 목표나 이해관계가 충돌하여 상대방을 강제로 굴복시키거나 제거해서 목표를 달성하려는 것으로, 사회분열과 혼란을 초래하지만 사회문제를 파악하고 해결 방안을 모색함

> **체크 포인트**
>
> **사회화의 기능**
> - 사회적 역할을 가르친다.
> - 사회의 기본적 규율을 가르친다.
> - 개인에게 자신의 정체성을 제공해 준다.
> - 기술을 가르친다.

(2) 사회화의 뜻과 과정 [기출] 25, 22, 21
- ① **뜻** : 동물적 존재인 인간이 태어나서 타인과의 상호작용을 통하여 그 사회의 가치와 규범, 도덕, 신념 등을 내면화함으로써 그 사회가 바라는 인간다운 인간으로 성장하는 과정
- ② **사회화 전체 과정에 대한 이해**
  - ㉠ 사회화되기 전의 나는 무지의 존재
  - ㉡ 사회화 대행자 : 가족 및 친구집단(일차적 사회화 대행자), 학교, 직장, 대중매체를 통한 습득
  - ㉢ '나'의 형성 : 사회화가 되면 '나는 누구인가?' 하는 자아정체감 형성, 개인의 독특한 퍼스낼리티 형성
  - ㉣ 가치와 규범을 받아들여 자신의 지위와 역할 인식

③ **사회화의 형태** 기출 25, 24, 23, 22
  ㉠ 원초적 사회화 : 어린 시절의 학습 과정으로서 언어와 인지능력의 향상, 문화적 규범과 가치의 내면화 등을 포함
  ㉡ 예기 사회화 : 학습 역할들이 현재가 아닌 미래의 역할에 지향된 사회화
  ㉢ 발달 사회화 : 새로운 학습이 옛것에 부가되거나 융화되어 일어나는 사회화
  ㉣ 역사회화 : 구세대의 문화지식이 젊은 세대로 전해지는 것이 아니라 그 반대의 방향으로 일어나는 현상
  ㉤ 재사회화
   • 일차적 사회화에서 배운 내용을 다 버리고 새로운 가치와 규범을 요구하는 집단에 속하는 경우에 학습되는 것
   • 급격한 생활환경의 변화가 있을 때 사람들이 과거와는 근본적으로 다른 규범 및 가치를 내면화하는 것
   • 그 집단이 요구하는 가치와 규범을 다시 습득하는 것 예 군대, 교도소, 정신병원 등

2 사회화의 과정

(1) **프로이트(S. Freud)의 성격발달이론** 기출 24, 21
  ① 인간의 발달단계
   ㉠ 구강기(0~1세) : 태어나면서부터 12개월까지 유아가 주로 입을 통해서 만족을 얻는 시기
   ㉡ 항문기(2~3세) : 만족을 느끼는 것이 입에서 항문으로 옮겨오는 시기(배설의 만족감)
   ㉢ 음경기(3~5세) : 쾌감을 느끼는 만족대가 성기로 옮겨오는 단계(오이디푸스 콤플렉스(거세 불안증)와 엘렉트라 콤플렉스(남근 선망)를 동일시하는 현상)
   ㉣ 잠복기(6~11세) : 성적인 욕구가 철저히 억압되어 심리적으로 평온한 시기
   ㉤ 생식기(11세 이후) : 성적인 완숙을 보이기 시작하는 단계
  ② 프로이트의 자아개념
   ㉠ Id(본능, 원초아) : 선천적으로 지니고 있는 원시적이고 동물적인 욕망으로, 인간의 삶을 지배하는 기본 원리로 쾌락의 원리에 의해 지배
   ㉡ Ego(자아) : 외부 세계를 현실적으로 판단하고 현실 세계와 자기 자신의 관계를 평가하며, 행동을 사회적으로 용납될 수 있도록 통제하는 성격의 부분으로, 현실의 원리에 의해 지배
   ㉢ Super-ego(초자아) : 규범과 사회적 양심을 아는 자아로, 이상이나 도덕적 원리에 의해 지배, 교육과정을 통해 습득되고 형성(도덕, 윤리, 규범)

(2) 에릭슨(E. H. Erikson)의 자아발달 8단계이론
    ① 신뢰감과 불신감의 단계(0~1세)
        ㉠ "세상이란 믿고 의지할 만한 곳이구나."라는 신뢰감이나 불신감이 형성됨
        ㉡ 영아의 욕구가 충족되지 못하고 일관성 없는 태도로 보살핌을 받게 되면 불신감이 생김
    ② 자율성과 의구심의 단계(2~3세)
        ㉠ 자기 자신과 주위의 여건들에 대해 자율적으로 통제·조정하고 싶어함
        ㉡ 행동의 결과에 대해서 칭찬하고 격려해 주면 자율성이 발달
        ㉢ 부모로부터 늘 꾸지람을 받든가 과잉보호되면 의구심과 수치심이 생김
    ③ 진취성과 죄의식의 단계(4~5세)
        ㉠ 스스로의 육체적·사회적 행동을 할 수 있는 능력이 발달
        ㉡ 결과가 잘못 되었다든가 바보같은 짓이라는 생각이 들면 '죄의식'을 느낌
        ㉢ 어떤 목표나 계획을 세워 그것을 주도적으로 성취하고자 하는 노력이 이루어짐
    ④ 근면성과 열등감의 단계(6~11세)
        ㉠ 대체로 적극적이고 능동적이며, 부지런히 일을 하는 단계
        ㉡ 노력이 충분히 보상되면 근면성이 발달하고, 계획했던 생각이나 행동이 늘 중간에 좌절하게 되면 '열등의식'이 생김
    ⑤ 자아정체성과 역할 혼돈의 단계(12~18세)
        ㉠ 육체적인 성숙과 더불어 사춘기에 접어드는 단계로, 자아정체감을 습득하거나 역할 혼돈에 빠지는 단계
        ㉡ 사춘기의 청소년이 불신감과 의구심, 죄책감, 그리고 열등의식을 경험했으면 자아정체감이 발달하지 못하고 역할 혼돈 속에 빠지게 된다고 봄 → 사회적 환경과 경험을 중시
    ⑥ 친근감과 고립감의 단계(청년기)
        ㉠ 다른 사람과 나의 감정을 나눌 수 있느냐 없느냐 하는 위기에 직면해 있는 단계
        ㉡ 자신의 감정을 솔직하게 표현할 줄 알아야 함
    ⑦ 창의력과 침체의 단계(중년기)
        ㉠ 중년에 접어든 사람은 자기 자신보다 타인에 대해서 더 많이 생각하는 단계
        ㉡ 창의력을 발휘해서 무언가 하려고 노력하는 단계
    ⑧ 자아 완성과 절망의 단계(노년기)
        ㉠ 자신의 전 생애를 통해 이룩해 놓은 업적을 뒤돌아보는 단계
        ㉡ 에릭슨은 이 단계에 이르러서야 한 개인의 성품이 완성된다고 봄

(3) 피아제(J. Piaget)의 인지발달이론
    ① 감각운동단계(Sensory-motor stage, 0~2세) : 모든 감각(미각, 후각, 시각, 청각, 촉각)이 발달하고 감각과 활동을 통해서만 사물을 인식함 → 대상 영속성

> **체크 포인트**
>
> **대상 영속성**
> 어떤 대상이 시야에서 사라져도 그 대상이 존재한다는 것을 알게 되는 것

② **전조작단계(Pre-operational stage, 2~7세)** : 사물을 생각과 감정으로 이해하고 내재화시키나 사고와 감정표현은 자기중심적임
③ **구체적 조작단계(Concrete operational stage, 7~11세)** : 단순한 사항에 대해서는 논리적 사고를 할 수 있는 단계 → 조작적 사고가 가능한 시기
④ **형식적 조작단계(12세 이상)** : 사춘기와 사춘기 이후의 단계
   ㉠ 사춘기(12~14세) : 좀 더 복잡하고 추상적인 논리적 사고를 할 수 있는 단계이지만 아직은 사물이나 현상을 여러 측면에서 생각해 보고 증명하지는 못함
   ㉡ 사춘기 이후 단계(15세~사망기) : 복잡한 논리적 사고를 할 수 있고, 학문과 이론을 전개시켜 나갈 수 있는 성숙 단계로, 타인의 입장에서 세상을 관찰할 수 있는 안목도 갖게 됨

(4) 미드(G. H. Mead)의 자아발달이론 기출 21
  ① **미드의 자아개념**
    ㉠ 미드에게 나(I)는 욕구대로 행동하고 싶어하는 충동적이고 본능적인 주체로서의 자아임
    ㉡ 미드는 사회적 상호작용을 통한 자아발달을 사회화의 핵심으로 생각함
    ㉢ 중요한 타자(Significant others) : 자아개념과 자아정체감 형성에 중요한 역할을 담당하는 사람으로 부모, 형제자매, 가족, 학교 선생님 등이 속함
    ㉣ 일반화된 타자 : 선과 악에 대한 판단의 기준이 되는 사람으로 전체 사회를 대표하는 일반인을 말함
  ② **미드의 역할 학습 3단계**
    ㉠ 준비단계(1~3세) : 단순한 모방행동만 일어남
    ㉡ 유희단계(3~4세) : 소꿉장난을 하며 그가 맡은 역할의 의미를 이해하면서 흉내내어 행동하는 단계
    ㉢ 경기단계(4~5세) : 사회의 가치와 규범을 인식하고(Generalized others의 역할), 행동하고 억제할 수 있는 능력이 준비됨

(5) 쿨리(C. H. Cooley)의 영상자아
  ① 쿨리에 있어서 자아개념은 고정된 것이 아니고 주위의 사람들과의 상호작용을 통해서 형성된다고 봄
  ② 다른 사람이 곧 거울의 역할을 함
  ③ 다른 사람의 마음속에 비친 나의 모습, 그것이 바로 영상자아(Looking-glass self)임
  ④ 남들이 내게 기대하는 그 모습을 내 실제 모습으로 흡수하는 것
  ⑤ 자신을 대상화하여 평가하는 자기성찰성을 강조

(6) 공자의 인격발달단계
① 공자는 인간의 지혜 또는 도덕성이 연령의 증가에 따라 단계적으로 발달하고 확장된다고 봄
② 자기가 하고 싶은 대로, 마음 가는 대로 행동을 해도 사회의 가치와 규범, 법과 도덕, 그리고 일상적인 예절에서 벗어나지 않는 사람을 성숙한 사람으로 보았음
③ 도덕성의 완성이 인생의 마지막 단계라고 할 수 있는 노년기(공자의 나이 70세)에 이르러 비로소 완성된다고 함

3 사회화의 행동자(대행자)

(1) 사회화의 대행기관과 대행자
① **대행자** : 한 개인이 사회화되도록 옆에서 도와주고 사회화시키는 사람들을 사회화의 대행자(또는 주관자)라고 함
② **대행기관** : 사회화시키는 기관을 사회화 대행기관(가족, 동료집단, 학교, 직장, 대중매체 등)이라고 함

> **체크 포인트**
> **사회화 대행기관인 학교의 역기능**
> 학교에서 학생의 진로를 정해주고, 예기 사회화(豫期社會化)를 시키는 과정에서 기존의 가치체계에 의해서 학생의 장래를 결정하기 때문에 그들의 꿈을 제한시키는 역기능적인 측면도 있음

③ 재사회화와 재사회화 기관
  ㉠ 재사회화 : 일차적인 사회화에 의하여 학습한 가치, 규범, 신조 등을 버리고 새로운 가치, 규범, 신념을 내면화하는 것
  ㉡ 재사회화 기관 : 교도소, 정신병원 등과 같이 재사회화를 본래 목적으로 하는 기관
  ㉢ 특정 집단의 재사회화 : 군대 조직이나 특수 집단과 같이 일반사회의 가치, 규범을 가지고는 지휘 통솔할 수 없는 기관에서의 사회화
  ㉣ 탈사회화 : 사회화 과정에서 학습한 모든 것을 다 잊어버리고 백지화되는 현상으로, 재사회화가 되려면 먼저 탈사회화가 되어야 함

(2) 사회화의 결과 기출 24
① 자아개념이 발달하고 자아정체감이 형성
② 그 개인만이 갖는 독특한 퍼스낼리티가 형성
③ 자아정체감에 대한 인식은 자신의 지위와 그에 따른 역할을 인식하게 해 줌(여성은 여성답게, 남성은 남성답게 행동)
④ 사회에서 인정하는 방법과 범위 내에서 희구(希求) 수준을 결정

⑤ 문화를 다음 세대로 전승하는 기능을 함
⑥ 효과적인 사회화가 진행된 곳에서는 사회화의 피해자가 생김

(3) 퍼스낼리티의 형성 요인
① **퍼스낼리티의 개념** : 남과 구별할 수 있는 나만이 가지고 있는 독특한 성(개성)
② **퍼스낼리티를 형성하는 데 작용하는 요인**
  ㉠ 생득적인 요인 : 부모로부터 물려받은 유전적인 유형
  ㉡ 사회화 과정에서 작용하는 요인 : 자녀 교육법, 부모의 성격과 가치관, 부모·형제·자매 간의 친밀 정도, 타인과의 접촉의 폭과 깊이 정도, 사회화 대행자의 특성
  ㉢ 심리적인 요인 - 매슬로우(A. H. Maslow) 이론
    • 기본적 생리적 욕구 : 최하위에 있는 가장 기초적인 욕구(음식, 공기, 물, 온도 등)
    • 안전과 보장의 욕구 : 위험이나 위협에 대한 보호, 경제적 안정과 질서에 대한 욕구
    • 소속과 애정의 욕구 : 친밀한 인간관계, 소속감, 애정·우정에 대한 욕구
    • 자기존중의 욕구 : 다른 사람의 존경을 받으려는 욕구(지위, 명예, 위신, 인정)
    • 자아실현의 욕구 : 자아성취나 자기발전에 대한 욕구

(4) 사회와 퍼스낼리티
① **문화의 유형과 퍼스낼리티** : 아폴로형 문화와 디오니소스형 문화(베네딕트 구분)

구분	아폴로형 문화	디오니소스형 문화
종족	남부의 푸에블로족	서부의 콰키우틀족
성격	온화하며 상호 협조적이고 경쟁심이 없음	전투적·공격적이고, 횡포·과격하며, 극도로 정열적이고 경쟁심이 강한 것은 물론, 이기적·비협조적·개인주의적임
개인주의적 성향	개인주의적 성격은 형성되지도 않고 나타나지도 않음	개인주의적 행동을 인정함
대인관계	안정과 평화	갈등과 불안
목적	중용 추구, 전통과 규율 중시	극단 추구, 초자연적 힘의 획득 중시

② **사회 유형과 퍼스낼리티**
  ㉠ 전통 지향형 : 1차 산업이 지배적이었던 사회의 퍼스낼리티 유형으로, 문화가 제시해 주는 행동규범에 따라 행동하는 퍼스낼리티
  ㉡ 내부 지향형 : 초기 공업화 사회에서 개인적인 표준에 따라 행동하는 퍼스낼리티 유형
  ㉢ 외부 지향형 : 3차 산업의 비중이 점점 커지는 사회에서 나타나는 퍼스낼리티 유형으로, 자기와 같은 또래를 따라 행동하며 주위 다른 사람의 행동에 민감히 반응함

체크 포인트

사회적 퍼스낼리티 기출 22
한 사회의 개인들에게 가장 흔히 나타나는 성격을 말하며, 사회적 성격이라고도 함

제7장 지위와 역할

1 사회적 지위와 역할

(1) 사회적 지위

① **개념** : 사회 속에서 다른 사람들과의 관계를 통해 형성되는 개인의 사회적 위치

② **지위의 유형** 기출 25, 24, 23, 22, 21
  ㉠ 주된 지위(Master status) : 사회적 정체성을 결정하는 데 중요한 역할을 하는 지위
    예 전통 사회에서는 신분, 현대 사회에서는 직업 등
  ㉡ 귀속지위 : 본인의 의사나 노력과는 관계없이 주어진 사회적 지위 예 나이와 성, 인종 등
  ㉢ 성취지위(획득지위) : 노력에 의해 성취한 사회적 지위 예 교육수준, 직업, 수입 등

구분	귀속지위	성취지위
결정요소	연령, 성별, 인종	재능, 노력, 업적, 교육
특징	• 선천적, 운명적, 불변적, 자연적 • 근대 이전에 중요한 지위 • 계층구조의 폐쇄성이 높은 사회	• 후천적, 의도적, 가변적, 사회적 • 사회의 복잡, 전문화로 근대 이후에 증가 • 계층구조가 개방적인 사회에서 강조됨
예	남자, 성인, 가장, 딸, 노비, 나이 등	학생, 과장, 장관, 남편, 부모 등

③ **지위불일치**
  ㉠ 한 개인이 가지는 사회적 지위의 차원별 높이가 서로 다른 상황
  ㉡ 한 개인의 사회적 위치가 그의 사회적 지위에 긍정적 효과와 부정적 효과를 동시에 미치는 상황을 뜻함
    • 선생님 : 긍정적 이미지는 사회적 지위가 높고, 낮은 소득은 사회적 지위가 낮음
    • 유흥업소 사장 : 부정적 이미지는 사회적 지위가 낮고, 높은 소득은 사회적 지위가 높음
  ㉢ 지속적으로 지위불일치가 일어난다면 기존 사회체제에 대한 불만이 표출되어 사회통합을 저해할 수 있음

(2) 역할

① **역할의 개념**
    ⊙ 모든 지위에는 일정한 역할이 있음
    ⓒ 각각의 사회적 지위에 연관된 규범적인 행동 유형을 말함
    ⓒ 지위와 역할은 하나로 묶여 있으며, 역할은 지위의 역동적 측면을 구성함
    ⓔ 비들과 토마스 : 역할은 점유하고 있는 지위에 대해 바람직하다고 생각되는 행동을 규정해 놓은 일련의 처방
    ⓜ 역할의 세 가지 측면 : 지위, 기대, 제재

② **역할과 역할무리 - 연극과의 비유**
    ⊙ 역할(Role)
        • 마치 연극에서 연기자 각자가 맡고 있는 소임과 같은 것
        • 역할의 사회학적 의미 : 사회적 지위와 관련하여 각자가 연출해야 하는 것을 지시해 주는 것
        • 주어진 어떤 하나의 지위는 하나의 역할을 발생시키는 것이 아니라 복합적인 역할의 수행을 요구
    ⓒ 역할무리 : 하나의 지위에 의해 규정되고 이에 따라 수행되는 역할들의 복합체를 말함

③ **다렌도르프(R. Dahrendorf)의 역할의 성격**
    ⊙ 역할은 일종의 준객관적 복합체로서, 원칙적으로는 개개인과 관계없는 행위 처방임
    ⓒ 역할의 내용은 개개인에 의해서가 아니라 사회 구조에 의해 규정되고 또 수정됨
    ⓒ 역할은 사회구속력 또는 제재력을 갖고, 역할 기대를 무시할 때에는 스스로에게 불이익이나 손상을 초래한다는 뜻에서 역할은 개개인의 행위를 통제함

④ **역할의 예**
    ⊙ 성과 나이는 전형적인 사회적 역할임
    ⓒ 성에 따른 역할 기대는 사람이 태어나서 먼저 배우는 사회적 기대임
    ⓒ 나이에 따라 사회적 기대가 다름

체크 포인트

연극과 사회생활의 비교

연극	사회생활
맡은 배역	행위자의 지위
쓰인 각본	사회의 규범
감독의 지시에 대한 복종	권력자나 권위자의 지시에 대한 동조
타 연기자의 연기에 반응	타인들의 반응에 의해 자신의 행동 조절
청중에 대한 반응	일반화된 타자에게 반응
다양한 연기 능력을 갖고 나름대로 독특한 역할을 해석하면서 연기함	다양한 자아개념을 갖고 나름대로의 상호작용 양식을 가짐

2 역할 행동과 역할 기대

(1) 역할 행동

① **역할 행동의 개념**
   ㉠ 역할 행동 : 특정한 사람이 그 역할을 수행하는 활동 그 자체를 말함
   ㉡ 역할 체제 : 특정 역할에는 상대역과 주위의 다른 역할이 있으며 이 역할들은 상호의존적 또는 상호결정적인 관계에 있는 것
   ㉢ 역할조 : 특정 지위와 관계가 있는 여러 역할의 집합 혹은 총체

② **역할 행동에 작용하는 요인**
   ㉠ 역할 기대 : 특정 사회적 위치를 정하고 있는 개인에 대한 일반 사회성원들이 생각하는 권리, 의무, 특전 및 책임 모두를 포함하는 인지적 개념
   ㉡ 역할 지각 능력 : 자기 자신과 타인의 사회적 위치를 파악
   ㉢ 역할 요구 : 규범적으로 제시될 수도 있고 어떤 금기사항일 수도 있으며, 언어로 표현된 구체적인 지시일 수도 있음
   ㉣ 역할 수행 능력 : 기술과 재능을 포함
   ㉤ 자아 특성과 역할의 일치 정도 : 행위자의 성격, 태도, 가치관의 특성이 역할 수행에 영향을 줌
   ㉥ 타인의 반감 : 타인의 반응에 영향을 미침

(2) 역할 기대

① **법적 기대** : 반드시 지켜야 할 기대 → 어길 시 형사처벌 제재
② **사회·문화적 기대** : 사회적인 구속력을 가질 뿐 법적 제재는 없음(간혹 집단으로부터 배제나 따돌림 등 강제력을 갖기도 함)
③ **용인적 기대** : 강제성은 없지만 되도록 지키는 것이 좋은 기대, 기대대로 행동하는 경우 반드시 존경이 뒤따름

3 역할 갈등

(1) 역할 갈등의 개념 기출 24, 23, 22

① **역할 갈등**: 두 개 또는 그 이상의 지위들에 상응하는 역할들이 동시에 요구되어 양립불가능하게 된 경우에 발생하는 사회갈등
② **역할 혼동**: 한 개인이 갖는 두 개 또는 그 이상의 지위들에 상응하는 역할들 사이에 문제가 생기기는 하지만, 그것들이 양립 불가능한 것은 아니어서 어느 역할을 선택해야 할지 고민하는 상황
③ **역할 긴장**: 하나의 사회적 지위에 요구되는 여러 역할 사이에서 양립 불가능한 행동, 기대, 의무들이 생길 때 개인이 경험하는 스트레스 또는 긴장을 말함(교사가 학생을 대할 때 엄격하면서 자애로움을 기대할 때 발생) 기출 25
④ **역할 모호성**: 역할이 명확하거나 일관성 있는 기대 없이 수행되는 상태 또는 현상을 의미, 지위에 대해 명료하게 직무기술서에 기술되어 있지 않고 업무 수준이 역할 모호성에 영향을 미치기 때문에 발생
⑤ **역할의 변화**: 시대와 사회의 변화에 따라, 사회적 지위에 따라 요구되는 역할도 변화할 수 있음

(2) 역할 갈등의 분류

① **역할 간 갈등**: 두 가지 이상의 역할을 동시에 수행함으로써 오는 갈등
② **역할 내 갈등**: 주어진 지위에 대해 요구하는 역할이 경우에 따라 다를 경우의 갈등
③ **자아특성과 역할 기대의 불일치에서 오는 갈등**: 행위자의 성격이나 가치관이 수행해야 할 역할의 유형과 모두 다를 경우 개인은 심적으로 갈등이 옴

(3) 역할 갈등의 해소

① 역할의 우선순위를 정하여 중요한 것부터 처리해 나가거나, 여러 가지 역할 가운데 하나를 선택하는 것도 갈등을 해소하는 방법임
② **해소의 방법**
  ㉠ 외적 요인을 변형시킴: 우선순위 부여
  ㉡ 구분화: 무시나 취소를 통해 갈등 요인 제거
  ㉢ 합리화: 변명, 자인
  ㉣ 결단: 손익을 따져서 하나만 선택
  ㉤ 신념의 변화: 역할 기대 내용을 변화시킴
  ㉥ 역할 소원(役割疏遠, Role distance): 역할의 참된 의미를 외면한 채 외형적 역할만을 수행

4 역할 소원과 인간의 자율성

(1) 고프먼(E. Goffman)
① **역할 소원** : 역할 행위자가 특정 역할의 진정한 의미는 받아들이지 않고 형식적·의도적으로 외형적 역할만을 수행하는 현상
② 고프먼은 '역할'과 '역할 수행'을 구분함
   ㉠ 역할 : 특정 지위에 부착된 규범들에 따라서 행위하는 것
   ㉡ 역할 수행 : 지위에 따라서 역할을 실제로 행하는 것
③ **자아(Self)** : 주어진 무대 장면에서 발생한 연기의 결과
④ **인상관리** : 개인들이 자아를 안정적으로 유지하는 것
⑤ **역할 소원(역할 거리)** : 역할을 경멸하듯이 내팽개치는 행위

(2) 버거(Berger)의 역할 소원
① 버거는 인간의 이중성이 강요되는 강압적인 상황에 처해 있는 인간이 그들의 자의식 속에서 인간의 존엄성을 유지할 수 있는 유일한 방법으로 나타나는 것이 역할 소원이라고 함
② 사회적으로 규정되는 행동 속에서 인간이 자율성을 갖는 때는 역할이 자신에게 어울리지 않을 때 역할 소원을 하는 경우를 말함

제 8 장 사회 집단

☑ 회독 체크 □□□

1 개인과 집단

(1) 사회 집단
① **사회 집단의 의미** : 어떤 목적을 향해 지속적으로 상호작용하는 다수 사람들의 집합체
② **사회 집단의 성립 요건** : 다수의 사람, 소속감 또는 공동체의식, 지속적인 상호작용 기출 21

> **체크 포인트**
> 집단이 아닌 예
> - 빈번한 상호작용이 없는 사람들의 무리 혹은 소속감과 상호 의지의 감정을 공유하지 않는 사람들의 무리
> - 우연한 시점에, 우연한 장소에서 만나는 사람들의 무리
> - 길거리의 사람들, 경기장의 관중, 음악회에 모인 청중 등

(2) 사회학적 관심의 대상이 되는 집단(Robert Bierstedt의 분류)
① **사회 집단** 기출 24
  ㉠ 소속감과 동료 의식도 있고 지속적으로 상호작용이 일어나는 집단으로, 사회적 범주보다 더 강한 결속력을 지님
  ㉡ 사회 집단의 특성
    - 일정 수의 사람이 있어야 함(최소 두 명 이상)
    - 일정 수의 사람이 공유하는 의식과 가치가 있어야 함
    - 소속 의식이 있어야 함
    - 상호작용이 있어야 함
    - 유대 관계가 있어야 함
② **준사회 집단** : 구성원들 자신의 소속감은 있지만, 구체적으로 상호작용이 일어나지 않는 집단
  예 남성과 여성 집단, 40세 집단 등
③ **통계적 집단** : 사회학자나 통계학자가 연구를 위해서 임의로 범주화한 집단
  예 취학 아동, 결핵 환자, 표준 체중 사람들의 무리 등
④ **결사체적 집단** : 공식적인 조직 체계를 갖춘 사회 집단으로, 뚜렷한 목적이 있고 목표 달성을 위해서 형식적으로 조직된 집단 예 흑인 인종 차별로 인해 흑인 인권 단체 등장, 여성 차별로 여성 단체 구성 등

2 집단 기출 24, 21

(1) 집단의 분류
① **집단 성원의 수에 따른 분류**: 소집단, 대집단
② **집단의 조직과 구조에 따른 분류**: 공식집단, 비공식집단
③ **성원들의 가입 조건에 따른 분류**: 개방집단, 폐쇄집단
④ **구성 형태에 따른 분류**: 일차집단, 이차집단
⑤ **소속감·애착심에 의한 분류**: 내집단, 외집단
⑥ **행동 판단의 기준이 되는 집단**: 준거집단

(2) 집단의 분류 기준
① 동류(同類)의식의 유무
② 개인 간의 사회관계의 수준
③ 특정 목표를 달성하기 위한 공식적 조직의 유무

(3) 일차집단과 이차집단 - 쿨리(C. H. Cooley)의 분류
① **일차집단(원초집단)** 기출 24
  ㉠ 일차집단의 개념: 구성원 간의 친밀한 대면접촉을 통하여 이루어진 집단
  ㉡ 일차집단의 성립 조건: 지리적 근접성, 소규모, 관계의 지속성
  ㉢ 일차집단의 특성
    • 구성원 간에 인격적인 관계가 맺어지게 되어 인간 본성이 형성됨
    • 어린이는 부모와의 공감을 통해 사회규범과 도덕적 가치를 배움(초기 사회화)
    • 상호작용으로 사랑을 배움
    • 인간 본성이 일차집단 안에서 생성됨
② **이차집단** 기출 25
  ㉠ 이차집단의 개념: 구성원 간의 간접적인 접촉과 목적 달성을 위한 수단적인 만남을 바탕으로 결합된 집단
  ㉡ 이차집단의 특성
    • 특정한 목표를 달성하기 위해 형성된 집단
    • 인간관계가 형식적·비인격적·수단적인 관계임
    • 상대방의 특정 기술이나 지위를 주로 봄
    • 상대방과의 의사소통이 사무적이고 형식적임
    • 대규모의 집단 안에서 거리를 두고 간접적으로 접촉함

③ 일차집단과 이차집단의 비교

구분	일차집단	이차집단
전형적 집단	가족, 유희집단, 또래집단	학교, 회사, 노동조합, 군대, 도시, 국가
사회적 특성	•인격적(인간적) •비형식적 •자연적 •일반적 목표 •쉽게 바꾸기 어려움	•비인격적 •형식적 •공리적 •특정 목표 •쉽게 바꿀 수 있음
외형적 조건	영구적, 소규모, 신체적 접근	유동적, 대규모, 신체적(사회적) 거리

④ 일차집단과 이차집단의 관계
  ㉠ 일차집단과 이차집단의 경계가 명료하지 않음
  ㉡ 시간의 경과에 따라 이차집단 내 여러 가지 상이한 일차집단이 생기기도 함
  ㉢ 전통 사회는 일차집단의 특성이 많이 나타나고, 현대 사회는 이차집단의 특성이 강화됨

> **체크 포인트**
>
> **메이요(E. Mayo)**
> • 경제적 유인(Incentive)만이 노동 의욕을 증진시키는 유일한 요인이 아님을 강조
> • 다른 노동자들과의 일차집단적 관계가 노동 의욕 증진에 영향을 줌
> • 대체로 기능분화는 생산성 제고와 능률적 조직 운영에 도움이 되지만, 지나친 기능분화는 오히려 이러한 일차집단적 관계를 붕괴시켜 역작용을 할 수도 있음

(4) 내집단(內集團)과 외집단(外集團) - 섬너(W. Sumner)
  ① **내집단**: 자기 자신이 소속되어 있다고 느끼는 집단으로서 자기 집단에 대한 애착심이 강하게 나타나고, 타 집단에 대한 폐쇄성을 보이기도 함(우리 집단) 기출 22
  ② **외집단**: 자신이 소속되어 있지 않은 외부의 집단으로서 이질감이나 적대감을 갖는 집단(그들 집단)

(5) 준거집단 기출 23, 22, 21
  ① **준거집단의 개념**: 개인이 자신의 행동과 가치판단의 기준으로 삼는 집단으로, 하이만이 처음 사용
    ㉠ 긍정적 준거집단: 개인의 행동과 가치판단의 모범이 되고 표준이 되는 집단
    ㉡ 부정적 준거집단: 개인의 행동에 비교와 판단의 기준이 되는 집단

> **체크 포인트**
>
> **상대적 박탈감** 기출 25
> 개인이 자신과 다른 사람의 수준을 비교 평가할 때 그럴만한 이유 없이 자신이 다른 사람보다 사회적 인정을 받지 못한다거나 경제적으로 열등하다고 느끼는 감정

② 준거집단의 분류
  ㉠ 비교 준거집단 : 사람이 자기 지위의 높낮이를 평가할 때 남의 지위를 비교 잣대로 활용하는 것
  ㉡ 규범적 준거집단 : 사람이 어떤 집단의 규범을 준수하고 싶을 때의 그 집단을 말함
    • 회원 집단 : 지금 자기가 소속되어 있는 집단으로, 소속집단의 영향력 또는 구속력이 커짐
    • 비회원 집단 : 현재의 회원 집단 외에 속하고 싶은 다른 집단이며, 비회원 집단 가운데 자기가 소속되고 싶은 집단이 있는 경우, 이 집단이 준거집단이 될 가능성이 많음
  ㉢ 원천 지위 : 지금의 가족 지위
  ㉣ 종착 지위 : 장차 자기가 속하고 싶은 집단의 지위
  ㉤ 예견적 사회화 : 특정 집단의 성원이 되기 전에 그 집단의 가치와 행동을 받아들여 미리 사회화되는 현상
③ 주변적 인간
  ㉠ 서로 다른 두 집단에 소속되어 있으나 어느 집단에도 완전히 동일시되지 못하고 두 집단의 변두리 부분에 속해 있는 존재임(종착 지위와 원천 지위 사이의 존재)
  ㉡ 주변인은 심리적으로 안정되지 않기 때문에 아노미적 징후를 갖기 쉽고, 일탈과 비행으로 나아갈 수 있음
  ㉢ 소속집단과 준거집단이 다를 경우 번민하게 되는 인간 군상

(6) 기타 주요 집단
  ① 공동사회와 이익사회 - 퇴니스의 분류(결합의지)
    ㉠ 공동사회(Gemeinschaft) : 인간의 의지와 무관하게 자연적으로 형성된 집단으로, 정(情)과 전인적인 인간관계를 중시하고, 전통과 관습에 의해 질서가 유지됨(가족, 친족, 촌락 공동체, 민족 등) → 일차적 관계, 감정적·비공식적 관계
    ㉡ 이익사회(Gesellschaft) : 인간의 인위적 의지에 의해 형성된 집단으로, 합리성, 수단적 인간관계를 중시하고 공식적인 규율에 의해 질서가 유지됨(회사, 학교, 정당, 국가 등)
      → 이차적 관계, 합법적 규칙에 의한 행위에 기반을 둠, 현대 대도시에서 흔히 볼 수 있음
  ② 공동체(Community)와 결사체(Association)
    ㉠ 공동체 : 인간관계는 일차적 관계이며, 공속의식(共屬意識)이 강하고 인간관계가 친밀하고 인격적임
    ㉡ 결사체 : 이차적 인간관계로 맺어진 집단으로, 인간관계가 형식적·공식적·부분적인 특성을 지님

3 집단의 유지와 와해

(1) 사회 집단의 형성 요인
- 도이치 & 크라우스(M. Deutsch & R. M. Krauss)의 집단 형성과 결속의 요인
  ① 사회적 근접성
  ② 사람들의 태도와 배경의 유사성
  ③ 성공과 실패의 공통 경험
  ④ 주위 사람들보다 뛰어난 사람 또는 집단
  ⑤ 퍼스낼리티 간의 조화
  ⑥ 상호 관계를 맺으려는 기대와 이와 유사한 요인

(2) 집단의 유지 요인
  ① **집단의 유지·존속을 위해 수행해야 할 기능** : 집단의 과제 달성, 결속과 유대 강화, 두 측면의 균형 유지 필요
  ② **집단의 유지·발전 요건**
     ㉠ 집단의 적절한 크기와 구성원의 비율
     ㉡ 집단 구성원들의 합의와 동조
     ㉢ 구성원의 자발적인 자기 책임 의식
     ㉣ 적당한 방식의 보상과 제재
     ㉤ 집단 지도력과 의사소통
     ㉥ 역할 분담과 조정
     ㉦ 정서적 만족과 통제

(3) 집단의 와해
  ① **직접적 원인** : 가치관의 불일치, 즉 성원들의 행동에 대한 이해와 양보, 동조가 없다는 것은 집단 내부의 규범이 약화되었음을 뜻하며, 규범이 없는 집단은 존속할 수 없음
  ② **이차적 원인** : 역할 분담과 서열 체계의 무질서, 즉 개인과 다른 성원 사이의 역할 갈등과 마찰이 심한 집단은 내부 긴장이 계속되어 와해됨
  ③ **삼차적 원인** : 의사소통의 단절

(4) 자발적 결사체

① **의미** : 비슷한 관심과 이해관계를 가진 사람들이 자기들의 관심과 이해관계를 옹호하고 증진시키기 위하여 자발적으로 결성한 집단

② **종류**
　㉠ 친교를 목적으로 한 결사체
　㉡ 특정 집단의 이익 대변을 위한 결사체
　㉢ 사회의 공익을 위해 결성된 결사체
　㉣ 자발적 결사체 중에는 친교를 목적으로 하는 원초적 관계와 공통의 이익 추구를 목적으로 하는 2차적 관계가 공존하고 있는 것이 많이 있음

③ **특징**
　㉠ 가입과 탈퇴의 자유가 있음
　㉡ 다양한 조직의 형태로 운영
　㉢ 구성원의 자발적 참여 및 운영
　㉣ 조직의 목표가 뚜렷하고 신념이 강함
　㉤ 규정과 조직이 융통성 있게 운영

④ **기능** : 긴장 해소와 정서적 만족, 사회의 다원화에 기여

⑤ **문제점** : 배타적 특권 집단화 우려, 이익 집단화하여 정책 결정에 관여

제 9 장 일탈 행동

1 일탈의 개념

(1) 일탈 개념의 상대성

① **일탈의 개념**
  ㉠ 일탈 행위는 중요한 사회규범의 위반 행위로 이탈되는 행위
  ㉡ 사회가 정한 가치와 규범에 의해서 바람직하다고 생각되는 행동 유형의 허용 범위에서 벗어나는 행동을 말함

② **일탈의 상대성** 기출 24
  ㉠ 일탈의 개념은 시간적, 공간적으로 상대적인 개념임
  ㉡ 일탈 행위는 사회규범에 대한 위반 행위로서 많은 사람에게 부정적으로 평가되는 것
  ㉢ 일탈 행동은 사회적으로 상대성을 가지고 있기 때문에 특정 행위도 역사적 조건이나 사회적 상황에 따라 일탈 행동이 될 수도 있고, 안 될 수도 있으므로 비정상적인 것이 아님
  ㉣ 일탈 행위란 어떤 절대적인 기준에 의해서 규정될 성질의 것이 아님

(2) 일탈의 기능

① **부정적 기능(일탈의 역기능)**
  ㉠ 사회 조직의 해체 및 붕괴가 초래
  ㉡ 조직화된 사회생활을 유지하는 데 필요한 신뢰감을 저하
  ㉢ 일탈 행위에 대한 적절한 사회 통제가 가해지지 않는다면 사람들이 규범을 준수하고자 하는 동기 혹은 의지를 상실하게 됨
  ㉣ 일탈 행위를 통제하는 데 많은 비용이 소요되므로 사회적 자원을 낭비하는 결과가 생김

② **긍정적 기능(일탈의 순기능)**
  ㉠ 일탈 행위는 사회규범(상응하는 처벌이 무엇인가)을 분명히 규정해 주고, 사회성원들에게 용납될 수 있는 행동의 범위를 한정해 줌(범죄자의 공개적 재판과 처벌)
  ㉡ 집단의 결속력을 강화시켜 줄 수도 있음
  ㉢ 축적된 욕구불만을 해소시켜 줌으로써 그보다 더 심각한 무질서를 예방해 주는 안전판과 같은 역할을 하기도 함
  ㉣ 사회 조직의 결함을 미리 알려 주는 기능도 함
  ㉤ 사회 변동의 근원이 되는 경우도 있음(여권신장운동)

③ 일탈 행동의 사회적 기능
    ㉠ 새로운 아이디어 창출이 가능
    ㉡ 억압하면 사회가 획일화될 수 있음
    ㉢ 기존의 질서를 변화시키는 원동력이 됨

2 일탈을 개인의 특성으로 보는 견해

(1) 생물학적 접근 기출 24

① **이탈리아의 롬브로소(C. Lombroso)** : 범죄 행동을 하는 사람은 날 때부터 무언가 다르며, 범죄자는 진화론적으로 볼 때보다 원시적인 인간이라고 주장
② **영국의 의사 고링(C. Goring)** : 범죄자들과 일반인들의 신체적 특징에 아무런 차이가 없음을 밝힘으로써 롬브로소의 주장을 반박
③ 오늘날 대부분의 사회학자는 생물학적 요인은 일반적인 수준에서 일탈 행위를 설명하는 데 적절치 않다고 봄

(2) 심리학적 접근

① 심리학자 또는 정신분석학자들의 입장으로 일탈 행동의 원인을 퍼스낼리티나 개인의 문제로 설명하고, 범죄도 정신 질환이나 비정상적인 심리 상태에서 저지르는 것으로 봄
② **프로이트(S. Freud)** : 일탈 행위를 초자아(Super-ego)나 자아(Ego)가 적절히 발달하지 못해서 본능(Id)의 충동을 통제하지 못할 경우에 일어나는 현상으로 봄
③ 욕구좌절-공격이론에서도 일탈 행위를 욕구좌절에 의해서 일어나는 사람 혹은 사회에 대한 공격적 행위의 한 형태로 봄
④ 한계
    ㉠ 심리학적 이론은 사람들 간 일탈률의 차이가 왜 있는지와 동일한 사회에서도 일탈 행위에 차이가 있는지에 관해서는 적절한 설명을 제시하지 못하고 있음
    ㉡ 일탈 행위란 문화적으로 규정된다는 사실을 간과하고 있음

3 문화적·사회 구조적 환경에서 찾는 견해(기능론적 일탈이론)

(1) 사회 조직의 와해

① 아노미의 개념 기출 22
  ⊙ 아노미는 뒤르켐이 『자살론』에서 사회학에 도입한 후 머튼에 의해서 더욱 발전되었음
  ⓒ 아노미란 "규범이 없다."라는 뜻으로, 사회의 규범이 약화되거나 부재할 때 또는 그 이상의 상반된 규범이 동시에 존재할 때, 한 개인은 행동의 지침을 잃게 되고 개인의 욕구와 행위를 조정해 줄 수 있는 사회적 규율이 없으므로 행동 방향을 잃게 되는 상태를 말함

② 일탈과 범죄의 순기능(뒤르켐)
  ⊙ 일탈 행위는 사회적·도덕적 경계선을 뚜렷하게 알려주고 깨닫게 함
  ⓒ 자기들끼리의 집단 연대를 강화함(일종의 외집단)
  ⓒ 사회개혁의 기능이 있음
  ⓔ 일탈 행위는 때와 장소만 적절하게 선택한다면 허용되는 일탈이 있음(긴장 해소에 도움)

(2) 사회해체이론

① 사회질서, 통합, 유대 등이 해체되거나 약화되면 범죄나 비행이 지속적으로 증가함
② 처음에는 도시 범죄와 비행의 지역적인 분포에 대한 연구에서 출발하여 범죄학 이론에 많은 영향을 줌
③ 사회해체가 발생한 지역은 높은 범죄율이 지속적으로 나타남
④ 미국의 사회학적 범죄이론의 기초로서 '차별교제이론'과 '아노미이론' 등에 영향을 줌

(3) 뒤르켐의 자살론

① 자살과 사회
  사회통합의 정도가 높고 규제력이 강한 사회에서는 자살률이 낮은 반면, 사회통합의 정도가 낮고 규제력이 약한 사회에서는 자살률이 높음

② 자살의 분류
  ⊙ 이기적 자살 : 사회적 결속력이 약할 경우, 즉 집단으로부터 소외되었을 때 개인과 사회의 결합력이 약할 때의 자살
  ⓒ 이타적 자살 : 사회적 결속력이 강할 경우, 즉 사회적 의무감이 지나치게 강할 때의 자살(제2차 세계대전 당시 전투기를 몰고 미군 군함으로 돌진했던 일본군 자살특공대)
  ⓒ 아노미적 자살
    • 사회 정세의 변화라든가 사회 환경의 차이 또는 도덕적 통제의 결여에 의한 자살
    • 지금까지 당연하게 여겨지던 가치관이나 사회규범이 혼란 상태에 빠졌을 때 자주 일어남
    • 규범이 와해된 상태에서 많이 나타남
    • 갑작스런 경제적 호황과 불황, 기술지식의 급속한 발전, 광활한 시장의 유혹 등이 규범 와해를 가져옴

② 숙명적 자살 : 노예 상태와 같은 절망적 상황에서 많이 일어나는 자살로 사회가 과도하게 욕망을 억압하기 때문에 생김

(4) 마르크스의 갈등론적 견해

① 마르크스의 견해
  ㉠ 경제적·물질적 조건이 사람들로 하여금 일탈을 일으키게 함
  ㉡ 자본주의의 경제적 불평등 구조는 일탈을 내재적으로 가지고 있음
  ㉢ 동조자와 일탈자의 구별

② 뒤르켐의 견해와의 차이점
  ㉠ 뒤르켐
    - 일탈과 범죄를 자연적·보편적 현상으로 봄
    - 사회 통제의 형태가 야만스러운 체벌 형태의 징벌 통제 방법에서부터 좀 더 가벼운 방법인 형무소 구금 형태로, 직선적으로 변해 간다고 봄
    - 사회가 공유하는 가치 체계가 깨졌을 때 일탈이 생김
  ㉡ 마르크스
    - 범죄는 보편적 현상이 아니고, 모든 형태의 법이나 정치 형태 범죄까지도 생활의 물질적 조건에서 발생하는 것
    - 사회의 합의에 의한 고유한 가치 체계는 처음부터 존재하지 않음
    - 권력자들이 다수의 무산 계급과 권력 없는 자의 가치를 지배하기 때문에 일탈자가 생김

(5) 머튼의 아노미이론 [기출 25]

① 개념
  ㉠ 머튼(R. K. Merton)은 뒤르켐의 아노미 개념을 수정하여 그것으로 일탈 행위를 설명함
  ㉡ 머튼은 문화적 목표와 이를 달성하기 위한 제도적 수단 사이의 격차로 인해 일탈 행위가 발생된다고 봄

② 일탈의 종류
  ㉠ 동조형 : 문화적 목표와 제도적 수단을 모두 받아들이는 적응 양식으로, 일탈 행위가 일어나지 않음
  ㉡ 혁신(고안형) : 성공하고 싶은 욕구는 갖고 있으나 제도적 수단은 갖고 있지 못한 경우
  ㉢ 의례주의형 : 문화적 목표(성공 목표)는 갖고 있지 않고, 제도적으로 마련된 수단은 갖고 있는 경우
  ㉣ 패배주의(은둔형) : 문화적 목표와 제도적 수단 모두를 포기 또는 부정하는 유형
    예 알코올 중독자, 은둔자, 부랑아 등
  ㉤ 반역(저항형) : 현존하는 문화적 목표와 제도적 수단 모두를 거부하고 새로운 목표와 수단을 대안으로 제시하는 경우 예 혁명가, 급진적인 여성해방운동가, 히피족 등

③ 머튼의 아노미이론의 비판
　　⊙ 어느 사회에서나 중요한 문화적 가치와 목표들은 기본적 합의가 이루어져 있다고 가정하고 있으나, 실제로는 반드시 그렇지 않음
　　ⓒ 문화적 목표를 달성하기 위한 제도적 수단의 문제에 있어서 합법적인 수단에만 역점을 둠
　　ⓒ 일탈자가 다른 일탈자들과 맺고 있는 사회관계가 일탈 행위에 어떤 영향을 주는지에 대해 등한시함
　　ⓔ 그 긴장이 극소화되어 있는 상류층의 일탈 행동은 잘 예견하지 못함

> **체크 포인트**
>
> **머튼(R. K. Merton)** 기출 25
> - 제한된 연구 대상을 집중적으로 연구할 것을 주장하는 연구 지향인 중범위이론(Theories of the middle range)을 주장
> - 사회 현상을 전부가 아니라 한정된 부분만을 설명하려는 이론을 주장
> - 기능주의에 입각해 사회 집단의 현재적(顯在的) 기능과 잠재적 기능을 분석한 연구

(6) **차별교제이론** 기출 24, 21
① **개념**: 서덜랜드(Sutherland)의 이론으로, 일탈자와 가까이하면 일탈자와의 언어를 매개로 한 상호작용을 통해서 그도 일탈자가 될 개연성이 크다는 이론
② **기본 명제**: 학습, 일차집단의 영향, 동기의 학습, 규정의 우호성, 규정의 동조성, 학습 방법
③ **차별교제이론의 문제점**
　　⊙ 모든 일탈 행위가 일탈자들과의 직접적인 교제를 통해서 학습되는 것은 아니며, 또한 일탈자와 접촉하는 사람 모두가 일탈 행위를 하는 것도 아님
　　ⓒ 전문적 조직범죄, 상습적인 범죄는 잘 설명해 줄 수 있으나 우연적 또는 충동적 범죄는 잘 설명해 주지 못함
　　ⓒ 법을 잘 준수하는 사람들과의 접촉을 통해서 학습되는 경우는 잘 설명해 주지 못함

(7) **낙인이론(Labeling theory)** 기출 24, 23
① **개념**
　　⊙ 제도, 관습, 규범, 법규 등 사회를 유지하기 위한 기본적인 제도적 장치들이 오히려 범죄를 유발한다는 이론
　　ⓒ 일탈자로 낙인찍히면 결국 그 사람은 범죄자가 된다는 이론
② **베커(H. Becker)의 낙인이론**: 사회적 지위로서의 일탈(낙인이론의 대표자)
　　⊙ 일탈은 행위의 속성에 의해서가 아니고, 규칙(규범, 법 등)과 제재의 적용의 결과라고 주장
　　ⓒ 사회 집단이 규칙을 만들고 그 규칙을 특정인들에게 적용시켜 그들을 '국외자들(외부자)'이라고 낙인하여 일탈 행위를 만들어 낸다는 것

ⓒ 규칙은 대체로 권력을 가진 지배집단에 의해서 만들어지고, 그렇지 못한 집단에 적용되는 경향이 있음
　　　ⓔ 규칙이나 형벌이 제정되지 않으면 범죄 행위가 성립되지 않음
　　　ⓜ 한번 낙인찍힌 사람은 '일탈자'라는 지위를 받게 되므로 일반사람들이 보는 태도도 달라짐
　　③ 레머트(E. Lemert)의 낙인이론 : 사회적 낙인으로서의 일탈
　　　⊙ 일차적 이탈 : 규칙을 어긴 최초의 행위이나 발견되지 않아 낙인이 찍히지 않은 행위
　　　ⓒ 이차적 이탈 : 사회적 낙인이 찍힌 후 자신을 부정적으로 생각하게 될 때 생기는 행위
　　④ 낙인이론의 문제점
　　　⊙ 순환론적 이론으로 낙인이 적용되는 행위들이 왜 일어나는지를 설명하지 못함
　　　ⓒ 일탈을 일으키는 요인이 무엇이고, 일탈률의 증가와 감소는 어떠하며, 일탈을 줄일 수 있는 방안은 무엇인가 하는 등의 질문에는 적절한 대답을 하지 못함
　　　ⓒ 공식적 사회 통제 기관의 제재를 강조하고, 가족, 학교, 친지 등에 의한 비공식적 낙인은 경시하는 경향이 있음
　　　ⓔ 사회의 낙오자를 낙인에 의한 희생자로 보는 무분별한 동정심을 일으킬 수 있음

(8) 마짜(D. Matza)의 중화이론(Techniques of neutralization theory)
　　① 개념
　　　⊙ 사람은 누구나 양심의 압박을 중화할 수 있는 방법만 알면 일탈자가 될 수 있다는 이론
　　　ⓒ 잠행 가치 : 물밑에서 일탈 행위를 부추기는 가치
　　　ⓒ 중화 : 일탈을 정당화시켜 양심의 압박으로부터 자유롭게 해 주는 것
　　② 중화의 기법들
　　　⊙ 자기 책임의 부인 : 범죄를 저지르려는 마음은 없었는데 주위 환경 때문에 어쩔 수 없이 범죄를 저질렀기 때문에 자기 잘못이 아니라는 주장
　　　ⓒ 손해 발생의 부인 : 어느 누구에게도 손해를 입히지 않았다고 주장하는 것
　　　ⓒ 고도의 충성심 호소 : 자신의 행위가 옳지 않은 줄 알았지만 친구나 가족 등 친근 집단에 대한 충성심에서 부득이 그러한 행동을 하게 되었다고 진술
　　　ⓔ 피해자의 부인 : 나쁜 것은 오히려 피해자 쪽이라는 주장
　　　ⓜ 비난자의 비난 : 사회 통제 기관을 부패한 자들로 규정하여 자기를 심판할 자격이 없다고 함으로써 범죄 행동을 정당화
　　③ 중화이론의 장점
　　　⊙ 범법자들도 정상적으로 행위할 때는 별다른 모습을 보이지 않는다는 현실을 보여줌
　　　ⓒ 청소년 때 이런저런 일탈 행위를 저지르지만 어른이 되면서 일탈 행위를 그만두게 되는데, 중화이론은 이러한 현실을 잘 설명해 줌
　　　ⓒ 약물 복용 행위를 설명하는 데는 중화이론이 적절함

④ **중화이론의 단점**
  ㉠ 인간이 왜 두 극 사이에서 표류하는 존재인가에 대한 이론적 해명이 분명치 않음
  ㉡ 일탈 행위의 인과관계에 있어 중화가 어떤 위치에 놓이는지 밝히기 힘듦
  ㉢ 중화기법을 익힌 사람들 중 범죄를 저지르려 하지 않는 사람들도 있다는 현실을 설명하기 어려움

(9) **클라워드(R. Cloward)와 올린(L. Ohlin)의 아노미이론**
  ① 클라워드와 올린은 머튼처럼 일탈과 비행을 유발하는 근원이 아노미에 있다고 봄
  ② 클라워드와 올린의 이론은 머튼의 아노미이론과 시카고학파의 범죄문화론을 종합한 것으로 볼 수 있음
  ③ **3가지 일탈문화**: 절도 행위와 같은 범죄문화, 인간에게 상해를 끼치는 폭력문화, 마약복용과 같은 은둔문화
  ④ **일탈의 유형**
  ㉠ 동조형: 성공 목표를 달성하기 위해 부당한 수단과 폭력을 활용하지 않고 오로지 정당한 수단, 곧 제도적 수단만을 활용
  ㉡ 고안형: 대물범죄(對物犯罪)를 저지르기는 하지만, 대인범죄(對人犯罪)는 저지르지 않는 유형
  ㉢ 폭력형: 성공 목표를 내면화시켰으나 제도적 수단과 비제도적 수단 모두를 갖추고 있지 않으므로 폭력에 의존하여 목적을 관철하려 함
  ㉣ 은둔형: 주로 약물을 복용하여 목표를 관철하려 함

4 범죄의 유형과 범죄이론

(1) **범죄의 유형** 기출 22
  ① **범죄의 개념**: 법에 의해서 공식적으로 제재를 받는 행동
  ② **범죄의 종류**: 대인폭력범죄, 비상습재산범죄, 직업 혹은 중산층 범죄, 정치범죄, 공공질서범죄, 상습범죄, 조직범죄, 전문적 범죄 등
  ③ **화이트칼라 범죄**: 횡령, 사기, 문서위조, 탈세 등 기출 25, 23
  ㉠ 1939년 서덜랜드에 의해 처음으로 화이트칼라 범죄라는 용어가 사용
  ㉡ 사회의 지도적·관리적 위치에 있는 사람이 직무상 지위를 이용하여 저지르는 범죄
  ㉢ '횡령, 배임, 탈세, 외화 밀반출' 등을 비롯하여 '뇌물 증여, 주식이나 기업 합병, 공무원의 부패, 근로기준법·공정거래법 위반' 등이 있음
  ㉣ 일종의 부정부패로 직업을 수행하다가 의식적·무의식적으로 저지르는 범죄
  ㉤ 교묘하고 계획적인 범죄가 많아 피해자가 느끼는 감정이 미약하고, 가해자도 살인이나 강도 등을 저지른 것과 같은 죄의식을 갖지 않음
  ④ **피해자 없는 범죄**: 알코올중독, 마약 사용, 도박, 매춘, 기타 다른 약물중독과 같은 방법 때문에 피해를 받는 사람이 없는 범죄

(2) 고전적 범죄이론

① 베카리아(C. Beccaria)의 범죄이론
　㉠ 고전학파의 대표자로 『범죄와 형벌』이 주요 저서임
　㉡ 형벌의 목적이 범죄의 예방과 억제에 있음을 주장
　㉢ 형벌에 있어 등가주의 원칙을 주장
　㉣ 법원의 재량권을 제한(죄형 법정주의)
　㉤ 법의 확실성과 법집행의 예측성을 강조
　㉥ 사형을 폐지하고 구금형으로 대치
　㉦ 고문 폐지, 교도소 시설의 인간화, 신분에 따른 차별과 예외가 없는 공정한 법 집행, 처벌의 공개 등을 주장

② 벤담(J. Bentham)의 범죄이론 기출 21
　㉠ '최대 다수의 최대 행복'을 추구하는 공리주의의 대표적 사상
　㉡ 범죄를 포함한 인간의 행위는 고통을 피하고 쾌락을 추구하는 합리적 판단의 결과라고 주장
　㉢ 형벌의 계량화를 주장
　㉣ 최소 비용으로 최대 감시 효과를 거둘 수 있는 파놉티콘을 구상(푸코는 이 원리가 현 사회의 감시와 통제의 기본이 되었다고 지적함)
　㉤ 감옥은 잔인한 고통을 주는 곳이 아니라 참회 장소이어야 함

(3) 신고전적 범죄이론

① 범죄를 처벌이나 형벌 차원에서 접근하지 않고, 사회에서 범죄 자체가 일어나지 않도록 예방하고 억제하는 것이 더욱 중요하다는 관점에서 연구하는 범죄이론
② 형벌을 독립변수로 보고, 범죄율을 종속변수로 봄
③ 독립변수인 형벌의 객관적 조건들에는 형벌의 엄격성, 형벌의 확실성, 형벌의 신속성 등이 있음
④ 범죄 억제에는 특수 억제와 일반 억제가 있음
　㉠ 특수 억제 : 이미 형벌을 받은 사람들의 범죄를 어떻게 통제하고 억제할 것인가에 초점을 맞춤(재범 문제와 재활 문제, 무력화 등이 이 범주에 속함)
　㉡ 일반 억제 : 범법 행위를 저지를 가능성이 있는 모든 사람의 범죄 행위를 어떻게 억제할 것인가에 초점을 맞춤
⑤ **신고전적 범죄이론의 효과**
　㉠ 수단적 범죄를 억제하는 데 효과적임
　㉡ 목적 달성을 위한 수단으로 범죄를 선택하는 경우에는 형벌의 확실성, 엄격성, 신속성이 높아질 때 범죄율이 낮아질 수 있음
　㉢ 표현적 범죄(격정적·우발적 범죄)인 경우 억제하는 데는 효과적이지 못함
　㉣ 국가의 범죄 억제 효과(공식적 범죄 억제 효과)에만 초점을 맞추는 나머지, 비공식적 범죄 통제 효과에 대해 무관심함
　㉤ 형벌의 엄격성보다 확실성이 상대적으로 효과가 큼(형벌을 부과한다고 범죄가 억제되지 않음)

5 사회 통제

(1) 사회 통제의 개념
① 사회 통제란 규범으로부터의 일탈을 억제하고, 그것에 동조하도록 만드는 기제 또는 과정
② 구체적으로 사회화(사회규범의 내면화)를 통한 사회 통제와 사회적 압력 혹은 제재를 통한 사회 통제가 있음

(2) 사회적 제재를 통한 사회 통제
① 완벽한 사회화는 있을 수 없으므로 제재를 통한 사회 통제가 요구됨
② **공식적 통제** : 사회질서 유지의 책임을 맡고 있는 공식기관, 즉 경찰, 검찰, 법원, 교도소, 소년원, 정신병원 등이 일탈자에게 일정한 방식으로 제재를 가함으로써 그 처벌 효과를 통하여 규범의 준수를 강제하는 통제
③ **비공식적 통제** : 일상생활에서 우리와 관련을 맺고 있는 가족이나 친족, 친구, 동료 간, 서클, 직장 내 등 비교적 규모가 작고 친숙한 관계에 있는 원초집단 안에서 매우 직접적으로 작용함

(3) 사회 통제의 문제점
① 일탈자들에 대한 통제가 불공평하고 선택적으로 이루어지고 있음
② 사회 통제가 오히려 일탈의 양과 정도를 확대시킴
③ 사회 통제로 인해 바람직한 방향으로의 사회 변동을 억제하는 경우가 있음
④ 사회 운동에 제재를 가함으로써 사회 발전을 저해하는 경우 예 여권운동이나 노동운동 등
⑤ 숨은 범죄에 대한 관용

제10장 사회 구조론

1 사회 구조의 개념

(1) 사회 구조의 개념 및 의의
① **구조의 개념** : 어떤 통일적·조직적인 총체에 있어 각 요소 혹은 부분들 간의 기본적인 관계 양식
② **사회체계** : 사회의 조직 단위를 하나의 전체로 보고, 그것의 구성 원리가 체계의 특성을 나타낼 때 쓰는 말

(2) 사회 구조의 개념
① 사회 구조는 인간 상호작용의 규칙적인 양상
② 사회 구조는 인간의 상호작용을 통해서 이루어짐
③ 사회 구조는 도표로 표시할 수 있는 모양을 가지고 있음
④ 사회 구조는 권력이나 명예, 경제적 차원과 같은 상호작용에 있어서의 어느 측면을 표시함
⑤ 사회 구성요소의 기본적 관계의 비교적 안정된 유형을 말함
⑥ 사회 구성원들이 사회적으로 구조화된 행위를 함으로써 안정된 사회관계를 유지함

(3) 사회 구조의 특징
① **지속성과 안정성** : 사회 구조는 구성원들이 바뀐다 하더라도 크게 달라지지 않고 상당히 오랫동안 지속되고, 개인의 행동에 대하여 구속력을 가짐
② **변화 가능성** : 사회 구조는 구성원들이 구조화된 행동을 하지 않게 되면, 사회관계를 흐트러뜨리거나 변형시킬 수 있음

(4) 구조화와 개인의 구조화된 행동
① **구조화** : 사람들 사이의 상호작용이 지속적이고 반복적으로 일어나고, 그 결과 보다 많은 사람들에게 그것이 당연한 것으로 받아들여짐으로써 동일한 상황에서는 동일한 행동양식을 따르게 될 때, 우리는 특정한 사회적 행동 양식 또는 상호작용 양식이 '구조화'되었다고 말함
② **개인이 구조화된 행동을 하는 경우** : 안정된 사회 관계 유지(사회 구조의 안정)
③ **개인이 구조화된 행동을 하지 않는 경우** : 사회 관계의 왜곡·변형 → 사회 구조의 변동 초래

> **체크 포인트**
>
> **연고주의** 기출 22
> '가족 중심주의, 지역주의' 등을 의미하며 '혈연이나 지연, 학연' 등으로 맺어진 관계는 우선시하거나 중요하게 여기고, 차별하는 배타적인 태도

(5) 사회 구조의 구성요소 및 차원
① **사회 구조의 구성요소** : 개인의 사회적 지위와 역할, 사회 집단, 사회 제도
② **사회 구조의 차원** : 사회 구조의 규모와 복잡성에 따라 미시적·거시적 차원으로 구분됨
   ㉠ 거시적 차원 : 지역사회와 국가 또는 국제사회의 체계적 특성과 상호작용 등과 같은 구조
   ㉡ 미시적 차원 : 개인의 사회적 행위, 개인과 개인 또는 집단과의 상호작용이나 역할 수행 등 일상 생활에서 굳어진 반복적인 사회적 관계들로 구성됨(사회적 관계)

2 사회 구조의 이론 기출 21

(1) 사회 구조를 보는 시각(개인과 사회의 관계에 따라)
① **사회명목론**
   ㉠ 개인 중심적 견해로 사회보다는 인간을 강조
   ㉡ 사회의 주체는 인간이며, 사회는 인간의 종속변수에 지나지 않는다는 견해
   ㉢ 사람 그 자체가 중요한 독립변수가 됨
   ㉣ 사회계약설, 심리학적 사회학 등의 접근에서 찾을 수 있음
   ㉤ 개인주의적, 이기적인 관점을 우선시하여 공익을 침해할 수 있는 관점이라는 비판이 있음
② **사회실재론**
   ㉠ 사회 중심적 견해로 개인보다는 사회가 우선이라는 관점
   ㉡ 개인에 대한 사회의 구속성을 당연하다고 봄
   ㉢ 사회 유기체설, 사회학주의 등의 이론에서 볼 수 있으며, 뒤르켐이 대표적 학자임
   ㉣ 개인은 사회의 의지에 따라야 하고 사회의 목적 달성에 한 몫을 해야 함
③ **기타 사회학자들이 사회 구조를 보는 다양한 관점**
   ㉠ 사회 구조를 사회 현상의 기저에 있는 일종의 기준적 공리와 같은 것으로 보는 견해 : 레비-스트로스가 대표적, 사회 구조를 표면적·일차적인 것과 대비되는 것으로 봄
   ㉡ 사회 구조를 사회의 제도화된 질서와 동일시하는 견해 : 파슨스의 구조 기능주의적 체계 이론이 대표적, 사회 구조를 현상유지적 질서와 동일시함
   ㉢ 사회 구조를 전체 사회 내 구성요소들의 움직임의 일시적 균형으로 보는 견해 : 귀르비치(G. Gurvitch)가 대표적, 사회 현상의 정태적인 면과 동태적인 면을 동시에 적당히 파악함

② 마르크스주의의 유물사관적 견해 : 사회체제 혹은 사회 구성체를 토대(혹은 하부구조)와 상부구조로 나누고 양자 간의 관계 양상에 주목함

체크 포인트

사회 구조를 보는 관점(사회 구성요소들 간의 관계에 따라)

기능론적 관점	갈등론적 관점
본래 사회를 이루는 구성요소들은 상호의존관계에 있으며, 사회 전체의 유지와 존속, 통합을 위해 기여하고 있다고 보는 관점	사회의 구성요소들이 항상 서로 대립되거나 불일치한 상태로 존재하며, 이러한 갈등은 사회 전체의 변동에 기여하고 있다고 보는 관점
• 사회는 하나의 유기체이다. • 각 부분은 상호의존관계에 있다. • 전체적 균형과 통합을 유지한다. • 합의에 의한 협동적 관계이다.	• 대립적 불균형 상태이다. • 각 부분은 갈등, 강제, 변동 관계에 있다. • 긴장, 마찰에 의한 변화를 중시한다. • 강제에 의한 종속관계이다.

(2) 마르크스주의적 사회 구조이론
① 사회 구조 변천의 근본 동인 역시 물질적 생산력임
② 사회 구조의 기반이 인간의 물적인 삶, 곧 경제 생활에 있다고 보는 유물론적 관점임
③ 물적인 삶, 또는 경제 생활의 과정에서도 핵심적인 것은 생산 부문임
④ 마르크스는 사회 구성체라는 용어를 최초 사용
⑤ 물적인 삶 또는 경제생활의 과정에서도 핵심적인 것은 경제 부문임(경제결정론)
⑥ **토대(하부구조)** : 물적인 삶의 과정이 인간의 총체적인 사회적 삶의 과정 가운데서 가장 기본적인 과정
⑦ **상부구조** : 생활 물자의 생산에 직접적으로 관련되지 않는 사회적·정치적·종교적·정신적인 삶의 과정 전부를 말함
⑧ **토대의 기본 구성요소** : 생산력, 생산관계

(3) 기능주의적 – 체계이론적 구조론(Parsons의 사회체계이론)
① **행위 체계의 구성요소**
  ㉠ 행위의 환경 : 물리적-유기체적 환경으로, 인간의 비상징적인 측면들(해부학적·생리학적 측면을 포함)
  ㉡ 문화체계 : 가치·관념·상징의 체계 등 행위자들에게 행위를 동기화하는 규범과 가치를 제공함으로써 잠재성 기능을 수행(문화제도, 종교 제도)
  ㉢ 사회체계 : 상호작용의 체계로 구성요소들을 통제함으로써 통합의 기능을 담당(법, 관습 제도)
  ㉣ 퍼스낼리티체계 : 개별 행위자의 동기와 욕구의 복합체로 체계의 목표를 정의하고 그것을 성취하기 위한 자원들을 동원함으로써 목표 달성 기능을 담당(정치 제도)
  ㉤ 행동유기체계 : 인간의 생물학적 의미에서의 구성체로 외부세계에 적응하고 그것을 변형시킴으로써 적응 기능을 수행(경제 제도)

> **체크 포인트**
>
> 행위 체계
> - 고차적 체계 : 문화체계, 사회체계
> - 저차적 체계 : 퍼스낼리티체계, 행동유기체계

② **파슨스 체계이론의 특징**
  ㉠ 체계는 질서라는 속성, 그리고 각 부문 간의 상호관련성과 상호의존이라는 속성을 가짐
  ㉡ 체계는 균형 상태를 지향함으로써 자기 유지를 기함
  ㉢ 체계의 구성요소들 혹은 부분들은 전체 체계의 운행에 긍정적으로 기여함

③ **파슨스의 4가지 기능적 요건**
  ㉠ 외부 환경에 대한 사회체계의 적응
  ㉡ 체계가 나름대로 설정한 목표의 달성
  ㉢ 체계 내부의 부분들의 통합
  ㉣ 행위자에 대한 동기 부여와 문화적·상징적 가치 질서에의 행위의 포섭에 의한 체계의 유형 유지

④ **체계가 통합 문제를 해결하는 방식들**
  ㉠ 사회화 : 문화적 유형들(가치, 신념, 언어, 그 밖의 상징들)을 퍼스낼리티 체계로 흡수하고, 이렇게 하여 이 체계의 욕구 구조(Need Structure)를 바꾸는 수단들
  ㉡ 사회 통제 : 지위, 역할이 사회체계에서 긴장과 일탈을 줄이도록 조직된 방식
  ㉢ 문화적 유형 : 모든 행위자에게 언어를 비롯한 상징적 자원을 제공함으로써 문화는 상호작용을 가능하게 하고, 문화유형(가치, 신념, 이데올로기 등)에 포함된 사고의 내용은 공통의 관점, 공통의 상황 정의를 제공

⑤ **사회체계의 형성**
  ㉠ 단위 행동은 사회적 맥락에서 일어남
  ㉡ 행위자는 다양한 지향을 가지고 상호작용(퍼스낼리티체계)
  ㉢ 상호작용 과정에서 행위자들은 규범을 형성(문화체계)
  ㉣ 규범이 상호작용을 규제하고, 안정성을 부여(사회질서의 창출)

3 구조론적 관계의 유형들

(1) 사회적 구조 관계의 유형

① **경쟁ㆍ적대ㆍ갈등 관계** : 경쟁 관계는 상호 무의식적으로 이루어지며, 경쟁이 인지되면 적대 관계가 되고, 적대 관계가 심해지면 갈등 관계의 단계가 됨
  ㉠ 경쟁 관계 : 집단 상호 간에 이해관계의 대립이 생기는 관계
  ㉡ 적대 관계 : 특정 집단 사이의 인지된 경쟁 형태(사회적 긴장)
  ㉢ 갈등 관계 : 상대 집단의 약점을 폭로, 조작하면서 서로 상대를 붕괴시키려는 관계

② **코저가 제시한 갈등 혹은 갈등 관계의 기능**
  ㉠ 집단 결속의 기능
  ㉡ 집단 보존의 기능
  ㉢ 집단 구조의 결정
  ㉣ 이데올로기의 창출
  ㉤ 세력균형의 창출
  ㉥ 집단 동맹의 확대
  ㉦ 코저는 갈등이 사회의 변동과 안정 양면에 적극 기여한다고 보며, 갈등의 기능을 강조

③ **화해ㆍ동화ㆍ협동ㆍ통합**
  ㉠ 화해 : 갈등이 지나쳐서 집단 자체의 존립이 문제시될 때, 직접적인 갈등을 회피하고 기존의 지위와 이익을 보장하기 위해 집단이 상호 조정하는 관계
  ㉡ 동화 : 두 집단이 융합하여 협동하는 것
  ㉢ 협동 : 어떤 공통의 목적이나 유사한 관심에 기초를 둔 의견의 일치를 본 공동 행위
  ㉣ 통합 : 협동관계가 긴밀해져 각각 집단 내부에서 통합하라는 압력이 발생하여 두 집단이 하나로 통합됨

제11장 사회 조직

1 조직이론

(1) 조직이론의 개념

① **조직의 개념**
  ㉠ 둘 이상의 사람이 특정한 목표를 추구하기 위하여 의도적으로 구성한 사회체제
  ㉡ 목표 달성을 위한 특정한 과업, 역할, 권한, 의사소통, 지원 구조 등을 갖는 체계

② **조직의 원리**
  ㉠ 계층의 원리 : 조직체의 공동목표 달성을 위한 업무 수행에 관하여 권한과 책임의 정도에 따라 직위의 서열과 등급을 매기는 것
  ㉡ 기능적 분업의 원리 : 구성원들의 지식이나 숙련도에 따라 한 사람에게 한 가지의 주된 업무를 분담시키는 원리(기능의 원리 또는 전문화의 원리)
  ㉢ 조정의 원리 : 조직의 공동목표를 달성하기 위하여 집단적 노력을 질서 있게 배열하는 것
  ㉣ 적도집권의 원리 : 중앙집권제와 지방분권제 사이에 적도의 균형을 취하는 원리
  ㉤ 명령통일의 원리 : 부하는 오직 한 사람의 상관으로부터 명령과 지시를 받고 한 사람의 상관에게만 보고하도록 되어야 한다는 원리(계층제의 원리를 전제로 함)
  ㉥ 통솔한계의 원리 : 한 사람의 지도자가 직접 통솔할 수 있는 부하의 수에는 한계가 있다는 원리

(2) 과학적 관리론 기출 23

① **과학적 관리의 원리**
  ㉠ 시간 연구의 원리
  ㉡ 성과급의 원리
  ㉢ 계획과 작업 수행 분리의 원리
  ㉣ 과학적인 작업 방법의 원리
  ㉤ 관리 통제의 원리
  ㉥ 기능적 관리의 원리

② **과학적 관리론의 특징**
  ㉠ 과학적인 방법을 활용한 합리화와 능률성의 극대화
  ㉡ 합리적 경제인관에 기초하여 물질적 유인만을 동기부여의 요인으로 강조
  ㉢ 생산 과정에 활용하는 기술과 지식을 체계화하는 기초를 확립
  ㉣ 인간의 생산 활동을 정확히 측정·분석하여 그에 입각한 관리가 가능하다는 사실을 보여줌
  ㉤ 인간의 사회적·심리적 측면을 도외시하고 기계적·물리적·생리적 측면만을 강조
  ㉥ 조직과 행정의 어느 일면만을 강조하고, 조직에서의 인격적인 측면을 무시하거나 부차적인 것으로만 생각하는 경향

> **체크 포인트**
>
> **테일러리즘과 포디즘(포드 시스템)** 기출 25, 21
> - 테일러리즘: 노동의 생산 과정을 과학적으로 분석하고 체계적으로 관리하는 데 관심을 둠
> - 포디즘: 테일러리즘을 활용하여 대량 생산 체제를 만들어 표준화된 제품의 대량 생산 및 대량 소비가 가능하지만 노동자는 사기 저하, 높은 결근률 등 노사 갈등이 빈번하게 발생

(3) 고전적 관리론

① **개념**: 기업조직의 공식적 구조의 특성과 유형을 발전시키는 이론

② **대표적 학자**: 페이욜(H. Fayol), 귤릭(L. Gulick), 어윅(L. Urwick) 등

③ **고전적 관리론의 전제**
  ㉠ 직위와 직위 간의 구분과 각 지위 간에는 책임과 권한이 분명히 구분됨
  ㉡ 조직의 일반적인 목적이 주어지므로 그 목적을 달성하기 위한 제반 활동 형태가 확정되고 이것이 구체적인 활동 형태로 세분되어 최종적으로 개인이 행하는 과업으로 나누어짐
  ㉢ 기업뿐만 아니라 다른 조직에도 적용할 수 있는 일반적인 관리 원칙을 제시하고자 함(분업과 통제 중심)
  ㉣ 고전학파는 조직 내 권한의 최적 배분은 조직의 통제 구조가 피라미드형일 때 가장 잘 이루어진다고 보았음

④ **페이욜의 관리론**
  ㉠ 산업관리론: 페이욜은 경영 활동이 합리적인 가정을 거쳐야 하고 경영 능률을 향상시키기 위한 종합적 관리를 해야 한다고 강조
  ㉡ 행정관리론: 행정이 정치로부터의 독자성이 인정되면서 테일러의 과학적인 관리 방법을 행정에 적용하여 행정의 과학화에 기여하려고 했던 것

(4) 인간관계론

① **등장배경**
  ㉠ 산업심리학의 발전과 근로자들의 저항의 확산이라는 두 요인에 의해 등장
  ㉡ 과학적 관리론을 비롯한 고전적 조직이론에서는 인간을 기계의 일부로 취급함으로써 비인간화 경향을 초래
  ㉢ 진정한 능률을 추구하기 위해서 인간을 기계적으로 취급할 것이 아니라, 인간의 감정적 요소와 비합리적 요소 등을 중시하는 인간 중심적인 이론이 나타나게 되었음
  ㉣ 대표적인 학자는 메이요(E. Mayo), 문스터베르크(H. Munsterberg), 뢰슬리스버거(F. Roethlisberger) 등이 있음
  ㉤ 인간관계론에 대한 최초 연구는 메이요가 실시한 호손 공장 실험에서 비롯됨

② 인간관계론의 내용
　㉠ 작업집단 내에서는 자생적인 비공식조직이 형성되는데 그 비공식조직이 집단의 규범과 기대를 창출해 내고 그 집단성원들로 하여금 동조하도록 강력히 통제함
　㉡ 개별 노동자는 비공식조직이 암묵적으로 정한 적당량의 하루치 일이라는 규범을 따르는데, 그 이유는 다른 사람보다 일을 많이 하여 임금을 더 받는 것보다 그 집단의 성원들이 보여주는 애정과 존경을 더 선호하기 때문임
　㉢ 인간의 개인차와 직무 만족도를 고려한 민주적 리더십과 비공식적 작업집단에 중점을 둠
　㉣ 인간 중심적 조직이론에서는 통제의 대상이 조직의 비인간적인 요소이며 통제의 궁극적 목적은 사회적 목적으로 전환되었음

③ 메이요의 호손(Hawthorn) 공장 실험
　㉠ 호손효과 : 실험집단으로 선정된 근로자들이 특별히 선정되어 인정과 관심의 대상이 되었다고 느끼기 때문에 동기가 유발되는 현상
　㉡ 실험의 결과
　　• 생산성 향상에 영향을 미치는 중요한 요소는 보수나 작업 조건 등 물리적 조건이 아니라 조직 구성원의 심리적·사회적 요인
　　• 조직 내의 비공식집단이 경영과 일체감을 갖고 있을 때 생산성이 향상된다는 것
　　• 인간은 합리적·경제적 존재가 아니라, 비합리적·사회적 존재로 간주
　　• 생산성의 수준은 비공식집단의 사회적 규범에 의하여 규정됨
　　• 조직 구성원의 근무의욕은 사회적·심리적 요인에 의해 좌우됨
　　• 동기부여와 만족도는 사회적·심리적 욕구의 충족 내지 비경제적 보상이나 제재에 따라서 좌우됨

④ 인간관계론의 한계
　㉠ 지나치게 비합리적·정서적·감정적 요인만을 강조함으로써 공식조직의 합리적 구조·기능을 등한시하고 있음
　㉡ 인간의 합리적·공식적·제도적 측면을 무시하고 있으며, 경제적 동기를 지나치게 경시함
　㉢ 인간을 관리의 대상으로 삼고 있으므로 관리 방법 적용상의 기술적 한계가 현실적으로 존재함
　㉣ 조직 내의 개인·비공식조직을 중심으로 사회적·심리적 관계를 연구하는 데 그치고 있어 조직과 외부 환경과의 상호의존·작용 관계를 등한시함(폐쇄형의 이론)
　㉤ 관리자를 위한 인간 조종의 과학이면서 인간 조작의 기술로 보다 주체적·자발적·능동적인 참여를 경시하고 있어 공익을 추구하는 행정에 그대로 적용하기는 곤란함
　㉥ 인간관계의 안정적 균형을 지나치게 중시하고 있으며, 이것은 결국 보수주의를 지향하게 되는 결과를 가져옴
　㉦ 사회 심리적 욕구의 충족에 의한 동기 부여를 지나치게 강조하고 있으며, 직무 자체를 중심으로 한 동기 부여를 간과하고 있음
　㉧ 하위의 일반 직원에 대한 관리기술의 연구에 국한되어 관리자의 관리 행태에 대한 연구와 분석이 없었음

ⓒ 인간의 합리적인 측면과 비합리적 측면, 공식조직과 비공식조직을 이원화하여 서로 대립시켜 파악하고 있으나, 현실적으로 이 양자는 융합적·통합적인 것임
ⓔ 인간을 사회적 동물로 인식하여 자아실현을 비교적 과소평가하였음
ⓕ 일체감·소속감·동료 의식 등의 사회심리적 욕구가 충족된다고 해서 그것이 그들의 주장대로 생산성 및 직원 권익의 실질적 향상을 가져온다는 현실적인 보장은 없음

⑤ 과학적 관리론과 인간관계론의 관계
㉠ 과학적 관리론
- 합리적·경제적 인간관
- 기계적 능률관
- 권위적 리더십
- 공식적 조직 중시
㉡ 인간관계론
- 사회적·심리적 인간관
- 사회적 능률관
- 민주적 리더십
- 비공식적 조직 중시

(5) 체계이론
① 의의
㉠ 체계 : 특정 목적을 달성하기 위하여 상호 관련적으로 작용하는 요소들의 집합체로서, 동일 목적 하에 공동의 노력을 통하여 합리적인 전체를 형성하며 기능적이고 조직적인 형태를 조성해 나가는 각 부분의 질서정연한 결합체
㉡ 체계이론 : 조직 자체를 분석 대상으로 삼고 조직이 속한 사회를 환경으로 취급하여 조직 내의 개인과 집단을 조직의 구성요소로 보려는 이론
② 폐쇄체계와 개방체계
㉠ 폐쇄체계(Closed system) : 주위 환경과 관련이 없는 일종의 '자급자족적 실체', 즉 고립된 체계
㉡ 개방체계(Open system) : 외부 환경과 상호 관련 및 상호작용하는 실체, 즉 체계 내에서 정보와 자원을 자유로이 교환하는 체계
③ 체계의 특징
㉠ 체계는 그 구성요소로서 여러 부분으로 구성되어 있고, 이 부분들은 서로 기능적으로 연결되어 있음(한 체계 전체는 주위 환경과 구분되며 하나의 집합이고, 실체임)
㉡ 체계는 기계의 부품으로 구성될 수도 있고, 추상적인 개념의 연결로 구성될 수도 있음
㉢ 체계의 각 구성부분은 '전체 체계(Total system) 속의 하위 체계(Sub system)'로 나타남
㉣ 각 하위 체계는 다른 하위 체계와 구별되는 경계를 가지며, 전체 체계는 그의 상위 체계인 환경과 구별되는 경계를 가짐
㉤ 체계 내 인적·물적 자원의 유출을 방지하고 활용하기 위하여 통제·조정 기구를 가짐

ⓑ 체계는 '투입(요구와 지지) - 전환 - 산출 - 환류'의 기능적 구조를 가짐
ⓢ '정적 균형 - 현상의 유지', '동적 균형 - 일정한 방향으로 변화'하면서 균형을 유지

④ **체계의 구성요소**
㉠ 투입(요구와 지지, 정치체제 - D. Easton이 주장) : 상호작용하는 요소들이 체계의 목적을 달성할 수 있도록 외부 환경으로부터 체제로 유입
㉡ 전환 : 투입된 각종 요인을 새로운 결과 도출을 위해 움직이는 일종의 처리 및 가공 과정
㉢ 산출 : 투입된 것이 체계의 과정을 거친 후 나온 것으로 행정의 경우 투입에 대한 정부의 다양한 정책으로 나타남
㉣ 환류 : 산출의 결과(평가, 시정조치, 개혁, 책임, 통제)를 다음의 새로운 투입에 전달하거나 반영

⑤ **체계의 속성**
㉠ 항상성 : 비교적 안정적으로 지속적인 균형 상태를 유지하기 위한 체계 간의 경향으로 체계의 균형을 깨뜨리는 것이 있다면 체계는 적응하기 이전의 안정성을 회복하려 함
㉡ 역엔트로피(네겐트로피) : 엔트로피는 자연소화, 부패, 혼돈, 무질서, 와해로 가는 경향이며, 에너지 전환의 일방성임
㉢ 동일종국성(동일귀착성) : 체계가 상이한 투입과 상이한 체계 요소의 조합으로서, 조합을 이용하여 그 목적을 달성할 수도 있으며 산출 시 여러 가지 다른 방법을 이용하여 투입을 변형시킴으로써 얻어질 수 있다는 원칙임
㉣ 필요다양성 : 시스템의 내부적인 규제 체계는 시스템이 당면하고 있는 환경만큼 다양해야만 한다는 것임
㉤ 시스템 진화(System evolution)
 • 보다 복잡한 형태의 분화와 통합으로 나아가는 능력이며, 시스템의 다양성을 증진시켜 환경의 도전과 기회에 대처할 수 있는 능력을 촉진시키는 것
 • 시스템 진화는 변화, 선발, 그리고 선발된 특성들을 보유하는 순환적 과정을 포함함

⑥ **체계의 기능(T. Parsons - AGIL)**
㉠ 적응기능(Adaptation)
㉡ 목표 달성기능(Goal attainment)
㉢ 통합기능(Integration)
㉣ 잠재적 유형 유지 및 긴장 관리기능(Latent pattern maintenance and tension management)

(6) 행동 과학의 조직이론
① **행동 과학 이론의 특징**
㉠ 행동 과학은 고전적 관계론과 인간관계론의 단점을 보완하고 정-반-합의 변증법적 발전논리에 따라 양 이론 간의 갈등을 해소하면서 개인과 조직 간의 조화로운 관계를 이해하려는 방법
㉡ 행동의 개념과 이론, 연구설계, 통계적 측정 기법 등을 이용하여 개념을 조작하고 이론적 가설을 실증적 자료에 의해 검증하여 일반화할 수 있는 이론을 수립

② 버나드(C. I. Barnard)의 이론
  ㉠ 구조적 개념으로 개인, 협동 체제, 공식조직, 복합적 공식조직, 비공식조직을 동등한 개념으로 자유의지, 협동, 의사소통, 권위, 의사결정 과정, 동태적 균형을 중요하게 생각했음
  ㉡ 버나드는 협동 체제를 주장하였는데, 협동은 상호 관련 요인으로 구성되고, 조직의 목표 달성도인 효과의 중요성과 개인의 욕구 충족인 능률을 강조

③ 사이몬(H. Simon)의 이론
  ㉠ 사이몬은 버나드의 개념을 확대하고 작업 동기에 관한 공식적 이론에 초점을 두어 조직의 균형에 관한 개념을 사용함
  ㉡ 조직은 적정화에 의해서보다는 만족화를 통해서 문제를 해결해야 한다고 하였음
  ㉢ 사이몬은 버나드의 이론을 계승하여 의사결정이론으로 발전시켰으며, 절약과 능률보다 합리적 결정이 더 중요한 것으로 주장하였음

④ 리비트(H. S. Leavitt)의 이론
  ㉠ 초기 단계에 있어서는 조직 내의 권력이 기존의 권위주의적 위계질서에 있어서 보다 공평하게 배분되어야 한다는 규범적인 신념을 가지고 있었음
  ㉡ 권력 평준화의 접근법은 인간을 변화시킨다는 점 외에도 조직에서 인간 형상의 다른 측면에도 주안점을 둠
  ㉢ 권력 평준화의 접근법은 외부적으로 계획되고 시도된 변화를 넘어서 개인-집단-조직 내부적으로 전개되고 유도된 변화에 가치를 둠
  ㉣ 권력 평준화의 접근법은 과업의 성취만이 아니라 인간의 성장과 실현에도 많은 가치를 두며, 이 양자 간의 인과관계 정도를 파악하려고 함

2 관료제

(1) 관료제의 개념
  ① **관료제의 등장배경** : 화폐경제의 발달, 자본주의의 발달, 행정의 양적 증대, 사회적 차별의 철폐 및 균등화, 물적 관리 수단의 집중화, 관료제적 조직의 기술적 우위성
  ② **관료제의 구분**
    ㉠ 베버(M. Weber) : 관료제를 계층제 형태를 지닌 복잡한 대규모 조직의 구조를 중심으로 합법적·합리적 지배가 제도화된 것으로 정의하고 있음(행정조직이나 사기업, 군대, 노동조합)
    ㉡ 라스키(H. Laski)와 파이너(H. Finer) : 관료제를 소수의 관료 집단이 정치권력을 장악한 형태로 개념을 정의 → 관료제의 기능적(권력적) 측면을 강조한 견해
    ㉢ 리그스(F. Riggs) : 관료제를 고도의 계층 구조와 합리적 기능과 비합리적 기능을 아울러 가지고 있는 것으로 보는 견해로, 구조적으로는 계층적 대규모 조직으로 단일 의사결정 기구이며, 기능적으로는 권력적·합리적·병리적 측면을 갖고 있는 복합적 현상으로 파악

③ 관료제의 특징
　㉠ 권위의 서열
　㉡ 전문적 담당자
　㉢ 직무 규정의 공식화
　㉣ 업무 통제 규칙
　㉤ 직무의 한정적 권한
　㉥ 직무에 따른 차별 보수
　㉦ 비인격적 접촉
　㉧ 소유와 집행의 분리
　㉨ 문서적 커뮤니케이션
　㉩ 합리적 규율

(2) 관료제의 기능
　① 관료제의 순기능
　　㉠ 규칙과 규정을 통한 통일성
　　㉡ 권위의 위계 구조를 통한 책임 수행 : 직책과 직위는 권위 서열에 따라 조직되며 명령체계를 형성
　　㉢ 목표 달성의 효율적인 수행
　　㉣ 합리성 추구
　　㉤ 종신 재직권을 허용
　　㉥ 고용의 안정성이 제공
　　㉦ 비합리적·감정적 요소를 배제한 공무 처리(능력원칙)
　　㉧ 경제적·사회적 불평등을 평준화시키고, 대중민주주의 형성에 기여
　② 관료제의 역기능 기출 25, 24, 23
　　㉠ 몰인정함과 비인간화
　　㉡ 절차 합리성의 번문욕례(繁文縟禮, Red tape)를 조장
　　㉢ 훈련받은 무능자로 전락(형식주의)
　　㉣ 경직화
　　㉤ 변화 및 혁신에 대한 저항
　　㉥ 소모적 업무의 창출
　　㉦ 과두제의 출현

> **체크 포인트**
>
> **조지 리처(G. Ritzer)의 맥도날드화**
> - 조지 리처가 처음 사용한 사회학적 용어로, 베버의 관료제를 현대 기술문명과 소비주의를 바탕으로 새롭게 적용한 이론
> - 다국적 패스트푸드점의 원리가 미국과 그 밖 세계에서 더욱더 많은 부문을 지배하게 되는 과정의 불합리성, 비인간화를 '맥도날드화'라 함
> - 막스 베버가 변화하는 사회의 방향을 나타내기 위하여 관료제를 사용하였다면, 리처는 패스트푸드 음식점이 현대 사회의 패러다임을 더 잘 보여준다고 봄
> - 구성요소 : 효율성, 측정 가능성, 예측 가능성, 통제

(3) 관료제의 유형

① **강제적 관료제** : 관료제 안에 있는 사람들을 물리적으로 강제하는 관료제로, 그들의 동조 행위는 강제력에 기초함 예 감옥, 거대한 수용소, 정신병동 등

② **규범적 관료제** : 관료제 안에 있는 사람들이 도덕적인 설득을 받고 관료제의 규범에 동조하게 됨 예 대학, 개혁 지향적 자원단체 등

③ **공리적 관료제** : 관료제에서 일하는 사람들이 각종 보상을 받기 때문에 그 규범에 동조함 예 산업조직체 등

④ 현실에서는 이 세 가지 유형이 서로 혼재하는 경우가 종종 있음

3 조직의 연대성과 생산성

(1) 조직의 연대성

① **조직 연대성의 개념**
  ㉠ 상호 간에 나누어 가진 가치 지향이 전체 성원의 만족을 위한 방향으로 제도화되어 있음으로써 이루어짐(파슨스)
  ㉡ 집단이 그 성원에게 제시하는 목표나 가치가 성원 전체를 만족시켜 주고, 집단의 규범이 성원에서 공유되어 이루어지는 사람들의 협동 관계의 확립을 뜻함

② **연대성 측정을 위한 지표**
  ㉠ 성원의 발언에서 우리와 나와의 비율
  ㉡ 우정의 강도
  ㉢ 집단 규범을 공유하는 인원 수
  ㉣ 성원의 일탈 행동에 대한 민감도
  ㉤ 집단에 대한 애착도
  ㉥ 성원의 노력에 대한 조정도
  ㉦ 직장에서의 사기

(2) 조직의 생산성

① **생산성의 개념**
　㉠ 집단이 특정한 목표를 향하여 움직일 때 나타나는 업적적인 면
　㉡ 집단의 목적 달성을 위한 욕구가 생산성의 원동력임

② **사기와 생산성의 관계**
　㉠ 사기는 만족감만이 아니라 개인의 욕구 불만, 환경에 대한 집단의 적응도, 집단 분위기, 집단 목표의 내면화, 규범의 통제력 등도 작용하는 복잡한 구조를 지님
　㉡ 생산성의 앙양(昂揚)을 위해서는 전체의 목적을 달성하기 위한 결정을 충실히 따를 수 있도록 성원에게 동기를 제공해야 함
　㉢ 집단이 제공하는 동기에 만족하여 성원이 전체 행동에 충실히 종사할 때 그 집단성원은 사기가 높다고 말함

③ **사기를 측정하는 기준 척도 – 생산성의 기준(Katz)**
　㉠ 작업집단에의 긍지
　㉡ 자기과업에의 만족도
　㉢ 조직체에의 포락도
　㉣ 경제적 만족도 등

4 조직과 리더십

(1) 리더십의 개념

① **리더십의 정의**
　㉠ 리더십(Leadership, 지도성)이란 조직 목표의 달성을 위하여 구성원의 자발적·적극적 노력을 유도하는 쇄신적 능력과 기술
　㉡ 리더십은 리더가 어떤 집단 상황에서 특정의 개인 혹은 조직을 일정한 의도에 따르도록 작용하는 힘

② **리더십의 특징**
　㉠ 목표 지향성 : 리더십은 조직 목표의 구현을 위한 활동
　㉡ 리더십의 3대 변수 : 리더십의 내용은 지도자(Leader)와 피지도자(Follower), 상황(Situation)적 요인들의 상호작용을 통하여 결정
　㉢ 권위 수용을 전제 : 리더십은 지도자의 권위(Authority)를 통해서 발휘되는데, 공식적·법적 권한이 있다고 행사되는 것이 아니며 직권력(Headship)과 구별됨

③ 리더십의 기능
  ㉠ 목표의 설정 및 역할의 명확화 : 리더는 조직 목표를 설정하고 부하의 구체적인 목표를 제시하며 목표 달성을 위한 활동을 수행
  ㉡ 대내적 기능 : 리더는 조직의 통일성을 확보하고 인적·물적 자원 및 정치적 자원을 효율적으로 동원하여 구성원들에게 동기를 부여함
  ㉢ 대외적 기능 : 리더는 국민 등 다양한 환경적 세력의 협력을 얻을 수 있도록 환경 관리 기능을 수행

(2) 리더십의 유형(본질) 기출 22
① 조직 및 성원 지향적 리더십(행태이론)
  ㉠ 리더 개인의 행태 또는 리더십 유형(Style)에 중점을 두는 이론
  ㉡ 리더십 행태의 두 가지 유형 : 조직 지향적 리더십, 성원 지향적 리더십
② 화이트(R. K. White)와 리피트(R. Lippitt)의 리더십 유형(1939~1940년의 연구) 기출 25
  ㉠ 권위형 리더십 : 지도자가 결정하고 지시하는 유형
  ㉡ 민주형 리더십 : 인간관계, 즉 피지도자들의 참여와 만족이 강조되는 유형
  ㉢ 자유방임형 리더십 : 피지도자들에 의하여 모든 결정이 이루어지고 완전한 자유가 보장되는 유형
③ 블레이크(R. R. Blake)와 모우튼(J. S. Mouton)의 리더십
  ㉠ 생산에 대한 관심과 인간에 대한 관심을 기준으로 5가지 리더십 유형을 분류
  ㉡ 5가지 리더십 : 빈약형, 친목형, 과업형, 절충형, 단합형
④ 탄넨바움(R. Tannenbaum)과 슈미트(W. Schmidt)의 리더십
  ㉠ 효율적인 리더십의 유형은 지도자 요인, 피지도자 요인 및 상황 요인에 의해 결정된다고 봄
  ㉡ 리더의 권위(리더의 권한 영역)와 부하의 자유재량권(부하의 자율 영역)의 크기는 반비례 관계에 있다고 주장
⑤ 공식적 리더십과 비공식적 리더십
  ㉠ 공식적 리더십
    • 공식적 조직 : 조직의 기구표에 의해서 가시적으로 나타나는 조직
    • 공식집단과 리더십 : 공식집단에서의 리더십은 그 집단의 목적 달성과 관련하여 발휘
  ㉡ 비공식적 리더십
    • 비공식적 조직 : 인간관계에 존치한 불가시적 조직
    • 비공식집단과 리더십 : 자생집단에서는 성원 간의 관계, 집단 그 자체가 더 중요하므로 리더십의 확립을 위해서는 성원지향적인 인간관계의 기술이 요청됨

⑥ **변혁적 리더십(Transformational leadership)**
  ㉠ 최근 조직 사회의 실정에 요구되는 변화를 지향하는 리더십으로서 새로운 비전을 창출하고 조직 문화를 개조할 수 있는 리더십
  ㉡ 특징
    - 최고관리자에게 요구
    - 카리스마적 능력 중시
    - 동기 유발·능력 있는 리더십
    - 급진적·변화지향적 리더십
    - 개별적 배려 중시

⑦ **바람직한 리더십**
  ㉠ 민주적 리더십
  ㉡ 목표·정책 지향적 리더십
  ㉢ 포괄적 시야·정치적 능력
  ㉣ 관리 능력이 있는 리더십
  ㉤ 변동 대응 능력이 있는 리더십

제12장 사회 제도

1 사회 제도의 특징

(1) 사회 제도의 개념
① 사회 제도는 인간의 기본적인 생리적·사회적 욕구를 충족시키는 동시에 인간의 무한한 욕심과 욕구를 규제하기 위해서 인간이 만들어 낸 사회적 고안물
② **허츨러(J. O. Hertzler)가 말하는 제도의 의미**
  ㉠ 제도는 생활의 도구이며, 질서의 형식
  ㉡ 전체 사회 조직의 단위이며, 사회 구조의 부분
  ㉢ 사회적으로 시인되고 공식화된 것
  ㉣ 사회적 관습으로 표현되며, 겉으로 드러나는 행동
  ㉤ 상벌을 동반하는 규범
  ㉥ 인간의 업적이고, 문화의 형식
  ㉦ 지속성을 가지며, 공동의지에 의해서 유지
  ㉧ 집단생활의 유지를 위하여 개인행동을 인도
③ **카노이(M. Carnoy)** : 제도는 사회적으로 시인되고, 보상이 뒤따르는 행동의 유형을 지배하는 특수한 사회적 규범 또는 표준임
④ **파슨스(T. Parsons)** : 사회를 하나의 체계로 보고, 제도는 전체 체계 중에서 한 가지씩의 기능을 맡고 있는 하위체계로 파악함

(2) 사회 제도의 구성요소
① **체이핀(F. S. Chapin)의 견해**
  ㉠ 그 제도가 수행하려고 하는 목표
  ㉡ 성원들 사이에 공유하는 공통 의식 예 정서적 몰입, 충성심, 우월감, 복종심 등
  ㉢ 어떤 물질에 상징적인 가치를 구현하는 상징물 예 깃발, 우상, 십자가 등
  ㉣ 목표를 달성하고 제도 유지에 필요한 구체적인 건물, 집기, 시설 등
  ㉤ 다음 세대로 전승하기 위한 수단으로 언어나 강령, 명문화된 헌법, 선거권 등
② **페이블맨(J. Feiblmen)의 견해** : 구조적 요소(설비, 관행, 인원, 조직)와 목표지향적 요소(신화, 상징, 양식, 강령)로 구분

(3) 사회 제도의 분류

① **섬너(W. G. Sumner)** : 제도의 성립 과정을 기준으로 분류
  ㉠ 법제화한 제도 : 합리적 창안과 계획적인 관심을 집중시킨 결과의 산물
  ㉡ 자생적 제도 : 무의식적·자연발생적으로 성립하여 점차 제도화됨(혼인이나 종교 제도)

② **제도의 중요성에 따른 분류**
  ㉠ 기초적 제도(원초적 제도)
    • 사유재산, 학교, 국가, 교회에 관여하는 제도
    • 사회의 질서 유지에 필요불가결한 것
  ㉡ 보조적 제도(파생적 제도) : 오락이나 휴양 등에 관여하는 제도

③ **베커와 비제(Becker & Wiese)** : 운영방식에 따른 분류
  ㉠ 작용적 제도 : 하나의 제도를 구성하는 여러 가지 행동유형이 대체로 그 자체로서 일정한 목적을 달성하는 제도
  ㉡ 규제적 제도 : 정치나 법제도처럼 주로 자기 외의 타 제도의 운영을 규제하는 데 존재 이유를 갖는 제도

④ **파슨스(T. Parsons)** : 제도의 기능적 측면에서 분류 - AGIL 기능
  ㉠ A(Adaptation) : 환경에 적응해야 하는 적응의 기능 - 경제 제도가 담당
  ㉡ G(Goal attainment) : 체계의 목표를 달성해야 하는 목표달성의 기능 - 정치 제도가 담당
  ㉢ I(Integration) : 체계 내의 각 부분들을 통합해야 하는 통합의 기능 - 법제도가 담당
  ㉣ L(Latency) : 잠재적 유형 유지와 긴장 처리의 기능 - 종교와 교육 등의 문화제도와 가족 제도가 담당

⑤ **카디너(A. Kardiner)** : 퍼스낼리티 형성에 끼치는 영향의 중요도에 따른 분류
  ㉠ 일차적 제도 : 육아 과정
  ㉡ 이차적 제도 : 종교, 민속

⑥ **페이블맨(J. Feiblmen)** : 제도의 사회적 기능에 따른 분류
  ㉠ 봉사적 제도 : 경제, 국가, 법률
  ㉡ 고차적 제도 : 예술, 철학, 종교

(4) 사회 제도의 기능

① **드러난 기능(명시적 기능 또는 현재적 기능)** : 그 제도가 처음에 의도했던 기능
② **숨은 기능(잠재적 기능)** : 처음에 의도했던 것과는 관계없이 전혀 예기치 못한 뜻밖의 결과가 나타나는 것
③ **순기능** : 사회의 유지와 존속에 기여하는 기능
④ **역기능** : 사회의 유지와 존속에 방해가 되는 기능

⑤ **허츨러(J. O. Hertzler)의 제도 기능**
  ㉠ 개인의 욕구를 충족시켜 주는 기능 예 의식주, 정서적 안정, 자아실현 등
  ㉡ 사회의 질서를 유지시켜 주는 기능
  ㉢ 사회성원들이 표준적 행동양식에 따르도록 사회화시킴과 동시에 통제
  ㉣ 일상생활에서 시행착오를 줄여 주고, 예측 가능하게 해 주기 때문에 사회생활이 일상적·통상적이 되도록 함
  ㉤ 문화의 운반자 역할을 하며, 현재의 문화는 사회 제도를 통해서 유지되고, 또 다음 세대로 전승됨
  ㉥ 인간의 행동, 태도, 관념, 가치 등에 관하여 기존의 가치체계를 수호함

⑥ **볼드리지(J. V. Baldridge)의 제도 기능** : 기초적인 제도와의 비교

구분	사회 기능	상징	공유된 신조와 규범	조직적 장치
가족	• 사회의 지지와 교제 • 자녀의 출산 • 자녀의 사회화 • 경제 소비 단위	• 결혼반지 • 가족사진	• 결혼에 대한 신뢰 • 자녀의 양육 • 노인의 부양	• 가족 재산과 상속권을 통제하는 법 • 가정과 생활 장치들
종교	• 신에 대한 예배 • 신자들에 대한 정신적 지지 • 총인간적 집단 유대	• 십자가 • 다윗의 별 • 성무서 : 성경, 토라, 코란	• 초자연적인 것에 대한 신앙 • 타자에 대한 윤리 법전	교회, 교파, 제의, 성직자, 국교
교육	• 새로운 세대들의 사회화 학습 • 연구를 통한 새로운 지식의 창출	• 모자, 교복, 책 • 지식의 등불	• 지식의 가치에 대한 신뢰 • 과학적 방법의 지원 • 교육 기회의 평등	• 초·중·고등학교, 대학·종합대학 교육 지원을 위한 과세 제도 • 교육 재단들
정치 제도	• 사회적 목적과 계획을 정하고 성취 • 사회적 통제와 폭력과 갈등의 해결	• 국기 • 국가 • 독수리 • 망치와 낫	• 민주주의 • 법의 규율에 대한 신뢰, 모든 사람은 평등함	• 정부 : 지방정부·주정부·연방정부 • 정당
경제 제도	• 재화와 용역의 생산 • 고용의 창출	• 재화와 용역의 생산 • 고용의 창출	자본주의 공산주의 경제 이론	• 은행 제도 • 단속 기관(연방준비·주식시장 등) • 환전

(5) **사회 제도의 특성**
  ① **포괄성** : 사회생활과 인간 행위에 관련된 모든 것을 포괄
  ② **통합성** : 사회 구성 집단들, 집합체들 및 지역 공동체들과 중복되면서 그것들 모두를 포용
  ③ **보수성** : 기존 질서와 규범을 지지하고 새로운 변화를 억제
  ④ **기본욕구 충족성** : 사회 구성원들과 사회의 기본 욕구를 충족시킴

2 사회 제도의 유형

(1) 경제 제도

① 경제 제도의 개념
  ㉠ 사회의 모든 재화와 용역의 생산과 분배, 소비에 관여하는 제도
  ㉡ 인류의 경제 활동에 관한 의식, 질서, 조직 및 기술을 총체적으로 파악한 규범체계
  ㉢ 경제 의식, 경제 질서, 경제 조직과 과학 기술과 같은 경제 활동을 구성하는 요소들이 종합된 것

② 경제 활동을 통제하고 있는 제도적 기제
  ㉠ 시장 기제 : 시장 자체가 경제 활동에 대한 통제기제 역할을 함
  ㉡ 문화적 규범 : 법, 관습, 판례, 정부의 정책과 기업의 규약 등은 경제유지를 위한 골격을 이룸
  ㉢ 공통의 문화적 목적 : 특수한 역사적·사회적 상황에 따라 그 사회가 추구하는 독특한 문화적 목적이 특정 사회의 특정 시대 사람들의 경제 활동을 규제하는 역할 예 영토 확장, 군사력 증강, 식민지 쟁탈, 산업 육성 등
  ㉣ 행정부와 조직체의 통제 : 정부, 노동조합, 공장, 회사 등 기타 조직체들이 경제 행위를 통제

③ 경제 제도의 드러난 기능
  ㉠ 생산·분배·소비 기능 : 인간의 의식주의 욕구를 해결할 수 있는 물질을 생산·분배·소비하는 기능을 담당
  ㉡ 사회성원의 참여 기능 : 사회성원들로 하여금 생산에 적극 참여하도록 동기를 부여
  ㉢ 소비의 조정 기능 : 소비의 유형과 내용, 의식을 규제하기도 하고 소비를 자극하는 기능
  ㉣ 변화에 대한 적응 기능 : 사회체계가 외적 환경 변화에 적응할 수 있는 중요한 기능 수행

④ 경제 제도의 숨은 기능
  ㉠ 의도하지 않은 사회적 불평등을 조성
  ㉡ 경제 제도의 변화는 사회의 다른 부분의 변화를 가져옴 예 공업화·산업화 정책으로 인구의 도시 집중, 농촌의 고령화 현상, 전통적 가치관의 변화

⑤ 현대의 경제 제도
  ㉠ 자본주의 경제 제도
    • 개인에게 생산과 소비, 직업 선택의 자유를 보장하고 생산과 교역을 자유롭게 함
    • 상호 협력이 개인의 자유의사에서 이루어지는 사회를 만듦
    • 자유경쟁에서 이기기 위하여 합리적 경영과 가격이 형성됨
    • 자본을 축적할 수 있고 유한계급의 잉여재산을 사회에 환원시키도록 함
    • 생산자와 생산수단의 분리, 즉 노동자가 생산수단에서 소외되는 현상이 나타남
    • 자본가와 노동자 사이의 갈등이 구조적으로 내재해 있음
    • 생산력과 소비자의 구매력 사이에는 언제나 불균형이 존재함
    • 경기변동, 만성적 실업, 자원의 낭비를 막을 수 없음
    • 소수의 자본가에게 부(富)가 집중되고, 이들 소수에 의해 사회의 전체적 자원이 통제됨

ⓒ 사회주의 경제 제도
- 균등한 분배, 계획된 생산, 자유경쟁시장에서 오는 자원의 낭비 감소 등
- 경제 활동 전반에 정부가 관여하므로 생산·분배·소비를 통제받고 개인은 경제적 자유를 박탈당함
- 사유재산을 인정하지 않고, 기업의 이윤추구를 억제하여 창의력을 저해하고 생산능률을 저하시킴
- 평등한 분배가 노동의욕을 감퇴시킴
- 정부의 생산과 계획의 통제로 합리적 경영과 가격 형성이 이루어지지 않음

(2) 정치 제도
① 정치 제도의 개념
ⓐ 정치 제도는 어떤 개인들 및 집단들이 다른 개인이나 집단들에 대하여 권력을 획득하거나 행사하는 제도화된 체제
ⓑ 정치 제도는 권력의 제도화를 말하며, 권력의 행사는 지배에 의해서 가능
② 정치적 지배의 형식(유형) : 베버(M. Weber)는 정당화된 권력을 권위로 보고 세 유형으로 구분
ⓐ 카리스마적 지배 : 초인간적인 자에 대한 신앙을 기초로 하여 성립하는 지배를 말함(주술사, 정당의 수장)
ⓑ 전통적 지배 : 지배받는 사람들이 지배자의 '전통적' 권위들을 신뢰하고 동의와 복종을 표하는 것(왕조사회에서 임금에게 복종하는 것, 고대의 가부장적·가산제적 군주 등)
ⓒ 합법적 지배 : 합리적으로 형성된 법률과 규준에 의한 지배(근대 시민사회 이후의 지배)
③ 정치 제도의 조직 유형
ⓐ 군주제 : 군주 한 사람이 지배하는 정치 형태
ⓑ 과두정치제 : 소수의 지도자들(지주, 기업가, 정치가 등)이 권력을 행사하고 권위를 누리는 정치체제
ⓒ 독재와 전체주의 : 1인 또는 1개 정당이 모든 정치권력을 장악하는 정치형태이며, 개인 생활의 모든 부분에까지 영향을 미친다는 의미에서 전체주의라고도 함
ⓓ 민주정치 : 지배 권력을 분산시켜 권력의 집중을 막고 지배자와 피지배자 간의 힘의 균형을 달성하려는 정치 체제

> **체크 포인트**
>
> **민주주의 유형**
> - 자유민주주의: 자유주의와 민주주의가 결합된 민주주의
> - 사회민주주의: 사회주의와 민주주의가 결합한 민주주의
> - 참여민주주의: 의사결정에 다수가 자발로 참여하는 민주주의로, 선거, 지역 운동 등의 의사결정 과정에 참여하는 기회 조성
> - 숙의민주주의: 숙의(deliberation)가 의사결정의 중심이 되는 민주주의(다수결원리+합의된 의사결정)
> - 혼합민주주의: 간접민주주의를 원칙으로 하고 직접민주주의의 요소(국민투표, 국민발안, 국민소환)를 도입하여 보충하는 민주주의

④ 정치 제도의 순기능(드러난 기능)
  ㉠ 사회의 질서를 유지: 정치 제도의 가장 중요한 기능
  ㉡ 사회구성원의 보호 기능: 치안 확보와 국방의 기능
  ㉢ 공공복리를 위한 시설 마련: 공공복리를 위한 시설을 통하여 사회 목표 달성을 주도하는 기능

⑤ 정치제도의 역기능(숨은 기능)
  ㉠ 권력의 집중 현상과 권력 엘리트가 형성됨
  ㉡ 행정부의 권한이 막대한 사회에서는 부정, 부패 등 관료들의 범죄가 생겨남

(3) 교육 제도

① 교육 제도의 개념
  ㉠ 좁은 의미의 교육: 지식과 기능을 전달하는 사회적 활동
  ㉡ 넓은 의미의 교육: 지식과 기능뿐만이 아니라, 현 사회의 가치와 규범을 새로운 세대에게 체계적으로 전달하여 그들을 온전한 사회성원으로 만들어 가는 사회화 과정
  ㉢ 산업사회에서의 교육은 중요한 사회 제도로서, 사회화를 담당하는 필수적 체계임

② 교육의 기능
  ㉠ 교육의 드러난 기능
    - 사회 구성원의 사회화(가장 중요한 교육의 기능)
    - 새로운 기술 교육의 기능
    - 신지식 창출의 기능
    - 사회 통제의 기능
  ㉡ 교육의 숨은 기능
    - 아동 보호의 기능
    - 결혼 조절의 기능
    - 실업 조절의 기능
    - 학연을 형성하여 사회의 통합에 역기능적으로 작용
    - 문화 혁신의 기능
    - 지위 상승의 기능

③ 교육의 기회에 관한 이론 - 볼드리지(J. V. Baldridge)
  ⊙ 대학 진학 여부를 결정짓는 요인 : 개인의 지능, 개인의 가정 배경, 사회계급, 부모의 교육 정도
  ⓒ 대학 진학에 영향을 주는 요인 : 모델이론, 기회이론, 준거집단이론, 능력이론

(4) 종교 제도
  ① 종교의 구성요소
    ⊙ 의식 : 의식은 모든 종교에 나타나는 공통 요소 중 가장 중요함
    ⓒ 감정 : 겸손, 숭배, 경외심 등의 공통적인 종교적 감정임
    ⓒ 믿음 : 종교 의식과 종교적 감정을 정당화하고 지지하는 신념임
    ⓔ 조직 : 종교적 신념과 감정을 유지·강화하기 위해서 조직이 필요함(신자 공동체 형성)
  ② 종교의 분류
    ⊙ 신앙의 대상에 따른 분류 : 단순, 초자연 신앙, 생령 신앙, 유신론, 추상적 이상을 믿는 종교
    ⓒ 신의 수를 기준으로 하는 분류 : 일신교, 다신교, 윤리종교, 전래 종교, 원시 종교
    ⓒ 종교 조직의 분류 : 브룸과 셀즈닉(L. Broom & P. Selznick)은 '제도화의 정도, 통합의 정도, 성원 충원의 범위, 참여의 정도'의 네 가지 기준에 따라 종교 조직을 보편 교단·교파·종파·소종파로 나눔
  ③ 종교의 드러난 기능
    ⊙ 삶의 의미 제공
    ⓒ 사회적 유대감 형성
    ⓒ 사회 통합과 통제의 기능
    ⓔ 사회 변동의 촉진
    ⓜ 심리적 위안을 제공(사회적 적응)
  ④ 종교의 숨은 기능
    ⊙ 마르크스(K. Marx)는 종교를 정치적·경제적 지배 계급으로서, 지배 계급의 이익을 옹호하고 현존하는 불평등을 정당화해 주며 억압받는 자들에게 내세를 믿게 하여 현세의 운명에 만족하게 한다고 봄
    ⓒ 종교가 여러 분파로 분리될 때 사회적 갈등을 조장
    ⓒ 교단이 커지면서 관료 조직체에서 나타나는 현상들이 나타남
    ⓔ 갈등론적 입장은 종교가 기존의 사회 구조를 정당화하고, 사회 변동과 사회혁명을 저해하는 기능을 한다고 봄
    ⓜ 베버(M. Weber)의 추종자들은 종교가 의도했던 바는 아니지만 사회 변화의 원동력이 될 수도 있다고 봄

제13장 사회 계층

1 사회 계층의 기초 개념

(1) 사회 계층의 기초 개념

① 사회 계층의 개념과 관련 용어
  ㉠ 개념
    • 계층은 구조화된 불평등 체계를 말함
    • 비슷한 지위를 차지하고 있는 일군의 사회층으로 계층 구조의 한 부분
    • 비교적 고정적이고 위계적 개념
  ㉡ 관련 용어
    • 희소가치 : 사회의 희소가치에는 부, 명예, 위신, 권력 등이 있음
    • 계층 구조 : 사회의 위계 서열이 고정화되어 일정한 유형으로 굳어진 현상을 나타냄
    • 계층화 : 사회층들이 시간이 지남에 따라 점차 위계 서열적으로 배열되는 과정
    • 계층 : 지위나 수입 등이 상하로 배열된 서열 구조
    • 계급 : 연속적인 개념이 아니라, 비연속적인 대립과 단절을 전제로 한 집합 개념
    • 사회적 지위 : 한 개인이 점유하고 있는 각 집단에서의 개별 지위들을 종합한 단일 지위
    • 사회층 : 동등한 사회적 지위들을 점유함과 동시에 그에 상응하는 비교적 동등한 수준의 희소가치를 분배받는다고 생각되는 사람들이 이루는 하나의 층

② 이념형으로 본 계층의 형태
  ㉠ 완전성층형 : 모든 성원이 일직선상에 상하 배열되는 형(불평등이 가장 심한 사회 – 카스트제도)
  ㉡ 부분성층형 : 하류 계층이 비대한 피라미드 형(현실적인 계층 구조 – 초기 산업사회, 후진국)
  ㉢ 완전평등형 : 모든 성원이 횡적으로 비슷한 위치에 있는 형(이상적 계층 구조 – 사회주의 국가)
  ㉣ 부분평등형 : 현대 대중사회에서 중간층이 비대한 다이아몬드형(노르웨이, 스웨덴)

③ 계층 제도
  ㉠ 인도의 카스트제(폐쇄성 계층제)
    • 개인의 사회적 지위가 완전히 출생에 의해, 즉 생득적 혹은 귀속적이며 임의로 그러한 지위가 변경될 수 없음
    • 일반적으로 족내혼(Endogamy)이 성행하며, 계층 간의 경계가 유지됨
    • 다른 카스트 성원과의 식탁 동석을 금지하는 섭식금제임
    • 카스트제도는 브라만(승려, 지주), 크샤트리아(무사), 바이샤(농·상·공업의 서민), 수드라(천민계급, 노예)의 4종성제임
    • 서로 다른 카스트 성원들 간의 결혼은 불가능하지만, 만일 허용되는 경우에는 자식이 부모 가운데 어느 한쪽의 낮은 지위만을 계승함

ⓛ 신분제(중세봉건사회)
- 신분 제도는 중세 유럽에서 시작
- 신분 집단은 귀족, 성직자, 농민으로 구분되었음(귀족 → 성직자 → 농민)
- 법에 의해 신분이 결정되고 신분에 따라 권리와 의무가 차별적으로 주어짐
- 신분의 변경은 특별히 법이 허용될 때에만 가능함
- 사회 이동은 한정되어 있으나, 카스트제도처럼 완전히 폐쇄적인 것은 아니었음
- 신분과 신분 간의 경계선은 엄격하며 귀속적인 성격을 가지고 있음
- 중세사회, 로마사회, 우리나라의 고려와 조선사회의 계층 제도가 여기에 속함

ⓒ 근대적인 계층 제도
- 산업혁명 이후 등장한 사회 계층 제도
- 비정형적·유동적임
- 계층의 구분이나 고정된 개인의 지위도 없으며, 개인의 능력과 업적에 따라 계층적 지위를 바꿀 수 있음
- 개방된 계층제라 함

④ 계급과 계층 기출 23

구분	계급	계층
의미	• 사회 내에 존재하는 실제적·객관적 지위가 경제력이라는 단일 지표에 의하여 분류된 사회 불평등 구조 • 비연속선상에 있는 하나의 층으로 주관적·심리적 서열 구조 • 경제적 요인(생산수단의 소유 여부)에 따라 나누어진 대립 집단 → 자본가 계급(부르주아)과 노동자 계급(프롤레타리아)	• 연속선상에 있는 지위의 서열로서 다원적 지표에 의하여 분류되는 불평등 구조 • 비교적 고정적·위계적 개념 • 다양한 요인(경제적 계급, 사회적 지위, 정치적 권력 등)에 의해 서열화된 위치가 비슷한 집단 → 상류층, 중류층, 하류층
이론	마르크스의 일원적 계급이론	베버의 다원적 계층이론
특징	계급 간의 지배와 피지배, 갈등과 대립이 불가피함을 전제, 계급의식 강조, 집단에 소속감 강함, 사회적 이동 제한	사회적 희소가치의 불평등한 분배 상태를 범주화하여 이해하려는 분석적 의미로, 계층들은 수직적으로 하나의 연속선상에 배열되고, 사회적 이동이 자유로움

(2) 사회 계층의 차원론

① 마르크스(K. Marx)의 단일차원론
ⓐ 마르크스는 생산 수단의 소유 유무라는 단일 요인에 의해 사회 계층을 자본가 계급(부르주아지)과 노동자 계급(프롤레타리아)의 두 집단으로 분류
ⓑ 즉자적 계급은 계급 의식이 형성되지 않았으나 생산 수단의 소유 여부라는 단순한 기준에 따라 분류되는 집단으로, 참다운 계급인 대자적 계급의 전제가 됨
ⓒ 대자적 계급은 계급 의식을 가지고 부르주아지에 대항하는 진정한(참다운) 의미의 계급임

② 베버(M. Weber)의 다차원론 기출 25, 24
　㉠ 베버는 마르크스의 계급론이 사회 계층의 복잡다단한 측면을 취급하기에는 너무 단순하다고 주장하면서 다차원적 접근방법을 제시
　㉡ 베버는 계층 현상이 계급(경제적 부), 사회적 지위, 정치적 권력을 중심으로 전개된다고 함
　　기출 22
　　• 계급(Class) : 시장에서 어떤 공통되는 상황을 공유하는 사람들의 집단을 의미하며, 중요한 경제적 기회는 생산 수단 또는 재산의 소유권의 통제뿐만 아니라 개인이 제공할 수 있는 용역까지도 포함
　　• 지위(Status) : 한 공동체에 의하여 개인 또는 그의 사회적 역할에 부여된 명예나 위신의 양, 같은 집단성원들은 서로 사회적 동료로 생각하며 자신들을 다른 집단의 사람들과 구분하는 비슷한 생활양식 추구
　　• 권력(Power) : 베버는 권력을 어떤 사회적 관계에 있어서 다른 사람들의 저항에도 불구하고 자신의 의지를 관철시킬 수 있는 힘으로 정의함

(3) 사회 계층의 측정
　① 객관적 방법
　　㉠ 객관적인 계층 변수(직업, 학력, 소득)를 사용하여 사회적·경제적 지위의 지표로 삼음
　　㉡ 사회성원의 객관적인 속성(수입, 직업, 교육 수준 등)에 근거하여 개인이나 집단의 계급 위치 또는 계층적 지위를 규정하는 방법임
　　㉢ 사회 계급 또는 계층적 지위를 측정하는 데 가장 많이 사용되는 방법
　　㉣ 전국 규모의 조사, 대규모의 조사 연구에서 매우 유용하게 사용됨
　　㉤ 직접적인 사회 조사를 실시하지 않고 2차 자료로 사용 가능
　② 주관적 방법
　　㉠ 사람들이 자신의 계급이나 계층적 위치를 스스로 어떻게 인식하고 있는가를 측정함으로써 계층구조를 연구하는 방법
　　㉡ 개인의 자아 평가를 바탕으로 하여 계층 구조를 파악하는 것으로 사람들의 계층 의식, 특정 계층의 귀속의식을 연구하는 데 쓰임
　③ 평가적 방법
　　㉠ 피조사자가 다른 사람의 계층을 평가하는 것
　　㉡ 작은 지역사회를 선정하여 그 지역사회를 잘 아는 판정자나 평가자에 의뢰한 다음 전 성원을 계층화하도록 하고 그 평가의 평균치로써 계층구조를 평가하는 것
　　㉢ 이차적인 집단관계가 지배적인 대규모 도시지역에서는 사용하기 어려움
　④ 지위 불일치 기출 23, 22
　　㉠ 개념
　　　• 한 개인 혹은 집단이 지니고 있는 지위들의 등급이 서로 일치하지 않는 상황을 의미함
　　　• 예를 들어, 회사 사장의 학력이 낮은 경우, 궁핍한 시인이 사회적 명망과 위신은 매우 높은 경우 등

ⓒ 지위 불일치의 결과
- 지위 불일치는 사람들로 하여금 정치적 변동을 추구하는 행동을 조장할 수가 있음
- 지위 불일치는 사람들 사이의 관계 형성에도 영향을 미칠 수가 있음
- 지위 불일치는 각종 비행이나 범죄를 조장함으로써 사회 통합의 약화를 초래하기도 함
- 지위 불일치는 과시 소비를 조장하기도 함
- 지위 불일치한 사람은 현 위치에 불만이 있으므로 기존 질서를 파괴하려는 경향이 있음

2 계층이론

(1) 기능주의 이론

① 개념
- ㉠ 기능주의자들은 계층 구조의 긍정적인 기능을 강조
- ㉡ 상사와 부하의 보수와 위신의 차이는 근본적으로 그들이 수행하는 사회적 기능에 의하여 결정된다고 보는 것
- ㉢ 사회의 불평등은 직업의 기능적 중요도와 일의 난이도 등에 따라 차등적인 보상이 주어지기 때문에 생겨난 자연스러운 현상이라고 보는 관점
- ㉣ 이 관점은 사회적 지위가 성취되기보다 귀속되거나 상속되는 모든 경우에 약점을 드러냄

② 데이비스 & 무어(K. Davis & W. Moore) 이론 기출 22, 21
- ㉠ 각 직업의 기능적 중요성의 차이와 희소성에 입각하여 계층 현상을 불가피하고 긍정적인 존재로 파악하고 있는 이론
- ㉡ 재능 있는 사람이 기능을 획득하려면 장기간의 훈련 또는 상당한 정도의 희생을 감수해야 함
- ㉢ 재능 있는 사람에게 훈련을 받게 하려면 경제적 부와 권력, 위신 또는 이들이 적절하게 결합되어진 보상 혹은 인센티브(Incentives)를 제공하여 역할을 유인

(2) 갈등론적 이론

① 사회를 균형의 한 체계로 보려는 기능주의적 관점을 거부하는 대신, 사회적 가치와 집단이해를 둘러싼 갈등은 어느 사회에서나 내재적인 것으로 봄
② 인간의 능력은 천부적인 측면보다는 환경에 의해 계발되는 측면이 더 크다고 전제하면, 사회의 불평등한 분배가 불평등한 능력 계발을 가져옴
③ 갈등론에서는 사회질서의 본질이 지배와 강제라고 봄
④ 사회 불평등론이나 갈등론자들은 사회 계층이란 특정 계층의 이익을 위하여 약자에 대한 강자의 강압 또는 지배적 관계에 기초한 것이라고 보고 있음
⑤ 마르크스(K. Marx)는 사회 계층을 인간이 제도적으로 만들어 놓은 불평등이라고 봄
⑥ 다렌도르프(R. Dahrendorf)는 가치와 규범에 근거를 둔 제재(Sanction)와 보상이 불평등의 근원이라고 봄

⑦ 튜민(M. Tumin)의 주장(갈등론적 관점) : 사회가 유지·존속되기 위해서는 더 중요하고 덜 중요한 일이 없음
⑧ 데이비스 & 무어 이론에 대한 튜민의 계층구조의 부정적인 역기능 지적
  ㉠ 계층이 있으므로 유능한 인재 발견의 가능성이 제한됨
  ㉡ 계층은 유용한 재능의 범위를 좁힘으로써 사회의 생산적 자원을 확장할 가능성을 제약
  ㉢ 계층은 사회를 보수적으로 만듦
  ㉣ 긍정적 자기평가가 불평등하게 이루어지기 때문에 인간에게 고유한 창조적 가능성의 발달을 제한함
  ㉤ 사회적 보수의 불평등은 각 계층 간의 적대, 의심, 불신을 조장하고 사회 통합을 저해함
  ㉥ 낮은 계층에게는 사회에 대한 충성심과 참여의식을 저하시키는 기능을 함

체크 포인트

사회 계층의 본질 기출 24

기능론에 의한 사회 계층의 본질	갈등론에 의한 사회 계층의 본질
• 계층은 보편이며 필연적임	• 계층은 보편일지 모르지만, 필연적인 것은 아님
• 사회 체제가 계층 체계를 만듦	• 계층 체계가 사회 조직(체계)을 만듦
• 계층은 통합, 조정, 응집을 위한 사회적 요구에서 생김	• 계층은 집단 정복, 경쟁, 갈등에서 생김
• 계층은 사회와 개인이 적절한 기능을 하도록 촉진함	• 계층은 사회와 개인의 적절한 기능을 제약함
• 계층은 사회적 공동 가치의 표현	• 계층은 권력 집단들의 가치의 표현임
• 권력은 늘 정당하게 배분	• 권력은 늘 부당하게 배분됨
• 일자리와 보상은 평등하게 배분	• 일자리와 보상은 불평등하게 배분됨
• 경제적인 부분을 타 부분의 밑에 둠	• 경제적인 부분을 사회의 맨 위에 둠
• 계층 체계는 항상 진보적 과정을 통하여 변화함	• 계층 체계는 항상 혁명적 과정을 통하여 변화됨

(3) 렌스키(G. Lenski)의 종합이론(기능주의와 갈등론의 종합)

① **렌스키의 주장** : 잉여물이 생기면서 불평등이 발생하고, 잉여물이 많을수록 불평등은 더욱 심화되며, 그 잉여자원은 권력에 의해 불평등하게 분배됨
② **렌스키 이론의 가정**
  ㉠ 인간의 본성에 대한 가정
  ㉡ 사회의 특성에 대한 가정
③ **렌스키의 분배법칙**
  ㉠ 제1분배의 법칙 : 인간의 사회성과 이기심의 가정에서 도출
  ㉡ 제2분배의 법칙 : 가치의 희소성과 천부적 능력 차이로부터 도출
④ **렌스키가 분석한 잉여물과 불평등과의 관계** : 불평등의 정도는 농경사회에 와서 가장 높게 나타나고, 다시 산업사회로 진행되면서 불평등이 낮아지는 경향을 보임

3 계급 구조

(1) 상류 계급

① 개념
  ㉠ 자신의 이익을 보호하기 위해 전문적 정치가 집단을 필요로 하며 이런 과정을 통해 엘리트층이 생겨남
  ㉡ 지배 계급으로서의 엘리트층은 권력, 부, 위신 등의 사회적 가치의 배분 관계에서 정점에 위치하는 사회적 집단을 뜻함
  ㉢ 밀스(C. W. Mills)는 정책 결정자로서의 엘리트를 권력 엘리트라 명명하고, 사회의 상류층에 속하는 권력 엘리트들이 상호 연합 세력체를 형성하여 국가 정책에 영향을 준다고 하였음

② 엘리트에 관한 이론
  ㉠ 모스카(G. Mosca)의 소수지배의 원칙 : 사회는 언제나 특정한 엘리트 계층이 지배를 담당
  ㉡ 미헬스(R. Michels)의 과두제의 철칙 : 민주적 선출, 단순한 기능상의 분화로 지도자가 대두되어도 결국은 주변의 권력을 모아 부동의 지도자가 되는 현상을 과두제의 철칙이라함
  ㉢ 파레토(V. Pareto)의 엘리트 순환설 : 권력에 부적합한 능력을 가진 엘리트들은 탈락하고 통치 기능을 가진 엘리트층이 충원되어 계층 간의 순환이 일어남
  ㉣ 리스먼(D. Riesman)에 의한 엘리트 분류 : 적응형 엘리트, 아노미형 엘리트, 자치형 엘리트

(2) 구중간 계급(중산 계급)

① 개념
  ㉠ 원래 중세사회에서는 귀족이나 승려에 대한 제3신분으로서 신흥의 도시 상공업자, 자유 직업자 등이었음
  ㉡ 자본주의사회 성립 후 소기업주, 소상인, 자영 농민 등 전통적 생산 수단의 소유자로 구성됨

② 구중간 계급의 특징
  ㉠ 구중간 계급의 현황 : 수공업적 자영업자나 소상인은 근대적 대기업, 거대 자본을 소유한 도매업자에 밀려 그들의 하청업체의 역할을 하고 있음
  ㉡ 구중간 계급의 성향 : 이들은 빈농이나 노동 계급에 대해서는 경제적으로 우월하다는 생각 때문에 정치적으로 보수성을 띰

(3) 신중간 계급 기출 21

① 신중간 계급의 개념
  ㉠ 자본가와 임금노동자의 중간에서 봉급생활을 하는 모든 사람을 총괄(화이트칼라)
  ㉡ 소비지향적이고 사생활에 충실하다는 뜻으로 소시민적 인간 유형

② 신중간 계급의 특징
  ㉠ 신중간 계급의 현황 : 교양 있고 안정된 생활을 하고 있지만, 점차 블루칼라와의 격차가 좁혀지고 있음

ⓒ 신중간 계급의 성향 : 예속적 퍼스낼리티의 소유자이며 대다수의 사람들이 취하는 성향을 타자지향형의 인간형이 따라가고 있음

(4) 하류 계급
① 하류 계급의 개념
   ㉠ 자본주의사회에서 생산 수단을 갖지 못하고 자기의 노동력을 팔아서 생활을 영위하는 임금노동자, 농업노동자, 룸펜프롤레타리아 등을 총괄(무산 계급)
   ㉡ 임금노동자는 좀바르트(W. Sombart)의 말처럼 '자본주의제도의 그림자'와 같은 존재
② 하류 계급의 특징
   ㉠ 하류 계급의 현황 : 노동자들은 열악한 노동 조건을 개선하기 위해 노동조합을 결성하고, 노동조합에 대해 강한 귀속 의식을 가짐
   ㉡ 하류 계급의 의식 : 이들은 전통적 보수성과 아울러 자신들의 열악한 위치에 대한 반발로 진보성도 가짐

체크 포인트

계급 구조
- 폐쇄성 계급제 : 고대사회(카스트제), 중세봉건사회(신분제)
- 개방성 계급제 : 근대사회(경제적인 계기에 의해 분화된 계급 구조를 가짐)
- 현대의 계급제 : 상류 계급, 중류 계급, 하류 계급으로 나뉨

체크 포인트

아비투스(Habitus)
특정 계급에서 획득된 취향, 인지, 판단 등의 인간의 행동 체계를 의미한다. 아비투스는 프랑스 사회학자인 부르디외(Pierre Bourdieu, 1930~2002) 이론의 핵심이기도 하다. 부르디외에 의하면 아비투스란 특정한 시간과 장소에 따라 특정한 사회적 환경에 의해 내면화된 성향의 체계로서, 인간 행동의 생산자이며 인지와 평가와 행동의 일반적 모습을 말한다.

체크 포인트

부르디외(P. Bourdieu) 기출 23, 22
- 사회학을 구조와 기능의 차원에서 기술하는 학문으로 파악
- 신자유주의자들을 비판하며 범세계적인 지식인 연대의 필요성 주장
- 자본을 경제적 자본, 사회적 자본, 문화적 자본, 상징적 자본의 4가지로 구분
- 그 중 문화적 자본인 교육, 예절, 말투, 취향, 예술 감상 능력 등의 행동양식은 계급을 결정하는 중요 요인
- 특정 계급에서 획득된 취향, 인지, 판단 등 문화적 자본을 통해 인간의 행동 체계인 아비투스(Habitus)를 설명
- 저서로는 『구별짓기』, 『호모 아카데미쿠스』, 『알제리 사회학』 등

4 사회 이동

(1) 사회 이동의 개념 기출 23

① **사회 이동의 의미**
㉠ 개인 또는 집단이 하나의 계층적 위치에서 다른 계층적 위치로 이동하는 현상
㉡ 소로킨의 사회 이동론에서 나온 말로 계층의 동태적 측면임
㉢ 집단 또는 개인의 사회적 지위의 변화를 통틀어 일컫는 말

② **사회 이동의 요인**
㉠ 사회 이동의 폭과 형태에 직접적으로 영향을 미치는 사회 구조적인 특성
  • 개인 능력의 평가 : 귀속적 인가와 업적적 인가임
  • 사회 구조의 분화 정도 : 미분화된 사회와 분화된 사회
  • 사회 통제의 방식 : 희소가치를 분배하는 권력의 집중이 어떻게 분산되어 있는가에 따라 사회이동의 형태에 영향을 미침
㉡ 사회 구조적 원인 : 사회·경제적 요인(공업화)과 인구학적 요인(출생, 사망, 계층별 출산력의 차이, 인구의 전·출입의 유형)
㉢ 개인적 원인 : 교육 수준, 상향 이동에의 열망, 가정이나 교우 집단의 사회화, 결혼 혹은 개인적 행운 등이 있음

(2) 사회 이동의 유형

① **이동의 방향에 의한 구분**
㉠ 수평적 사회 이동 : 계층에는 변동이 없으나 다른 직종을 택한다거나 동급의 다른 부서로 이전한다거나 하는 경우
㉡ 수직적 사회 이동 : 현재의 계층보다 위 단계로 이동하거나 아래 단계로 이동하는 것(상향 이동, 하향 이동)

② **이동의 시간적 거리에 의한 구분**
㉠ 세대 내 이동 : 어느 한 개인에 의하여 그의 생애 동안의 경력 이동 등으로 계층의 변화를 가져오는 경우
㉡ 세대 간 이동 : 수 세대에 걸친 가계를 통해 변화하는 계층의 이동(세대 간 하강이동, 세대 간 상승이동) 기출 25, 21

③ **이동의 주체에 따른 구분**
㉠ 개인적 이동 : 이동하는 사람이 개인일 경우
㉡ 집단적 이동 : 사회 이동이 프롤레타리아, 노동자 또는 도시의 상공인과 같이 집단적으로 일어나는 경우

④ **사회 이동의 측정 척도** : 사회 이동의 측정 척도는 사회 이동의 빈도와 거리를 구분하여 측정하는데, 이는 한 사회가 얼마나 개방적인가 혹은 폐쇄적인가의 정도를 알게 해줌

> **체크 포인트**
>
> **사회 계층의 본질**
>
> | 구분 | 종류 | 의미 |
> |---|---|---|
> | 이동 방향 | 수평 이동 | 동일한 계층 내에서의 위치 변화 |
> | | 수직 이동 | 계층적 위치가 상승 또는 하강하는 것 |
> | 세대 범위 | 세대 간 이동 | 한 세대와 다음 세대 간에 나타나는 계층적 위치의 변화 |
> | | 세대 내 이동 | 한 개인의 생애에 걸친 계층적 위치 변화 |
> | 이동 원인 | 개인적 이동 | 주어진 계층 체계 내에서의 개인의 위치 변화 |
> | | 구조적 이동 | 전쟁, 혁명 등의 사회 변동으로 인해 기존의 계층구조가 변화됨으로써 나타나는 위치 변화 |

(3) 사회 이동의 결과

① **부분적인 상승 이동이 일어나는 경우** : 신·구엘리트 집단 사이에 사상적 양극화 현상을 가져올 수 있음

② **부분적인 하강 이동이 일어나는 경우** : 복고적인 사상적 지향을 갖게 할 수 있음

③ 사회적 불평등 문제의 해결 방안
  ㉠ 개방적 계층 구조의 실현 : 수직적 사회 이동의 가능성 확대, 성취 지위 중시, 개인적 노력과 능력에 의한 사회 이동의 기회 확대
  ㉡ 다이아몬드형 계층 구조 실현 : 사회적 희소가치의 분배가 상류층에 집중되지 않도록 하고, 하류층의 복지 수준을 높여 계층 간 소득 격차를 최소화함
  ㉢ 제도 개선 : 누진세 등의 소득 재분배 기능 강화, 사회 보장 제도 확충 등
  ㉣ 의식 개혁 : 출세와 경쟁적 대립의 가치관을 지양하고, 봉사와 협동적 공존의 가치관을 가져야 함

④ 사회 이동이 사회통합에 공헌하기 위한 전제조건
  ㉠ 이동에 대한 열망이 전 인구층에 중요하게 인식되고 광범위하게 확산되어야 함
  ㉡ 현실적으로 이동이 모든 사회층과 대다수 성원에게 실현되어야 함
  ㉢ 사회 이동은 이동의 모든 중요한 차원에서 골고루 일어나야 함
  ㉣ 각 계층 간의 단절, 개인 상호 간의 단절, 문화적 단절이 최소화되어야 함
  ㉤ 개인적 그리고 집단적으로 사회 이동에 원만하게 적응할 수 있는 기제가 있어야 함

5 한국의 계급 구성

(1) 한국의 소득과 빈곤
① **한국 사회의 계층 구성** : 우리나라 국민은 직업으로 보는 객관적 계층과 심리적인 주관적 계층 귀속의 식이 거의 비슷하게 일치
② **절대 빈곤과 상대 빈곤**
　㉠ 절대 빈곤 : 가구당 소득이 최소한의 식품비, 주거비, 광열비, 피복비, 잡비 등의 총계가 최저생계비에 미달하는 생활
　㉡ 상대 빈곤 : 가구당 소득이 전체 평균소득의 1/3에 미달하는 경우

(2) 소득과 불평등의 관계
① **역U자 가설(쿠즈네츠의 가설)** : 경제가 발전하는 초기에는 불평등이 심화되는 경향이 있으나 어느 단계를 지나 안정적인 경제 발전이 계속되면 그 후부터는 불평등의 정도가 축소되는 경향이 있다고 함
② **지니계수** : 지니계수가 높을수록 불평등 심화, 일반적으로 지니계수가 0.5 이상이면 상대적으로 불평등하다고 간주하고, 0.35 이하이면 상대적으로 평등하다고 간주함
③ **불평등지수** : 불평등의 정도를 시계열적으로 비교하거나 서로 다른 나라의 소득 분배를 비교할 때의 측정 척도

(3) 한국 사회의 소득과 부의 불평등
① **학력에 따른 소득의 불평등 관계**
　㉠ 현대 사회에서 교육은 가장 바람직한 상승이동의 수단
　㉡ 고등학교 졸업자의 소득은 대학교 졸업자의 소득의 2/3 수준
　㉢ 우리나라에서 교육은 개인의 경제적 지위를 가져오는 중요한 요인으로 작용
② **성별의 차이와 직업에 따른 불평등**
　㉠ 계급별 남성과 여성의 월평균 소득 : 전문직 여성의 월평균 소득은 남성에 비해 많이 낮으나, 전문 경영자 층에서는 여성의 소득이 남성보다 더 높음
　㉡ 학력별·성별 임금 : 학력이 높을수록 임금을 많이 받고, 여성과 남성은 같은 학력이라도 여성이 더 적은 임금을 받아 임금격차가 있음
③ **직업 분리지수** : 모든 직종에서 남녀가 고르게 분포하려면 남자(또는 여자)가 얼마나 직업을 많이 바꾸어야 하는가를 나타내는 지수

(4) 한국 사회의 계층의 특징
① 산업화로 광범위한 세대 간 이동은 감소 추세이므로 사회 계층의 구조화 정도는 낮음
② 수직적 사회 이동의 속도 차이로 상대적 박탈감이 만연하며, 이는 계층 갈등과 지역 간 갈등이 원인
③ 학교의 교육이 계층 상승의 주요 수단으로 기능

제 14 장 가족

1 가족의 개념

(1) 가족의 의미

① **가족의 개념**
가족은 사회를 구성하는 가장 기본적인 사회 제도로, 부부를 중심으로 하여 그로부터 생겨난 아들, 딸, 손자, 손녀 등 가까운 혈육들로 이루어지며 혼인과 혈연의 유대로 맺어진 집단으로 단일 가구를 형성하며 그 안에서 각자의 지위에 따라 사회적 역할을 수행하고 상호작용하면서 공통의 문화를 만들어 유지해 나감

② **가족의 정의 변화**
사회 변동과 사회 제도의 분업화와 전문화 등에 따라 가족을 기준 짓는 범위가 확대되고 있음

(2) 가족의 정의

① **버제스(E. Burgess)와 로크(J. Locke)의 정의**
　㉠ 혼인, 혈연, 입양에 의해 결합된 집단
　㉡ 하나의 가구(家口)를 형성하고 한 지붕 밑에서 같이 생활함
　㉢ 남편과 아내, 아버지와 어머니, 아들과 딸, 형제와 자매라는 각각의 사회적 역할 속에서 상호작용하며, 의사를 소통하고 공통의 문화를 창조·유지하는 집단

② **머독(G. Murdock)의 정의(핵가족적 정의)**
　㉠ 가족은 부부와 그들의 자녀로 구성
　㉡ 주거와 경제적인 협력을 같이 하며 자녀의 출산을 특징으로 하는 집단

③ **레비-스트로스(C. Levi Strauss)의 정의(확대가족적 정의)**
　㉠ 가족은 결혼으로 시작되며 부부와 그들 사이에서 출생한 자녀로 구성
　㉡ 가까운 친척이 포함될 수 있고, 가족 구성원은 법적 유대 및 경제적·종교적인 것 등의 권리와 의무, 성적 권리와 금기, 애정, 존경 등의 다양한 심리적 감정으로 결합되어 있음

(3) 가족과 유사한 개념들

① **가구**: 동거하며 가계를 같이 하는 사람들의 집단으로 동거하는 친족은 물론 고용인이나 식솔도 모두 포함됨
② **친족**: 혈연관계에 입각한 집단으로 생물학적으로 동일 혈연관계에 있는 사람들
③ **동족**: 동일한 조상을 가진 혈연집단이라는 점에서 친족과 비슷하지만, 부계든 모계든 한 혈연을 따라 식별됨

2 결혼 및 가족의 형태

(1) 배우자의 수에 따른 분류
  ① **단혼제**: 한 남자와 한 여자가 결혼하는 형태(일부일처제)
  ② **복혼제**: 세 사람 혹은 그 이상의 사람들로 맺어지는 결혼(일부다처제, 일처다부제)

(2) 배우자의 선택 범위에 따른 분류
  ① **내혼**: 자기 집단의 성원과 결혼하는 것으로, 전형적인 내혼제는 교차사촌혼
  ② **외혼**: 자기 집단의 성원이 아닌 사람과 결혼하는 것으로, 근친상간 금기의 확대된 표현

(3) 가족원의 구성 방식과 주거 형태에 따른 분류
  ① **핵가족**: 단순히 미혼 자녀와 부부로 구성된 가족 형태 그 자체만을 칭하는 것이 아니라, 사람들이 이상적인 가족이라고 생각하는 가족에 대한 이론적 구성(윌리엄 구드)
    ㉠ 지향가족: 태어나고 길러진 가족이며, 부모 형제가 포함됨
    ㉡ 생식가족: 혼인함으로써 이루는 가족으로, 남편 또는 아내와 자녀들이 포함됨
  ② **확대가족**: 한 가정에 3대 이상의 세대가 어우러져 사는 가족 형태 기출 25, 22
    ㉠ 부거제: 혼인한 부부가 남편의 지향가족과 함께 사는 형태
    ㉡ 결합가족: 혼인한 모든 아들들이 부모와 함께 사는 형태
    ㉢ 직계가족: 혼인한 아들 하나(장남)만이 부모와 함께 사는 형태
    ㉣ 모거제: 혼인한 부부가 아내의 지향가족과 함께 사는 형태

(4) 가계 계승의 원칙에 따른 분류
  ① **부계제**: 혈통[姓]과 유산은 아버지의 혈통을 따라 계승하는 경우
  ② **모계제**: 혈통이나 상속을 어머니의 혈통을 따라 계승하는 경우
  ③ **양계제**: 혈통과 유산이 가족의 남녀 모두를 통해 계승되는 경우
  ④ **장자상속제**: 부(父)가 사망하면 장자(長子)가 모든 것을 상속하는 제도

(5) 가족 내 구성의 소재에 따른 분류
  ① **부권제(가부장제)**: 가족성원들의 행동 방침을 결정하고, 그것을 집행시키는 권위가 부계에 집중되어 있는 것
  ② **모권제**: 권위가 모계에 집중되어 있는 것
  ③ 현대로 넘어올수록 가족 내 구성원의 관계는 점점 평등한 것으로 바뀌는 추세임

(6) 새로운 형태의 가족 제도
① **연속단혼제**: 이혼이 과거에 비해 쉬워지면서 여러 차례 재혼하는 결혼
② **개방혼제**: 배우자 각자가 혼외 성관계를 가질 수 있는 권리를 포함한 여러 가지 융통성에 동의하는 결혼(상호계약)
③ **동거**: 결혼 생활을 시작하기 전의 시험 결혼으로, 주로 젊은 층에서 나타나는 현상
④ **한부모가족**: 18세 미만의 미성년 자녀를 둔 가정에서 부모의 한쪽 또는 양쪽이 사망, 이혼, 별거, 유기, 미혼모 등의 이유로 혼자서 자녀를 키우며 부모 역할을 담당하는 한부모와 자녀로 구성된 가족을 의미함(모자가족 또는 부자가족)
⑤ **독신**: 아이를 원하지 않으며, 결혼을 필수요건으로도 보지 않는 사람들을 가리킴

3 가족의 사회적 기능 기출 22

(1) 가족의 사회적 기능(기능론적 관점) 기출 25
① 사회성원의 재생산 혹은 사회성원의 충원
② 양육과 보호의 기능
③ 사회화 기능
④ 성관계의 유지와 규제
⑤ 경제적 생산과 소비의 기능
⑥ 사회적 보호와 정신적 안정의 기능

(2) 갈등론적 관점에서 본 가족제도의 기능
① 갈등론자들도 가족이 중요한 사회적 기능을 수행한다는 사실을 인정함
② 갈등론자들은 가족이 남성의 여성에 대한 지배가 실현되는 제도라는 사실에 주목함
③ 마르크스와 엥겔스는 결혼은 인류 역사상 최초의 계급 적대감을 보여 주는 제도이므로 배우자 간의 지배-피지배 관계는 계속해서 나타나는 모든 억압 관계의 원형이라고 봄
④ 갈등론적 관점에서 보면 부모와 자녀 관계도 일종의 권력 관계라 할 수 있음
⑤ 갈등론자들에 의하면 가족은 긴장이 끊이지 않는 장소로서 가족 성원들 각자가 서로를 자신의 통제 하에 두려는 경쟁의 장일 수도 있음

4 가족 제도의 변천과 여성 문제

(1) 가족 기능의 분화 기출 24
① **제도의 분화**: 기존의 제도가 담당했던 기능이 더 이상 효율적으로 수행되지 않으면, 그중 특정 기능만을 맡아서 수행하는 새로운 제도
② 경제적 기능은 소비만 담당하고, 생산의 기능은 기업으로 이양
③ 노인 부양의 의무는 사회 복지 시설로 이전되었음
④ 가족이 전담했던 교육 기능은 학교 등 전문교육기관이 담당
⑤ 오락, 휴식, 통신, 후생 복지 등도 가족 외적인 제도로 분화되었음

(2) 보수적 관점(기능주의적 관점 - 파슨스)
① 부부간의 역할 분담은 생물학적으로 규정된 성별 기능의 분화에 의해 원초적으로 주어진 것
② 여성은 아내, 어머니로서 가족 내의 통합과 긴장 관리의 정서적·표출적 역할을 담당
③ 남성은 남편, 아버지로서 대외적 직업 활동을 통해 가족을 경제적으로 부양하는 역할을 담당

(3) 자유주의적 관점(미드)
① 세 개의 원시부족의 조사 결과 성별 분업의 근거가 되는바 '남성적' 혹은 '여성적'이라고 일컬어지는 성격적 특성들의 상당 부분이 한 사회의 일정 시기 문화의 산물에서 분리한 것임을 밝힘
② 남자와 여자는 생물학적 구분이지만, 남성과 여성은 본성이거나 유전에 의해서가 아니라 사회·문화적 조건에 의해서 결정 또는 규정된 개념

(4) 마르크스주의적 관점
① 각 시기에 있어서 경제체제와 생산관계의 성격이 어떠하냐에 따라 가족의 모습도 변화한다는 관점임
② 여성 문제를 남녀 간의 문제가 아니라, 계급적 모순을 근거로 한 성차별의 문제로 보는 입장을 취하고 있음
③ **급진적 관점**: 가족 제도란 전체 사회 구조의 반영이며, 그것이 변화함에 따라 함께 변해 가는 것이기에 가족문제 혹은 여성 문제의 해결도 궁극적으로 사회 구조의 근본적 변화와 궤도를 같이 하는 관점
④ **여권주의적 관점**: 가족 제도에 대한 일부 급진론자들은 성별 역할의 차이는 물론, 궁극적으로는 가족 제도까지 폐지해야 남녀 간의 불평등이 해소될 수 있다고 봄

5 한국의 가족

(1) 전통적 가족 제도와 가족 규범
　① **조선시대** : 부계혈통 계승에 의한 종족제와 적·장자 중심의 직계가족 형태가 제도로서 확립되었음
　② **혼인 규범** : 전통적 가족생활을 지배한 유교적 행동규범 중 가장 중요한 것은 효(孝)임

(2) 현대의 가족 제도와 가족 의식
　① **도시화와 가족의 변화**
　　㉠ 도시화로 인하여 핵가족 형태가 확산되면서 이혼율도 증가
　　㉡ 전통적인 효 관념과 친족의 중요성 약화
　　㉢ 아이를 원치 않는 부부 증가 및 남아선호사상의 약화
　　㉣ 결혼이 가족 간의 결합보다는 개인적인 목적을 위한 것으로 변질됨
　　㉤ 자족적인 생산 기능보다 소비 기능 증가
　② **현대 가족의 문제점**
　　㉠ 사별과 이혼으로 결손가족 증가와 고아 발생
　　㉡ 노년 세대와 젊은 세대 간의 사회적 단절
　　㉢ 정서적 불안정, 노인 문제, 청소년 문제 등

제15장 농촌 사회

1 농촌 사회의 발전 단계

(1) 전근대적 농촌 사회
① **특징** 기출 25
  ㉠ 전근대적 농촌: 기초 생산력이 낮아 자급자족적 생산을 특징으로 함
  ㉡ 촌락 공동체: 생존을 위하여 공동으로 결합한 전근대적 집락을 말함
② **유형**
  ㉠ 아시아적 형태: 고대 이집트, 메소포타미아, 서파키스탄, 북부 중국 등의 지역으로, 기본적 생산 수단인 토지의 공동 소유와 그에 기초한 공동 노동을 특징으로 함
  ㉡ 고전 고대적 형태: 그리스, 로마의 도시 국가 형태로 토지의 일부는 종족적 공동체의 필요를 위한 공유지이고, 나머지는 개개의 강력한 가장권 아래 노예까지 포함한 가부장제 가족의 분할지임
  ㉢ 게르만적 형태: 경지는 기본적으로 '가부장제 소가족'인 각 가족의 가옥, 택지, 정원과 더불어 개인적으로 소유되고 수렵지, 목축지, 벌채지 등은 공동으로 이용하였음

(2) 근대적 농촌 사회
① **발생 과정**
  ㉠ 생산력의 발전에 따라, 즉 분업과 상품 교환의 진전에 따라 촌락 공동체가 해체되면서 발생하였음
  ㉡ 근대의 농촌 사회는 촌락 공동체가 아니라 단순한 지역 사회로 존재함
② **공동체**
  ㉠ 성원들의 생산과 생활이 공동체에 예속되고, 그 대신 성원들은 공동체로부터 보호와 안전을 보장받는 자급자족적인 집단
  ㉡ 공동체 내부에 대한 도덕과 공동체 외부에 대한 도덕과의 괴리 현상이 생겨 양자가 상반적인 성격을 보이게 됨(베버)
③ **지역사회**
  ㉠ 생산과 생활이 공동이 아닌 사적으로 이루어짐
  ㉡ 농업 생산은 자급적 생산이 아니라 상품 생산이 주가 됨

2 농촌의 사회·문화

(1) 농촌의 사회·문화적 성격
① 폐쇄적·고정적인 농촌 사회에서는 전통적인 행동방식, 즉 습관에 순종하는 경향에 대한 집착이 강함
② 미신과 같은 민간신앙에 의존하며, 자연에 순종하는 '운명주의적 성향'이 있음
③ 가족은 생산 주체인 동시에 소비 주체임
④ 성원들은 동질화되기 쉬우며, 감정과 사고방식에 동질성이 있음
⑤ 지배 계급과 위정자에 대한 불신감이 있으며, 또 거기에 저항하지 않는 일종의 숙명론적 체념 속에 갇혀 있음

(2) 농촌 발전 저해 요인
① **농업 발전의 지체 요인**
　㉠ 자본주의적 재생산 과정의 본질적 성격상 농업과 공업이 분리되어 농업에 대한 관심이 점차 멀어지고 있음
　㉡ 수확량의 증대에만 급급하여 토지에 대한 계획적인 투자를 하지 않음
　㉢ 상대적 저임금과 농촌 규모의 영세성으로 농업의 기계화가 어려움
② **자본주의하에서의 소농 경영**
　㉠ 노동력과 생산 수단이 직접 결합되어 있으면서 이것이 소농민에 의한 사적 소유 형태로 나타난다는 점
　㉡ 대규모의 영농과 과학 기술에의 응용에 적합하지 않음
　㉢ 농업 소득이 감소하더라도 농업 생산을 그만두는 일은 적음
　㉣ 자가소비를 위한 자결 생산과 자가소비를 넘는 잉여 부분을 시장에 판매하는 상품 생산이 병존함
　㉤ 농업 생산 수단의 구매 과정을 통하여 자본이 소농민을 지배함

(3) 농촌 사회의 문제점
① 농촌 고유의 생활 질서 및 미풍이 도시의 발달과 영향에 의하여 파괴
② 농촌 사회에 잔존하는 전통적·전근대적인 사회관계 및 비민주적인 사회규범과 사회의식이 그 폐쇄성으로 인하여 농촌 문제를 자초하는 것
③ 농촌 문제를 자본주의체제하에서 농업 문제에 의하여 생성·축적되어 온 현상, 즉 농업과 공업의 불균형 발전에서 비롯됨
④ 농업이 소규모 경영형에서 탈피하지 못하고 자본재 생산 양식으로 발전한 공업 분야와의 격차를 크게 벌려 놓음
⑤ 도시화 과정에서 일어나는 농촌 인구의 도시 집중으로 발생되는 노동력 부족
⑥ 노동력의 노령화·부녀화로 인한 노동력 구성의 질적 저하
⑦ 독거노인 및 다문화 가정 증가로 인한 문제점
⑧ 농촌의 환경 변화에 따른 불안감 증대

3 한국의 농촌 사회

(1) 개요
① **근대적 농촌 사회의 성립**: 한국의 농촌 사회가 전 근대적인 촌락 공동체로부터 근대적인 농촌 사회로 변모하게 된 계기는 일제 식민통치로부터의 해방과 그 후의 농지 개혁임
② **농촌 인구의 특성**
  ㉠ 산업화에 따른 대량 이농 현상(농촌 인구의 감소 요인)
  ㉡ 농촌 인구의 노령화가 가속되는 현상

(2) 농촌 사회의 계층 구조
① **농촌 하류 계층**: 1단보 이상 5단보 미만의 토지를 가졌거나, 전혀 토지를 갖지 못한 농업자와 노령자 가구
② **독립 자영농 계층**: 빈곤층을 제외한 자영농 층은 경지 규모나 경영 방식에 있어 큰 차이가 없는 동질 집단

(3) 한국 농촌 사회의 특징 기출 24, 23, 21
① 경제적인 면에서나 교육 수준 면에서 도시에 비해 뒤처져 있어 상대적으로 사회적 지위가 최하위에 놓이게 됨
② 이농 현상, 노령화 현상, 농업 노동력의 여성화 경향으로 노동력이 부족
③ 구조 면에서 토지 자본의 영세성, 기술 수준의 미흡, 노동력의 저생산성 등으로 인하여 취약한 경제 구조임
④ 도시화와 산업화로 인한 노인 가족의 증가와 가족해체의 문제로 농촌 사회가 어려워짐
⑤ 편의 시설, 생활 환경 시설의 부족 등 사회·문화적 기반이 부족
⑥ 도시에 비해 공동체적 성격이 강하며, 전통문화의 보전성이 높음

(4) 농촌 자원 관리의 중요성
① 전통적으로 농업은 한국의 경제 발전과 사회 변동에 큰 영향을 주었음
② 전체 사회에서 농촌이 차지하고 있는 공익적 기능이 크고, 한국 산업의 근간으로서의 역할을 하고 있음
③ 1995년 새로운 세계무역체제(WTO)의 출범을 전후해 주요 농업 선진국들은 신(新) 농업기본법을 제정, 사회와 농업·농촌과의 관계를 새롭게 설정하고 국제 경쟁력을 높이기 위한 체제를 구축하였음

(5) 우리나라 전통적인 농촌 사회의 특성
 ① 구성원들의 높은 유대감과 동질성
 ② 산업화에 따른 대량 이농 현상
 ③ 사람들 간 협업에 기초한 작업 예 두레, 품앗이 등
 ④ 농촌 인구의 노령화가 가속되어 노동력 부족
 ⑤ 사회·문화적 기반 부족
 ⑥ 취약한 경제 구조를 가지고 있음

제16장 도시 사회

1 도시의 기원과 역사적 형태

(1) 도시의 기원
① 최초의 도시는 농업 생산력이 급격히 성장하면서 잉여 생산물이 확대되고 그것이 수송될 수 있을 만큼 기술이 발달한 후에 성립됨
② 도시 형성의 최적 입지는 농업 생산에 유리한 조건을 바탕으로 생산력의 증대가 보장되는 4대강 유역을 중심으로 입지함

(2) 역사적 형태
① 세계의 도시는 신전의 도시로 시작되어 왕권의 도시, 봉건 영주와 사원의 도시, 상공인들의 도시로 이어오다가, 산업혁명 이후에는 공업 도시로 그 기능과 구실이 변화함
② 서구 자본주의 국가들의 도시는 산업혁명을 거치면서 도시화가 급격히 진행되었고, 제3세계 국가들의 도시는 서구의 식민정책에 의해 형성됨

2 도시 연구의 관점

(1) 생태학적 접근법
① 도시를 생태학적 공동체로 개념화해서 보는 접근법
② 도시의 성장과정 및 환경의 변화에 인간이 적응해 가는 과정을 설명한 이론
③ 파크(R. Park), 버제스(E. Burgess), 멕켄지(R. Mckenzie)가 대표적임

(2) 사회 · 문화적 접근법
① 도시에서 일어나는 일상적인 관계를 인구학적 특성과 문화적 변화를 중심으로 고찰하는 접근법
② **워스(L. Wirth)** : 인구 규모, 인구 밀도, 인구의 이질성의 세 가지 변수가 상호작용하여 빚어내는 도시의 생활양식의 특징을 개념화하여 '도시성'이라고 이름 붙였음
③ 워스가 말하는 도시성이란 주민들 간의 익명성, 인간관계의 피상성과 분절화, 공식적 사회 통제의 메커니즘 등
④ **짐멜(G. Simmel)** : 자본주의적 노동 분화와 화폐 교환 등을 도시인의 심리적 변화 측면에 중점을 두고 분석

(3) 사회 공간적 체계
　① 도시를 사회 공간적 체계라는 개념을 통하여 들여다보는 접근법
　② 논의의 세 가지 가정
　　㉠ 공간은 불균등하게 배분되어 있음
　　㉡ 불균등한 배분방식은 사회적 과정에 의존함
　　㉢ 사회적 과정은 도시의 상이한 경쟁 집단과의 다툼과 갈등을 반영함

(4) 마르크스주의적 이론
　① 마르크스(K. Marx)의 이론을 가지고 자본주의의 메커니즘과 관련시켜 도시의 사회·경제구조와 공간 구조를 분석하려는 최근의 정치·경제학적 접근법
　② **카스텔(M. Castells)** : 자본주의 사회에서 노동력을 재생산하는 데 필요한 제반 물자와 요소를 집합적 소비 수단으로 정의
　③ **하비(D. Harvey)와 르페브르(H. Lefebvre)** : 자본가의 자본 축적과 관련하여 도시 공간 구조의 문제를 제기

3 도시화

(1) 도시화의 개념 기출 22
　① 도시가 형성되고 변화하는 과정, 즉 인구가 도시로 집중되는 현상을 가리키는 말로 전체 인구 중 도시 인구의 비율이 증가함을 말함
　② 도시권의 확대, 도시 생활양식의 보급, 도시 인구의 증가, 도시적 특성의 증대를 의미함
　③ **차일드(G. Childe)** : 인류 역사에서 도시의 형성을 하나의 사회적 혁명으로 보아 도시혁명이라 이름 붙이고, 산업혁명 이후 급속히 진행된 도시로의 인구 집중, 즉 '인구의 도시화'를 제2의 도시혁명이라고 하였음
　④ 도시 인구의 비율이 늘어나는 요인
　　㉠ 농촌 지역이 도시로 재분류됨
　　㉡ 도시 인구의 자연증가율이 농촌보다 더 높음
　　㉢ 사람들이 농촌에서 도시로 이동함(이촌향도)

> **체크 포인트**
> **우리나라의 인구 변화 추세**
> • 한국 전쟁 후 '베이비 붐'으로 자연증가율이 급증
> • '고출산/고사망 → 고출산/저사망 → 저출산/저사망'의 단계적 흐름 양상
> • 유소년층 인구 증가가 둔화되고, 노년층 인구가 증가 추세
> • 2020년 이후에는 인구증가가 둔화되고, 노동력 부족 문제의 발생이 예상됨

(2) 인구 이동에 의한 도시화의 유형
① **압출형**: 농촌의 생산력 수준이 낮고 농촌의 출생률이 매우 높은 경우, 잉여 노동력이 도시로 유출되는 것 예 제3세계의 저개발국, 개발도상국 등
② **흡인형**: 도시에서 고도의 산업화가 이루어진 결과, 노동력이 부족해짐과 동시에 농촌보다 더 높은 수준의 취업 기회와 삶의 기회가 제공됨에 따라 농촌 인구가 도시로 흡인되는 것
예 서구 산업국의 도시화

(3) 생활양식의 의식과 도시화
① 도시화는 인구의 도시 집중뿐 아니라 인간 생활의 변화, 즉 개인 생활과 사회 제도 및 조직의 변화라는 의미에서 사용되고 있음
② 도시화란 바로 어떤 지역이 이 연속선상에서 더욱 도시적인 방향으로 이동함을 뜻함
③ 오늘날의 도시화를 뜻함(지배적임)

(4) 근교화와 거대도시화
① **근교화**: 도시 주변 지역에 새로운 거주 지역이 형성되어 사람들이 교외로 주택을 마련해서 도심지를 떠나는 것뿐만 아니라, 각종 활동과 기능의 무대가 교외로 이전되는 현상까지 포함하는 개념 기출 22
② **거대도시화**
  ㉠ 거대도시: 중심이 되는 도시와 그 주변의 비농업근교 및 위성도시들을 포괄하는 광범위한 지역
  ㉡ 거대도시화: 한 나라 안에서의 거대도시가 중소도시의 계열로 체계화되면서 상호 관련을 맺어가는 과정
③ **위성도시**
  ㉠ 대도시의 주변에 있으며 대도시의 기능을 분담함
  ㉡ 행정적으로 독립되어 있으며, 교통편 등의 관계로 그 주변 교외에 있는 소도시에서 발달됨
  ㉢ 고양, 성남, 안양, 부천, 과천, 용인, 안산 등

(5) 도시화의 진행 단계
① **집중적 도시화(Urbanization)**: 중심도시의 교외지역은 정체된 가운데 중심도시에 인구와 산업이 집중하여 급격히 팽창하는 현상
② **분산적 도시화(Suburbanization, 교외화)**: 주민의 생산·소비활동의 근거지가 도심에서 교외로 이전하는 현상
③ **역도시화(Counter urbanization, 탈도시화)**: 도시의 중심부와 교외를 포함한 도시권 전체의 인구가 감소되기 시작하는 도시의 쇠퇴화

4 도시의 공간 구조와 사회 과정

(1) 도시의 생태학적 과정
① 생태학적 과정이란 사람들과 그들의 활동 무대가 변화하는 현상
② **맥켄지(R. D. Mckenzie)**: 생태학 과정을 '집중 → 분산 → 중심화 → 분심화 → 격리 → 침입 → 계승'으로 분류
③ **생태학적 과정의 특징**: 침입과 계승이 진행되면서 그 결과로 새로운 격리현상이 생기고, 얼마의 시간이 흐르고 나면 다시 침입을 거쳐 다른 것으로 계승되는 과정
  ㉠ 침입: 한 가지 기능 또는 활동으로 격리되어 있던 어느 인구 집단이 다른 인구 집단이나 활동 부분의 침투와 혼입을 허용하는 경우
  ㉡ 계승: 침입 과정을 거쳐 한 지역이 완전히 새로운 집단이나 활동 구역으로 대치되는 것

(2) 도시 공간 구조의 생태학적 모형들 기출 21
① **시카고학파**: 시카고학파인 파크(R. Park), 버제스(E. Burgess), 맥켄지(R. D. Mckenzie) 등이 가장 고전적인 도시의 생태학적 연구를 하였음
  ㉠ 자연지역이론: 도시 공간 구조의 생태학적 유형이 인위적인 작용이 아닌 물리적인 특성에 의해 자연스럽게 구획되는 형태로 자리 잡히며, 그에 따라 인간 집단의 사회·문화적 활동도 유형별로 구분된다는 이론
  ㉡ 동심원지대 가설(버제스): 도시는 중앙 업무 지구(중심 상업 지대)인 도심을 동심원처럼 둘러싼 네 개의 특수한 지대
  ㉢ 선형이론(호이트): 특정 용도의 구역이 교통로를 따라 중심부로부터 외관까지 길게 뻗어 나가는 방사형을 띠는 것과 동시에 이들의 사이가 서로 격리되면서 내부적으로는 동질적인 거주 지역이 형성됨 기출 25
  ㉣ 다핵형이론(해리스와 울만): 현대 대부분의 도시를 경험적으로 보면, 여러 개의 핵을 기초로 해서 형성
② **사회지역 분석법**: 제2차 세계대전 이후 쉐브키에 의해 등장했으며, 다음 세 가지 지표에 의해 분석
  ㉠ 사회적 서열: 직업, 교육 등에 의해 결정
  ㉡ 격리 지표: 출신지역, 인종 구분에 의해 구성
  ㉢ 도시화 지표: 여성 노동률, 출생률, 단독가구 비율 등으로 측정

(3) 생태학적 모형의 한계와 대안적 접근
① 한계점
  ㉠ 도시 구조의 형성과 변천을 인간적·자연적 과정으로 그려내고 있음
  ㉡ 도시 내의 인구 집중과 분산, 토지 이용의 변화상 등을 도시민들의 주관적인 지위 추구욕이나 의사결정의 수준에서만 설명하고 있음

ⓒ 도시 공간 구조의 형성에 있어서 도시 계획이나 여타의 메커니즘을 통한 국가의 역할이 무시되거나 과소평가되고 있음

② **대안적 접근**
  ㉠ 하비(D. Harvey) : 토지 투자 자본이 계속해서 한 곳에만 투자되면 결국 자본의 이윤율이 떨어지므로 자본은 투자 대상을 다른 지역으로 옮겨 가게 됨
  ㉡ 카스텔(M. Castells) : 자본주의에서의 도시를 기본적으로 자본주의의 모순이 관철되는 장이라 생각하고, 각 계급은 도시 공간에 대해 서로 상반된 이해관계를 가지고 있으며, 국가는 도시계획을 통해 이러한 계급 갈등에 개입함

(4) 제3세계 도시 공간 구조와 한국의 도시화
  ① **제3세계의 도시 공간 구조** : 제2차 세계대전 후 급격한 성장을 한 제3세계의 개발도상국가에서는 무허가 정착지의 존재가 도시 공간 구조의 특징을 이루고 있음
  ② **한국의 도시화와 도시 문제**
    ㉠ 한국의 도시화
      - 1960년 이후 도시화로 이촌향도 현상과 제조업의 수도권 집중에 따른 취업 기회의 확대로 전국의 인구가 수도권으로 집중
      - 대도시의 과잉 도시화로 인해 주택, 교통, 공공 서비스 등의 각종 시설이 부족, 시가지의 무질서한 팽창으로 인한 경지의 잠식과 지가의 상승, 환경 문제 등 발생
      - 지방 중소도시는 노동력 부족과 기반 시설 투자 미비로 생활상의 문제
      - 도·농간의 문화적·가치관적 마찰과 긴장
    ㉡ 도시 문제의 대책
      - 인구와 기능의 대도시 집중 완화와 지방 도시의 육성
      - 도시의 무질서한 팽창을 억제
      - 녹지 공간을 확보를 위한 개발 제한 구역 설정
      - 토지의 합리적인 이용

제17장 현대 사회

1 사회체제와 현대 사회론

(1) 사회체제

① **사회체제의 개념**
  ㉠ 특정한 역사적 시기에 있어서 사회의 각 부분을 전체로 결합시키는 양식
  ㉡ 모든 형태의 사회적 상호작용 간의 구조적 유사성을 가짐
  ㉢ 사회체제는 역사적으로 볼 때 고정불변적이지 않고 변동해 왔음

② **사회체제이행 관련 이론**
  ㉠ 스펜서(H. Spencer) : '공동사회'로부터 '산업형 사회'로 이행
  ㉡ 퇴니스(F. Tonnies) : '공동사회'로부터 '이익사회'로 이행
  ㉢ 메인(H. Maine) : '신분사회'로부터 '계약사회'로 이행
  ㉣ 마르크스(K. Marx)
    - 사회체제의 발전단계론과 그 이행론을 전 역사에 걸쳐 총체적으로 정립하였음
    - '원시 공산 사회체제 → 노예제 사회체제 → 봉건제 사회체제 → 자본주의 사회체제 → 사회주의 사회체제' 5단계로 이행

> **체크 포인트**
> **사회 이동에서 중요한 역할은 '교육'**
> 학력이라는 통로를 통해 사회 이동이 이루어지고, 이러한 사회 이동을 통해 인간이 기존의 불평등으로부터 자유로워지는 효과야말로 산업 사회의 안정에 필수 불가결한 조건이라고 보는 것

(2) 현대 사회론과 산업사회론

① **산업사회의 특징**
  ㉠ 자본주의가 지니는 궁핍화, 양극화의 문제를 해결하고, 경제 성장으로 사회의 재화를 대량화함으로써 '풍요한 사회'를 실현함
  ㉡ 자본의 소유와 경영을 분리시킨 주식회사가 발전하여 새로운 범주의 경영자 집단을 창출하여 자본가의 단독 지배력이 약화됨
  ㉢ 과학 및 기술이라는 것은 사회체제를 초월한 보편적인 것이므로 고도화·기계화된 생산공정이 보편성을 가짐
  ㉣ 산업사회에서는 사적 소유권에 결부된 계급 갈등이 추방됨
  ㉤ 산업사회 개념은 19세기 생시몽(Saint-simon)에 의해 처음 만들어졌음

② 다렌도르프의 산업사회론
　㉠ 산업 기업가가 공장의 소유자임과 동시에 노동자들을 직접 통제할 수 있는 권위를 갖는 사회라 하였음
　㉡ 자본주의사회란 산업사회를 구성하는 하나의 하위 유형
　㉢ 산업사회는 자본주의사회의 궁핍화를 해결하고 풍요한 사회를 실현시킴
　㉣ 산업사회에서는 기술자, 지식인, 경영자 등이 사회의 지배세력으로 등장함
　㉤ 자본주의사회와 사회주의사회는 산업사회로 수렴함
③ 벨의 후기 산업사회론
　㉠ 자본주의사회에서 사회주의사회로 이어지는 사회 발전 단계론을 잘못된 것이라고 주장하면서 '산업사회'의 개념을 중시함
　㉡ 제조업 중심의 생산 경제는 '서비스 경제'로 전환됨
　㉢ 직업에 있어서 전문적·기술적 부류가 지배적 위치를 차지함
　㉣ 후기 산업사회에서는 개혁과 정책 결정에 있어서 이론적 지식이 가장 중요한 역할을 함
　㉤ 후기 산업사회에서는 기술의 통제와 계획을 기본적 특징의 하나로 들 수 있음
　㉥ 후기 산업사회에서는 새로운 지적 기술이 발전하게 될 것임

(3) 대중사회론
① 대중사회의 개념
　㉠ 대중사회란 대중이 사회의 중심부에 접근하고 있는 사회
　㉡ 쉴스는 근대사회로 넘어오면서 대중이 사회의 중심부로 보다 더 접근하게 되었다고 봄
② 대중의 특성
　㉠ 대중은 어떤 조직의 집합이나 계급으로 통합되어 있지 않은 이질적 성격을 띤 익명적인 사람들임
　㉡ 하나 또는 그 이상의 동일한 자극에 심리적으로 비슷하게 반응
　㉢ 선택된 소수의 엘리트를 제외한 모든 사람들을 말함
③ 대중사회의 특성
　㉠ 전체주의 사회 혹은 반 전체주의 사회와 천박한 사회로 묘사됨
　㉡ 대중사회 또한 대중문화에 의해 지배되고 있는 사회(대중문화 양산)
　㉢ 아렌트(H. Arendt)는 대중사회가 전체주의 사회로 변해가는 이유를 대중의 고립성과 그들의 정상적 사회관계의 결여에서 찾음

(4) 복지사회론
① 복지사회의 개념
　㉠ 복지사회란 사회 정책과 국가 개입의 확대 현상을 의미
　㉡ 일반적으로 높은 생활수준의 사회적 보장을 의미하는 것
　㉢ 복지사회국가는 복지 지향적 국가 목표를 실현하기 위한 여러 가지 정책들, 여러 가지 제도들의 확립을 중요한 국가 기능의 하나로 파악함

② 오늘날 복지국가가 지향하는 것
　㉠ 높은 생활수준의 사회적 보장
　㉡ 완전고용과 경제계획
　㉢ 노동자 보호와 노동조합 육성
　㉣ 삶의 기회의 균점

(5) 관리사회론

① 관리사회론은 대중사회론보다도 더욱 현대 사회의 부정적 측면을 파헤쳐 분석한 이론
② 마르쿠제(H. Marcuse)는 1964년 『일차원적 인간』에서 현대 사회의 특징은 바로 기술 합리화라고 하였음
③ 기술 합리화란 테크놀로지적 이성에 의해 고도의 생산성을 달성하기 위한 기구와 장치를 마련하고, 모든 수단을 조직하며 사회를 전면적으로 관리하는 것을 말함
④ 테크놀로지가 현 체제의 유지를 위해 사용되며, 압도적인 테크놀로지에 의해 개인들의 정치의식, 철학, 예술, 언어가 동질화되고 사회 내의 대립이 소멸된 사회를 '일차원적 사회'라고 함
⑤ 일차원적 사회는 본질적으로 정적인 사회로서 사회의 일차원성을 유지하기 위해 생산력의 끊임없는 발전을 필요로 함
⑥ 일차원적 사회에서는 문화적·정치적·경제적 권력의 집중화가 행해져서 사회의 경제 상태는 정치에 의해 대부분 결정되고, 경제는 국가의 직·간접 개입에 의해 기능하고 있는 하나의 전체주의적 사회를 말함
⑦ 일차원적 사회에서는 노동자계급도 체제 내로 통합됨

2 제3세계의 사회이론

(1) 제3세계의 의미

① 제2차 세계대전을 전후로 하여 후기-후발형 발전의 맥락에서 산업화를 추진하고 20세기 중반에 해방된 아시아와 아프리카 대륙의 국가, 19세기에 이미 독립을 얻은 라틴아메리카 지역의 국가 등
② 국제 관계에서 '서'와 '동'에 의한 힘의 정치를 거부하는 '남'의 나라들로서 자본주의 진영에 국한되거나 아니면 사회주의 진영을 포괄하는 것으로 파악됨
③ 식민지 경험, 지정학적, 국제 분업적 위치, 국가의 성격, 문화적 전통, 자원부존 상태에서 볼 때 매우 큰 다양성을 나타냄
④ 신흥공업국(NICs)과 산유국(OPEC)을 제외한 대부분의 제3세계는 농산물과 광산물에 의존하는 1차 산품의 생산구조를 지니고 있음

(2) 제3세계 관련 국제회의
① **1955년 반둥회의** : 아시아와 아프리카 대륙을 중심, 미·소의 제국주의적 패권에 도전하는 정치 연합
② **1967년 77그룹 회의** : 라틴아메리카 지역 나라들 대거 참여, 남북 관계에서 남측의 경제협력을 도모하기 위한 것으로 전환
③ **1974년 신국제경제질서 제창**(NIEO : New International Economic Order) : 개발도상국의 이익을 중시한 새로운 세계의 경제 질서, 현재 세계경제의 메커니즘은 선진국에 이익을 가져오는 것이며 개발도상국의 이익은 있을 수 없다는 것

(3) 아시아적 생산양식론
① **개념** : 서구 중심적 인식의 틀에서도 비서구 지역의 근대 이전에 대해서만은 서구의 그것과는 달리 파악하였음
② **특징** : 아시아적 생산양식의 사회체제는 농업과 수공업의 가내적 내지 공동체적인 강인한 결합을 가지고 있으며, 또 여기에 기초를 둔 국가적 토지 소유 등의 특징을 두고, 수천 년동안 변함없이 '지속된 왕국'의 정체된 사회로 묘사됨

(4) 식민지 반봉건사회론
① 그 자체를 사회체제로 볼 수 있는가의 문제를 비롯하여 여러 가지 논쟁점을 갖고 있지만, 대체로 제2차 세계대전 이전까지 서구의 제국주의적 침략에 의해 편성되는 비서구 사회체제를 이해하는 데 도움이 됨
② 식민지(반식민지) 반봉건사회란 식민지 혹은 반식민지 경험을 가진 아시아 근대사회를 파악하는 개념으로 1930년대에 형성
③ 식민지(반식민지) 반봉건사회는 중국, 인도, 한국 등과 같은 아시아의 근대사회에서 보편적으로 나타나는 형태임

(5) 주변부 자본주의사회론
① **종속이론**
  ㉠ 세계자본주의체계는 중심부와 주변부로 양분되거나 '중심 – 반주변 – 주변'으로 나뉨
  ㉡ 국내 차원에서의 중심, 주변 간의 양극화 현상은 필연적으로 사회적·정치적 위기를 조성하며 결과적으로 권위주의체제의 출현을 초래함
② **아민(S. Amin)의 종속이론**
  ㉠ 아민은 종속이론의 '중심 – 반주변 – 주변'의 기본적 범주를 받아들인 후, 서구의 부유한 사회들과 비서구의 가난한 사회들의 사회 발전 법칙을 제대로 이해하기 위해서는 각각의 나라들을 개별적으로 고찰해서는 안 되고 모든 나라들이 상호 연관되어 있는 '세계체계'를 분석의 중심에 놓아야 한다고 보았음

ⓒ 세계체계란 상호 연관된 사회들로 구성되어 있는 것으로, 이들 각 사회의 존재 형태는 그 사회가 세계체계 내에서 차지하는 위치의 상대적 우열, 즉 강한가, 약한가 혹은 그 중간적인 것인가에 따라 어느 정도 결정된다고 함
ⓒ 아민은 주변부 사회가 언제 세계 자본주의의 주변부로 편입되었느냐 하는 주변화의 시점이 제3세계의 '주변부 사회 구성'의 내부적 특성을 결정짓는 데 중요하다고 보았음
ⓔ 아민의 '주변부 자본주의 사회' 이론의 한계 : 19세기 말과 현재를 거의 구별하지 않고 모두 이 개념으로 설명함

③ **세계체계론** 기출 24
ⓐ 세계체계론에 따르면, 세계자본주의체계의 구조는 불평등한 교환관계로 서로 연관되어 있는 '중심부 – 반주변부 – 주변부' 3가지 국가군으로 되어 있음
ⓑ 세계자본주의체계의 기능은 단일한 자본주의적 생산양식에 입각하여 불평등한 교환관계를 통해 잉여가 주변부에서 중심부로(또는 반주변부를 거쳐) 이전되고, 나아가서 종속적 구조를 주변부에 형성하는 것으로 파악함
ⓒ 반주변부는 중심부에 의해 수취당하며 동시에 주변부를 수취하는 제3의 구조적 위치를 점유하고 있는 나라들임
ⓓ 세계의 중심부와 주변부의 비대칭 관계를 설명한 이론(Wallerstein 주창)
ⓔ 중심부와 주변부에 대한 분석이 단위국가의 분석보다 선행되어야 함
ⓕ 사회주의체제를 자본주의체제의 일부로 봄

> **체크 포인트**
>
> **월러스틴(I. Wallerstein)**
> - 소체제 : 완전 분업 아래 단일 문화를 지니는 과거의 농경 사회, 수렵 사회, 채취 사회 등
> - 세계제국 : 단일한 분업 아래 복수의 문화 체제를 가지나 정치적으로는 통합된 고대 중국제국, 이집트제국, 로마제국 등
> - 세계경제 : 단일한 분업 아래 복수의 문화 체계를 지니며, 정치적으로 분리되어 있는 오늘날의 자본주의 세계경제
> - "제3세계 국가들이 선진국을 따라하면 근대화를 이룰 수 있다."라고 주장

제18장 집합 행동과 사회 운동

1 집합 행동

(1) 집합 행동의 의의 기출 24
① 집합 행동이란 대개의 경우 제도적으로 합법화된 질서 밖에서 구성된 행동임
② 규모는 크지만 느슨하게 조직된 집단의 구성원들에 의해 이루어지는 여러 형태의 행동

(2) 집합 행동의 특징과 그 예
① 일시적·비조직적·우발적이며 예측하기 어려움
② 대체로 동일한 대상에 초점을 맞추고 거기에 반응하는 사람들의 행위로서, 고도의 개인적 상호작용에 바탕을 둠
③ 자생적으로 발생하고 발전하며, 무엇에 감염되듯이 확산됨
④ **집합 행동의 예**: 유언비어, 문화지체, 극장 안의 화재 상황, 물가 상승을 우려한 사재기 열풍, 조세저항운동, 국가보안법 철폐운동, 양심적 병역거부운동 등
⑤ **집합 행동의 유형**: 군중(Crowds), 폭동(Riots), 공황(Panics), 유행(Fashions), 광란(Crazes), 사회운동(Social movements), 여론(Public opinions) 등

(3) 집합 행동의 새로운 특징
① 공유 목표의 점차적 출현
② 역할 분화의 점차적 형성
③ 기존 규범으로부터의 일탈과 새로운 규범에의 지향
④ 다른 집단과의 상호작용으로 인한 한계 설정
⑤ 상호작용의 일상화 경향의 출현

(4) 집합 행동의 기본 형태(스멜서)
① **집합 도주**: 애매한 상황에서의 불안으로부터 벗어나고자 하는 것(가장 저차원임)
② **원망 표출 행동**: 의미 부여가 곤란한 상황에서의 불안을 소극적 감정의 표출 행동으로 해소하는 것(축제, 무용, 대유행 등)
③ **적의 표출 행동**: 불안이나 위기의 책임자로 지목되는 인물을 손상·제거·파멸시킴으로써 해결을 시도하는 것(집단 폭행, 테러, 군중 봉기 등)

④ **규범지향운동**: 사회 질서의 틀 속에서 기존 사회 규범의 부활을 통해 불안이나 위기의 해결을 기대 (각종 개량 운동이나 사회 운동)
⑤ **가치지향운동**: 사회 질서의 기본 원리인 가치 체계 자체의 변혁을 통해 불안이나 위기의 해결을 시도(혁명운동)

(5) 집합 행동의 이론적 배경
① **르봉(Le Bon)의 이론**: "군중의 한 부분을 구성하는 개인은 순전히 수적인 측면에서 막강한 힘을 의식하며 그 힘으로 인해 개인은 혼자 있을 때라면 어떻게 해서든지 억제하였을 본능에 굴복한다." 라고 지적
② **버크(E. Burke)의 이론**: 집합 행동은 익명성과 집단의 힘을 이용하여 개인적으로 달성하기 어려운 목적을 달성하기 위한 합리적이고 계산된 행동이라는 점을 부각시킴

2 군중과 공중

(1) 군중 기출 25
① 군중의 의미
  ㉠ 어떤 개인 또는 사건을 중심으로 모여 있는 사람들의 일시적인 집합을 의미
  ㉡ 우발성, 비암시성, 조직 및 구조의 결여, 상호작용한 적이 없거나 일시적인 상호작용의 특색
  ㉢ 상호 간의 존재를 의식하며, 또한 그것에 의해 영향을 받음
② 군중의 종류 – 블루머(H. Blumer)
  ㉠ 우연적 군중(임시적 군중): 어떤 사건에 주의가 끌려서 모인 군중
    예 교통사고 현장이나 길가에서 어떤 상품을 선전하는 장사꾼의 주위에 모인 사람들
  ㉡ 인습적 군중(정상적 군중): 어떤 특정의 목적을 가지고 관례적인 규범에 따라 행동하는 사람들의 모임
    예 음악회에 모인 청중, 운동경기를 관람하기 위해 모인 관중 등
  ㉢ 능동적 군중(활동적 군중): 목표 달성을 위해 적극적으로 행동하는 군중
    예 영국의 훌리건, 폭동, 폭도 등
  ㉣ 표출적 군중(인습적 군중): 특정 목적을 위해 집회에 참석했다가 감정이 격화되거나 흥분된 군중
    예 종교 부흥회, Rock Music 페스티벌 등
③ 군중 행동의 특성
  ㉠ 익명화된 사람들의 행동이므로 제도화되어 있지 않고 정연한 행동 규범이 결핍되어 있으며 일방적이고 비합리적이어서 무책임한 행동을 함
  ㉡ 군중 상황에서 개인들은 다른 사람들의 행동과 태도에 민감하게 반응함
  ㉢ 군중 행동은 '사회적 불안 → 위기감 → 동요 → 지도자의 출현 → 행동화'의 순서로 진행됨

(2) 공중과 대중
① 공중 기출 23
  ㉠ 어떤 사회문제에 대해 공통의 관심을 갖고 있는 분산된 사람들
  ㉡ 공동의 관심사에 대해 의견을 같이 하거나 달리하는 사람들의 집단
  ㉢ 토론과 논쟁을 통해 여론을 형성
② 대중
  ㉠ 군중보다 규모가 큰, 즉 많은 사람들의 모임
  ㉡ 거리적으로 떨어져 있고 규모가 크므로 이질적이며 상호작용이 없음

(3) 여론과 선전
① 여론
: 민중의 의지가 표출된 장소라고도 하며 현대 사회에서는 막중한 정치적 의미가 있으므로, 자연스럽게 형성되지 않고 인위적으로 조작되기도 함
② 선전
: 어떤 문제를 두고 집단의 견해, 즉 여론에 영향을 미칠 것을 목적으로 계획된 방법에 의해 일방적으로 특정의 정보를 전파하는 것

(4) 집합 행동 기출 25
① 집합 행동의 분류 – 블루머(H. Blumer)
  ㉠ 집합(군중) 행동 : 우발적이고 일시적이며 비조직적인 집단적 행동으로, 감정적이고 불안정하여 그 결과를 예측하기 어려움(폭동)
  ㉡ 사회 운동 : 지속적·반복적·조직적이며 행동의 목표와 정당성이 명백하고 성원들의 행동이 치밀한 계획하에 세워지므로 예측이 가능하고 감정에 쉽게 휩쓸리지 않음
② 집합 행동의 기능과 참여 동기
  ㉠ 집합 행동의 기능 : 결정의 정당화, 연대의 강화, 사회적 관심의 유발, 사회화의 촉진 등
  ㉡ 집합 행동에 참여하는 동기 : 개인적 측면에서 집합 행동에 참여하는 동기에는 합리적으로 계산된 이익의 획득, 위협이나 갈등에서 벗어나기 위한 자기 방어, 개인이 소중히 여기는 자아의 핵심 가치의 실현 등이 있음
③ 군중 중심의 집합 행동과 사회 운동의 비교
  ㉠ 군중 중심의 집합 행동이 비제도적이고 자발적인 상호작용에 의한 연대 감정의 강화로 사회적 관심을 증여하고 행동을 활성화함으로써 새로운 의식주 구조와 사회의 조직화로 초래되고 구조적 변혁을 쟁취할 수 있는 특성을 갖고 있음
  ㉡ 사회 운동은 변화를 활성화하거나 저지하기 위해 조직된 인간 집단의 집합 행위로, 분명한 목표와 명백한 변화 지향적 이념을 갖고 그들이 바라는 정책들을 추진하기 위해 노력한다는 특성을 갖고 있음

3 사회 운동

(1) 사회 운동의 의미 기출 25, 24
① 사회 운동이란 기존 사회의 변화를 증진시키거나 또는 그것을 저지하기 위해 조직된 인간 집단의 집합 행위 예 노예해방운동, 민권운동, 반전운동, 여권신장운동, 환경운동 등
② 제도권 외부에서 집합행위를 통하여 공통의 이익을 증진시키거나 공통의 목적을 달성하려는 집합적인 시도
③ 사회 변동을 성취하거나 저해하려는 지속적이고 집합적인 노력으로, 상당한 기간 동안 발전·지속되며 다른 집합 행동보다 조직화되어 있음
④ 신사회 운동과 구사회 운동의 비교 기출 25, 24, 22

구분	신사회 운동	구사회 운동
주체	중간 계급	노동 계급
지향점	모든 삶의 질에 관심, 탈물질적 경향	물질적 경향
주요 관심사	문화적·사회적 측면에 관심, 삶의 방식과 질의 문제, 자율적이고 분권화된 조직원리 강조	분배, 경제력, 정치권력 문제
실제 모습	환경보전, 반핵·반전, 여성운동, 소비자운동	노동운동 중심으로 전개

(2) 사회 운동의 유형
① **복고적 사회 운동**: 기존 질서를 고수하고 급격한 사회 변화에 대항하기 위한 사회 운동
  예 미국의 KKK운동, 조선 말 위정척사운동
② **보수주의적 사회 운동**: 현재의 제도를 유지해야 한다고 생각하는 사람들이 현존 질서에 변동이 나타날 때 그것에 저항하기 위한 목적으로 하는 운동 예 동성동본혼 반대운동
③ **개혁주의적 사회 운동**: 기존 사회 질서의 일부에 개혁이 필요하다고 판단될 때 현존하는 가치관이나 행동을 변화시켜 자신들이 의도하는 새로운 질서를 만들고자 하는 개혁지향적 운동
  예 여성임금차별 폐지운동, 소비자보호운동
④ **혁명적 사회 운동**: 기존 질서에 불만을 품고 모든 사회 조직과 구조를 근본적으로 바꾸려는 사회 운동 예 프랑스 혁명, 볼셰비키 혁명, 동학농민운동
⑤ **표출적 사회 운동**: 일상생활에서 얻을 수 없는 믿음·가치·규범을 추구하며, 운동의 참여를 통하여 개인에게 내적 갈등과 감정을 표현할 수 있는 도구를 마련해 주는 성질의 운동
  예 종교운동, 부흥회 등
⑥ **신사회 운동**: 중간 계급이 주체 세력으로 1960년대 말 이후 서유럽 사회에서 삶의 질과 자율성을 강조하는 환경보전·반핵·반전·여성운동 등 다양한 형태의 사회 운동이 등장
  예 히피운동, 68운동, 반핵운동, 평화운동, 환경운동, 여성해방운동, 성적소수자운동 등
  ㉠ 68운동(혁명): 1968년 프랑스 파리에서 대학생과 노동자가 베트남 참전에 항의해서 일어난 반체제·반문화 운동

ⓒ 히피운동 : 극단적 자유주의, 보수적인 지배 문화의 반발, 문명 맹신주의 저항 등으로 일어난 60년대 미국의 대표적인 청년운동

(3) 사회 운동의 특성 기출 23
① 뚜렷한 목표가 있어야 함
② 구체적인 프로그램이 있어야 함
③ 지도자와 추종자 사이의 역할 구분이 명확해야 함
④ 사회 운동의 당위성과 이데올로기 확립
⑤ 일정한 의식행위를 통하여 성원의 참여를 촉진
⑥ 조직성 및 계획성이 강하고 지속적·반복적이며, 장기적으로 진행되어야 함
⑦ 시간과 공간을 초월한 연속성과 확산성 유지

(4) 사회 운동의 전개 과정
① **스멜서(Smelser)의 부가가치이론**
  ㉠ 사회 운동이 일어나기 위해서는 여러 가지 사회적 요인들이 있어야 하며, 특정한 요인이 첨가될수록 사회 운동이 성공할 가능성이 높아진다는 이론
  ㉡ 사회 운동 결정 요인
    • 구조적 유발성 : 어떤 집합 행동이 일어나기 위해 필요한 사회 구조적·문화적 선행요건
    • 구조적 긴장 : 사회 내에 모순, 괴리가 있어 긴장이 야기되어야 함
    • 일반화된 신념 : 긴장의 해결 방법에 대한 사회구성원의 공통된 의식 형성
    • 촉발 요인 : 실제 집단 행동을 유발하는 극적인 사건
    • 행동을 위한 참여자의 동원 : 사람들을 자극·흥분시켜 표적을 향해 행동으로 이끄는 지도자가 있어야 함
    • 사회 통제 : 사회적 운동에 대해 사회 통제가 가속되면 그만큼 운동의 폭발력이 강화됨
② **사회 운동의 주기이론(Life cycle)**
  ㉠ 사회 운동은 처음에는 사회 조건을 개선하기 위해 발생하지만 목표를 달성하면 제도화되고, 다른 사람에 의해서 제도화된 사회 조건을 개선하기 위해 또 다른 운동이 나타남
  ㉡ 주기이론 과정은 마치 인간이 태어나서 성장한 후 죽고, 또 어린 생명이 태어나는 것과 유사하다고 하여 사회 운동의 주기이론이라고 함(시초 단계 → 민중화 단계 → 형식화 단계 → 제도화 단계)

(5) 사회 운동의 주요 요인
① **이데올로기** : 집단 혹은 집합체의 상황을 기술·설명·해석·정당화하고, 가치에 의해 고취됨으로써 그 집단 혹은 집합체의 역사 행위로의 간명한 지향을 제시하는 사상 및 판단 체계
② **엘리트**
  ㉠ 개념 : 그들이 소지하는 권력과 행사하는 영향력에 의해서, 때로는 주요한 정책 결정 과정에서, 때로는 사상이나 이념의 창출 과정에서 집합체와 역사 행위에 기여하는 인간 및 집단

ⓒ 파레토(V. Pareto) : 엘리트의 속성을 비세습적인 것으로 파악하여 엘리트 순환론을 주장, 엘리트에 질적 가치를 부여
ⓒ 밀스(C. Mills) : 엘리트와 사회 계급은 뚜렷한 차이를 가지는 현상이라 정의하고 화이트칼라(중간계급), 파워엘리트(지배계층)로 구분. 미국에서의 권력 엘리트의 존재를 정치인, 기업가, 군 장성의 세 범주로 파악
ⓔ 엘리트의 구분 : 전통적 엘리트, 기술관료 엘리트, 경제적 엘리트, 카리스마적 엘리트, 이데올로기적 엘리트, 상징적 엘리트

> **체크 포인트**
>
> **밀스(C. Mills)** 기출 24, 23, 21
> - 사회와의 관계에서 인간을 이해하고 문제를 발견하려 함
> - 거대이론과 추상적 경험주의를 비판, 사회학적 상상력을 통해 구조기능주의 극복

③ **압력집단**
ⓐ 정당과는 달리, 동종의 이권을 가진 집단이 정치적 의사결정에 영향을 미치기 위한 집단으로 사회운동과 압력집단을 통해서 엘리트는 고유한 역할을 행사할 수 있음
ⓑ 현대 사회에서의 사회 운동의 기능 : 매개 기능, 집합의식의 명료화 기능, 압력 기능 등

4 혁명

(1) 혁명의 개념

① **혁명의 의미**
ⓐ 일반적으로 가장 과격하고 급격한 총체적인 사회 운동의 한 형태
ⓑ 대개 정부의 전복, 사회적 가치와 목표, 법규, 권위와 권력의 위계, 현존하는 사회적 분업까지도 전복시키는 급격하고 총체적이며 근본적인 사회 변동
② **혁명의 종류** : 단순 혁명(미국의 독립운동), 총체적 혁명(프랑스 혁명, 중국공산당 혁명)
③ **혁명과 반란의 차이**
ⓐ 혁명 : 기능적으로 분화된 사회에서 일어날 가능성이 큼
ⓑ 반란 : 기능적으로 미분화된 사회에서 일어날 가능성이 큼

(2) 혁명이론

① **고전적 견해(사회 구조적 원인 중시)**
ⓐ 마르크스와 엥겔스 이론은 가장 고전적인 혁명 이론
ⓑ 마르크스와 엥겔스는 혁명의 원인을 '부의 불평등한 분배', 즉 경제적 궁핍으로 보았음

ⓒ 마르크스와 엥겔스가 밝힌 혁명의 전제조건
- 경제적 갈등과 정치적 지배
- 생산 수단으로부터의 소외
- 계급 관계의 양극화
- 프롤레타리아 계급 의식 형성
- 지식인들의 혁명 운동 가담
- 경제적 위기

② **토크빌의 이론**: 혁명은 경제적 빈곤에서 오는 것이 아니라 경기의 호황 속에서 계급 간의 불균형이 오래 지속될 때 발생하는 것으로 보았음

③ **데이비스의 J곡선 이론(심리적 요인 중시)** 기출 21
  ㉠ 데이비스는 사회성원들의 심리적 상태가 혁명 발생의 주요한 요인임을 강조
  ㉡ 점진적인 경제 발전 뒤에 갑자기 불황이 오면 혁명의 계기가 된다는 이론
  ㉢ 데이비스는 이 이론에 입각하여 프랑스·러시아 혁명 등을 설명
  ㉣ 왜 상이한 집단들이 혁명적 변화를 추구하기 위하여 동원되는가를 설명하지 못함

④ **브린톤의 이론**
  ㉠ 『혁명의 해부』에서 세계4대 혁명(영국의 청교도 혁명, 미국의 독립 혁명, 프랑스 혁명, 러시아 혁명)을 분석한 결과, 혁명은 사회해체에서 오는 일종의 사회병리현상이라고 보았음
  ㉡ 브린톤이 제시한 혁명 발생의 사회적 조건
    - 경제 발전과 사회 불만
    - 계급 간의 반목
    - 지식인들의 지배계급으로부터의 이탈
    - 정부의 무능과 비효율성
    - 지배 계급의 자신감 결여
    - 정부의 재정적 파탄

⑤ **존슨의 이론** 기출 21
  ㉠ 사회체계의 균형이 깨질 때 혁명이 초래된다고 보았음
  ㉡ 혁명 발생의 사회적 조건: 체제 내외적인 가치관의 변화, 환경의 변화
  ㉢ 혁명 발생의 직접적인 원인: 집권자의 권력 축소, 집권층의 권위 상실 및 촉발 요인의 존재

제19장 사회 변동과 사회 발전

1 사회 변동의 발전

(1) 사회 변동의 의미
① 사회 변동은 사회의 본질적인 속성이며, 사회학의 핵심적 주제라 할 수 있음
② 사회 변동은 하나의 사회질서(관습, 규범, 사회 제도 등 모든 차원의 현상)가 다른 사회질서로 바뀌는 것
③ 사회 변동을 규명하기 위해서는 변동의 길이(시간적 요소), 변동의 규모(폭과 길이), 변동의 성격까지 고려
④ 사회 변동에서는 일정 기간(시간) 동안 사회 전반에 걸쳐 일어나는 변동의 내용 및 규모(폭과 깊이), 속도, 성격을 모두 다룸

(2) 사회 변동 이론
① 사회 변동 이론은 사회 변동의 원인, 과정, 방향의 일정한 유형을 설명해 주는 이론
② 사회 변동 이론은 진화론, 순환론, 균형론, 갈등론, 기술결정론, 관념론 등이 비판의 관점에서 발달함

(3) 사회 변동의 요인과 원동력
① **과학 기술의 발달**: 정보 통신 기술 및 생명 공학 기술의 발달
② **가치관과 신념의 변화**: 인류의 보편적 이념 확산, 정신적 가치와 삶의 질 중시, 개인주의
③ **냉전 체제의 붕괴**: 자유 민주주의와 시장 경제의 확산
④ **사회 변동의 원동력**
  ㉠ 정보 통신 기술, 생명 공학 기술 등 과학 기술의 발달 → 현대 사회의 변동을 일으키는 가장 근본적인 원동력
  ㉡ 인터넷을 통해 무한대로 발전을 거듭하는 정보 통신 기술로 인해 사회의 변동은 더욱 다양해지고 빨라짐

(4) 현대 사회 변동의 특징
변화 속도가 매우 빠르고 동시다발적으로 일어나며 폭넓은 범위에서 다양한 변화가 발생함

> **체크 포인트**
>
> **혁명**
> 정부의 전복, 사회적 가치와 목표, 권위와 권력의 위계, 현존하는 사회적 분업까지도 전복시키는 급격하고 총체적이며 근본적인 사회 변동을 일컫는 용어

2 사회 변동의 이론 기출 24

(1) 진화론

① 개념
- ㉠ 생물체가 자연 도태 및 적자생존의 과정을 통해 진화하듯이 인간사회도 환경에의 적응 과정에서 장기적으로 볼 때, 진보한다는 내용으로 19세기 다윈의 생물학적 진화론을 인간사회에 적용한 것임
- ㉡ 스펜서와 뒤르켐은 진화론의 영향을 받아 오늘날까지 사회학적 사고에 강하게 영향을 끼치고 있는 유기체적 사회 진화이론을 발전시켰음

② 스펜서의 진화론
사회를 생물학적 유기체에 비유하고 사회 구조의 분화 및 통합에 초점을 둔 이론으로, 사회가 발전하는 것은 군사형 사회에서 공업형 사회로의 전이라고 보았음
- ㉠ 군사형 사회 : 강력한 중앙집권적 지배 형태로, 개인은 국가의 이익을 위하여 존재하며 개인의 자유는 제한됨
- ㉡ 공업형 사회 : 개인의 자유가 존중되고 자유의지에 따라 행동하고, 협동하는 사회(자발적 협동, 계약적 관계, 민주적·대의적 정부 존재, 개인의 창의성에 기초한 사회)

③ 뒤르켐의 진화론 기출 25
- ㉠ 사회 변동을 사회적 분업과 상호의존성의 시각에서 설명하며 사회 구조의 점진적 분화를 사회 진화의 주요 경향이라고 보았음
- ㉡ 스펜서와는 달리 분업에 의해 창출된 상호의존성이 근대사회에서의 통합을 위한 충분조건이 되지는 않는다고 보았음
- ㉢ 사회 변동을 기계적 유대에 바탕을 둔 단순사회에서 유기적 유대를 바탕으로 한 복합사회로 변화해 가는 과정으로 보았음
  - 기계적 연대로 맺어지는 사회 : 분업이 발전하지 않은 이전사회로서 사회적 결속을 유지하고 통제는 주로 형법을 통해 이루어지는 사회
  - 유기적 유대가 지배하는 사회 : 분업이 발전된 사회로 다양성, 이질성, 상호의존성이 특징이며, 사회 통제는 주로 보상법에 의해 이루어짐

④ **신진화론** : 신진화론은 사회 발전을 한 방향으로의 변동으로 해석하는 고전적 진화론의 단점인 단선적·일반적 모형을 수정·보완한 이론으로, 사회학적 측면과 문화인류학적 측면에서 문화의 변동을 설명하는 관점
- ㉠ 사회학적 관점(파슨스, 스멜서, 아이젠슈타트)
  - 사회체계는 분화와 통합을 반복하면서 진화함
  - 모든 사회에서 보편적으로 나타나는 보편적 요소와 특수하게 나타나는 특수 요소가 있음
- ㉡ 문화인류학적 관점(화이트, 스튜어트)
  - 화이트 : 문화의 성장과 발전은 문화 자체의 본성이고, 독자적인 과정임
  - 스튜어트 : 주어진 환경에 적응한다는 문화 생태학적 측면에서 문화변동을 주장했음

⑤ 마르크스의 변증법적 역사발전론
　㉠ 마르크스는 원시사회로부터 근·현대에 이르는 역사발전의 법칙을 생산양식에 따른 다단계적 발전이론으로 설명함
　㉡ 마르크스는 헤겔의 변증법적 역사발전론과 포이어바흐의 유물론을 받아들여 변증법적 유물론을 제창하였음
　㉢ 마르크스는 생산양식을 긍정과 부정, 그리고 부정의 부정을 계속하면서 발전하는 것으로 보았음
　㉣ 인류 역사의 5단계 발전론: 원시 공산사회 체제 → 노예제 사회 → 봉건제 사회 → 자본주의 사회 → 사회주의 사회

> **체크 포인트**
> 헤겔(G. W. F. Hegel)의 시대정신 - 정반합의 변증법
> • 정: 인류 역사 과정 어느 사회에서나 그 시대를 대변할 수 있는 시대정신이 지배한다.
> • 반: 이것을 부정하는 새로운 사상이 나타나 모순과 갈등을 겪는다.
> • 합: 정·반의 두 사상을 통합하는 새로운 이념이 출현한다.
> 따라서 역사는 절대정신이 부정과 부정을 되풀이하는 과정에서 발전한다.

⑥ 토인비의 나선단계형 발전이론
　㉠ 모든 문명은 도전과 반응을 거듭하면서 나선형 계단을 한 계단씩 밟아 올라가는 모양과 같이 그 이전 사회보다 발전해 간다고 보았음
　㉡ 도전과 반응의 주기적 순환은 인간 사회를 완벽한 문명사회로 진보하게 하는 과정이라고 보았음
⑦ 진화론적 주장
　㉠ 사린스와 서비스: 스튜어트의 설명이 한 문화의 특수성을 강조하는 결함이 있어서 화이트와 스튜어트의 이론을 절충하여 개별 문화의 특수 진화와 전체 문화의 일반 진화로 구분하였음
　㉡ 모건: 사회는 야만 → 미개 → 문명의 단계를 거치면서 진화함
　㉢ 로스토우의 경제 발전 단계론: 전통적 사회 → 도약준비단계 → 도약단계 → 성숙단계 → 고도 대중 소비단계
　㉣ 퇴니스: 공동사회(게마인샤프트) → 이익사회(게젤샤프트)
　㉤ 메인: 신분사회 → 계약사회
　㉥ 베커: 신성사회 → 세속사회

(2) 순환론

① 순환론의 개념
　㉠ 발전, 퇴보와 같은 특정한 방향성 없이 단순히 생성, 성장, 쇠퇴의 과정을 되풀이한다고 보았음
　㉡ 인류 역사가 질서 정연하게 긍정적인 영향으로 움직인다고 하는 단선 진화의 관념을 부인함
② 이븐 칼둔: 최초로 순환론을 제시했음

③ 파레토(V. Pareto)
  ㉠ 인류 역사를 여우형 엘리트와 사자형 엘리트의 순환과정으로 나눔(엘리트 순환론 주장)
    • 여우형 엘리트 : 조합의 잔기가 강한 사람, 약삭빠르고 혁신적이며, 교활하고, 수완이 풍부, 적응성이 강하나 강력한 통제력은 없음
    • 사자형 엘리트 : 집단 존속의 잔기가 많은 사람, 전통과 관습 존중, 보수적, 강력한 통제력이 있음
  ㉡ 인간의 비논리적 행위를 설명하기 위해 잔기와 파생체라는 개념을 도입하였음
  ㉢ 역사는 귀족들의 공동묘지가 되고, 순환하면서 발전한다고 보았음
④ 슈펭글러
  ㉠ 각 문화를 살아있는 생명체들과 같이 출생, 성장, 성숙, 쇠퇴의 예측할 수 있는 일정한 과정을 밟는 유기체로 보았음
  ㉡ 문명을 생물학적 유기체에 비유하여 '출생과 유년기, 청소년기, 성숙기, 노년기, 사망기'의 5단계를 순환한다고 보았음
⑤ 소로킨
  ㉠ 소로킨은 문화 유형을 감각형, 관념형, 이상주의형으로 분류하였는데, 이 중 감각형과 관념형을 주요 문화 유형이라 보고 역사는 이 두 가지 상반된 문화유형 사이를 시계추처럼 오가는 진동의 주기를 나타낸다는 순환론을 폈음
  ㉡ 변동의 원천이 사회문화체계 내부에 있으며, 어떤 종류의 진리도 너무 지나치게 발달되면 허위가 되거나 왜곡된다는 극한의 원리를 주장했음

(3) 균형론
  ① 개념 : 사회를 균형 잡힌 체계로 보고, 사회 변동을 사회 유기체의 개체 유기 과정으로부터 유출하여 설명한 이론으로 가장 핵심적인 개념은 항상성임(이론가는 파슨스)
  ② 내용
    ㉠ 어떤 부분이 다른 부분과의 균형 상태에서 벗어나면, 이들 사이에 마찰이나 갈등이 발생하고, 이 부분은 다른 부분과 균형을 맞추는 방향으로 스스로 조정해 감
    ㉡ 항상성 : 균형론의 핵심 내용으로, 사회는 기본적으로 균형을 찾고자 하는 역동적 체계이며, 교란이 있어도 곧 흡수되어 안정을 찾을 수 있음
  ③ 비판 : 사회 내부로부터의 급진적인 변동의 발생과 그에 수반되는 현상을 설명할 수 없음

(4) 갈등론
  ① 개념
    ㉠ 갈등론에서는 사회는 본질적으로 불안정하며, 사회의 여러 부분들 사이에는 항상 갈등이 존재한다고 봄
    ㉡ 사회는 사회적 통합과 균형의 순기능만 있는 것이 아니고 무질서・변화, 갈등・투쟁이 존재하는데, 이러한 이해의 차이가 갈등을 일으키기도 하지만 이로 인해 사회 발전과 복지를 증진시킬 수 있다는 이론임

② 마르크스의 변증법적 변동이론
  ㉠ 모든 사회를 계급 투쟁의 장으로 보고, 사회는 자원과 생산수단을 가진 소유자와 그렇지 않은 비소유자의 끊임없는 갈등 속에서 변화하고 있다고 봄
  ㉡ 마르크스는 대자연은 물론 인간 사회이론과 사고 역시 끊임없이 변동·발전하고 있다고 보고, 이러한 세계의 변동·발전은 '변증법'이라는 일반법칙을 따르고 있다고 보았음
  ㉢ 계급의식은 '유사의식 → 연대의식 → 대항의식' 순으로 발전함
  ㉣ 계급의식 형성의 3단계
    • 유사의식 : 모두 다 같은 형편에 있는 노동자임을 깨닫게 되는 단계
    • 연대의식 : 같은 형편에 있는 노동자들끼리 뭉쳐야 한다는 것을 깨닫고, 강한 소속 의식을 느끼며 단결하는 단계
    • 대항의식 : 유사한 형편에 있는 노동자들끼리 단결하여 자본가 계급에게 대항해야 한다는 투쟁 의식이 형성되는 단계
③ 다렌도르프의 갈등론
  ㉠ 마르크스는 사회 갈등의 원인을 경제적인 생산관계에서 찾았지만, 다렌도르프는 정치적인 권위 관계에서 찾았음
  ㉡ 권력과 권위가 불평등하게 배분되어 있기 때문에 지배와 피지배가 성립되는데, 이 구조가 붕괴되면 사회 변동이 일어난다고 보았음
  ㉢ 비판 : 과격한 사회 운동을 정당화하는 데 이용당할 수 있으며, 사회 구조를 이해관계 대립의 양극 상태로 파악할 우려가 있음

> **체크 포인트**
>
> **사회 변동을 보는 관점**
>
> | 구분 | 진화론 | 균형론 | 갈등론 |
> | --- | --- | --- | --- |
> | 관점 | 사회는 일정한 방향으로 진보·발전 | 변동은 각 부분의 균형이 깨져서 나타나는 병리적 현상 | 모든 사회의 보편적 현상인 갈등에 의해 사회가 변동함 |
> | 전제 | 현재 사회는 과거보다 더 나은 발전된 사회 | 정상적인 사회는 각 부분이 균형·통합되어 있음 | 사회 각 부분 간에는 갈등이 항상 존재 |
> | 변동 내용 | 단순·미분화된 상태 → 복잡·분화된 상태 | 균형에서 일탈 → 긴장 발생 → 마찰과 갈등 → 균형 회복 | 힘에 의한 통합 → 갈등의 표출 → 현상 파괴 → 새로운 힘에 의한 통합 |
> | 비판 | • 사회가 일정한 방향으로 진보한다는 전제의 오류
• 제국주의 국가의 식민지 지배를 정당화 | • 혁명적 사회 변동 설명 불가능
• 지배층의 기득권 옹호 수단으로 이용 | • 혁명·투쟁의 정당화 근거 제공
• 사회 각 부분 간의 상호의존성 경시 |

(5) 기술결정론

① **마르크스의 기술결정론** : 생산관계의 변화가 사회 하부구조의 변화를 가져오고, 사회 하부구조의 변화는 사회 상부구조의 변화를 가져옴으로써 사회가 변동하고 발전한다고 보았음

② **오그번의 기술결정론**
  ㉠ 사회는 기술이 먼저 발전하고 그 후에 기술과 적합한 가치와 규범이 변한다고 봄으로써 기술혁신을 사회 변동의 기본 요인으로 보았음
  ㉡ 문화의 내용이 고르게 변동하지 않고 변화의 속도와 폭에 차이가 생길 때 나타나는 문화현상을 문화지체라 했음

(6) 관념론

① **베버의 프로테스탄트 윤리이론** 기출 25, 22, 21
  ㉠ 문학적인 이념이나 신념이 어떻게 경제나 기술과 동일하게 사회 변화에 영향을 미쳐왔느냐를 입증하려고 하였음
  ㉡ 프로테스탄트 윤리와 자본주의 정신에서 영국 청교도의 종교적 신념이 자본주의 발생의 원인이라 주장하였음
  ㉢ 칼뱅주의와 자본주의의 연결의 단계
   • 칼뱅의 예정설 : 운명은 신에 의해 이미 정해져 있고, 스스로의 노력으로도 바꿀 수 없는 것
   • 보장의 문제 : 인간은 자신이 신에게 선택된 사람이라는 사실을 가시적으로 보장받고 싶어함
   • 직업의 신념 : 자신의 직업에 충실하고 성공하는 사람이라면, 선택받은 사람일 것이라는 신념이 있음
   • 근면과 훈련의 물질적인 성공 : 근면성실하고 물질적으로 성공하는 것은 기독교 정신이 외부로 표출된 것
   • 자본의 성장 : 돈을 낭비하는 것은 칼뱅주의 신념에 위배되는 것이기 때문에 성공한 기업가들은 그들의 이익을 사회에 투자함
  ㉣ 사회 변동의 요인으로서 물질적 요인만을 일방적으로 강조한 마르크스주의와 달리, 특정 정신을 주요한 사회 변동 요인 중 하나로 설명하였음

② **사회심리학적 변동이론**
  ㉠ 헤이건의 창조적 퍼스낼리티론 : 경제 발전을 기술적 진보로부터 비롯되는 일인당 소득의 지속적 증대로 규정하고, 이 과정이 '창조적 퍼스낼리티'에 의해 이루어진다고 보았음
  ㉡ 맥클레랜드(D. McClelland)의 성취 지향적 퍼스낼리티
   • 맥클레랜드도 헤이건과 마찬가지로 특수한 종류의 변동인 경제 발전에 관심을 두고, 변동의 주요 동인으로 퍼스낼리티를 강조하였음
   • 대체로 높은 수준의 성취욕구를 가진 사회는 보다 정력적인 기업가들을 산출할 것이며, 이들은 다시 보다 급속한 경제 발전을 산출함

③ 헤이건과 맥클레랜드는 모두 경제 발전에 있어서 가족의 역할과 그 결과로 아동들이 갖게 되는 퍼스낼리티 유형의 중요성을 강조했음

3 사회 발전의 문제

(1) 근대화

① 근대화의 의미
- ㉠ 근대화란 경제 발전과 정치에 있어서 제도적 민주주의의 정착, 문화에 있어서 세속적・합리적 규범의 확산, 사회적으로 삶의 기회의 보다 평등한 분배와 사회 이동의 증가, 통신 및 매스컴의 확장과 국민의 복지 향상 등이 이루어진 상태
- ㉡ 이러한 특성을 갖는 사회 속에서 근대적 퍼스낼리티의 형성이 이루어졌을 때 이를 근대화된 사회라고 할 수 있음

② 근대화이론
- ㉠ 로스토우의 경제 발전 5단계설
  - 미국의 경제학자인 로스토우 교수에 의하여 발표된 이론
  - 경제 발전 단계를 크게 '전통 사회(제1단계) → 도약준비기(제2단계) → 도약기(제3단계) → 성숙기(제4단계) → 대중적 고도 소비기(제5단계)'로 보는 학설
  - 가장 중요한 것은 '도약기'인데, 이 기간을 성공적으로 거치면 전근대사회가 자본주의사회로 발전하게 된다고 봄
- ㉡ 호설리츠의 근대화이론 : 전통적인 유형 변수의 제거, 즉 전통 사회에서 지배적으로 나타나는 행위 특성들을 수정 또는 제거함으로써 달성된다고 보았음
- ㉢ 파슨스의 다섯 가지 유형 변수

전통적 유형 변수	근대적 유형 변수
감정 개입	감정 중립
광범성	한정성
특수주의	보편주의
귀속 본위	업적 본위
집합체 지향	자기 지향

- ㉣ 스멜서의 근대화이론 : 근대화를 '사회의 구조 및 기능의 분화와 통합'으로 파악
- ㉤ 레비의 근대화 사회의 속성 : '더 근대화된 사회'와 '덜 근대화된 사회'로 구분하였음

더 근대화된 사회	덜 근대화된 사회
• 대부분의 조직체들이 분화된 기능을 수행한다. • 사회 단위 간의 상호의존성이 높다. • 더 근대화된 사회의 인간관계는 합리성, 보편주의, 기능적 특수성에 기초한다. • 중앙집권적으로 조직되어 있다. • 시장에서의 교환이 화폐를 매개로 이루어진다. • 관료조직체가 증가한다. • 가족의 기능이 분화되어 교육과 생산, 사회 통제 기능 등을 전문적인 기관에서 담당한다. • 재화와 용역이 도시에서 농촌으로 들어간다.	• 기능 분화 없이 한 사람이 여러 종류의 업무를 수행한다. • 자급자족도가 높다. • 인간관계는 전통, 특수주의, 기능적 확산에 기초한다. • 시장에서의 교환이 물물교환으로 이루어진다. • 가족이 교육과 사회 통제, 생산과 소비, 오락의 기능을 모두 담당한다. • 재화와 용역이 농촌에서 도시로 흐른다.

③ 근대화이론의 문제점 기출 22
　㉠ 서구중심주의적 이론으로 모든 국가가 선형적 발전 과정을 거친다고 주장
　㉡ 후진국, 제3세계 국가 등에서 사회 발전의 중요 장애가 사회 내부의 구조에 있다고 봄
　㉢ 후진국 등의 경제가 선진국의 세계 경제에 종속된 점, 주변 강대국과의 정치·군사적 지배관계가 미치는 영향 등을 간과함

(2) 종속이론 기출 25, 24, 23, 22
① 개념
　㉠ 1960년대에 들어 라틴아메리카 대륙의 학자들이 라틴아메리카의 발전 문제를 다루면서 제시한 이론
　㉡ 라틴아메리카 발전 정책의 근간이 된 근대화이론에 대한 부정으로부터 출발(제3세계의 발전을 위해 자본주의와의 단절 필요성을 주장)
② 아민(S. Amin)의 중심부-주변부 관계
　㉠ 세계는 중심부와 주변부로 나뉘어져 있으며, 저발전의 원인을 세계 체제의 주변부적 위치에서 찾는 이론
　㉡ 주변부는 저발전국으로 이루어져 있으며, 주변부는 중심부의 착취에 의해 성장할 수 없다는 이론
　㉢ 제3세계의 발전이 늦은 이유를 세계 경제체제에서 선진 자본주의사회와 후진국 사이의 불평등한 교환관계(경제적 의존관계)에서 찾으려고 하는 이론
③ 프랭크의 세 가지 가설
　㉠ 주변국의 위성적 지위 때문
　㉡ 위성적 지역 중 중심지와의 관계가 약할 때 발전(제1·2차 대전, 세계 대공황)되었음
　㉢ 위성국 중 가장 후진 지역은 과거에 중심부와 긴밀한 관계가 있었던 곳임
④ 푸르타도의 저발전 과정론
　㉠ 비교우위 단계 : 저발전국은 낮은 이윤의 1차 상품, 선진국은 고이윤의 기술집약적 상품을 생산
　㉡ 수입 대체 단계 : 종래 구입해 오던 상품을 자국에서 생산하여 국제수지를 개선하는 단계
　㉢ 다국적 기업의 확산 단계 : 저발전국의 고용효과 창출에는 기여하지 못함
⑤ 종속적 발전론
　㉠ 산업화 과정의 정치적 특성을 강조하여 경제 발전 문제를 성찰 - 에반스(P. Evans)
　㉡ 제3세계는 발전을 시작하지 않은 '미발전' 상태가 아닌 발전을 하려 해도 되지 않는 '저발전' 상태에 있음
　㉢ 종속이론가들은 비교우위, 수입 대체, 다국적 기업은 산업혁명 이후 중심부와 주변부의 국제 분업 관계를 맺어주던 이론 내지 정책으로써 이러한 과정을 통해 제3세계의 저발전 상태가 계속 확대·재생산된 것이라고 주장함
⑥ 종속이론의 문제점
　㉠ 신흥공업국의 발전 과정은 설명할 수 없음
　㉡ 내부적인 생산관계의 모순에 따른 계급 갈등이 사회 변동에 미치는 영향을 적절히 포착하지 못했음

제20장 한국 근·현대의 사회 변동과 발전

1 19세기 중엽의 한국사회

(1) 한국 사회의 체제 위기
   ① 19세기 중엽의 체제 위기
      ㉠ 봉건 체제의 낡은 틀을 깨뜨리고 자본주의의 근대사회로 나아가려는 정치·경제·사회적 변화가 일어남
      ㉡ 구미 자본주의 열강의 침략 위협이 높아졌음
   ② **개화사상 형성**: 실학사상의 긍정적 요소, 세계정세의 흐름, 자본주의 지식을 습득

(2) 새로운 도전
   ① 서학(천주교)의 포교
   ② 이양선의 연안 출몰과 외국 상선의 통상 요구
   ③ 선진 자본주의 국가들의 개항 요구
   ④ 선진 자본주의 국가들에 의한 식민지화의 위협
   ⑤ **자본주의 열강의 침입은 양반 신분 사회에 대한 도전**: 서학(천주교)의 포교, 이양선(異樣船)의 연안 출몰, 선진 자본주의 여러 나라의 개항 요구 등은 전근대적 양반 신분 사회에 대한 도전이었음

(3) 새로운 사상과 사회 운동
   ① 개화사상과 개화파의 변화 운동
      ㉠ 실학사상: 19세기 중엽 이후 중세적 봉건 전통 사회를 근대적 시민의식 사회로 전환하게 한 지도 이념 및 인식 체계
      ㉡ 개화사상가 박규수: 실학사상을 인식한 인물로 실학론을 강조하였고, '제너럴셔먼호 격침 사건' 이후 조야의 반대를 무릅쓰고 개항을 강조
      ㉢ 갑신정변: 개화사상을 국가 사회에 직접 응용하고자 한 구체적 표현이라고 평가할 수 있으며, 독립협회에 의하여 계승
      ㉣ 독립협회: '국민자유권사상·국민평등권사상·국민주권사상·국민참정권사상'의 정립과 발전

② **동학사상과 농민혁명운동** 기출 23
　㉠ 1894년 진보적인 지식인과 농민층으로 반봉건(反封建)・반침략(反侵略)의 기치 아래 동학 농민운동이 일어났으나 실패함
　㉡ 반왕조적인 사회개혁운동의 성격을 띠었고, 그 뒤 3・1 운동을 태동시킨 민족주의의 역량을 키우는 등 우리나라 근대사에 커다란 영향을 끼쳤음

③ **위정척사사상과 유림의 체제 본위**
　㉠ 위정척사운동은 1860년대에는 서양의 통상 요구에 대응하여 서양과의 교역을 반대하는 통상반대운동으로 전개되었고, 이어서 서양의 무력 침략에 대항하여 척화주전론(斥和主戰論)으로 나타나 대원군의 통상수교 거부를 강력히 뒷받침하였음
　㉡ 위정척사운동은 1890년대 이후 일본의 침략에 저항하는 항일의병운동으로 계승되었음

2 체제개혁 시도의 계승과 좌절

(1) 갑오개혁과 을미개혁

① **제1차 갑오개혁(1894년 7월)** : 1차 김홍집 내각은 군국기무처(軍國機務處)라는 임시 합의기관을 설치하고 행정 제도, 사법, 교육, 사회 등 전근대적인 제반 문제에 걸친 사항과 정치 제도의 개혁을 단행

② **제2차 갑오개혁(1894년 12월)** : 2차 개혁은 김홍집과 박영효 연립내각 형태였으며, 의정부를 내각이라 고치고 7부를 두었음

③ **을미개혁(1895년 8월)** : 친일세력들이 내각으로 구성되어 주도한 개혁

④ **개혁의 의의** : 정부 주도의 근대적 개혁의 성격을 지니고, 계급 제도 타파, 문벌을 초월한 인재의 등용, 인신매매 금지 등 전통적 조선의 신분 제도의 변혁을 꾀했음

⑤ **한계** : 일본의 한반도 침략 의도가 직접적으로 반영된 타율적 개혁

(2) 독립협회

① **독립협회의 조직** : 독립신문 성공에 힘입은 서재필이 개혁과 독립을 위한 국민 계몽을 위해 윤치호, 이상재, 남궁억 등과 함께 1896년에 창립하였음

② **독립협회의 설립 목적**
　㉠ 목적 : 자유민주주의적 개혁사상을 민중에게 보급하고 국민의 힘으로 자주독립국가를 건설하기 위하여 독립신문을 창간하고 독립협회를 설립하였음
　㉡ 활동 : 독립협회는 강연회와 토론회의 개최, 신문과 잡지의 발간 등을 통하여 민중에게 근대적 지식과 국권・민권 사상을 고취시켰음

③ **독립협회 활동의 의의** : 자주독립의식 보급, 민족운동에 영향

3 일제 강점기의 한국 사회

(1) 1910년대의 일제 식민지 정책과 3·1 운동

① 1910년대의 일제 식민지 정책
  ㉠ 무단통치, 즉 헌병경찰통치 실시
  ㉡ 의병 세력과 애국계몽운동을 본격적으로 탄압
  ㉢ 회사령(會社令)을 발포
  ㉣ 사회적으로는 토지조사사업을 실시하여 식민지 지주제를 강화, 식민지적 봉건유제 잔존

② 3·1 운동
  ㉠ 일본 식민지 지배하의 한국에 1919년 3월 1일을 기하여 일어난 범민족 항일독립운동
  ㉡ 일제의 강점을 거부하고 자주독립을 찾으려는 거족적인 민족운동
  ㉢ 근대 한국민족운동을 한 차원 끌어올리는 새로운 전기를 만들었음
  ㉣ 3·1 운동은 하나의 거대한 용광로 속에 용해된 민족적 에너지를 민족독립운동으로 전환하는 역할을 감당하였음

(2) 1920년대의 일제 식민지 정책

① **문화통치** : 민족 분열 정책, 배경은 1919년 3·1 운동 → 문관 총독 임명 가능, 보통경찰제 전환(대신 경찰 수 증가)
② **산미증식계획** : 증산 목표 달성은 실패했으나, 수탈은 계획대로 실시함
③ **항일투쟁 전개** : 신간회(민족 유일당), 의열단, 한인 애국단 등 여러 독립군 단체 결성

(3) 1930~40년대의 일제 식민지 정책

① **민족말살통치** : 국가총동원법, 일선동조론(日鮮同祖論)을 강조하고 한글 사용을 금지했으며, 조선인에게 일본어 상용과 황국신민화를 추진
② **병참기지화 정책** : 북한 지방에 중화학 공업과 광공업 시설이 집중
③ **무장항일투쟁 전개** : 대한독립군, 한국독립군, 조선혁명당, 한국광복군 등

4 해방과 한국 사회

(1) 1950년대의 농지개혁

① **농지개혁법의 제정** : 제헌헌법에 의거하여 농지를 농민에게 적절히 분배함으로써 농가경제 자립과 농업생산력 증진으로 인한 농민생활의 향상 및 국민경제의 균형과 발전에 기여하기 위하여 제정된 법률
② **농지개혁법의 의의** : 농촌 근대화의 길 도모

(2) 1960년대 이후 사회 변동의 요인
① **한국 사회의 변동 특성** : 계층 간·세대 간 갈등이 심화, 정부 주도의 경제 발전, 농경 사회의 전통적인 모습과 단절
② **한국 사회의 변동 모습** : 급속한 산업화와 도시화, 닫힌 사회에서 열린 사회로 전환, 정치적 권위주의 탈피, 시민의 사회적 주인의식 고양 등 민주사회로 전환

(3) 공업화와 성장전략의 문제
① 경제 발전의 착수와 대외 지향적 성장 전략의 채택(1960년대)
② 대내외 여건의 불확실성 증대와 중화학공업의 추진(1970년대)
③ 경제개발 5개년 계획(1962~1986년)

(4) 우리나라의 산업화 이후 사회 문제
① 산업화 위주 정책으로 인한 환경오염문제
② 급속한 경제 성장으로 인한 계층 간·세대 간 갈등 심화
③ 무분별한 서구 문물의 도입으로 농경 사회의 전통 모습과 단절
④ 인간이 거대 조직의 부속품으로 전락하여 나타난 인간소외 현상
⑤ 과잉 도시화로 교통, 주택, 환경, 빈민, 범죄문제 등 사회 문제 야기

5 21세기 정보사회의 전망

(1) 역사적 전환과 구조적 변화
① **냉전체제의 해체(탈냉전)** : 현실 사회주의 체제의 붕괴, 새로운 세계 경제 질서의 시작을 알림
② **정보통신혁명(월드와이드웹, WWW)** : 하나의 새로운 정보사회의 시작을 알리는 것으로 정보화는 자본, 기술, 인력에 관한 정보를 국경을 초월해 넘나들게 함으로써 세계화 추세를 북돋워 세계를 하나의 큰 자본주의 시장으로 통합시킴

(2) 초고속 정보통신망 구축이 갖는 사회적·정치적 기능
① **멀티미디어 시대**
  ㉠ 멀티미디어는 텔레퓨터(Teleputer) 시대를 가져옴
  ㉡ 텔레퓨터(Teleputer) : 전화와 텔레비전의 'Tele'와 컴퓨터의 'Puter'의 합성어
  ㉢ 초고속 정보통신망이 구축되어 음성, 영상, 문자 등과 관련된 대량의 정보를 단일한 표준으로 통합해 광케이블을 통해 초고속으로 전달할 수 있음

② 대규모 쌍방향 통신
  ㉠ 쌍방향 멀티미디어 통신은 삶의 내용과 양식을 크게 변화시킬 것임
  ㉡ 인간의 오감을 모두 전달하면, 이를 통해 형성되는 새로운 인간 공동체를 형성할 수 있음

(3) 쌍방향 통신의 사회·정치적 의미
  ① **시·공간으로부터의 해방** : 편리한 장소에서 원격적인 일 처리가 가능(예 원격진료, 홈쇼핑, 원격은 행거래, 원격교육, 원격재판 등), 시간으로부터의 해방
  ② **쌍방향 통신의 특징**
    ㉠ 일방향 대량 방송의 권위주의적 기능을 완화시킬 수 있음
    ㉡ 정보화 사회의 시민은 단순한 정보의 소비자가 아니라 토플러가 말한 정보의 프로슈머(Prosumer) 가 될 것임 → 정보의 생산자(Producer)인 동시에 소비자(Consumer)가 되는 것
    ㉢ 쌍방향 통신 매체를 이용하여 시민운동이 활성화될 수 있기 때문에 중간 집단의 부재나 약화를 극복함으로써 원격 민주주의(Tele-democracy)의 발전에 기여할 수 있음
    ㉣ 시민들의 선택 폭이 넓기 때문에 시민들의 주권의식이 강화됨
    ㉤ 틀에 박힌 관료적 사고에서 벗어나 창조적인 사고의 필요성이 증대되고, 창조적 인재를 키우기 위해 지속적인 교육 개혁이 요구됨

(4) 정보사회의 변화 모습
  ① **가족의 변화** : 부모와 자녀 간의 관계 변화, 비인격적 사회와 주체인 매체와의 대결 양상을 보이게 되어 가족의 위기를 불러올 수도 있음
  ② **전자 공동체의 출현** : 컴퓨터라는 매체의 쌍방향 통신을 통해 이루어지는 새로운 일차집단
  ③ **교육의 변화**
    ㉠ 서구 대학교육의 변화 단계
      • 수도원형 대학 : 직사각형의 성곽 같은 건물 안에서 학생을 가두고 수도하는 것과 같이 교육시켰 던 대학
      • 기숙사형 대학 : 운동장과 기숙사를 갖추고 학생을 수용하는 형태의 대학
      • 등하교형 대학 : 교통이 발달하면서 나타난 등·하교를 할 수 있는 형태의 대학(우리나라 대부 분의 대학)
      • 서구 대학의 공통점 : 일정한 장소에 학생들을 모아 놓고 일정한 시간에 따라 교육을 실시
    ㉡ 정보화시대의 교육의 변화 : 원격교육으로 서로 의사를 교환함으로써 교육과 학습이 상호 보완 적임
  ④ **국제 관계의 변화**
    ㉠ 민족국가의 경계선의 붕괴는 새로운 세력권 또는 초국가적 공동체권을 형성할 수 있음
    ㉡ 전지구적 초고속 정보통신망이 연결되면 세계화와 정보화가 동시에 진행되면서 국가간의 관계 가 새로운 차원의 경쟁과 협력 관계로 나아갈 것임

⑤ 정보화 흐름에 대한 대응
　㉠ 토플러의 견해 : 정보화시대의 주인은 대중이 아니라 다양성, 차이를 존중(관용)하는 탈대중화된 자율적 시민임
　㉡ 정보화 흐름에 대한 대응책
　　• 소프트웨어 산업에 대한 관심과 연구가 필요
　　• 산업 분야에 대한 탈규제 조치, 국내시장 보호, 시장 개방, 비효율적 국영사업체의 민영화 추진 등이 이루어져야 함
　　• 비권위주의적 국가를 지양하고, 자율적인 중간 집단의 활성화와 시민운동의 강화가 이루어져야 함
　　• 정보사회는 인간의 창의성 및 개성 존중, 개성의 차이를 인정하는 관용의 문화를 가져야 함

⑥ 제4차 산업혁명 기출 21
　㉠ 2016년 세계경제포럼에서 처음 사용되었는데, 정보 통신 기술을 기반으로 한 새로운 시대를 대표하는 용어
　㉡ '초연결'과 '초지능'을 특성으로 함
　㉢ 인공지능, 사물인터넷, 빅데이터 등 첨단 정보 통신 기술이 사회 전반적으로 융합되어 혁신적인 변화가 나타나는 것

(5) 탈산업사회의 문제점
① 정보 취약 계층의 소득과 삶의 질 저하
② 지식과 정보에 대한 접근의 불평등(정보 격차)
③ 사회참여 기회의 축소
④ 계층 간 빈부격차의 문제 심각

사회학개론

적중모의고사

- **제1회** 적중모의고사
- **제2회** 적중모의고사
- **제3회** 적중모의고사
- **제4회** 적중모의고사
- **제5회** 적중모의고사
- **제6회** 적중모의고사
- **제7회** 적중모의고사
- **제8회** 적중모의고사
- **제9회** 적중모의고사
- **제10회** 적중모의고사

우리 인생의 가장 큰 영광은 결코 넘어지지 않는 데 있는 것이 아니라
넘어질 때마다 일어서는 데 있다.

– 넬슨 만델라 –

합격의 공식 ▶ 시대에듀

자격증 · 공무원 · 금융/보험 · 면허증 · 언어/외국어 · 검정고시/독학사 · 기업체/취업
이 시대의 모든 합격! 시대에듀에서 합격하세요!
www.youtube.com ➔ 시대에듀 ➔ 구독

제1회 적중모의고사 | 사회학개론

제한시간: 50분 | 시작 ___시 ___분 – 종료 ___시 ___분

정답 및 해설 207p

01 콩트(A. Comte)가 말한 인류 지적 진화의 2단계 법칙은?

① 정치적 단계
② 과학적 단계
③ 신학적 단계
④ 형이상학적 단계

02 두 개 또는 그 이상의 지위들에 상응하는 역할들이 동시에 요구되어 양립 불가능하게 된 경우에 발생하는 사회 갈등은?

① 역할 갈등
② 역할 혼동
③ 역할 모순
④ 역할 긴장

03 사회 계층과 관련된 용어 해설 중 계급에 대한 설명으로 옳은 것은?

① 사회의 위계 서열이 고정화되어 일정한 유형으로 굳어진 현상
② 한 개인이 점유하고 있는 각 집단에서의 개별 지위들을 종합한 단일 지위
③ 지위나 수입 등이 상하로 배열된 서열 구조
④ 연속적인 개념이 아니라, 비연속적인 대립과 단절을 전제로 한 집합 개념

04 수 세대에 걸친 가계를 통해 변화하는 계층의 이동은?

① 세대 내 이동
② 세대 간 이동
③ 개인적 이동
④ 집단적 이동

05 다음 중 사회 구조에 관한 기능론적 관점에 대한 특징으로 옳은 것은?

① 사회 구조를 하나의 유기적 관계로 파악
② 사회 구조의 기본 성격은 강제와 변동
③ 강제에 의한 종속 관계
④ 대립적 불균형 상태

06 다음 중 사회의 조직 단위를 하나의 전체로 보고, 그것의 구성 원리가 체계의 특성을 나타낼 때 쓰는 용어는?

① 사회체계
② 행위의 유형변수
③ 사회 행위
④ 항상성

07 다음 중 상호작용론의 한 갈래이면서 개인의 행위에 초점을 맞춘 사회학적 관점은?

① 체제론
② 교환이론
③ 갈등론
④ 합의론

08 허스코비츠(M. Herskovits)가 정의한 것으로, 서로 다른 문화를 가진 집단들이 직접적이고 지속적인 접촉을 함으로써 어느 일방 또는 쌍방의 본래 문화유형에 변화를 가져올 때 일어나는 현상은 무엇인가?

① 문화접촉
② 문화지체
③ 문화접변
④ 문화전파

09 에릭슨(E. Erikson)이 주장하는 자아발달 8단계이론에서 첫 번째에 해당하는 것은?

① 자율성과 의구심
② 진취성과 죄의식
③ 신뢰감과 불신감
④ 근면성과 열등감

10 다음 중 이미 형성된 자아정체감 및 사회의 가치와 규범 등을 모두 잊어버리고 백지화되는 현상은?

① 재사회화
② 잠재적 사회화
③ 예기 사회화
④ 탈사회화

11 다음 중 특정 사회적 위치를 정하고 있는 개인에 대한 일반 사회성원들이 생각하는 권리, 의무, 특전 및 책임 모두를 포함하는 인지적 개념은?

① 역할 체제
② 역할 무리
③ 역할 기대
④ 역할조

12 다음 중 이차집단에 대한 설명으로 틀린 것은?

① 인간관계가 형식적·비인격적·수단적인 관계
② 구성원 간의 정의적 관계
③ 특정한 목표를 달성하기 위해 형성된 집단
④ 구성원 간의 이해관계에 의한 의식적 결합

13 다음 중 나머지 셋과 공통점이 없는 하나는?

① 일차집단
② 공동체
③ 게젤샤프트
④ 게마인샤프트

14 다음 중 "아노미를 경험하는 사람 중에서 범죄 문화가 제공하는 수단이 얼마나 이용 가능한가?"에 따라 범죄가 유발되거나 또는 유발되지 않는다는 이론은?

① 마짜의 중화이론
② 클라워드와 올린의 아노미이론
③ 머튼의 아노미이론
④ 과정론적 일탈이론

15 인간이 태어나서 그 사회가 요구하는 다양한 가치나 규범, 역할 등을 습득하며 사회적 존재로 변화하는 과정은?

① 상호작용
② 관료제
③ 사회작용
④ 사회화

16 다음 중 정치 제도의 드러난 기능이 아닌 것은?

① 사회질서 유지의 기능
② 권력 엘리트 형성의 기능
③ 국민 보호의 기능
④ 사회의 목표 달성 기능

17 계급과 계층의 개념에 대한 설명으로 옳은 것은?

① 계급은 여러 가지 사회적 지위에 대한 서열상의 평가이다.
② 계층의 성원은 강한 소속감과 심리적 공감을 가지며, 이를 계층의식이라 한다.
③ 계층은 재산이나 권력의 분배를 중심으로 하는 이해관계의 대립 집단을 뜻한다.
④ 지배·피지배 관계인 계급 간에는 대립과 갈등이 불가피하다는 의미가 내포되어 있다.

18 경제 발전과 불평등의 관계에 대한 역U자 가설을 옳게 설명한 것은?

① 경제 발전 초기에는 불평등의 심화가 오나, 어느 단계를 지나면 안정적인 수준이 되고, 그 후 경제 발전이 지속되면 불평등의 정도가 축소된다는 경향이다.
② 공평한 분배는 경제 발전의 정도보다는 권력자의 의지가 더욱 중요하다는 가설이다.
③ 경제가 발전하고 그 규모가 커질수록 불평등의 정도는 더욱 심화된다는 가설이다.
④ 엥겔계수를 이용하여 불평등의 관계와 경제 발전을 그래프로 나타내는 것이다.

19 혼인한 부부가 남편의 지향가족과 함께 사는 제도로 가부장 제도에 속하는 것은?
① 모거제
② 신거제
③ 부거제
④ 본거제

20 대중사회의 특성과 거리가 먼 것은?
① 대중문화에 의해 지배되고 있으며, 대중문화를 양산한다.
② 고도의 산업화, 도시화가 이루어진 사회이다.
③ 엘리트에 의한 대중조작은 불가능하다.
④ 서구 국가가 대규모 근대 자본주의 사회로 넘어오면서 생겨났다.

21 사회 운동의 특징으로 옳지 않은 것은?
① 뚜렷한 목표가 있어야 한다.
② 이데올로기가 확립되어 있어야 한다.
③ 목표 달성을 위한 구체적인 프로그램이 있어야 한다.
④ 일시적이고, 비교적 단기적으로 이루어진다.

22 머튼의 아노미이론 중 '관료 조직의 목표에는 무관심하고 규칙이나 절차에만 집착하는 관료들의 행위'를 말하는 유형은?
① 의례주의형
② 고안형
③ 패배주의(은둔형)
④ 동조 행위

23 '자살론'을 통해 자살의 유형을 분류하였고, 사회적 맥락에서 개인의 행위를 설명한 학자는?
① 콩트(A. Comte)
② 뒤르켐(E. Durkheim)
③ 스펜서(H. Spencer)
④ 소로킨(P. A. Sorokin)

24 다음 중 기능론적인 관점과 관계 없는 것은?
① 협동
② 통합
③ 균형
④ 변동

25. 현대 대중사회에서 다이아몬드형 계층의 형태는?

① 부분평등형
② 완전평등형
③ 완전성층형
④ 부분성층형

26. 특정 계급에서 획득된 취향, 인지, 판단 등의 인간의 행동 체계는?

① 프롤레타리아
② 부르주아지
③ 아노미
④ 아비투스

27. 1960년대 이후 한국 사회의 사회 변동 요인이 <u>아닌</u> 것은?

① 세대 간 갈등이 심화
② 정부 주도의 경제 발전
③ 농경 사회의 전통적인 모습과 단절
④ 농지개혁법으로 근대화 시설 농업이 발달

28. 푸르타도의 저발전 과정론에 대한 내용이 <u>아닌</u> 것은?

① 저발전국은 1차 상품, 선진국은 기술 집약적 상품을 생산한다.
② 비교우위 단계 → 수입 의존 단계 → 다국적 기업의 확산 단계로 발전한다.
③ 다국적 기업의 확산은 저발전국의 고용효과 창출에 기여하지 못하였다.
④ 수입 대체 단계는 기존의 수입 상품을 자국에서 생산하여 국제 수지를 개선하는 효과가 있다.

29. 레비(M. Levy)의 근대화 사회의 속성 중 더 근대화된 사회의 내용이 <u>아닌</u> 것은?

① 사회 단위 간의 상호의존성이 높다.
② 중앙집권적으로 조직되어 있다.
③ 재화와 용역이 농촌에서 도시로 들어간다.
④ 합리성·보편주의·기능적 특수성에 기초한 인간관계를 갖는다.

30. 헤이건의 창조적 퍼스낼리티론에 대한 내용으로 옳지 <u>않은</u> 것은?

① 경제 발전을 기술적 진보로부터 비롯되는 1인당 소득의 지속적 증대로 규정하였다.
② 성취동기가 경제 성장의 필수 요인이라고 주장하여 성취동기가 높으면 경제 성장 속도도 빠르다고 보았다.
③ '창조적 퍼스낼리티'는 자기를 둘러싸고 있는 사회적 환경이 자신이 이해할 수 있는 논리적 질서를 갖고 있다고 인식한다.
④ 전통 사회와 근대사회를 대비시켜, 전통 사회는 권위주의적 퍼스낼리티에 의해 지배된다고 하였다.

31. 다음 중 갈등론에 대한 설명으로 가장 적절한 것은?
   ① 사회는 본질적으로 불안정하며, 사회의 여러 부분들 사이에는 항상 갈등이 존재한다.
   ② 마르크스의 계급 의식은 '연대의식 → 대항의식 → 유사의식'으로 발전한다.
   ③ 사회는 사회적 통합·균형 등의 순기능만 존재하며, 이해 차이로 인한 갈등이 생기면 사회 발전은 이룰 수 없다.
   ④ 다렌도르프는 사회 갈등의 원인을 경제적인 생산 관계에서, 마르크스는 정치적인 권위 관계에서 찾았다.

32. 현대 사회 변동의 특징이 아닌 것은?
   ① 변화의 속도가 빠르다.
   ② 변화는 동시다발적으로 진행된다.
   ③ 다양하고 폭넓은 변화가 발생한다.
   ④ 자문화 국수주의로 단일 문화가 발전한다.

33. 다음 중 학자와 이론이 바르게 연결되지 않은 것은?
   ① 뒤르켐 - 순환론
   ② 모건 - 진화론
   ③ 마르크스 - 변증법적 역사발전론
   ④ 토인비 - 나선단계형 발전이론

34. 데이비스의 J곡선 이론에 대한 내용으로 옳은 것은?
   ① 혁명은 사회해체에서 오는 일종의 사회병리 현상이다.
   ② 경기의 호황 속에서 계급 간의 불균형이 오래 지속될 때 발생한다.
   ③ 혁명의 직접적인 원인은 집권자의 권력 축소, 집권층의 권위 상실·촉발 요인 등이다.
   ④ 사회성원들의 심리적 상태가 혁명 발생의 주요 요인이다.

35. 조직 사회에 요구되는 변화 지향 리더십으로서 새로운 비전 창출, 조직 문화를 개조할 수 있는 리더십은?
   ① 민주적 리더십
   ② 비공식적 리더십
   ③ 공식적 리더십
   ④ 변혁적 리더십

36. 군중 중심의 집합 행동과 사회 운동에 대한 내용으로 옳지 않은 것은?
   ① 사회 운동은 분명한 목표와 조직을 가지고 행동한다.
   ② 집합 행동은 사회 구조적 변혁을 쟁취할 수 없다.
   ③ 사회 운동은 변화 지향적 이념으로 정책 추진을 위해 노력한다.
   ④ 집합 행동은 비제도적이고 자발적인 연대 감정의 강화로 행동을 활성화한다.

37 공중에 해당하는 내용으로 옳은 것을 〈보기〉에서 모두 고른 것은?

― 보기 ―
ㄱ. 토론과 논쟁을 통해 여론을 형성한다.
ㄴ. 어떤 사회 문제에 대해 공통의 관심을 갖고 있는 분산된 사람들이다.
ㄷ. 군중보다 규모가 큰 사람들의 모임이다.
ㄹ. 공동의 관심사에 대해 같은 의견 혹은 다른 의견을 가진 사람들 집단이다.
ㅁ. 거리적으로 떨어져 있고 규모가 크므로, 이질적이며 상호작용이 없다.

① ㄱ, ㄷ
② ㄴ, ㄹ
③ ㄱ, ㄴ, ㄹ
④ ㄷ, ㄹ, ㅁ

38 다음 중 군중 행동의 순서로 옳은 것은?

① 사회적 불안 → 지도자의 출현 → 동요 → 위기감 → 행동화
② 사회적 불안 → 위기감 → 동요 → 지도자의 출현 → 행동화
③ 동요 → 위기감 → 사회적 불안 → 행동화 → 지도자의 출현
④ 위기감 → 사회적 불안 → 동요 → 지도자의 출현 → 행동화

39 다음 집합 행동이론을 주장한 학자는?

군중의 한 부분을 구성하는 개인은 순전히 수적인 측면에서 막강한 힘을 의식하며 그 힘으로 인해 개인은 혼자 있을 때라면 어떻게 해서든지 억제하였을 본능에 굴복한다.

① 르봉
② 버크
③ 스멜서
④ 블루머

40 다음 중 아민의 종속이론에 대한 설명으로 옳지 않은 것은?

① 상호 연관된 세계체계를 분석의 중심으로 놓아야 한다.
② 각 사회의 존재 형태는 세계체계 내의 상대적 우열에 따라 결정된다.
③ 주변부 사회의 세계 자본주의 편입 시점이 제3세계의 '주변부 사회구성'을 내부적 특성을 결정짓는 데 중요하다.
④ 체계의 구조는 불평등한 교환 관계로 서로 연관된 '중심부-반주변부-주변부' 3가지 국가군으로 되어 있다.

제2회 적중모의고사 | 사회학개론

제한시간: 50분 | 시작 ___시 ___분 – 종료 ___시 ___분

정답 및 해설 212p

01 사회 변동을 기계적 유대에 바탕을 둔 단순사회에서 유기적 유대를 바탕으로 한 복합사회로 변화해 가는 과정이라고 본 학자는?

① 뒤르켐
② 콩트
③ 베버
④ 스펜서

02 문화적 목표와 이를 달성하기 위한 제도적 수단 사이의 격차로 인해 일탈 행위가 발생된다고 본 사람은?

① 뒤르켐
② 마르크스
③ 서덜랜드
④ 머튼

03 사회를 구성하는 기본 단위는 무엇인가?

① 가족
② 동족
③ 친족
④ 개인

04 사회 운동의 유형 중 기존 질서를 고수하고 급격한 사회 변화에 대항하기 위한 것은?

① 복고적 사회 운동
② 보수주의적 사회 운동
③ 개혁주의적 사회 운동
④ 표출적 사회 운동

05 미드(Mead)의 중요한 타자에 해당하는 것은?

① 어머니
② 이웃
③ 매스컴
④ 선배

06 근대 이후 인간 이성(합리성)의 발달은 모든 절대적인 가치를 상대화시키려고 한다. 이 상대화는 베버(M. Weber)가 말한 현상과 일맥상통한다. 이 현상은 무엇인가?

① 근대성(Modernity)
② 각성(Disenchantment)
③ 합리성(Rationalization)
④ 폭로(Debunking)

07 다음 중 사회행위이론에서 사회행위의 기본 요소로 볼 수 <u>없는</u> 것은?

① 규범
② 행위자
③ 상황
④ 지향

08 다음 중 역사이론에 대한 설명으로 옳지 <u>않</u>은 것은?

① 사회적 현실을 평면적으로 파악하지 않고 역사적 산물로서 파악하려는 경향이다.
② 고도의 일반성을 가진 정태적 분석으로 사회 구조를 파헤치거나 사회적 평형을 찾기 위한 밑받침이 된다.
③ 역사의 법칙을 밝히고 사회의 미래상을 제시함으로써 문제의식을 불러일으켜 역동적 사회 형성에 기여하고 있다.
④ 사회 발전을 위한 구체적인 계획이나 경험적 연구에서 얻어질 수 있는 자료를 제시해 주지 못하였다.

09 문화가 변동할 때 문화 내용의 제 측면이 골고루 같은 속도로 변하지 않고 어느 측면은 빠르게 변하는데 다른 측면은 천천히 변하기 때문에 생기는 문화의 부조화 현상은?

① 문화변동
② 기술변동
③ 문화지체
④ 기술지체

10 미드의 자아발달이론에서 소꿉장난을 하며 그가 맡은 역할의 의미를 이해하고 흉내내어 행동하는 단계는?

① 준비단계
② 유희단계
③ 경기단계
④ 예비단계

11 모든 사람이 완벽하게 성공적인 사회화가 이루어졌을 때 현존하는 사회에서 불리한 처지에 있는 소수 인종, 여성들, 정신적·신체적 장애인을 지칭하는 가장 적합한 사회학적 용어는?

① 사회화의 피해자
② 일탈자
③ 하층계급
④ 소수자

12 다음 내용은 다렌도르프(R. Dahrendorf)의 역할 기대 중 어떤 기대에 해당하는가?

> 대통령이 부정·부패에 연루되어서는 안 된다는 역할 기대

① 사회적 기대
② 관습적 기대
③ 용인적 기대
④ 법적 기대

13 쿨리(C. H. Cooley)의 사회 집단 분류에서 초기 사회화 과정이 이루어지는 집단으로, 성원을 교체하기 어려운 집단은?

① 외집단
② 준거집단
③ 이차집단
④ 일차집단

14 문화의 속성 중 문화의 각 요소들은 상호 유기적인 관련을 맺고 있으면서 전체적으로 하나의 통합성을 가지는 것은?

① 공유성
② 축적성
③ 체계성
④ 보편성

15 문화변동 중 두 문화체계 간에 직접적인 접촉이 일어났을 때, 어떤 문화 요소가 전해지면서 새로운 발명이 일어나도록 자극하는 것은?

① 문화접변
② 문화의 개혁
③ 자극전파
④ 문화의 발명

16 다음 내용에 해당하는 것은?

- 사실에 대한 주관의 가치 의견을 나타내는 것
- 옳고 그름을 정의

① 가치함축성
② 가정판단
③ 가치판단
④ 가치중립성

17 콩트의 인류 지적 진화의 3단계 법칙 중 국가가 사회 단위인 단계는?

① 신학적·운명적 단계
② 실증적 단계
③ 형이상학적 단계
④ 과학적 단계

18 다음 중 비공식조직인 것은?

① 기업의 이사회
② 대학의 교수 회의
③ 병원의 산악 동호회
④ 공장의 품질 관리조

19 학습을 강조하는 사회적 상호작용을 강조하는 이론으로 범법 행위자와 가까이 지냄으로써 범죄를 저지른다는 이론은?

① 낙인이론
② 중화이론
③ 아노미이론
④ 차별교제이론

20 다음 중 조직이론의 발달 순서를 바르게 나열한 것은?

① 과학적 관리이론 – 인간관계이론 – 체계이론 – 총체적 품질관리
② 인간관계이론 – 과학적 관리이론 – 체계이론 – 총체적 품질관리
③ 과학적 관리이론 – 체계이론 – 인간관계이론 – 총체적 품질관리
④ 과학적 관리이론 – 인간관계이론 – 총체적 품질관리 – 체계이론

21 사회 구성원들의 기본적인 생존을 가능하게 하는 수단을 제공하고, 현대 사회로 올수록 분배의 형평을 중요시하고 있는 사회 제도는?

① 종교 제도
② 정치 제도
③ 교육 제도
④ 경제 제도

22 마르크스가 주장한 '계급 의식이 형성된 계급'은 무엇인가?

① 프롤레타리아(Proletariat)
② 부르주아(Bourgeois)
③ 즉자적 계급(Klasse an Sich)
④ 대자적 계급(Klasse für Sich)

23 사회학자들이 구분한 계층 체제의 기본 유형이 아닌 것은?

① 카스트(Caste)
② 지위(Status)
③ 계급(Class)
④ 신분(Estate)

24 다음 내용에 해당하는 현상은?

> 자식들이 성장하여 독립해 감에 따라 느끼게 되는 공허감과 자기정체성 상실을 말하는 것

① 심리적 이유기
② 빈 둥지 증후군
③ 갱년기 우울증
④ 정체감 유실

25 마르쿠제(H. Marcuse)의 관리사회이론에 대한 설명으로 옳지 않은 것은?

① 대중사회론보다도 현대 사회의 부정적 측면을 깊게 파헤쳐 분석한 이론이다.
② 현대 사회의 특징을 인간을 지배하는 기술적 합리화에서 찾고 있다.
③ 일차원적 사회는 사회의 다차원성을 유지하기 위해 생산력의 끊임없는 발전을 필요로 한다.
④ 관리사회는 일차적 사회, 고도 산업사회, 통합사회라 한다.

26 다음 중 신사회 운동에 대한 설명으로 옳지 않은 것은?

① 정치권력보다는 문화적·사회적인 측면에 관심이 있다.
② 노동 계급이 주체세력으로 등장하였다.
③ 모든 삶의 질에 관심을 갖게 되면서 탈물질적 경향이 나타난다.
④ 환경보전, 반핵, 여성운동 등으로 다변화 추세이다.

27 '둘 이상의 사람이 특정한 목표를 달성하기 위해 의도적으로 구성한 사회체제'는 무엇인가?

① 조직
② 군중
③ 대중
④ 집단

28 다음 내용에 해당하는 조직의 원리는?

> 조직의 공동 목표를 달성하기 위하여 집단적 노력을 질서 있게 배열하는 원리

① 계층의 원리
② 조정의 원리
③ 적도집권의 원리
④ 통솔한계의 원리

29 다음 중 고전적 관리론의 학자가 아닌 것은?

① 뢰슬리스버거(F. Roethlisberger)
② 페이욜(H. Fayol)
③ 귤릭(L. Gulick)
④ 어윅(L. Urwick)

30 과학적 관리론의 특징에 대한 설명으로 옳은 것은?

① 사회적·심리적 인간관
② 공식적 조직 중시
③ 민주적 리더십
④ 사회적 능률관

31 파슨스(T. Parsons)가 주장한 4체계 기능이 아닌 것은?

① 적응의 기능
② 분리의 기능
③ 목표 달성의 기능
④ 잠재적 유지 및 긴장 관리의 기능

32 다음 중 권력 평준화의 접근법의 내용이 아닌 것은?

① 인간을 변화시키는 점 외에도 조직에서의 인간 형상의 다른 측면에도 주안점을 둔다.
② 인간의 성장과 실현보다 과업의 성취에 더 큰 가치를 둔다.
③ 과업 성취와 인간의 성장·실현이라는 두 양자 간의 인과관계를 파악한다.
④ 외부적으로 계획된 변화를 넘어서 개인-집단-조직 내부적으로 전개된 유도 변화에 가치를 둔다.

33 사기와 생산성의 관계로 적절하지 않은 것은?

① 사기는 집단 목표의 내면화 등에도 작용한다.
② 생산성의 앙양을 위해 개인 성원에게 동기를 제공해야 한다.
③ 집단이 제공하는 동기에 만족해 집단행동을 충실히 수행할 때 그 집단성원의 사기는 높다.
④ 개인의 욕구불만, 집단 분위기 등은 사기 및 생산성 향상과 관련 없다.

34 다음 중 리더십에 대한 내용으로 옳지 않은 것은?

① 목표를 설정하고 이를 달성하기 위한 역할을 명확하게 하는 것은 리더십의 기능이다.
② 리더십은 리더가 어떤 집단 상황에서 특정의 개인 혹은 조직을 일정한 의도에 따르도록 작용하는 힘이다.
③ 리더십의 변수에는 지도자, 피지도자, 상황적 요인들의 상호작용 등이 있다.
④ 리더십은 공식적·법적 권한에 의해서만 행사된다.

35 다음 중 사회 운동의 주요 특성이 아닌 것은?

① 다양한 프로그램이 존재해야 한다.
② 일정한 의식 행위를 통한 성원의 참여가 촉진된다.
③ 사회 운동의 당위성과 이데올로기가 확립되어야 한다.
④ 조직성 및 계획성이 강해야 한다.

36 볼드리지의 제도 기능 비교에서 가족의 기능에 해당하는 것은?

① 경제 소비 단위 기능
② 총인간적 집단유대 기능
③ 새로운 세대의 사회화 학습 기능
④ 사회적 통제와 갈등의 해결 기능

37 제도의 성립 과정을 기준으로 한 섬너(W. G. Sumner)의 사회 제도 분류 중 합리적 창안과 계획적인 관심을 집중시킨 결과의 산물은?

① 법제화한 제도
② 자생적 제도
③ 보조적 제도
④ 기초적 제도

38 베버의 정치적 지배 유형 중 '초인간적인 자에 대한 신앙을 기초로 성립하는 지배' 유형은?

① 민주적 지배
② 전통적 지배
③ 카리스마적 지배
④ 합법적 지배

39 다음과 같은 기준에 의해 종교 조직을 분류한 사람은?

> • 제도화의 정도
> • 통합의 정도
> • 성원 충원의 범위
> • 참여의 정도

① 브룸과 셀즈닉
② 볼드리지
③ 마르크스
④ 베버

40 다음 중 사회 계층 관련 용어를 잘못 설명한 것은?

① 계층 - 지위나 수입 등이 상하로 배열된 서열 구조
② 계급 - 비연속적인 대립과 단절을 전제로 한 집합 개념
③ 사회적 지위 - 각 집단에서의 한 개인이 점유하고 있는 개별 지위들을 종합한 단일지위
④ 계층화 - 사회의 위계 서열이 고정화되어 일정한 유형으로 굳어진 현상

제3회 적중모의고사 | 사회학개론

제한시간: 50분 | 시작 ___시 ___분 – 종료 ___시 ___분

정답 및 해설 217p

01 사회실재론적 관점에 대한 내용으로 옳지 않은 것은?

① 전체는 개개 구성원의 합보다 더 크다.
② 개인보다는 사회가 우선이고 중요하다는 견해이다.
③ 사회가 개인을 초월한다.
④ 개인을 떠난 사회는 존재할 수 없다.

02 다음 중 어떻게 일탈자가 되는가 하는 일탈 과정에 관심을 두는 이론은?

① 차별교제이론
② 자살론
③ 중화이론
④ 낙인이론

03 다음 내용에 해당하는 이론은?

- 이븐 칼둔(Ibn Khaldun)이 최초로 제시
- 발전, 퇴보와 같은 특정한 방향성 없이 단순히 생성, 성장, 쇠퇴의 과정을 되풀이한다고 보았음

① 진화론   ② 균형론
③ 순환론   ④ 갈등론

04 다음 중 사회학의 선구자이고 사회질서보다는 사회 변동에 더 관심을 가졌으며, 유기체적 사회관을 지니고 있었던 사람은?

① 막스 베버(M. Weber)
② 머튼(R. K. Merton)
③ 뒤르켐(E. Durkheim)
④ 스펜서(H. Spencer)

05 스펜서가 지적한 '군사형 사회'의 특징으로 옳지 않은 것은?

① 내적 규제는 강제적·중앙집권적이다.
② 개인은 국가의 이익을 위하여 존재한다.
③ 분권화된 규제 장치를 가지고 있다.
④ 애국심, 충성, 용기 등의 가치가 높게 평가된다.

06 '사회학은 정치와 경제가 갈등 관계인지, 유착 관계인지 등의 상호작용 형식을 연구하는 학문'이라고 주장한 사람은?

① 뒤르켐(E. Durkheim)
② 콩트(A. Comte)
③ 짐멜(G. Simmel)
④ 코저(L. Coser)

07 갈등이론의 대표자로 갈등 관계가 반드시 역기능적인 측면만 가지는 것이 아니라고 주장한 학자는?

① 마르크스(K. Marx)
② 다렌도르프(R. Dahrendorf)
③ 코저(L. Coser)
④ 파슨스(T. Parsons)

08 다음 중 체계이론의 장점이 아닌 것은?

① 다른 사회를 분석할 때 이론적 경제성이 보장된다.
② 사회를 전체적으로 계획할 때 매우 짜임새 있는 이론이 된다.
③ 사회적 평형을 찾기 위한 밑받침이 된다.
④ 역사적 파악과 동태적 분석이 쉽다.

09 미드의 자아발달이론 중 '중요한 타자(Significant others)'로 적절한 대상은?

① 거리의 시민
② 일차적 사회화의 대행자
③ 재사회화 기관
④ 일차적 사회화의 대상

10 매슬로우(A. Maslow)의 이론 중에서 결혼을 하고 가족과 지역 공동체의 한 구성원이 되고 싶어하는 욕구는?

① 생리적 욕구
② 자기존중의 욕구
③ 소속과 애정의 욕구
④ 자아실현의 욕구

11 직장을 가진 기혼 여성에게 회사와 가정 일에서 각기 다른 역할을 요구할 때, 이를 표현하는 사회학적 개념은?

① 재사회화
② 역할 갈등
③ 주요지위
④ 사회적 정체감

12 다음과 같은 특성의 사회적 관계를 맺는 사회 집단은?

- 의사소통이 심층적으로 이루어지며, 참여를 통해 개인적 만족을 얻는다.
- 어린이는 부모와의 공감을 통해 사회 규범과 도덕적 가치를 배운다.
- 전인격적 관계로 맺어진다.

① 원초집단
② 이차집단
③ 준거집단
④ 소속집단

13 단순한 농경 사회에서 분업이 발달한 현대 산업사회로 급속하게 변동하는 과정에서 많이 나타나는 뒤르켐의 자살 유형은?

① 숙명적 자살
② 아노미적 자살
③ 이타적 자살
④ 이기적 자살

14 알코올 중독, 마약 복용, 도박, 매춘, 기타 다른 약물 중독과 같은 방법 때문에 피해를 받는 사람이 없는 범죄 유형은?

① 피해자 없는 범죄
② 화이트칼라 범죄
③ 전문적 범죄
④ 공공질서 범죄

15 다음 중 관료제의 순기능은?

① 능력원칙(Meritocracy)
② 몰인정성(Impersonal)
③ 번문욕례(Red tape)
④ 형식주의(Ritualism)

16 다음 중 연구자가 직접 참가하여 현상을 조사하고 자료를 수집하는 방법은?

① 참여관찰법
② 실험법
③ 설문조사법
④ 내용분석법

17 다음 중 사회 통제의 기제와 유형에 대한 설명으로 옳지 않은 것은?

① 사회화를 통한 사회 통제는 가장 효율적인 수단으로 사회화를 통해서 규범을 내면화시킨다.
② 비공식적 통제는 사회질서 유지의 책임을 맡고 있는 공식기관이 일탈자에게 일정한 방식으로 제재를 가한다.
③ 공식적 통제는 규범의 준수를 강제하는 통제이다.
④ 비공식적 통제는 비교적 규모가 작고 친숙한 관계에 있는 원초집단 안에서 매우 직접적으로 작용한다.

18 다른 사회의 문화를 올바르게 이해하기 위해 그 사회의 맥락에서 문화를 이해하고 평가하는 것을 무엇이라고 하는가?

① 문화의 지속성
② 문화의 변화성
③ 문화의 상대성
④ 문화의 절대성

19 다음 내용과 관련 깊은 이론은?

> 생산 과정의 분업화, 표준화, 과학화를 통해 불필요한 동작이나 시간을 제거함으로써 효율성의 향상을 가져온 이론

① 관료제
② 체계이론
③ 종속이론
④ 테일러리즘

20 사회 제도 중 종교의 드러난 기능이 <u>아닌</u> 것은?

① 삶의 의미 제공
② 신지식 창출의 기능
③ 사회 유대감 형성
④ 사회 통합과 통제의 기능

21 마르크스는 사회의 기초가 되는 '토대(Base)'를 무엇이라고 보았는가?

① 정치
② 생산양식
③ 이데올로기
④ 계급 투쟁

22 렌스키(G. Lenski)의 제2분배의 법칙에서 사회 불평등의 원인은?

① 재산
② 명예
③ 위신
④ 권력

23 다음 중 많은 농촌 사람들이 터전을 떠나 도시로 집중되는 현상은?

① 전근대화
② 근대화
③ 산업화
④ 도시화

24 다음 내용과 관련 깊은 이론은?

> 제3세계의 발전이 늦은 이유를 세계 경제체제에서 선진 자본주의 사회와 후진국 사이의 불평등한 교환관계에서 찾으려고 하는 관점

① 교환이론
② 수렴이론
③ 종속이론
④ 자본체제이론

25 사회 변동을 설명할 때 견해가 <u>다른</u> 학자는?

① 소로킨(P. Sorokin)
② 파레토(V. Pareto)
③ 슈펭글러(O. Spengler)
④ 마르크스(K. Marx)

26 다음 중 사회 운동에 대한 설명으로 옳지 <u>않</u>은 것은?

① 사회주기이론은 시초 단계, 민중화 단계, 형식화 단계, 제도화 단계로 나뉜다.
② 제도화 단계에서 사회 운동가들은 보수주의가 되고 자신들의 지위를 유지하는 데 있어 기득권을 가지게 된다.
③ 사회 운동은 처음에는 사회 조건을 개선하기 위해 발생하지만 목표를 달성하여도 제도화되지 못한다.
④ 사회 운동의 주기이론 과정은 마치 인간이 태어나서 성장한 후 죽고, 어린 생명이 태어나는 것과 유사하다.

27 다음 중 근대적인 계층 제도에 대한 설명으로 옳은 것은?

① 우리나라 조선사회의 계층 제도이다.
② 비정형적·유동적인 계층 제도이다.
③ 족내혼이 성행하며 계층 간 경계가 유지된다.
④ 개인의 사회적 지위가 완전히 귀속적이다.

28 다음 중 계급에 대한 내용이 <u>아닌</u> 것은?

① 비연속선상에 있는 하나의 층으로 주관적·심리적 서열 구조이다.
② 생산수단의 소유 여부에 따라 나누어진 대립 집단이다.
③ 비교적 고정적·위계적 개념이다.
④ 소속감이 강하고 사회적 이동이 제한된다.

29 사회 계층의 측정 방법 중 주관적인 방법을 〈보기〉에서 모두 고른 것은?

┌─ 보기 ─
ㄱ. 피조사자가 다른 사람의 계층을 평가하는 것
ㄴ. 전국 규모의 조사, 대규모의 조사 연구에서 매우 유용하게 사용됨
ㄷ. 사람들이 자신의 계급이나 계층적 위치를 스스로 어떻게 인식하고 있는가를 측정함으로써 계층 구조를 연구하는 방법
ㄹ. 개인의 자아 평가를 바탕으로 하여 계층 구조를 파악하는 것으로 사람들의 계층의식, 특정 계층의 귀속의식을 연구하는 데 쓰임
ㅁ. 직접적인 사회 조사를 실시하지 않고 2차 자료로 사용 가능
ㅂ. 한 개인 혹은 집단이 지니고 있는 지위들의 등급이 서로 일치하지 않는 상황

① ㄱ, ㄷ
② ㄴ, ㅁ
③ ㄷ, ㄹ
④ ㄹ, ㅂ

30 데이비스-무어 이론에 대한 튜민의 계층 구조의 부정적인 역기능 지적과 관련된 설명으로 옳은 것은?

① 각 직업의 기능적 차이와 희소성에 의해 계층 현상을 파악하고 있다.
② 재능 있는 자가 기능을 획득하려면 장기간의 훈련과 희생을 감수해야 한다.
③ 재능 있는 자에게 훈련을 받게 하려면 경제적 부와 권력 등을 제공하여야 한다.
④ 낮은 계층에게는 사회에 대한 충성심과 참여의식을 저하시키는 기능을 한다.

31 사회 계층의 본질 중 기능론에 대한 설명으로 옳은 것은?

① 계층은 보편적이지만 필연적인 것은 아니다.
② 계층 체계가 사회 조직을 만든다.
③ 권력은 항상 부당하게 배분된다.
④ 계층은 사회와 개인이 적절한 기능을 하도록 촉진한다.

32 다음 내용과 관련 깊은 계급 구조는?

- 소시민적 인간 유형
- 예속적 퍼스낼리티의 소유자
- 자본가와 임금 노동자의 중간에서 봉급 생활을 하는 모든 사람
- 대다수의 사람들이 취하는 행동을 따라가는 타자지향형의 인간형

① 상류 계급   ② 중산 계급
③ 신중간 계급 ④ 하류 계급

33 사회 이동의 요인 중 사회 구조적 원인에 해당하지 않는 것은?

① 교육 수준
② 공업화
③ 인구의 전·출입 유형
④ 계층별 출산력 차이

34 한 개인의 그 생애 동안의 경력 이동 등으로 인해 계층의 변화를 가져오는 경우는?

① 수평 이동
② 수직 이동
③ 세대 간 이동
④ 세대 내 이동

35 사회적 불평등 문제의 해결 방안으로 옳지 않은 것은?

① 다이아몬드형 계층 구조 실현
② 사회 제도의 개선
③ 구성원 의식의 개혁
④ 폐쇄적 계층 구조 실현

36 사용 가능에서 불가능으로, 성장에서 소멸로, 부분이 소멸되어 다른 것으로 대치될 수 없는 경향은?
① 항상성
② 엔트로피
③ 동일귀착성
④ 시스템 진화

37 다음 중 동거하며 가계를 같이 하는 사람들의 집단은?
① 가구
② 가족
③ 친족
④ 동족

38 현대 가족 제도의 문제점으로 적절하지 않은 것은?
① 부계혈통 중심의 직계가족 형태
② 노년층과 젊은층 간의 사회적 단절
③ 여러 가지 문제로 인한 정서적 불안정
④ 이혼으로 인한 결손가족 및 고아 발생

39 농촌 사회의 문제점으로 옳지 않은 것은?
① 농촌의 환경 변화에 따른 불안감 증대
② 농촌 인구의 도시 집중으로 발생되는 노동력 부족
③ 농업과 공업의 불균형 발전에서 비롯되는 문제
④ 근대적인 사회관계로 인한 민주적인 사회의식의 형성

40 다음 중 마르크스의 방법론적 접근법이 아닌 것은?
① 전체적 접근법
② 역사적 접근법
③ 절대성
④ 변동성

제4회 적중모의고사 | 사회학개론

제한시간: 50분 | 시작 ___시 ___분 – 종료 ___시 ___분

정답 및 해설 223p

01 콩트(A. Comte)가 주장한 인류의 지적 진화의 3단계 법칙을 차례대로 바르게 나열한 것은?

> ㄱ. 형이상학적·추상적 단계
> ㄴ. 신학적·운명적 단계
> ㄷ. 과학적·실증적 단계

① ㄱ – ㄴ – ㄷ
② ㄴ – ㄱ – ㄷ
③ ㄴ – ㄷ – ㄱ
④ ㄷ – ㄱ – ㄴ

02 다음 내용과 관련 깊은 학자는?

> 자본주의 발생과 프로테스탄트 윤리의 관계를 연구함으로써 유물론적 역사 해석을 비판하려 하였다.

① 짐멜(G. Simmel)
② 소로킨(P. A. Sorokin)
③ 콩트(A. Comte)
④ 베버(M. Weber)

03 다음 내용과 관련 깊은 접근법은?

> • 사회의 여러 가지 기능적 부분들 간의 조화와 균형을 강조하는 접근
> • 부분보다 전체가 강조되고 질서를 중시함

① 갈등론적 접근
② 순환론적 접근
③ 사회 유기체적 접근
④ 사회명목론적 접근

04 다음 중 관료제에 대한 설명으로 옳지 <u>않은</u> 것은?

① 권한의 서열
② 직무 규정의 공식화
③ 합리적 규율
④ 인격적 접촉

05 문화의 속성 중 보편성에 대한 설명으로 옳은 것은?
① 한 집단의 구성원들이 공통적으로 가지는 생활양식이다.
② 문화의 각 요소들은 상호 유기적인 관련을 맺고 있으면서 전체적으로 하나의 통합성을 가진다.
③ 문화는 고정 불변이 아닌, 문화적 특성이 추가 또는 소멸되며 변화한다.
④ 세계 어느 사회나 문화가 있고 사회성원 모두에게 영향을 미친다.

06 다음 중 자신이 소속되어 있지 않은 외부의 집단으로서 이질감이나 적대감을 갖는 집단은?
① 일차집단
② 내집단
③ 외집단
④ 준거집단

07 뒤르켐(E. Durkheim)은 사회 변동을 기계적 유대에 바탕을 둔 단순 사회에서 유기적 유대를 바탕으로 한 복합 사회로 변화해 가는 과정이라고 보았다. 그는 사회가 이행하는 직접적인 원인을 무엇이라고 보았는가?
① 교육의 힘
② 가족의 해체
③ 분업의 발달
④ 종교의 세속화

08 다음 중 사회명목론에 대한 설명으로 옳지 않은 것은?
① 사회의 질서 유지를 위해서 사회가 행사하는 강력한 구속성이 정당화된다.
② 개개인이 모두 착하면 그 집단과 사회는 자동적으로 착해질 것이라고 보는 관점이다.
③ 전체는 각 구성원의 합 이외에 아무것도 아니다.
④ 사회는 개인의 목표를 증진시켜 주는 도구에 불과하다.

09 다음 중 합의론과 갈등론에 대한 설명으로 옳지 않은 것은?
① 코저(L. Coser)는 갈등이 사회에 분열만을 가져오는 것이 아니라, 사회 비판을 가능하게 하고, 사회의 변동과 안정 양면에 기여한다고 보았다.
② 합의론과 갈등론은 사회를 보는 기본적인 관점을 제공해 주는 접근 방법이다.
③ 합의론적 관점은 사회가 그 구성원들의 동의와 합의에 기초한다고 보는 관점이다.
④ 합의론적 입장은 사회에는 갈등이 상존한다고 보는 입장이다.

10 다음 내용을 정의한 사람은?

> 문화는 인간이 사회 구성원으로서 습득한 지식, 신앙, 예술, 도덕, 법, 관습, 기타 모든 능력과 습관을 포함한 복합적인 총체이다.

① 섬너(W. G. Sumner)
② 타일러(E. B. Tylor)
③ 허스코비츠(M. J. Herskovits)
④ 볼드리지(J. V. Baldridge)

11 다음 중 개인의 자질이나 재능의 차이와 상관없이 출생 시부터 또는 일정 연령에 도달한 때부터 결정되는 지위는?

① 귀속지위
② 성취지위
③ 주된 지위
④ 형식지위

12 다음 내용을 정의한 뒤르켐의 용어는?

> 부분문화가 너무 많으면 가치관이 다양해지고 전체 사회의 규범이 약화될 수 있는 현상

① 문화지체
② 문화변용
③ 공희의례
④ 아노미

13 다음 중 문화접변(Acculturation)의 여러 가지 양상이 아닌 것은?

① 문화전파
② 문화수용
③ 문화동화
④ 문화변형

14 영상자아, 즉 '거울에 비친 자아'라는 개념을 제시한 학자는?

① 미드(G. H. Mead)
② 쿨리(C. H. Cooley)
③ 프로이트(S. Freud)
④ 에릭슨(E. Erikson)

15 리스먼(D. Riesman)이 제시한 퍼스낼리티 유형 중에서 1차 산업이 지배적이던 사회의 퍼스낼리티 유형은?

① 타자지향형 퍼스낼리티
② 전통지향형 퍼스낼리티
③ 자기지향형 퍼스낼리티
④ 내부지향형 퍼스낼리티

16 개인이 사회 전체의 위계 구조 속에서 차지하는 사회적 위치는?

① 역할체제
② 역할행동
③ 역할조
④ 사회적 지위

17 다음 중 일차집단에서 이루어지고 있는 어린이의 학습 과정을 뜻하는 사회학적 개념은?

① 재사회화
② 역할무리
③ 탈사회화
④ 초기 사회화

18 뒤르켐(E. Durkheim)의 『자살론』에서 집단을 위기에서 구하는 일이 시급하다고 믿게 될 때 선택하는 자살 유형은?

① 이기적 자살
② 이타적 자살
③ 아노미적 자살
④ 숙명적 자살

19 집단 구성원이 집단에 속해 있는지를 전혀 의식하지 못하는 집단은?

① 결사체적 집단
② 통계적 집단
③ 준사회 집단
④ 재사회화 집단

20 섬너(W. G. Sumner)에 의한 사회규범의 종류 중 배우자에 대한 정절의 의무나 근친상간의 금지 등을 포함하는 것은?

① 법률
② 민습
③ 원규
④ 관습

21 다음 내용에 해당하는 범죄이론은?

- 특수 억제와 일반 억제를 효과적으로 달성할 수 있는 방법에 관심을 가짐
- 형벌을 독립변수로 보고, 범죄율을 종속변수로 봄

① 고전적 범죄이론
② 신고전적 범죄이론
③ 통제이론
④ 갈등론적 이론

22 관료제의 역기능에 해당하지 <u>않는</u> 것은?
① 관료제에서 일하는 사람은 이른바 훈련받은 무능력자로 전락할 수 있다.
② 몰인정함과 비인간화를 들 수 있다.
③ 번문욕례(Red tape)를 조장할 수 있다.
④ 능력원칙(Meritocracy)에 의한 충원이 불가능하다.

23 사회 제도 중 교육 제도의 숨은 기능이 <u>아닌</u> 것은?
① 사회 통제의 기능
② 결혼의 조절 기능
③ 실업의 조절 기능
④ 지위 상승의 기능

24 기능주의 관점에서 '희소가치의 불평등한 분배'를 설명하는 학자는?
① 렌스키(G. Lenski)
② 튜민(M. Tumin)
③ 데이비스-무어(K. Davis-W. Moore)
④ 오소브스키(S. Ossowski)

25 페이블맨의 사회 제도의 구성요소 중 구조적 요소에 해당하는 것은?
① 관행
② 신화
③ 상징
④ 강령

26 다음 내용과 관련 깊은 용어는?

- 지역이기주의
- 쓰레기 소각장, 산업 폐기물 시설
- Not In My Back Yard

① 과잉현상
② 님비현상
③ 핌피현상
④ 임피현상

27 코저가 제시한 갈등집단의 긍정적 기능이 <u>아닌</u> 것은?
① 이데올로기의 창출
② 집단 동맹의 확대
③ 집단 보존의 기능
④ 집단 결속의 붕괴

28. 다음 중 사회실재론의 관점에 대한 내용으로 옳은 것은?

① 사회계약설, 심리학적 사회학 등의 접근에서 찾을 수 있다.
② 개인에 대한 사회의 구속성을 당연하게 본다.
③ 사람 그 자체가 중요한 독립변수가 된다.
④ 사회는 인간의 종속변수에 지나지 않는다.

29. "주위 환경 때문에 어쩔 수 없이 범죄를 저질렀고 그래서 나는 잘못이 없다."라는 중화기법은?

① 손해 발생의 부인
② 비난자의 비난
③ 자기 책임의 부인
④ 고도의 충성심 호소

30. 다음 중 일탈의 종류에 대한 설명으로 옳지 않은 것은?

① 의례주의형 - 제도적 목표는 갖고 있지 않고, 문화적으로 마련된 수단은 갖고 있는 유형
② 반역형 - 현존하는 문화적 목표·제도적 수단 모두를 거부하고 새로운 목표와 수단을 대안으로 제시하는 유형
③ 패배주의형 - 문화적 목표와 제도적 수단 모두를 포기하는 유형
④ 혁신형 - 성공하고 싶은 욕구는 갖고 있으나 제도적 수단은 갖고 있지 못한 유형

31. 뒤르켐의 아노미적 자살의 내용에 해당하지 않는 것은?

① 가치관의 붕괴, 사회규범이 혼란에 빠졌을 때 주로 나타난다.
② 사회적 의무감이 지나치게 강할 때 발생한다.
③ 기술지식의 급속 발전, 갑작스런 경제 호황 등으로 자주 일어난다.
④ 사회환경의 변화, 도덕적 통제의 결여 등에 의해 발생한다.

32. 일탈의 생물학적 견해에 대한 내용으로 옳지 않은 것은?

① 범죄자는 진화론적으로 볼 때 원시적 인간이다.
② 오늘날의 사회학자들은 생물학적 요인으로 일탈 행위를 설명하는 것은 적절치 않다고 보았다.
③ 영국의 고링은 범죄자들과 일반인의 신체적 특징에 차이가 없다고 밝혔다.
④ 범죄는 비정상적인 심리상태에서 저지르는 것이다.

33 자발적 결사체의 특징이 아닌 것은?

① 가입과 탈퇴가 자유롭다.
② 규정과 조직이 융통성 있게 운영된다.
③ 조직의 목표가 뚜렷하고 신념이 강하다.
④ 일관되고 통일된 조직의 형태로 운영된다.

34 집단의 와해와 원인의 연결이 바르지 않은 것은?

① 직접적 원인 – 집단 내부 규범의 약화
② 이차적 원인 – 역할 통합과 집단 외부 갈등의 와해
③ 삼차적 원인 – 의사소통의 단절
④ 직접적 원인 – 가치관의 불일치

35 다음 내용에서 설명하는 조사 방법은?

> • 연구자가 자신의 연구 문제에 관한 일정한 설문을 구성하고 조사 대상자들에게 배포하여 자료를 수집하는 조사 방법이다.
> • 많은 사람들을 대상으로 일시에 조사를 시행함으로써 시간과 비용의 측면에서 효율성이 높다.

① 서베이 조사
② 표본 조사
③ 현지 조사
④ 사례 조사

36 사회학의 연구 대상 중 인간과 사회의 관계에서 사회에 우선을 두는 사회학적 견해는?

① 구조결정론적 관점
② 사회명목론적 관점
③ 사회실재론적 관점
④ 상호작용론적 관점

37 역할 갈등의 해소 방법으로 무시나 취소를 통해 갈등 요인을 제거하는 것은?

① 결단
② 구분화
③ 합리화
④ 외적 요인의 변형

38 제3세계에 대한 내용으로 적절하지 않은 것은?

① 대부분의 제3세계는 농산물과 광산물에 의존하는 1차 산품의 생산구조를 가지고 있다.
② 1974년 신국제경제질서(NIEO)를 제창하였다.
③ '77그룹 회의'는 아시아, 아프리카 대륙을 중심으로 미·소 제국주의적 패권에 도전한 정치 연합 회의이다.
④ 국제 관계에서 '서'와 '동'에 의한 힘의 정치를 거부하는 '남'의 나라들로 자본주의 진영 혹은 사회주의 진영에 포괄된다.

39 매슬로우의 심리적 요인에서 소속과 애정의 욕구에 해당하는 것은?

① 친밀한 인간 관계, 소속감에 대한 욕구
② 위험이나 위협에 대한 보호
③ 다른 사람의 존경을 받으려는 욕구
④ 자아성취나 자기발전에 대한 욕구

40 다음 중 재사회화 기관에 해당하지 않는 것은?

① 군대
② 교도소
③ 대학원
④ 정신병원

제5회 적중모의고사 | 사회학개론

제한시간: 50분 | 시작 ___시 ___분 – 종료 ___시 ___분

정답 및 해설 228p

01 부분과 전체와의 관계에서 각 부분들은 전체의 유지와 존속에 기여한다고 보는 관점은?

① 합의론적 관점
② 경험론적 관점
③ 사회명목론적 관점
④ 갈등론적 관점

02 다음 중 자발적 결사체가 아닌 것은?

① 친교를 목적으로 한 조직
② 특정 집단의 이익 대변을 위한 조직
③ 사회의 공익을 위해 결성된 조직
④ 정부 조직으로 정부조직법에 의해 설립된 조직

03 사회에는 한 사람 한 사람의 개인적 속성으로 환원되지 않는 집단심 또는 애국심과 같은 독특한 속성이 있다고 보는 견해는?

① 사회실재론
② 사회명목론
③ 상호작용론
④ 사회적 사실론

04 자료 수집 방법 중 지역사회의 정보를 위해 사용하는 양적 접근 방법은?

① 비공식적 인터뷰
② 사회지표 분석
③ 공식적 인터뷰
④ 구조화된 서베이

05 사회는 인간을 떠나 그 존재를 스스로 드러낼 수 없고, 인간 또한 사회를 떠나 존재할 수 없다는 이론은?

① 사회실체론
② 사회명목론
③ 출현적 속성이론
④ 상호작용론

06 다음 중 문화의 속성과 가장 거리가 먼 것은?

① 후천성
② 보편성
③ 획일성
④ 체계성

07 다음 중 특정 집단에서 독특하게 나타나는 문화, 즉 한 사회 내의 여러 집단이 각각 자기 집단성원들끼리만 공유하는 문화는?

① 특수문화
② 하위문화
③ 전체문화
④ 기생문화

08 다음 내용에서 나타나는 문화의 측면은?

> 우리 민족의 한옥은 지붕 선이 아름답다.

① 경험적 문화
② 심미적 문화
③ 규범적 문화
④ 전통적 문화

09 두 개의 이질적인 문화가 오래 접촉하는 동안 각각 본래의 문화 특성을 잃고 새로운 문화를 창조해 내는 문화현상은?

① 문화동화
② 문화변형
③ 문화지체
④ 문화수용

10 피아제의 인지발달이론 중 사물을 생각과 감정으로 이해하고 내재화시키지만 사고와 감정 표현은 자기중심적인 단계는?

① 지각동작단계
② 전조작단계
③ 구체적 조작단계
④ 형식적 조작단계

11 한 개인이 그 사회가 바라는 인간다운 인간으로 성장해 가는 과정을 일컫는 용어는?

① 사회화
② 분업화
③ 조직화
④ 퍼스낼리티

12 사회적 정체성을 결정하는 데 중요한 역할을 하는 지위로 전통 사회에서는 신분, 현대 사회에서는 직업 등이 해당되는 것은?

① 귀속지위
② 성취지위
③ 생래적 지위
④ 주된 지위

13 머튼(R. K. Merton)의 아노미이론에서 일탈의 종류 중 제시된 내용과 관계 깊은 것은?

> - 시험을 볼 때의 부정행위
> - 성공하고 싶은 욕구는 있으나 제도적 수단을 갖고 있지 못한 경우

① 고안형
② 의례주의형
③ 저항형
④ 은둔형

14 어떤 행동도 그 행위 자체는 본질적으로 일탈이 아니라 그 행위가 발생하는 상황과 여건에 의해서 일탈과 정상이 규정되며, 일탈은 일탈 행위자와 일탈을 규정하는 자 사이의 이해와 가치의 갈등으로 설명된다는 이론은?

① 사회적 학습이론
② 차별교제이론
③ 낙인이론
④ 중화이론

15 다음 중 피해자가 없는 범죄의 유형이 아닌 것은?

① 문서위조
② 낙태
③ 매춘
④ 도박

16 다음 중 조직에서 사기를 측정하는 기준이 아닌 것은?

① 작업집단에의 긍지
② 자기과업에의 만족도
③ 경제적 만족도
④ 과업 달성

17 고소득층 집안의 자녀가 대학에 진학할 확률이 높은 현상을 설명하는 데 가장 적합한 이론은?

① 모델이론
② 기회이론
③ 준거집단이론
④ 능력이론

18 벨(D. Bell)의 후기 산업사회의 특성으로 옳은 것을 〈보기〉에서 모두 고른 것은?

> 보기
> ㄱ. 제조업 중심의 생산 경제는 서비스 경제로 전환된다.
> ㄴ. 블루칼라 종사자가 화이트칼라 종사자보다 많다.
> ㄷ. 정책 결정에 있어서 이론적 지식이 중요한 역할을 한다.
> ㄹ. 기술의 통제와 계획을 기본 특징으로 한다.

① ㄱ, ㄴ, ㄷ
② ㄱ, ㄴ, ㄹ
③ ㄱ, ㄷ, ㄹ
④ ㄴ, ㄷ, ㄹ

19 다음 내용과 관련 깊은 사회 조직 유형은?

- 대규모화된 조직의 업무를 효율적으로 처리하기 위한 조직 형태를 가리킨다.
- 명확한 업무 처리 규정을 가지고 있고 조직 내에 뚜렷한 위계 서열이 존재한다.
- 기업, 관공서, 종합병원, 학교, 군대 등은 이와 같은 조직 형태를 중심으로 운영되고 있다.

① 과학적 관리론
② 고전적 관리론
③ 관료제
④ 인간관계론

20 베버(M. Weber)의 사회 계층 결정요인으로 바르게 짝지어진 것은?

① 정치적 권력, 경제적 자원, 사회적 지위
② 경제적 자원, 사회적 지위, 교육적 지위
③ 정치적 권력, 종교적 단합, 사회적 지위
④ 교육적 지위, 사회적 지위, 정치적 권력

21 다음 중 여러 도시의 연합에 의해 형성된 거대도시는?

① 메트로폴리스
② 테크노폴리스
③ 메갈로폴리스
④ 세계도시

22 다음 중 군중의 특성이 아닌 것은?

① 비개인성
② 암시성
③ 사회적 전염성
④ 우발성

23 오늘날 미국의 세계 지배가 지나쳐 패권주의로 흐르게 되면 언젠가 그 패권은 힘을 잃게 될 것이라고 예측해 볼 수 있다. 이러한 예견을 뒷받침할 수 있는 소로킨의 논리는?

① 흥망성쇠의 원리
② 균형의 원리
③ 극한의 원리
④ 패권의 논리

24 다음 중 군중보다 규모가 큰 많은 사람들의 모임을 일컫는 말은?

① 국민
② 대중
③ 공중
④ 사회

25 종속이론가를 〈보기〉에서 모두 고른 것은?

> 보기
> ㄱ. 아민(S. Amin)
> ㄴ. 프랭크(A. G. Frank)
> ㄷ. 푸르타도(C. Furtado)
> ㄹ. 파슨스(T. Parsons)

① ㄱ, ㄴ, ㄷ
② ㄱ, ㄴ, ㄹ
③ ㄱ, ㄷ, ㄹ
④ ㄴ, ㄷ, ㄹ

26 다음 중 마르크스가 주장하는 사회 변동의 원인은?

① 계급 갈등
② 자본주의
③ 재사회화
④ 문화적 차이

27 다음 중 학자와 그 이론이 바르게 연결되지 않은 것은?

① 프로이트 – 성품발달이론
② 피아제 – 인지발달이론
③ 에릭슨 – 자아발달 8단계 이론
④ 미드 – 영상자아이론

28 두 개의 문화가 거의 전면적인 접촉을 하는 과정에서 제3의 문화체계를 형성하는 문화현상은?

① 문화융합
② 문화변형
③ 문화동화
④ 문화수용

29 다음 내용과 관련 깊은 문화는?

> • 기존 사회의 질서를 인정하지 않고 그것을 파괴하려는 집단의 문화
> • 폭력집단, 마약 중독자, 알코올 중독자, 동성연애자 등의 가치관 등

① 전체 문화
② 반문화
③ 부분 문화
④ 지역 문화

30 섬너의 사회규범의 분류에 대한 설명으로 옳지 않은 것은?

① 민습 – 일상적인 개인 생활을 중심으로 규정해 놓은 행동 규범
② 원규 – 그 사회가 추구하는 가치를 실현할 수 있도록 구체화한 행동 규범
③ 원규 – 가장 규제력이 낮은 사회규범
④ 법률 – 공식적으로 명문화된 사회 통제 수단

31 한국의 사회학 발전 과정에 대한 내용으로 옳지 않은 것은?

① 제1기 - 서구 사회학을 바탕으로 한 이론 사회학의 도입 및 수련기
② 제2기 - 미국 사회학의 본격적인 도입기
③ 제3기 - 한국적 특색의 사회학이 모색되는 시기
④ 제3기 - 사실 탐구의 조사 방법이 크게 활용되는 시기

32 체계이론의 단점에 대한 설명으로 가장 적절한 것은?

① 오늘날 중대한 사회문제나 인간적 문제를 등한시하였다.
② 객관적 논리를 무조건 긍정적으로 수용하였다.
③ 경험적 연구에서 얻어질 수 있는 자료 등을 제시하지 못했다.
④ 역사적·동태적 분석이 힘들고, 이데올로기를 문제시하지 않았다.

33 사회·문화 현상 탐구 자세 중 새로운 사실과 주장을 아무런 편견 없이 받아들이는 것은?

① 객관적인 태도
② 개방적인 태도
③ 상대주의적 태도
④ 방임적 태도

34 다음 중 지식사회학에 대한 내용으로 옳지 않은 것은?

① 만하임(K. Mannheim)이 대표적인 학자이다.
② 사회학에 지식사회학적 방법을 정립시킨 사회학이다.
③ 모든 지식, 사상, 내용, 형식도 사회적으로 결정된 것으로 보고 분석한다.
④ 현세적으로 이루어지는 모든 형태의 인간 경험에 초점을 맞추는 접근법이다.

35 다음 중 용어의 설명이 옳지 않은 것은?

① 공동체 - 일차적 인간관계이며, 공속의식이 강하고, 인간관계가 친밀하고 인격적인 집단
② 결사체 - 이차적 인간관계로서 형식적·부분적·공식적인 특성을 지닌 집단
③ 준거집단 - 개인이 자신의 행동과 가치판단의 기준으로 삼는 집단
④ 이차집단 - 구성원 간의 친밀한 대면접촉을 통하여 이루어진 집단

36 다음 집단의 분류 방법 중 구성 형태에 따른 분류는?

① 내집단, 외집단
② 일차집단, 이차집단
③ 공식집단, 비공식집단
④ 개방집단, 폐쇄집단

37 여러 사회 현상의 일반적 공통성이 연구 대상이라고 보면서, 사회학을 'N + 1'의 학문이라고 규정한 학자는?

① 쿨리
② 소로킨
③ 버거
④ 뒤르켐

38 다음 설명의 괄호 안에 공통적으로 들어갈 말로 알맞은 것은?

> • 사회학은 특정 제도와 관행의 (　) 기능과 이면적 기능을 가지고 있다.
> • (　) 기능은 어떤 특정 제도가 공식적으로 추구하는 목적과 직결되는 것이다.
> • 공식적 상황판단 속에서 찾을 수 있는 기능이다.

① 외피적
② 이면적
③ 잠재적
④ 배면적

39 사회를 과학적으로 탐구하는 새로운 과학의 필요성을 주장하면서, 최상위 학문으로서 사회학이라는 용어를 처음 사용한 학자는?

① 베버
② 버거
③ 콩트
④ 스펜서

40 오늘날 복지국가가 지향해야 하는 것이 <u>아닌</u> 것은?

① 사회적 보장
② 불완전 고용
③ 삶의 기회의 균점
④ 노동조합 육성

제6회 적중모의고사 | 사회학개론

제한시간: 50분 | 시작 ___시 ___분 – 종료 ___시 ___분

정답 및 해설 233p

01 베버의 프로테스탄트의 윤리와 자본주의 정신에 대한 설명으로 옳지 <u>않은</u> 것은?

① 사회 변동의 동인은 물질적인 측면에 기인한다.
② 부르주아 자본주의가 왜 서구에서 먼저 시작되었는지 규명하였다.
③ 베버의 사회과학 인식론은 역사학파와 마르크스주의에 대한 비판이었다.
④ 부르주아 자본주의를 노동과 생산조직을 통해 이윤을 최대화하는 정신에 기초한 것으로 이념화하였다.

02 마르크스의 사회학이론에 영향을 주었다고 볼 수 <u>없는</u> 사상은 무엇인가?

① 신자유주의 사상
② 독일 고전철학
③ 영국의 고전정치경제학
④ 프랑스의 유토피아적 사회주의 사상

03 다음 내용과 관련 깊은 사회이론은?

> 인간과 사회와의 관계에서 개인보다는 사회가 우선이고 중요하다고 보면서, 이러한 사회 속에 살고 있는 인간은 사회의 부속품에 지나지 않는다는 견해이다.

① 사회실재론
② 사회명목론
③ 사회계약론
④ 사회 조직론

04 다음 내용과 관련 깊은 사회 조사의 방법은?

> 연구자가 자신의 연구 문제에 관한 일정한 설문을 구성하고 조사 대상자들에게 설문을 배포하여 자료를 수집하는 조사 방법으로 사회 과학자들이 자료 수집을 위하여 가장 많이 사용한다.

① 현지 조사
② 표본 조사
③ 사례 조사
④ 서베이 조사

05 사회·문화 현상을 탐구하는 자세로 바람직하지 <u>않은</u> 것은?

① 객관적인 태도
② 개방적인 태도
③ 개인주의적 태도
④ 상대주의적 태도

06 한 개인이 가지는 사회적 지위의 차원별 높이가 서로 다른 상황을 무엇이라고 하는가?

① 지위불일치
② 역할 갈등
③ 사회적 기대
④ 역할 혼동

07 다음 중 상징적 상호작용론에 대한 설명으로 옳은 것은?

① 사회를 활동적·창조적인 주체로 본다.
② 타인과의 상호작용 상황에서 기계적으로 반응한다.
③ 개인의 자아의식 형성은 사회에서의 상호작용의 결과이다.
④ 사회현상을 이해하는 데 있어 구조적 결정론이나 심리학적 환원론을 중요시한다.

08 사회학의 공헌에 대한 설명으로 옳지 <u>않은</u> 것은?

① 우리나라에서 행동 과학을 주도하고 있다.
② 가치관의 혼란 문제를 학문적으로 분석하고 있다.
③ 인간의 재사회화 문제를 다루는 데 있어 적극적으로 기여하였다.
④ 근대화를 복지사회화로 유도하는 데에는 큰 관심이 없다.

09 다음 사회현상들이 공통적으로 설명하는 것은?

- 서구인의 체형에 맞춘 성형수술 열풍
- 영어 지상주의와 세계 최고의 과학문자인 한글 경시 풍조

① 문화적 상대주의
② 문화 사대주의
③ 자민족 중심주의
④ 문화적 제국주의

10 다음 내용에서 나타나는 문화현상은?

물질적 측면과 연관되어 있는 여러 가지 제도 등 비물질적 측면의 가치의 변화가 물질적 측면의 변화를 따르지 못하고 기술 발달이 계속되면 그 간격은 점점 커지게 된다.

① 문화변동
② 문화접변
③ 문화지체
④ 문화발달

11. 우리 고유의 한(恨)의 정서가 표현되어 있는 김소월의 「진달래꽃」을 외국어로 번역할 때 그 감정까지 외국인이 완벽하게 이해하도록 번역하기 어려운 이유로 가장 적절한 것은?

① 역사적 환경이 다르기 때문이다.
② 경험적 문화가 다르기 때문이다.
③ 규범적 문화가 다르기 때문이다.
④ 심미적 문화를 공유하지 않기 때문이다.

12. 다음 중 사회적 상호작용에 대한 설명으로 옳지 않은 것은?

① 공유하고 있는 문화 혹은 상징을 밑바탕으로 하여 발생한다.
② 서로 상대방에게 감정과 행동을 주고받는 사회적 행동의 교환 과정이다.
③ 집단 간에 갈등이 생기면 집단 내부의 갈등이 심화되는 경향이 있다.
④ 일정 기간 동안 지속적으로 일어나면 어떤 형태로든 유형화되어 사회 구조를 이루게 된다.

13. 다음에서 설명하고 있는 것은 에릭슨(E. H. Erikson)의 자아발달 8단계 중 어느 단계인가?

- 대체로 적극적이고 능동적이며 부지런히 일을 하는 단계이다.
- 새로운 기술과 사회적 능력을 학습하며 읽거나 쓰기뿐만 아니라 손 기술을 배우는 것, 기술적인 놀이와 운동에 참여한다.

① 자율성과 의구심의 단계
② 진취성과 죄의식의 단계
③ 근면성과 열등감의 단계
④ 친근감과 고립감의 단계

14. 다음 내용에 해당하는 사회 발전 단계에 따른 퍼스낼리티의 유형은 무엇인가?

- 개인적 표준에 따라 행동하는 유형이다.
- 전통적 가치관을 고수하는 사람은 급변하는 사회에 적응하지 못하고 낙오하는 현상이 일어날 수 있다.

① 전통 지향형
② 권위주의형
③ 타자 지향형
④ 내부 지향형

15. 역할에 대한 설명으로 옳지 않은 것은?

① 역할의 내용은 원칙적으로 개인의 선호에 따라 결정할 수 있다.
② 각각의 사회적 지위에 연관된 규범적인 행동 유형을 일컫는다.
③ 어떤 지위에 기대되는 행동 방식을 역할이라고 하는데 모든 지위에는 일정한 역할이 있다.
④ 비들과 토마스는 '역할은 점유하고 있는 지위에 대해 바람직하다고 생각되는 행동을 규정해 놓은 일련의 처방'이라고 했다.

16 공식적인 조직 체계를 갖춘 사회 집단으로 뚜렷한 목적이 있고 목표 달성을 위해서 형식적으로 조직된 집단은?

① 사회 집단
② 준사회 집단
③ 통계적 집단
④ 결사체적 집단

17 다음 중 사회 집단에 대한 설명으로 옳지 않은 것은?

① 준거집단은 개인이 자신의 행동과 가치판단의 기준으로 삼는 집단을 말한다.
② 사람들은 내집단을 통해 자신을 인정받고 자아정체감을 얻으며 판단과 행동의 기준을 배운다.
③ 종착 지위의 삶에 매이지 않고 원천 지위에 알맞은 삶의 양식을 배우려고 하는 현상을 예견적 사회화라고 한다.
④ 주변적 인간이란 서로 다른 두 집단에 소속되어 있으나 어느 집단에도 완전히 동일시되지 못하고 두 집단의 변두리 부분에 속해 있는 존재이다.

18 머튼(R. K. Merton)의 아노미이론의 문제점에 대한 내용으로 옳지 않은 것은?

① 구조적 긴장이 극대화되어 있는 하류 계층의 일탈 행동은 잘 예견할 수 있으나 그 긴장이 극소화되어 있는 상류층의 일탈 행동은 잘 예견하지 못한다.
② 일탈을 일으키는 요인이 무엇이고 일탈률의 증가와 감소는 어떠하며 일탈을 줄일 수 있는 방안은 무엇인가 하는 등의 질문에는 적절한 답을 하지 못한다.
③ 어느 사회에서나 중요한 문화적 가치와 목표들은 기본적 합의가 이루어져 있다고 가정하고 있으나 실제로 반드시 그렇지는 않다.
④ 일탈의 원인을 문화와 사회 구조 속에서 파악하려고 한 나머지 집단 또는 개인들 간의 상호작용이 일탈 행동 발생에 기여하는 영향력을 과소평가했다는 비판이 있다.

19 사회 구조를 보는 시각이 다른 하나에 해당하는 것은?

① 개인중심적 견해로 사회보다는 인간을 강조한다.
② 개인에 대한 사회의 구속성을 당연하다고 본다.
③ 사회계약설, 심리학적 사회학 등의 접근에서 찾을 수 있다.
④ 개인주의적, 이기적인 관점을 우선시하여 공익을 침해할 수 있는 관점이라는 비판이 있다.

20. 다음 내용에서 공통적으로 설명하고 있는 조직이론은?

- 합리적 경제인관에 기초하여 물질적 유인만을 동기 부여의 요인으로 강조한다.
- 생산 과정에 활용하는 기술과 지식을 체계화하는 기초를 확립한다.
- 조직과 행정의 어느 일면만을 강조하고 조직에서의 인격적인 측면을 무시하거나 부차적인 것으로만 생각하는 경향이 있다.

① 과학적 관리론
② 고전적 관리론
③ 인간관계론
④ 체계이론

21. 파슨스(T. Parsons)가 설명하는 체계의 기능이 아닌 것은?

① 적응 기능
② 목표 달성 기능
③ 분할 기능
④ 잠재성 기능

22. 다음 중 정치제도의 순기능(드러난 기능)이 아닌 것은?

① 질서 유지를 위한 법률 집행
② 치안 확보
③ 공공복리 위한 시설 마련
④ 권력 엘리트 형성

23. 다음 내용과 관련 깊은 사회 제도는?

- 산업 사회에서 중요한 사회 제도로 사회화를 담당하는 필수적 역할을 한다.
- 현 사회의 가치와 규범을 새로운 세대에게 체계적으로 전달하여 그들을 온전한 사회성원으로 만들어 가는 사회화 과정이 가능하도록 한다.

① 정치 제도
② 교육 제도
③ 종교 제도
④ 가족 제도

24. 현대 대중사회에서 나타나는 계층의 형태로 다이아몬드형인 것은?

① 완전성층형
② 부분성층형
③ 완전평등형
④ 부분평등형

25. 자본가와 임금 노동자의 중간에서 봉급 생활을 하는 모든 사람을 총괄해서 부르는 개념으로 옳은 것은?

① 상류 계급
② 구중간 계급
③ 신중간 계급
④ 하류 계급

26. 소득과 불평등의 관계에 대한 설명으로 옳지 않은 것은?

① 지니계수가 높을수록 불평등이 심하다.
② 지니계수를 이용하여 불평등의 관계와 경제 발전을 그래프로 나타내면 역U자 모양이 되므로 쿠즈네츠의 가설을 역U자 가설이라고 한다.
③ 쿠즈네츠에 의하면 안정적인 경제 발전이 계속되면 그 후부터는 불평등의 정도가 축소되는 경향이 있다고 한다.
④ 자본주의 국가의 지니계수는 대체로 0.35 이하가 많은 반면, 사회주의 국가의 지니계수는 0.35~0.40이 많다.

27. 가족의 정의를 다음 내용과 같이 내린 학자는?

- 혼인, 혈연, 입양에 의해 결합된 집단이다.
- 하나의 가구를 형성하고 한 지붕 밑에서 같이 생활한다.
- 남편과 아내, 아버지와 어머니, 아들과 딸, 형제와 자매라는 각각의 사회적 역할 속에서 상호작용하며, 의사소통하고 공통의 문화를 창조·유지하는 집단이다.

① 머독(G. Murdock)
② 레비-스트로스(C. Levi-Strauss)
③ 버제스(E. Burgess)와 로크(J. Locke)
④ 허스코비츠(M. Herskovits)

28. 현대 사회의 가족 의식에 대한 설명으로 옳지 않은 것은?

① 이전에 비해 부부 평등 제도가 확립되었다.
② 가부장권이 점차 축소되는 경향이다.
③ 가족의 기능의 많은 부분이 축소되었으며 소비의 기능이 강조되고 있다.
④ 전통적인 효 관념이나 남아 선호 사상 등 이전의 가족주의적 가치는 완전히 없어졌다.

29. 다음에서 설명하고 있는 도시에 해당하지 않는 것은?

- 대도시 주변에서 그 기능을 분담하는 도시이다.
- 행정적으로 독립되어 있으며 교통편 등의 관계 등으로 따져서 그 주변 교외에 있는 소도시 등에서 발달되어 있다.

① 성남   ② 부산
③ 안산   ④ 광명

30. 도시 공간 구조의 생태학적 모형들 중에서 동심원지대 가설을 주장한 학자는?

① 파크
② 버제스
③ 호이트
④ 해리스와 울만

31. 사회체제의 개념 및 이행 관련 이론에 대한 설명으로 옳지 않은 것은?

① 사회체제는 고정불변적이지 않고 변동되어 왔다.
② 메인은 신분 사회로부터 계약 사회로 이행한다고 보았다.
③ 퇴니스는 공동사회로부터 이익사회로 이행한다고 보았다.
④ 마르크스는 공동사회로부터 산업형 사회로 이행한다고 보았다.

32. 다렌도르프의 산업사회론에 대한 설명이 아닌 것은?

① 자본주의 사회란 산업사회를 구성하는 하나의 하위 유형이다.
② 산업사회의 개념을 중시하면서 제조업 중심의 생산 경제는 서비스 경제로 전환된다.
③ 산업사회는 자본주의 사회의 궁핍화를 해결하고 풍요한 사회를 실현시킨다.
④ 산업사회에서는 기술자, 지식인, 경영자 등이 사회의 지배 세력으로 등장하였다.

33. 제3세계 경제 발전과 관련하여 월러스틴(Wallerstein)이 주장한 내용으로 옳지 않은 것은?

① 중심부와 주변부에 반주변부라는 개념을 추가하였다.
② 하나의 전체로서 세계 체계를 분석 대상으로 설정하였다.
③ 중심부와 주변부 사이의 격차는 점차 완화될 것이라고 하였다.
④ 제3세계 국가들이 선진국을 따라하면 근대화를 이룰 수 있다고 주장하였다.

34. 다음 내용이 공통적으로 설명하고 있는 문화 접변의 결과로 알맞은 것은?

- 한 사회의 문화가 다른 문화체계 속에 흡수되는 현상이다.
- 인디언 부족들이 백인 문화와 접촉하면서 자기 문화를 상실한 것을 그 예로 들 수 있다.

① 문화공존
② 문화동화
③ 문화융합
④ 문화지체

35. 다음에서 공통적으로 설명하는 범죄의 종류에 해당하지 않는 것은?

- 자본주의 사회의 일상적 현상을 볼 수 있으나 기업 활동이나 행정 집행 과정에서 저질러지기 때문에 적법·위법의 판단을 내리기 어렵다.
- 교묘하고 계획적인 범죄가 많아 피해자가 느끼는 피해 감정이 미약하며 가해자도 살인, 강도 등을 저지른 것과 같은 죄의식을 갖지 않는다.

① 횡령
② 배임
③ 외화 밀반출
④ 알코올 중독

36 군중에 대한 설명으로 옳지 않은 것은?

① 익명화된 사람들의 행동으로 조직 및 구조가 결여된다.
② 토론과 논쟁을 통해 여론을 형성한다.
③ 공통된 관심사를 갖고 직접적으로 접촉한다.
④ 상호작용이 없거나 일시적인 상호작용을 한다.

37 다음 중 한국 사회학의 발전에 대한 설명으로 옳지 않은 것은?

① 1960~1970년대에는 농촌 사회학에 대한 연구가 주류를 이루었다.
② 1980~1990년대에는 산업 사회학·노동 사회학 연구가 인기를 끌었다.
③ 2000년대 이후 한국 사회학자들은 대부분 보수주의적 이념 성향을 갖고 있다.
④ 한국 사회학계의 연구 주제는 한국 사회의 변동을 반영하여 변화해 왔다.

38 다음 중 성취지위로만 묶인 것은?

① 학생 – 부장
② 장관 – 여자
③ 노비 – 남편
④ 부모 – 딸

39 다음은 사회 변동을 보는 관점에 대한 표이다. (가)~(다)에 들어갈 이론을 차례대로 나열한 것은?

구분	(가)	(나)	(다)
관점	사회는 일정한 방향으로 진보하고 발전함	변동은 각 부분의 균형이 깨져 나타나는 현상	모든 사회의 보편적인 현상인 갈등에 의해 사회가 변동함
변동 내용	단순, 미분화된 상태 → 복잡, 분화된 상태	균형에서 일탈 → 긴장 발생 → 마찰과 갈등 → 균형 회복	힘에 의한 통합 → 갈등의 표출 → 현상 파괴 → 새로운 힘에 의한 통합
비판	• 사회가 일정한 방향으로 진보한다는 전제의 오류 • 제국주의 국가의 식민지 지배를 정당화	• 혁명적 사회 변동 설명 불가능 • 지배층의 기득권 옹호 수단으로 이용	• 혁명, 투쟁의 정당화 근거 제공 • 사회 각 부분 간의 상호의존성 경시

　　　(가)　　(나)　　(다)
① 균형론　갈등론　진화론
② 갈등론　균형론　진화론
③ 진화론　균형론　갈등론
④ 진화론　갈등론　균형론

40 푸르타도(C. Furtado)의 저발전 과정론에서 종래 수입해 오던 상품을 자국에서 생산하여 국제수지를 개선하는 단계에 해당하는 것은?

① 수입 대체 단계
② 비교우위 단계
③ 대중적 고도소비 단계
④ 다국적 기업의 확산 단계

제7회 적중모의고사 | 사회학개론

제한시간: 50분 | 시작 ___시 ___분 – 종료 ___시 ___분

정답 및 해설 238p

01 다음 중 사회학에 대한 내용으로 옳지 <u>않은</u> 것은?

① 사회계약설은 시민혁명의 사상적 기반이 되었다.
② 사회학의 명칭은 콩트에 의해 처음으로 붙여졌다.
③ 사회학이 발전할 수 있는 사회는 닫힌 사회체제이다.
④ 근대 산업사회로의 이행 과정에서 오는 혼란 수습을 목적으로 출현하였다.

02 버거의 사회학 해석 방법의 내용으로 옳지 <u>않은</u> 것은?

① 공식적인 상황 규정의 무조건 수용에 주저한다.
② 사회학자는 사물과 현상을 꿰뚫어 보려는 본질을 가진다.
③ 사회학은 이데올로기적 기능을 폭로하는 불신의 기예이다.
④ 사회학 연구 분야를 사회정학과 사회동학으로 구분하는 것이 바람직하다고 보았다.

03 사회학의 연구 영역에 대한 내용으로 옳지 <u>않은</u> 것은?

① 사회학은 사회를 연구하는 학문이다.
② 사회학은 사회현상의 특정 영역만을 연구 대상으로 삼는다.
③ 사회학의 관심은 인간 행위 한 차원이 아닌 여러 차원에 걸쳐 있다.
④ 사회학은 집단 과정과 사회체제에 특정한 관심을 기울인다.

04 다음 중 사회 조사 방법이 <u>아닌</u> 것은?

① 관찰
② 서베이 조사
③ 사례 연구
④ 추론

05 다음 중 종속이론에 대한 내용으로 옳지 <u>않</u>은 것은?

① 제3세계는 국내적으로 실업, 부의 사회적 격차들이 점차 줄어들게 되었다.
② 제3세계의 근대화에 대한 반성과 비판의 소리를 배경으로 출현하였다.
③ 제3세계는 급격한 경제 성장에도 불구하고 자본주의 국가와 상대적 격차가 줄어들지 않았다.
④ 국내 차원에서의 중심, 주변 간의 양극화 현상은 사회적·정치적 위기를 초래하였다.

06 현대 사회학의 흐름에 대한 설명으로 옳지 <u>않은</u> 것은?

① 현대 사회는 제1차 세계대전과 러시아 혁명을 기점으로 본다.
② 제2차 세계대전의 종전 후 사회학의 이론은 이데올로기를 배경으로 양분되었다.
③ 갈등론적 접근에는 급진적 사회학과 교환이론 등이 있다.
④ 자유 진영의 사회학은 인식론적 기초로 하는 갈등론적 관점이 주류를 이룬다.

07 교환이론에 대한 내용으로 옳지 <u>않은</u> 것은?

① 교환이론은 행동주의 심리학의 영향을 받아 호만스가 수립하였다.
② 모든 인간은 기본적으로 이윤을 추구하는 존재라는 전제에서 출발한다.
③ 블라우는 교환이론을 주로 개인과 개인 간의 관계에 적용하는 미시적인 이론의 정립을 시도하였다.
④ 호만스는 개인 대 개인 사이에서 일어나는 상호작용의 유형을 형식화하려고 하였다.

08 다음 중 역사이론의 강점이 <u>아닌</u> 것은?

① 문제의식을 불러일으켜 역동적 사회 형성에 기여하였다.
② 역사 발전 주장의 힘이 미래의 추진력이 되어 강렬한 발전적 충동을 일으켰다.
③ 역사의 법칙을 밝히고 사회의 미래상을 제시하여 문제의식을 불러일으켰다.
④ 사회 발전을 위한 구체적인 계획, 경험적 연구의 자료 등을 제시해 주었다.

09 이미 세상에 존재하던 사물이나 지식 등을 새롭게 인식하고 사용할 수 있도록 깨닫게 하는 것은?

① 전파
② 발견
③ 발명
④ 개발

10 다음 내용과 관련 깊은 문화현상은?

> • 한 사회에서 기술 발달이 그 기술을 뒷받침하는 가치관과 같은 정신적인 발달이 동반되어 나타나지 않을 때 문화의 부조화 현상이 생긴다.
> • 문화의 여러 측면이 같은 속도로 골고루 변동하지 않을 때 나타나는 현상이다.

① 문화접변
② 문화변동
③ 문화전파
④ 문화지체

11 사회적 상호작용의 특성에 대한 내용으로 옳지 않은 것은?

① 공유하는 문화 혹은 상징을 밑바탕으로 하여 발생한다.
② 사회적 상호작용은 일정기간 동안 지속적으로 발생한다.
③ 상호작용의 형태가 유형화되어 사회 구조를 이루게 된다.
④ 상호작용의 부정적인 면은 쇠퇴하고, 긍정적인 측면만 점차 부각된다.

12 사회적 상호작용의 유형 중 동일한 목표달성을 위해 둘 이상의 행위자가 동일 목표를 먼저 차지하려고 애쓰는 것은?

① 협동
② 갈등
③ 경쟁
④ 교환

13 "다른 사람이 곧 거울의 역할을 한다."라고 하면서 자아의 개념은 주위 사람들과의 상호 작용 과정에서 형성된다고 본 사회학자는?

① 쿨리
② 미드
③ 피아제
④ 에릭슨

14 퍼스낼리티 형성 요인 중 사회화 과정에서 작용하는 요인이 아닌 것은?

① 유전적 형질
② 부모의 가치관
③ 타인과의 접촉 정도
④ 사회화 대행자의 특성

15 사회 집단의 의미에 대한 설명으로 적절하지 않은 것은?

① 두 사람 이상의 무리로 공동체 의식을 갖는다.
② 음악회에 모인 청중들은 사회 집단에 속한다.
③ 지속적으로 상호작용을 하는 많은 사람들이다.
④ 서로 소속감과 의지하는 감정을 공유하는 집합체이다.

16 다음 중 구성원 간의 간접적인 접촉과 목적 달성을 바탕으로 결합된 집단은?

① 내집단
② 준거집단
③ 원초집단
④ 이차집단

17 퇴니스의 사회 분류 중 게젤샤프트에 대한 내용으로 옳은 것은?

① 비타산적, 감정적, 전인격을 지닌 자들의 운명 결합 형태이다.
② 일차적 관계를 특징으로 하고 비공식적 관계이다.
③ 농촌 마을 등에서 흔히 볼 수 있는 관계이다.
④ 이익을 위해 계약이나 규칙의 지배가 필요하다.

18 머튼의 비동조자의 특성이 아닌 것은?

① 실정법을 어긴 것을 숨기지 않는다.
② 비동조자는 확신범이나 양심범이 아니라 단순 범법자이다.
③ 현재 소속집단의 규범을 어긴 것은 개인의 사적 이익과 관계없다.
④ 소속집단의 부당한 규범을 대신하여 새롭고 정당한 규범을 도입하려 한다.

19 사회적 의무감이 지나치게 강할 때 나타나는 자살 유형은?

① 숙명적 자살
② 이기적 자살
③ 아노미적 자살
④ 이타적 자살

20 일탈과 범죄를 자연적이고 보편적인 현상으로 보면서 사회가 공유하는 가치체계가 깨졌을 때 일탈이 생긴다고 본 학자는?

① 마르크스
② 머튼
③ 뒤르켐
④ 서덜랜드

21 레머트의 낙인이론에 대한 설명으로 옳지 않은 것은?

① 이차적 일탈은 일시적이거나 경미한 일탈 행위를 말한다.
② 일탈 행위를 일차적 일탈과 이차적 일탈로 구분하였다.
③ 낙인이 찍힌 후 자신이 일탈자라는 자아상을 갖게 되면 이차적 일탈이다.
④ 규칙을 어긴 최초 행위이나 발견되지 않아 낙인이 찍히지 않는 행위는 일차적 일탈이다.

22 벤담의 범죄이론에 대한 설명으로 옳지 않은 것은?

① 감옥은 참회 장소이어야 한다.
② 형벌은 필요악으로 범죄와 균형이 맞아야 한다.
③ 인간의 행위는 쾌락을 추구하는 합리적 판단의 결과라고 주장하였다.
④ 최대 비용으로 최상의 감시 효과를 거둘 수 있는 파놉티콘(Panopticon)을 구상하였다.

23 다음 중 뒤르켐의 아노미적 자살 요인이 아닌 것은?

① 사회 정세의 변화
② 사회 환경의 차이
③ 도덕적 통제의 결여
④ 지나친 사회적 의무감

24 다음 중 사회 구조에 대한 설명으로 옳지 않은 것은?

① 사회 구조는 인간의 상호작용을 통해서 이루어진다.
② 사회 구조는 인간 상호작용의 불규칙적인 양상이다.
③ 사회 구성요소의 기본적 관계의 비교적 안정된 유형을 말한다.
④ 사회 구조는 도표로 표시할 수 있는 모양을 가지고 있다.

25 사회 구조의 갈등론적 관점에 대한 내용으로 옳지 않은 것은?

① 사회의 각 부분은 갈등, 강제, 변동 관계에 있다.
② 전체적인 균형과 통합을 유지한다.
③ 강제에 의한 종속관계이다.
④ 긴장, 마찰에 의한 변화를 중시한다.

26 다음 중 과학적 관리의 원리가 아닌 것은?

① 성과급의 원리
② 관리 통제의 원리
③ 계획과 작업 수행 분리의 원리
④ 사회・심리적 욕구 충족의 원리

27 다음 중 관료제의 순기능이 아닌 것은?

① 다양하고 복잡한 일을 신속하고 능률적으로 처리한다.
② 합리적이고 이성적인 요소를 배제한 업무 처리가 가능하다.
③ 사회적 불평등을 평준화시키고 대중 민주주의 형성에 기여한다.
④ 고용의 안정성이 제공된다.

28 카츠(D. Katz)가 정리한 사기를 측정하는 기준척도가 아닌 것은?

① 규범을 공유하는 인원 수
② 경제적 만족도
③ 조직체에의 포락도
④ 작업집단에의 긍지

29 리더십의 3대 변수 중 괄호 안에 들어갈 말로 알맞은 것은?

> 리더십의 내용은 지도자, 피지도자, ( ) 적 요인들의 상호작용을 통해 결정된다.

① 목표   ② 상황
③ 권위   ④ 통찰

30 볼드리지의 사회 제도의 비교에 대한 설명으로 옳지 않은 것은?

① 종교의 사회 기능은 총인간적 집단 유대이다.
② 경제 제도의 조직적 장치는 주식시장 등과 같은 단속 기관이다.
③ 가족의 공유된 신조와 규범에는 결혼에 대한 신뢰, 자녀 양육, 노인 부양 등이 있다.
④ 자녀의 사회화는 교육의 사회 기능이다.

31 다음 중 종교의 기능으로 가장 적절한 것은?

① 구성원의 사회화 기능
② 심리적 위안 제공의 기능
③ 생산·분배·소비 기능
④ 사회질서 유지 기능

32 다음은 마르크스의 단일차원론에 대한 내용이다. ㉠, ㉡에 들어갈 말로 알맞은 것은?

> 생산 수단의 소유 유무라는 객관적인 조건에 의해 동일한 위치를 점하고 있는 사람들의 집단을 (㉠) 계급이라 한다. 또한 이러한 (㉠) 계급이 계급 의식을 통해 하나의 정치적 공동체를 형성할 때, 그것을 (㉡) 계급이라고 부른다.

	㉠	㉡
①	일차적	이차적
②	즉자적	대자적
③	생산적	정치적
④	프롤레타리아	부르주아지

33 계급 구조에서 예속적 퍼스낼리티의 소유자이며, 타자 지향형의 인간형에 속하는 계급은?

① 상류 계급
② 구중간 계급
③ 신중간 계급
④ 하류 계급

34 페이블맨의 사회 제도의 구성요소 중 구조적 요소에 해당하는 것은?

① 강령
② 신화
③ 상징
④ 관행

35 가족의 개념을 정의한 것이다. ㉠, ㉡에 들어갈 말로 알맞은 것은?

> 가족은 사회를 구성하는 가장 기본적인 (㉠)로 부부를 중심으로 하여 그로부터 생겨난 아들, 딸, 손자, 손녀 등 가까운 혈육들로 이루어진다. 혼인과 혈연의 유대로 맺어진 집단으로 (㉡)를 형성하며 그 안에서 각자의 지위에 따라 사회적 역할을 수행함으로써 상호작용하면서 공통의 문화를 만들어 유지해 나간다.

	㉠	㉡
①	친족 제도	단일 가구
②	결혼 제도	복합 가구
③	신분 제도	복합 가구
④	사회 제도	단일 가구

36 마짜의 중화이론에서 "사회 통제 기관을 부패한 자들로 규정하여 범죄자를 심판할 자격이 없다."라고 하는 중화의 기법은?

① 자기 책임의 부인
② 손해 발생의 부인
③ 비난자 비난
④ 피해자의 부인

37 다음 중 도시화의 개념으로 옳지 않은 것은?

① 인구가 도시로 집중되는 현상으로 전체 인구 중 도시 인구 비율이 증가하는 것이다.
② 도시권의 확대, 도시 생활양식의 보급, 도시 인구 증가, 도시적 특성 증대를 말한다.
③ 도시 인구 비율 증가 요인 중 하나는 농촌 지역이 도시로 재분류되기 때문이다.
④ 차일드는 제2차 세계대전 이후 급속한 도시화를 제2의 도시혁명이라 하였다.

38 다음 중 세계체계론에 대한 설명이 아닌 것은?

① 세계 자본주의 체계의 구조는 불평등한 교환 관계로 서로 연관된 중심부, 반주변부, 주변부 3가지 국가군으로 되어 있다.
② 주변부는 중심부에 의해 수취당하며 동시에 반주변부를 수취하는 제3의 구조적 위치를 점유하고 있는 나라들이다.
③ 중심부와 주변부에 대한 분석이 단위 국가의 분석보다 선행되어야 한다.
④ 세계의 중심부와 주변부의 비대칭 관계를 설명한 이론이다.

39 사회 변동의 이론 중 베버의 프로테스탄트 윤리이론이 속하는 이론은?

① 관념론
② 갈등론
③ 진화론
④ 기술결정론

40 다음은 혁명과 반란의 차이점을 나타낸 것이다. ㉠, ㉡에 들어갈 말로 알맞은 것은?

- 혁명 : 기존 사회질서를 변혁하여 전혀 새로운 사회질서의 실현을 목적으로 하는 집단적인 행동으로, 기능적으로 (㉠) 사회에서 일어날 가능성이 크다.
- 반란 : 정치적 이념에 대한 도전이 아니라 단순히 권위적 지위에 있는 사람을 제거하는 데 일차적인 목적이 있으며, 기능적으로 (㉡) 사회에서 일어날 가능성이 크다.

	㉠	㉡
①	평화적인	폭력적인
②	특화된	분화된
③	일반적인	특별한
④	분화된	미분화된

제 8 회 적중모의고사 | 사회학개론

제한시간: 50분 | 시작 ___시 ___분 – 종료 ___시 ___분

정답 및 해설 243p

01 다음 중 머튼의 잠재적 기능에 대한 내용으로 옳은 것은?

① 일반적으로 표면적 기능이라 한다.
② 잘 드러나지 않지만 공식적 기능보다 더 중요한 결과를 낳기도 한다.
③ 공식적 상황 판단 속에서 찾을 수 있는 기능이다.
④ 어떤 특정 제도가 공식적으로 추구하는 목적과 직결된다.

02 사회학의 연구 동기에서 '폭로하려는 동기'를 사회의식의 본질로 파악한 학자는?

① 머튼   ② 버거
③ 베버   ④ 콩트

03 형식 사회학을 주장하며, 사회학은 개별적이고 전문적인 고유 영역을 가져야 한다고 주장한 학자는?

① 뒤르켐   ② 미드
③ 짐멜   ④ 소로킨

04 통계학적 원리에 의해 자료를 포함하는 집단 속에서 그 일부를 뽑아내어 조사한 결과로 전체를 추리하려는 사회 조사 방법은?

① 표본 조사
② 사례 조사
③ 현지 조사
④ 서베이 조사

05 현대 사회학에 대한 내용으로 옳지 <u>않은</u> 것은?

① 사회학의 접근 방법에는 합의론적 접근, 갈등론적 접근, 상호작용론적 접근 등 다양한 접근 방법이 있다.
② 제1차 세계대전 후 사회학의 이론은 공산 진영과 자유 진영으로 구분되었다.
③ 자유 진영은 마르크스주의와 대결 분위기가 팽배하면서 아카데미 사회학의 주류가 형성되었다.
④ 비판이론, 역사이론, 제3세계이론 등 다양한 이론들이 등장하였다.

06 사회를 하나의 유기체로 보는 입장의 견해를 가진 사회학은?
① 합의론
② 사회체계론
③ 갈등론
④ 상호작용론

07 다음 중 사회학의 사회학에 대한 내용으로 옳지 않은 것은?
① 대표적인 학자는 만하임이 있다.
② 사회학에 지식사회학적 방법을 정립시킨 사회학이다.
③ 만하임은 지식사회학의 방법을 사회학이론 및 사상에 국한시켰다.
④ 모든 지식이나 사상, 형식까지도 사회적으로 결정된 것으로 보는 분석 방법이다.

08 다음 내용과 관련 깊은 사회학이론은?

- 의사소통을 가능하게 하는 상징체계의 질서이다.
- 고도의 일반성을 가진 정태적 분석으로 사회 구조를 파헤친다.
- 사회적 평형을 찾기 위한 밑받침이 된다.

① 체계이론
② 역사이론
③ 실증이론
④ 비판이론

09 우리나라 군부 독재 시절 장발 혹은 청바지 문화를 일컫는 문화현상은?
① 지배 문화
② 전체문화
③ 반문화
④ 부분문화

10 자기 민족과 문화의 모든 것이 옳고 타 민족의 문화는 배척하거나 경멸하는 문화 태도는?
① 자민족 중심주의
② 문화적 상대주의
③ 다문화주의
④ 문화 사대주의

11 교역에 의한 문물 거래, 유학, 혼인, 여행 혹은 전쟁 등과 같은 방법으로 전달되는 문화의 변동은?
① 발견
② 전파
③ 접촉
④ 발명

12 레비-스트로스에 대한 이해에서 괄호 안에 공통적으로 들어가는 말로 알맞은 것은?

> • 사물과 감정을 그 성질에 따라 (   )으로 대조하고 대립시키는 것이다. 예를 들면 하늘과 땅, 검은색과 흰색, 남성과 여성 등이 해당된다.
> • 인간은 누구나 동일한 논리적 감각과 사고 구조를 가지고 있으며 (   ) 대립 관계를 사용해 인간 심성의 구조를 찾으려 했다.

① 순환적
② 전면적
③ 반복적
④ 이항적

13 베네딕트의 문화유형 및 퍼스낼리티 구분에서 아폴로형 문화에 해당하는 것은?

① 안정과 평화적인 대인 관계
② 초자연적 힘의 획득 중요시
③ 개인주의 행동
④ 정렬적이고 경쟁적인 성향

14 사회화 과정에서 학습한 모든 것을 다 잊어버리고 백지화되는 사회화의 형태는?

① 역사회화
② 탈사회화
③ 예기 사회화
④ 재사회화

15 다음 중 집단의 분류에서 사회 집단에 해당하는 것은?

① 벚꽃 축제를 보러 온 관광객들
② 축구 경기를 관람하는 관중
③ 영화를 보는 관객
④ 동창회에 참석한 친구들

16 다음 중 자발적 결사체의 특징이 아닌 것은?

① 구성원의 자발적 참여 및 운영
② 단일 조직의 형태로 운영
③ 뚜렷한 조직의 목표 및 강한 신념
④ 규정과 조직이 융통성 있게 운영

17 다음 중 집단의 유지 및 발전 요인으로 적절하지 않은 것은?

① 구성원들의 합의와 동조
② 정서적 만족과 통제
③ 역할 통합과 리더 책임 부여
④ 적당한 방식의 보상과 제재

18 진화론에 대한 설명으로 옳은 것을 〈보기〉에서 모두 고른 것은?

> **보기**
> ㄱ. 스펜서와 뒤르켐은 유기체적 사회 진화이론을 발전시켰다.
> ㄴ. 스펜서의 산업형 사회에서는 개인은 국가 이익을 위해 존재하며 개인의 자유는 제한된다고 하였다.
> ㄷ. 뒤르켐은 사회 구조의 점진적 분화를 사회 진화의 주요 경향으로 보았다.
> ㄹ. 신진화론은 사회 발전을 한 방향으로의 변동으로만 해석하는 이론이다.

① ㄱ, ㄴ
② ㄱ, ㄷ
③ ㄴ, ㄷ
④ ㄷ, ㄹ

19 일탈 행동에 관련된 내용 중 다음 설명에 해당하는 것은?

> • 특정 행위는 역사적 조건이나 사회적 상황에 따라 일탈 행동이 될 수도 있고 아닐 수도 있다.
> • 일탈 행위란 어떤 절대적인 기준에 의해서 규정될 성질의 것은 아니다.

① 절대성
② 순기능
③ 역기능
④ 상대성

20 머튼의 아노미이론에 대한 개인의 적응 양식에서 은둔자, 알코올 중독자, 부랑자 등에서 보이는 형태는?

① 혁신형
② 의례주의형
③ 패배주의
④ 저항형

21 신고전적 범죄이론에서 독립변수인 형벌의 객관적 조건이 아닌 것은?

① 신속성
② 엄격성
③ 확실성
④ 형식성

22 사회적 제재를 통한 사회 통제 중 비공식적 통제에 해당하는 것은?

① 경찰, 법원, 교도소, 정신병원 등에 가하는 통제
② 원초집단 내에서 직접 가해지는 통제
③ 규범의 준수를 강제하는 통제
④ 사회질서 유지의 책임을 맡은 기관의 통제

23 문화적 목표는 없으나 제도적 수단은 갖고 있는 경우에 나타나는 일탈의 형태는?

① 의례주의형
② 혁신형
③ 동조 행위
④ 은둔형

24 다음 중 사회 구조의 특징에 대한 내용으로 옳지 않은 것은?

① 사회 구조는 상당히 오랫동안 지속된다.
② 구성원들이 구조화된 행동을 하지 않으면 사회관계가 변형될 수 있다.
③ 사회 구성원이 바뀌어도 크게 달라지지 않는다.
④ 개인의 행동을 구속하지 않는다.

25 사회 구성요소들이 항상 서로 대립하거나 불일치한 상태로 존재하며, 긴장이나 마찰에 의한 변화를 중시한다고 본 사회 구조적 관점은?

① 사회명목론
② 사회기능론
③ 사회갈등론
④ 사회실재론

26 조직의 공동 목표를 달성하기 위해 집단적 노력을 질서 있게 배열하는 조직의 원리는?

① 기능적 분업의 원리
② 조정의 원리
③ 적도집권의 원리
④ 계층의 원리

27 다음 중 포드시스템에 대한 내용으로 옳지 않은 것은?

① 기업경영을 대중사회에 대한 봉사 수단으로 인식한다.
② '저가격 고임금' 원칙을 추구한다.
③ 생산의 표준화와 이동 조립법을 활용한다.
④ 전 생산 과정을 표준화하고 차별능률급제를 채용한다.

28 리더십 유형을 권위형, 민주형, 자유방임형으로 나눈 학자들은?

① 블레이크와 모우튼
② 탄텐바움과 슈미트
③ 화이트와 리피트
④ 클라워드와 올린

29. 사회 제도에 대한 설명으로 옳지 않은 것은?
   ① 인간의 욕구 규제를 위해 만들어 낸 사회적 고안물이다.
   ② 사회 지도층이 추구하는 가치와 행동 규범의 복합체이다.
   ③ 제도의 목표는 사회성원들이 공유하는 공통된 의식을 바탕으로 한다.
   ④ 사회가 마련해 놓은 공인되고 조직화된 행동 절차이다.

30. 사회 제도의 특성 중 기존 질서와 규범을 지지하고 새로운 변화를 억제하는 특성은?
   ① 포괄성
   ② 통합성
   ③ 보수성
   ④ 기본 욕구 충족성

31. 현재 우리나라의 종교 현황에 대한 내용이 아닌 것은?
   ① 우리나라는 현재 다종교의 상황이 공존하고 있다.
   ② 다양한 종교 중 어느 하나도 한국 문화를 주도하지는 못한다.
   ③ 유일신적 세계관, 일원론적 세계관, 윤리적 세계관들이 혼재되어 있다.
   ④ 우리나라의 종교에는 문화 단일 현상이 나타나고 있다.

32. 베버의 다차원론에서 계급에 대한 내용으로 옳지 않은 것은?
   ① 계급은 시장에서 어떤 공통되는 상황을 공유하는 사람들의 집단이다.
   ② 계급 지위를 사회 변동을 촉진시키는 지배적인 실체로 보지 않았다.
   ③ 유사한 경제적 이해관계나 소득 등을 지닌 사람들의 범주가 계급이다.
   ④ 한 공동체에 의하여 개인 또는 그의 사회적 역할에 부여된 명예나 위신의 양을 말한다.

33. 아비투스에 대한 설명으로 옳지 않은 것은?
   ① 프랑스의 사회학자 부르디외 이론의 핵심이다.
   ② 특정 계급에서 획득된 취향, 인지, 판단 등의 인간의 행동 체계이다.
   ③ 일상적인 장소, 시간에 따라 보편적인 사회적 환경이 표면화된 성향의 체계이다.
   ④ 인간 행동의 생산자이며 인지와 평가의 행동의 일반적 모습이다.

34. 다음 내용과 관련 깊은 개념은?

   > 경제가 발전하는 초기에는 불평등이 심화되는 경향이 있으나 어느 단계를 지나 안정적인 경제 발전이 계속되면 그 후부터는 불평등의 정도가 축소되는 경향이 있다.

   ① 지니계수
   ② 불평등 지수
   ③ 역U자 가설
   ④ 소득분배이론

35 가족에 대한 정의를 구분한 학자와 이론이 바르게 연결되지 <u>않은</u> 것은?

① 머독 : 가족은 부부와 그들의 자녀로 구성된다.
② 버제스와 로크 : 혼인, 혈연, 입양에 의해 결합된 집단이다.
③ 파모스 : 가족 구성원은 법적 유대, 경제적·종교적인 것, 성적 권리, 애정, 존경 등의 다양한 심리적 감정으로 결합된다.
④ 레비-스트로스 : 결혼으로 시작되며 부부와 자녀, 가까운 친척이 포함될 수 있다.

36 파슨스의 기능주의적 관점에서의 가족 제도에 대한 설명으로 옳은 것은?

① 부부 간의 역할 분담은 원초적으로 주어진 것이다.
② 확대가족을 보편적인 가족 형태로 해석한다.
③ 남성은 가족 내 통합과 긴장 관리의 표출적 역할을 담당한다.
④ 남성와 여성은 사회·문화적 조건에 의해 결정된다.

37 선진국의 도시 변화에 대한 내용으로 옳지 <u>않은</u> 것은?

① 도시의 중심업무지를 중심으로 토지 이용을 동심원으로 구분한 지대를 동심원이라 한다.
② 집중적 도시화는 교외 지역은 정체되고 중심도시에 인구와 산업이 집중하여 급격히 팽창하는 현상이다.
③ 역도시화는 도시지역에 산업단지를 조성하여 산업화하는 현상이다.
④ 낙후된 도시에 신기능을 추가하여 도시를 경제적, 물리적으로 부흥시키는 것을 도시재생이라 한다.

38 블루머가 분류한 군중의 종류 중 목표 달성을 위해 적극적으로 행동하는 군중은?

① 우연적 군중
② 인습적 군중
③ 능동적 군중
④ 표출적 군중

39 다음 중 근대화 이론에 대한 설명으로 옳지 않은 것은?

① 로우스트의 경제 발전 5단계 이론 – 경제 발전 중 도약기의 기간을 성공적으로 거치면 자본주의 사회로 발전한다고 주장하였다.
② 호설리츠의 근대화 이론 – 전통 사회에서 지배적으로 나타나는 행위 특성의 수정을 통해 근대화가 달성된다.
③ 파슨스의 5가지 유형 변수 – 근대적 유형 변수에는 감정 중립, 한정성, 보편주의, 업적 본위, 자기 지향 등의 변수가 있다.
④ 스멜서의 근대화 이론 – 근대화 사회의 속성을 더 근대화된 사회와 덜 근대화된 사회로 구분하였다.

40 우리나라의 인구 변화 추세에 대한 내용이 아닌 것은?

① 한국 전쟁 후 베이비 붐 현상으로 자연증가율이 증가하였다.
② 저출산 고령화 시대로 인구 증가가 둔화 단계로 가고 있다.
③ 고령화로 지방·농촌 인구가 급감하고 있다.
④ 생산 가능 인구의 증가로 노동력 부족 문제가 해결된다.

제9회 적중모의고사 | 사회학개론

제한시간: 50분 | 시작 ___시 ___분 – 종료 ___시 ___분

정답 및 해설 248p

01 사회학의 연구 동기에서 상대화의 욕구를 주장한 학자는?

① 버거
② 베버
③ 콩트
④ 마르크스

02 콩트의 사회학 이론 중 사회정학에 대한 설명으로 옳은 것은?

① 탐구 분야는 사회질서와 안정의 문제이다.
② 진화론적 관점을 강조한다.
③ 이상사회의 건설을 위한 방향을 제시한다.
④ 사회진보의 원리를 찾고 구조의 변동을 추적하는 것이다.

03 사회학의 연구 대상 중 "전체는 개개 구성원의 합보다 크다."는 사회학의 어떤 관점인가?

① 상호작용론적 관점
② 사회명목론적 관점
③ 구조결정론적 관점
④ 사회실재론적 관점

04 다음 내용과 관련 깊은 사회 조사 방법은?

- 사회현상을 철저하게 관찰하면서 많은 조사 지역이나 조사 대상을 한 번에 연구하는 것은 불가능하다.
- 질적 분석에서 흔히 사용되며, 대표성이 불분명하다.

① 현지 조사
② 사례 조사
③ 표본 조사
④ 서베이 조사

05 다음 중 합의론적 관점의 공통 과정에 대한 내용이 아닌 것은?

① 체계의 각 요소들은 각각 맡은 바 기능을 담당한다.
② 각각의 기능을 담당하는 부분 요소들은 상호유기적인 협력 관계를 맺는다.
③ 전체는 여러 부분 요소들로 구성된다.
④ 체계는 언제나 분산을 통해서 집단 목적을 이루려는 경향이 있다.

06 **마르크스와 다렌도르프의 갈등 원인에 대한 설명으로 옳지 않은 것은?**

① 마르크스는 계급 구분의 원천을 생산 수단의 소유 여부로 보았다.
② 다렌도르프는 가진 자와 안 가진 자를 유산자 계급과 무산자 계급으로 구분하였다.
③ 마르크스는 유산자 계급이 무산자 계급의 노동을 착취하는 구조로 보았다.
④ 상명하복의 권위 구조를 계급 구분의 원천으로 본 것은 다렌도르프이다.

07 **다음 내용과 관련 깊은 문화의 속성은?**

> 세계 어느 사회나 문화가 있고 사회성원 모두에게 영향을 미치는 문화의 속성

① 창조성
② 다양성
③ 보편성
④ 학습성

08 **인간과 사회에 대한 문화의 기능 중에서 ㉠, ㉡에 들어갈 말로 알맞은 것은?**

> • 개인의 생존과 안정에 필요한 (㉠)
> • 심리적 욕구를 일으키고 충족시킬 수 있는 수단을 제공해 주기도 한다.
> • 문화는 (㉡)의 기능을 한다. 즉, 문화는 개인적 욕구를 규제하기도 하고, 욕구 수준을 제한하기도 한다.

	㉠	㉡
①	기능적	사회 통합
②	경험적	사회 교육
③	물질적	사회 통제
④	정신적	사회 규범

09 **한 사회의 구성원 대부분이 공유하는 전체문화를 무엇이라 하는가?**

① 지배 문화
② 반문화
③ 상위문화
④ 하위문화

10 **타국의 문화가 자국의 문화보다 우월하다고 생각하여 타 문화권의 문화를 동경하게 되는 것은?**

① 다문화주의
② 문화 사대주의
③ 문화적 상대주의
④ 자민족 중심주의

11 일제의 식민화정책 중 '창씨 개명'은 문화의 어떤 현상을 염두에 둔 것인가?

① 문화수용
② 문화변형
③ 문화동화
④ 문화융합

12 다음 중 사회화의 기능이 <u>아닌</u> 것은?

① 사회적인 역할을 가르친다.
② 사회의 기본적 규율을 교육한다.
③ 개인에게 정체성을 제공한다.
④ 지능을 습득시킨다.

13 다음 중 귀속지위에 대한 내용이 <u>아닌</u> 것은?

① 성별, 인종 등은 결정 요소에 해당한다.
② 사회의 복잡화로 근대 이후에 증가되었다.
③ 계층 구조의 폐쇄성이 높은 사회이다.
④ 선천적·불변적·자연적인 특징을 지닌다.

14 역할의 개념에 대한 내용으로 옳지 <u>않은</u> 것은?

① 역할의 세 가지 측면은 지위, 기대, 제재이다.
② 모든 지위에는 일정한 역할이 있다.
③ 지위와 역할은 하나로 묶여 있으며, 지위는 역할의 역동적 측면을 구성한다.
④ 각각의 사회적 지위에 연관된 규범적인 행동 유형을 말한다.

15 다음 중 준거집단에 대한 설명으로 옳지 <u>않은</u> 것은?

① 긍정적 준거집단과 부정적 준거집단이 있다.
② 처음으로 준거집단이라는 용어를 사용한 사람은 하이만이다.
③ 개인이 자신의 행동과 가치판단의 기준으로 삼는 집단을 말한다.
④ 개인이 소속된 집단이 많을 경우 모두를 준거집단으로 규정한다.

16 다음 중 사회 집단의 특성이 <u>아닌</u> 것은?

① 최소 2인 이상으로 구성된다.
② 소속된 단체가 있어야 한다.
③ 상호작용을 한다.
④ 유대 관계가 있어야 한다.

17 다음 중 자발적 결사체의 성격이 <u>다른</u> 하나는?

① 동창회
② 동호회
③ 향우회
④ 의사회

18 사회가 정한 가치와 규범에 의해서 바람직하다고 생각한 행동 유형의 허용 범위를 벗어나는 행동을 무엇이라 하는가?

① 아노미
② 일탈
③ 범죄 행위
④ 낙인

19 머튼이 아노미이론에서 제시한 일탈의 유형 중 '급진적인 여성 해방 운동가'에서 보이는 형태는?

① 혁신형
② 동조형
③ 반역형
④ 은둔형

20 서덜랜드의 체계화된 이론 중 '비행 소년 집단에 속한 소년이 비행을 저지르게 되는 경우'를 설명한 것은?

① 기회구조론
② 중화이론
③ 낙인이론
④ 차별교제이론

21 다음 중 사회 통제의 문제점이 <u>아닌</u> 것은?

① 사회 통제가 오히려 일탈을 확대시키기도 한다.
② 일탈자들 모두에게 통제가 공평하고 보편적으로 이루어진다.
③ 통제 기구의 권력 남용 가능성이 있다.
④ 통제로 인해 바람직한 사회 변동을 억제하기도 한다.

22 클라워드와 올린의 일탈 문화의 분류에 속하지 <u>않는</u> 것은?

① 동조형
② 폭력형
③ 조직형
④ 은둔형

23 다음 중 피해자 없는 범죄에 속하지 않는 것은?

① 반역
② 알코올 중독
③ 도박
④ 매춘

24 사회 구조에 대한 내용으로 옳지 않은 것은?

① 사람들 간의 지속적 상호작용을 당연한 것으로 받아들이는 것을 사회적 행동 양식의 구조화라고 한다.
② 구조화된 행동을 할 때에만 사회 구조의 변동을 초래하게 된다.
③ 사회 구조의 특성으로 안정성, 지속성, 변화 가능성 등이 있다.
④ 사회 구조란 사회 구성요소의 기본적 관계가 비교적 안정된 유형을 말한다.

25 사회 구조를 사회의 제도화된 질서와 동일시한 견해를 가진 학자는?

① 레비-스트로스
② 귀르비치
③ 마르크스
④ 파슨스

26 조직체의 공동목표 달성을 위한 업무 수행에 관하여 권한과 책임에 따라 직위 등급을 매기는 조직의 원리는?

① 조정의 원리
② 계층의 원리
③ 통솔한계의 원리
④ 명령통일의 원리

27 과학적 관리론과 인간관계론의 유사점이 아닌 것은?

① 두 이론 모두 관리 방법 중심의 관리이론이다.
② 조직 목표와 개인 목표의 양립 가능성을 인정하고 있다.
③ 두 이론 모두 합리적·경제적 인간관을 가지고 있다.
④ 인간을 조작 가능한 수단 가치로 인식하고 있다.

28 리더십의 기능에 대한 설명으로 옳지 않은 것은?

① 조직의 다양성 확보
② 환경 관리 기능을 수행
③ 목표 달성을 위한 활동 수행
④ 자원의 효율적인 동원으로 구성원에게 동기 부여

29. 생산에 대한 관심과 인간에 대한 관심을 기준으로 빈약형, 친목형, 과업형, 절충형, 단합형의 리더십을 제시한 학자는?
① 레딘
② 화이트와 리피트
③ 블레이크와 모우튼
④ 탄넨바움과 슈미트

30. 경제 활동을 통제하고 있는 제도적 기제가 아닌 것은?
① 시장 기제
② 문화적 규범
③ 행정부의 통제
④ 가족 기제

31. 사회 계층의 개념에 대한 설명으로 옳지 않은 것은?
① 비교적 고정적이고 위계적이다.
② 사회 계층은 구조화된 불평등 체계이다.
③ 비슷한 정도의 부, 명예, 위신, 권력 등을 향유하는 사람들의 집단의 범주이다.
④ 서열 체계에서 사회적 보상의 기회가 차별적으로 비구조화되는 평등으로 규정할 수 있다.

32. 사회 계층의 측정 방법 중에서 피조사자가 다른 사람의 계층을 평가하게 하고 그 결과로 사회 계층을 확정하는 방법은?
① 객관적 방법
② 주관적 방법
③ 평가적 방법
④ 실험적 방법

33. 좀바르트가 '자본주의 제도의 그림자'와 같은 존재라고 표현한 계급은?
① 상류 계급
② 하류 계급
③ 구중간 계급
④ 신중간 계급

34. 한국 사회의 소득과 부의 불평등에 대한 설명으로 옳지 않은 것은?
① 남녀 사이에서 소득 불평등이 가장 심한 직종은 전문직이다.
② 교육은 개인의 경제적 지위를 가져오는 중요한 요인이다.
③ 자영업자와 경영자 계층의 소득 불평등은 점점 커지고 있다.
④ 전문직의 경우 여성의 월평균 소득이 남성보다 낮다.

35 가족의 유사 개념으로 동거하면서 가계를 같이 하는 사람들의 집단으로, 고용인이나 식솔을 모두 포함하는 것은?

① 친족
② 동족
③ 가구
④ 가정

36 여성 문제가 남녀 간의 문제가 아니라, 계급적 모순을 근거로 한 성차별의 문제라고 보는 입장을 가진 가족 제도의 관점은?

① 여권주의적 관점
② 마르크스주의적 관점
③ 보수적 관점
④ 자유주의적 관점

37 교통 기술의 발달로 볼 때, 현대의 도시들은 상업 중심지, 산업 중심지, 주거 중심지로 발전하면서 다핵 구조를 갖는다는 도시 생태학적 모형은?

① 선형이론
② 동심원지대이론
③ 다핵형이론
④ 자연지역이론

38 군중 행동의 특성으로 옳지 않은 것은?

① 토론과 논쟁을 통해 여론을 형성한다.
② 군중 상황에서 개인들은 다른 사람들의 행동과 태도에 민감하다.
③ 익명화된 사람들의 행동으로 제도화되지 않고 무책임한 행동을 한다.
④ 군중 행동은 사회적 불안이 동요 단계를 거치면서 지도자의 출현으로 인해 행동화하는 순서로 진행된다.

39 1960년대 이후 한국의 사회 변동 요인으로 옳지 않은 것은?

① 계층·세대 간의 갈등 심화
② 정부 주도의 경제 발전
③ 정부 수립 이후 총인구의 꾸준한 증가
④ 농지개혁법 제정에 따른 농민 생활의 향상

40 도시화로 인한 가족의 변화 내용으로 옳지 않은 것은?

① 결합가족보다 핵가족 형태가 더 확산된다.
② 결혼이 가족 간의 결합 형태로 변화된다.
③ 생산 기능보다 소비 기능이 증가한다.
④ 여성의 사회 진출로 무자녀, 독신 가정이 늘어난다.

제 10 회 적중모의고사 | 사회학개론

제한시간 : 50분 | 시작 ___시 ___분 – 종료 ___시 ___분

정답 및 해설 253p

01 콩트의 인류 지적 진화의 3단계 내용으로 옳지 <u>않은</u> 것은?
① 사회정학에서는 인간의 지적 진화의 3단계 법칙을 주장하였다.
② 인간의 지적 능력은 신학적 단계 → 형이상학적 단계 → 실증적 단계로 발전한다.
③ 신학적 단계는 초자연적인 힘에 크게 의존한다.
④ 실증적 단계의 주 지배자는 산업경영자와 과학자이다.

02 콩트와 마르크스의 사회학적 공통점이 <u>아닌</u> 것은?
① 과학주의
② 유물사관
③ 실천적 지향
④ 종합 사회학적 성향

03 사회의 외재성과 구속성을 주장한 학자는?
① 베버
② 만하임
③ 뒤르켐
④ 프로이트

04 많은 사람들을 대상으로 일시에 조사하여 시간과 비용의 측면에서 효율성이 높은 조사 방법은?
① 서베이 조사
② 현지 조사
③ 사례 연구
④ 표본 조사

05 사회행위 이론에서 사회행위가 일어나기 위한 기본 요소가 <u>아닌</u> 것은?
① 행위자
② 상황
③ 지향
④ 갈등

06 상징적 상호작용론에 대한 내용으로 옳지 않은 것은?

① 이론적 특징은 개인을 활동적·창조적 주체로 본다.
② 연구 방법에서 참여 관찰, 개별사례 연구, 사문서 분석 등을 중요시한다.
③ 소규모의 사회적 현상에 과도하게 집중한다는 비판을 받는다.
④ 타인과의 상호작용 상황에 기계적으로 반응한다.

07 다음 중 체계이론의 단점에 대한 내용이 아닌 것은?

① 역사적·동태적 분석이 힘들다.
② 오늘날 중대한 사회 문제나 인간적 문제를 등한시하였다.
③ 사회 문제를 본의 아니게 외면하는 인식 방법의 한계를 내포하고 있다.
④ 이데올로기를 문제시하지 않는 이론으로 전락한다.

08 사회·문화 현상을 탐구하는 자세에 대한 설명으로 옳지 않은 것은?

① 주관적인 태도
② 개방적인 태도
③ 상대주의적 태도
④ 조화의 중요성 인식

09 심미적 문화에 대한 내용으로 옳은 것은?

① 인간 행동의 가치를 제시하고, 옳고 그름을 판단해 주는 행위 기준이다.
② 한 사회 내에서 아름답거나 예술적이라고 생각되는 신념 체계이다.
③ 현재라는 개념은 객관적 상황이라기보다는 문화가 규정해 준 개념이다.
④ 규범의 강제성으로 인해 문화가 세대에서 세대로 전승된다.

10 다음 중 규범의 내면화 충족 조건이 아닌 것은?

① 정당성
② 구속성
③ 내면화
④ 경험성

11 사회적 상호작용의 공통점과 차이점에 대한 설명으로 옳지 않은 것은?

① 협동과 달리 경쟁은 먼저 목표를 달성하려는 경향이 있다.
② 경쟁이 심할 경우 갈등으로 발전한다.
③ 갈등은 규칙에 따라 정당하게 목표를 달성하려는 점에서 경쟁과 구별된다.
④ 갈등은 서로를 적대시하여 파괴·제거하려는 경향이 있다.

12 어르신들이 휴대폰을 배우는 것처럼 젊은 세대의 문화양식이 구세대로 전해지는 현상은?

① 재사회화
② 역사회화
③ 발달사회화
④ 원초적 사회화

13 사회적 정체성을 결정하는 데 중요한 역할을 하는 지위 유형은?

① 귀속지위
② 성취지위
③ 사회적 지위
④ 주된 지위

14 "역할은 일종의 준객관적 복합체로서 원칙적으로 개개인과 관계없는 행위 처방이다."라고 역할의 성격을 규정한 학자는?

① 실라기 & 월리스
② 버거
③ 다렌도르프
④ 고프먼

15 도이치 & 크라우스의 집단 형성과 결속의 요인이 아닌 것은?

① 지리적 근접성
② 퍼스낼리티 간의 조화
③ 성공과 실패의 공통 경험
④ 주위 사람들보다 뛰어난 집단

16 비어스테트의 분류 중 구성원들의 소속감은 있지만 상호작용이 일어나지 않는 집단은?

① 통계적 집단
② 결사체적 집단
③ 준거집단
④ 준사회 집단

17 다음 중 성격이 나머지 셋과 다른 자발적 결사체는?

① 의사 협회
② 환경보호단체
③ 노동조합
④ 경제인 단체

18 다음 중 일탈의 역기능이 <u>아닌</u> 것은?

① 사회 조직의 결함을 미리 알려 준다.
② 사회 조직의 해체 및 붕괴가 초래된다.
③ 사회적 자원을 낭비하는 결과가 초래된다.
④ 사회생활 유지에 필요한 신뢰감을 저하시킨다.

19 다음 중 차별교제이론의 문제점이 <u>아닌</u> 것은?

① 모든 일탈 행위가 일탈자들과의 직접적인 교제를 통해 학습되는 것은 아니다.
② 우연적·충동적 범죄 행위는 잘 설명할 수 없다.
③ 인간을 규범 동조 혹은 규범 파괴의 사이에서 표류하는 존재로 규정한다.
④ 같은 환경에서 자란 사람 중 범죄자가 된 사람과 그렇지 않은 사람의 행위를 설명할 수 없다.

20 클리너드 & 퀴니의 범죄 유형 중 정치 범죄에 해당하지 <u>않는</u> 것은?

① 공금 횡령
② 반역
③ 치안 방해
④ 시민 소요

21 누구나 규범을 어기고 싶어 하는 경향이 있는데, 이때 범법 행위의 부도덕성을 부정하면 일탈자가 될 수 있다는 이론은?

① 차별교제이론
② 아노미이론
③ 중화이론
④ 낙인이론

22 범죄문화, 은둔문화 등에 중점을 두어 일탈 문화를 분류한 학자는?

① 클라워드와 올린
② 서덜랜드
③ 마짜
④ 레머트

23 다음 중 낙인이론의 문제점이 <u>아닌</u> 것은?

① 일차적 일탈과 권력층의 일탈을 경시하는 경향이 있다.
② 일탈의 감소 방안에는 적절한 대답을 하지 못한다.
③ 비공식적 사회 통제 기관의 제제를 강조하고, 공식적인 낙인은 경시한다.
④ 비행의 심각성을 깨닫게 하는 낙인의 긍정적 효과를 간과하고 있다.

24 파슨스의 사회체계이론에서 행위 체계의 구성 요소가 아닌 것은?

① 행위의 환경
② 문화체계
③ 행동유기체계
④ 생태체계

25 특정 집단 간 인지된 경쟁의 형태로 사회적 긴장 상태의 관계는?

① 경쟁 관계
② 적대 관계
③ 갈등 관계
④ 주종 관계

26 "한 사람의 상관이 직접 통솔할 수 있는 직원의 수에는 한계가 있다."라는 조직의 원리는?

① 조정의 원리
② 통솔한계의 원리
③ 계층의 원리
④ 명령통일의 원리

27 엘리트에 관한 이론 중 학자와 그 이론의 내용이 바르게 연결되지 않은 것은?

① 미첼스 – 과두제의 철칙을 주장
② 모스카 – 사회는 언제나 특정한 엘리트 계층이 지배를 담당
③ 리스먼 – 적응형·아노미형·갈등형 엘리트로 분류
④ 파레토 – 권력에 부적합한 엘리트들은 탈락하고 통치 기능을 가진 엘리트층이 충원되어 계층 간의 순환 발생

28 화이트와 리피트의 리더십 유형 중 피지도자들의 참여와 만족이 강조되는 유형은?

① 민주형
② 권위형
③ 자유방임형
④ 절충형

29 사회 제도의 분류 중 원초적 제도에서의 표출적 기능 위주에 속하는 것은?

① 대중통신
② 종교
③ 여가
④ 오락

30 근대 시민사회 이후에 형성된 정치적 지배의 형식은?

① 합법적 지배
② 전통적 지배
③ 카리스마적 지배
④ 봉건적 지배

31 사회 계층과 관련된 용어의 해설이 바르지 않은 것은?

① 사회층 – 동등한 사회적 지위를 갖고 비슷한 수준의 희소가치를 분배받는 사람들의 계층
② 계층화 – 시간이 경과함에 따라 사회층이 점차 위계 서열로 배열되는 과정
③ 계급 – 비연속적인 대립과 단절을 전제로 한 집합
④ 사회적 지위 – 다수의 성원이 점유하고 있는 각 집단들의 종합 지위

32 데이비스-무어의 이론에 대한 내용으로 옳지 않은 것은?

① 각 직업의 기능적 중요성의 차이와 희소성에 입각하여 계층 현상을 파악한다.
② 가치와 규범에 근거를 둔 제재와 보상이 불평등의 근원이라고 보았다.
③ 사회의 특정 위치의 수행을 위해서는 특수한 기능을 요한다.
④ 재능 있는 사람이 기능을 획득하려면 장기간 훈련을 감수해야 한다.

33 다음 중 사회 이동에 대한 내용으로 옳지 않은 것은?

① 소로킨의 사회 이동론에서 나온 말로 계층의 동태적 측면에 해당한다.
② 개인이나 집단이 특정한 계층적 위치에서 또 다른 계층적 위치로 이동하는 현상을 말한다.
③ 사회 이동이 일어나는 구조적 원인에는 교육수준, 가정이나 교우 집단의 사회화, 결혼 등이 있다.
④ 집단 또는 개인의 사회적 지위의 변화를 통틀어 일컫는 말로, 분배 체계에서 개인의 위치 변화이다.

34 우리나라 사회 계층의 특징이 아닌 것은?

① 사회 계층의 구조화 정도가 낮다.
② 산업화가 진전되어감에 따라 세대 간 이동도 점차 증가하는 추세이다.
③ 학교 교육이 계층 상승의 주요 수단이 되고 있다.
④ 수직적 사회 이동의 속도 차이에 따른 상대적 박탈감이 만연하다.

35 다음 중 배우자 수에 따른 결혼 형태는?

① 단혼제, 복혼제
② 내혼, 외혼
③ 핵가족, 확대가족
④ 부권제, 모권제

36 전통적 가족 제도와 현대의 가족 제도에 대한 내용으로 옳지 않은 것은?

① 현대 가족 제도의 핵가족화로 친족의 중요성은 약화되고 있다.
② 전통적 행동 규범 중 가장 중요한 것은 효(孝)이다.
③ 최근에는 독신 가족 형태를 원하는 사람이 늘어나면서 탈가족화 현상이 가속화되고 있다.
④ 현대에는 직계가족, 확대가족 형태가 널리 일반화된 상태이다.

37 선진국의 도시화 유형 중 중심도시의 주변지역으로 인구와 산업이 분산되면서 이루어지는 '교외화'된 형태를 무엇이라 하는가?

① 집중적 도시화
② 분산적 도시화
③ 역도시화
④ 재도시화

38 다음 중 사회 운동의 개념으로 옳지 않은 것은?

① 신사회 운동의 지향점은 모든 삶의 질에 관심을 가지며 탈물질적 경향을 띤다.
② 구사회 운동은 노동운동을 중심으로 전개되었다.
③ 사회 변동을 하려는 지속적인 노력으로 다른 집합행동보다 조직화되어 있다.
④ 제도권 내에서 단체 행동을 통해 특수한 이익 달성을 위한 구조적인 시도이다.

39 다음 중 한국의 사회 문제로 옳지 않은 것은?

① 급속한 산업화로 인한 환경오염 문제
② 농경 문화 고수로 인한 계층·세대 간의 갈등 심화
③ 인간이 거대 조직의 부속품으로 전락한 인간소외 현상
④ 과잉 도시화로 인한 교통, 주택, 범죄 등 사회 문제

40 사회학자 부르디외에 대한 내용으로 옳지 않은 것은?

① 범세계적 지식인 연대의 필요성을 주장하였다.
② 자본을 경제적 자본, 사회적 자본, 문화적 자본, 상징적 자본으로 구분하였다.
③ 교육, 예절, 말투 등의 행동양식은 계층을 결정하는 중요 요인이다.
④ 특정 계급에서 획득된 문화적 자본으로 인간의 행동체계인 아비투스를 설명하였다.

사회학개론

정답 및 해설

- **제1회** 정답 및 해설
- **제2회** 정답 및 해설
- **제3회** 정답 및 해설
- **제4회** 정답 및 해설
- **제5회** 정답 및 해설
- **제6회** 정답 및 해설
- **제7회** 정답 및 해설
- **제8회** 정답 및 해설
- **제9회** 정답 및 해설
- **제10회** 정답 및 해설

얼마나 많은 사람들이 책 한 권을 읽음으로써 인생에 새로운 전기를 맞이했던가.

– 헨리 데이비드 소로 –

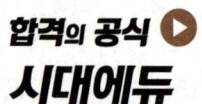

자격증 · 공무원 · 금융/보험 · 면허증 · 언어/외국어 · 검정고시/독학사 · 기업체/취업
이 시대의 모든 합격! 시대에듀에서 합격하세요!
www.youtube.com → 시대에듀 → 구독

제1회 정답 및 해설 | 사회학개론

01	02	03	04	05	06	07	08	09	10	11	12	13	14	15	16	17	18	19	20
④	①	④	②	①	①	②	③	③	④	③	②	③	②	④	②	④	①	③	③

21	22	23	24	25	26	27	28	29	30	31	32	33	34	35	36	37	38	39	40
④	①	②	④	①	④	④	②	③	②	①	④	①	④	①	④	②	③	①	④

01 정답 ④
콩트의 인류의 지적 진화 3단계
- 1단계 : 신학적·운명적 단계
- 2단계 : 형이상학적·추상적 단계
- 3단계 : 과학적·실증적 단계

02 정답 ①
역할 갈등
- 개념 : 두 개 또는 그 이상의 지위들에 상응하는 역할들이 동시에 요구되어 양립이 불가능한 경우에 발생하는 사회 갈등
- 해소의 방법 : 외적 요인을 변형시킴, 합리화, 결단, 신념의 변화, 역할 소원

03 정답 ④
① 계층 구조에 대한 설명이다.
② 사회적 지위에 대한 설명이다.
③ 계층에 대한 설명이다.

04 정답 ②
① 어느 한 개인에 의하여 그의 생애 동안의 경력 이동 등으로 계층의 변화를 가져오는 경우
③ 이동하는 사람이 개인일 경우
④ 사회 이동이 프롤레타리아, 노동자 또는 도시의 상공인과 같이 집단적으로 일어나는 경우

05 정답 ①
②·③·④ 갈등론적 관점에 대한 설명이다.

06 정답 ①
사회체계
- 복수 행위자의 상호의존적인 행위들이 만들어 내는 하나의 통일적인 전체이다.
- 사회체계 유지의 기능적 요건으로는 적응의 기능, 목적 달성의 기능, 통합의 기능, 잠재적 유형 유지와 긴장 관리 기능 등이 있다.

07 정답 ②
교환이론은 개인 행위에 초점을 맞추는 미시적 접근법에서 출발하여 점차 그 설명 원리를 거시적인 사회 조직과 사회 구조로 확장시킨 독특한 이론으로 행동주의 심리학의 영향을 받아 호만스(G. Homans)가 수립하였다.

08 정답 ③
허스코비츠(M. Herskovits)는 최초의 문화전파에 의해서든, 문화접촉에 의해서든 상관없이 두 가지 이상의 서로 다른 문화가 오랫동안 지속적인 접촉이 일어나면 일방 또는 양방의 문화에 변화가 일어나는데, 이것을 문화접변이라고 정의했다.

09 정답 ③

에릭슨의 자아발달 8단계이론
- 신뢰감과 불신감의 단계(0~1세)
- 자율성과 의구심의 단계(2~3세)
- 진취성과 죄의식의 단계(4~5세)
- 근면성과 열등감의 단계(6~11세)
- 자아정체감과 역할 혼돈의 단계(12~18세)
- 친근감과 고립감의 단계(청년기)
- 창의력과 침체의 단계(중년기)
- 자아 완성과 절망의 단계(노년기)

10 정답 ④

탈사회화는 사회화 과정에서 학습한 모든 것을 다 잊어버리고 백지화되는 현상으로, 재사회화가 되려면 먼저 탈사회화가 되어야 한다.

11 정답 ③

역할 기대
특정한 사회적 위치를 정하고 있는 개인에 대한 일반 사회성원들이 생각하는 권리와 의무, 특전과 책임 모두를 포함하는 인지적 개념이다.

12 정답 ②

일차집단에 대한 설명이다.

이차집단
구성원 간의 간접적인 접촉과 목적 달성을 위한 수단적인 만남을 바탕으로 결합된 집단

13 정답 ③

게젤샤프트는 이차집단으로 결사체와 같은 개념이며, 게마인샤프트는 일차집단으로 퇴니스가 공동체와 같은 개념으로 사용했다.

14 정답 ②

클라워드와 올린의 아노미이론
제도적 수단이 없는 아노미적 상태와 비제도적 수단이 있는 범죄 문화의 조건이 상승 작용할 때 일탈과 범죄가 유발된다.

15 정답 ④

사회화(社會化, Socialization)
발달할 수 있는 가능성만을 가지고 태어난 아동이 사회의 한 성원으로 성장하고 발달하는 동안에 그 사회에서 공인된 언어, 사고, 감정, 행동 등을 포함하는 생활양식을 학습하여 건전한 사회생활을 할 수 있게 되는 교육적 성장 과정

16 정답 ②

정치 제도의 드러난 기능
- 사회질서 유지의 기능 : 갈등하는 여러 집단들 사이의 분쟁을 해결해 주고 법률 집행의 기능을 수행한다.
- 국민 보호의 기능 : 국민들이 마음 놓고 살 수 있도록 치안을 확보하고 국방의 기능을 수행한다.
- 사회의 목표 달성 기능 : 행정조직을 만들어 사회성원들의 공공복리를 실현하고, 사회의 모든 인적·물적 자원을 동원하여 사회의 목표 달성을 주도하는 기능을 수행한다.

정치 제도의 숨은 기능(역기능)
- 정부 기능의 확대
- 권력의 집중과 권력 엘리트 형성의 기능
- 행정 관료들이 부정, 부패에 유혹될 가능성이 높아짐

17 정답 ④

① 계층은 여러 가지 사회적 지위에 대한 서열상의 평가이다.

② 계급의 성원은 강한 소속감과 심리적 공감을 가지며, 이를 계급의식이라 한다.
③ 계급은 재산이나 권력의 분배를 중심으로 하는 이해관계의 대립 집단을 뜻한다.

18 정답 ①
쿠즈네츠(S. Kuzents)는 경제가 발전하는 초기에는 불평등이 심화되는 경우가 있으나, 안정적인 수준으로 경제 발전이 계속되면 그 후부터는 불평등의 정도가 축소된다는 역U자 가설(지니계수 이용)을 제시하였다.

19 정답 ③
부거제는 과거 우리나라와 같이 결혼 후 신부가 신랑의 가족들과 함께 생활하는 것을 의미한다.

20 정답 ③
대중사회는 퍼스낼리티의 상실로 엘리트에 의한 대중조작이 가능해지며, 다분히 부정적인 성격을 나타낸다.

21 정답 ④
사회 운동의 특성
- 뚜렷한 목표가 있어야 한다.
- 목표 달성을 위한 구체적인 프로그램이 있어야 한다.
- 이데올로기가 확립되어 있어야 한다.
- 일정한 의식 행위를 통하여 성원의 참여를 촉진시킨다.
- 지도자와 추종자 사이의 역할 구분이 뚜렷하다.
- 운동이 진행되는 동안 지속적·반복적·장기적으로 진행된다.

22 정답 ①
의례주의형은 문화적 목표(성공 목표)는 갖고 있지 않지만, 제도적으로 마련된 수단은 갖고 있는 경우로, 극단적인 경우를 제외하고는 일탈 행위로 취급되지 않는 경향이 있다.

23 정답 ②
뒤르켐(E. Durkheim)
사회학을 사회적 사실을 연구하는 학문이라고 규정하였으며, 자살의 유형을 이타적 자살, 이기적 자살, 숙명적 자살, 아노미적 자살로 구분하였다.

24 정답 ④
기능론은 사회 구조를 상호의존과 협력 관계로 보며 전체적으로 통합에 기여한다고 본다.
④ 갈등론적인 관점과 관계있는 특성이다.

25 정답 ①
부분평등형
중간층이 비대해지는 다이아몬드형 계층의 형태이다.
예 노르웨이, 스웨덴 등

26 정답 ④
아비투스(Habitus)
특정 계급에서 획득된 취향, 인지, 판단 등의 인간의 행동 체계를 의미한다. 아비투스는 프랑스 사회학자인 부르디외(Pierre Bourdieu, 1930~2002) 이론의 핵심이기도 하다. 부르디외에 의하면 아비투스란 특정한 시간과 장소에 따라 특정한 사회적 환경에 의해 내면화된 성향의 체계로서, 인간 행동의 생산자이며 인지와 평가와 행동의 일반적 모습을 말한다.

27 정답 ④

농지개혁법은 1950년대 농지개혁으로 농촌 근대화의 길을 도모하기 위해 제정된 법이다.

28 정답 ②

'비교우위 단계 → 수입 대체 단계 → 다국적 기업의 확산 단계'를 거쳐 발전한다.

29 정답 ③

더 근대화된 사회는 재화와 용역이 도시에서 농촌으로 들어간다.

30 정답 ②

맥클리랜드(D. C. McClelland)의 성취지향적 퍼스낼리티론에 관한 내용이다. 맥클리랜드도 헤이건과 마찬가지로 변동의 주요 동인으로 퍼스낼리티를 강조하였는데, 성취동기가 경제 성장의 필수 요인이라고 보고 성취동기가 높은 나라일수록 경제 성장의 속도가 빠르다고 보았다.

31 정답 ①

② 마르크스의 계급 의식은 '유사의식 → 연대의식 → 대항의식'의 순서로 발전한다.
③ 갈등론은 사회적 통합·균형 등의 순기능 외 이해 차이로 인한 갈등 해결을 통해서도 사회 발전과 복지를 증진시킬 수 있다는 이론이다.
④ 마르크스는 사회 갈등의 원인을 경제적인 생산관계에서, 다렌도르프는 정치적인 권위 관계에서 찾았다.

32 정답 ④

정보화, 세계화 등으로 문화의 획일화 현상이 나타난다.

33 정답 ①

뒤르켐의 진화론 : 사회 변동을 사회적 분업과 상호의존성의 시각에서 설명하며 사회구 조의 점진적 분화를 사회 진화의 주요 경향이라고 보았다.

34 정답 ④

①은 브린톤, ②는 토크빌, ③은 존슨의 혁명이론이다.

데이비스의 J곡선 이론
- 사회성원들의 심리적 상태가 혁명 발생의 주요한 요인이다.
- 점진적인 경제 발전 뒤에 갑자기 불황이 오면 혁명의 계기가 된다.
- J곡선 이론으로 프랑스·러시아 혁명 등을 설명하였다.
- 왜 상이한 집단들이 혁명적 변화를 위하여 동원되는지는 설명하지 못했다.

35 정답 ④

변혁적 리더십의 특징
- 최고 관리자에게 요구
- 카리스마적 능력 중시
- 동기유발, 능력 있는 리더십
- 급진적·변화 지향적 리더십
- 개별적 배려 중시

36 정답 ②

군중 중심의 집합 행동
비제도적이고 자발적인 상호작용에 의한 연대감정의 강화로 사회적 관심을 증여하고 행동을 활성화함으로써 새로운 의식주 구조와 사회의 조직화가 초래되고 구조적 변혁을 쟁취할 수 있는 특성을 갖는다.

37 정답 ③

ㄱ·ㄴ·ㄹ은 공중이고, ㄷ·ㅁ은 대중에 대한 설명이다.

38 정답 ②

군중 행동은 '사회적 불안 → 위기감 → 동요 → 지도자의 출현 → 행동화'의 순서로 진행된다.

39 정답 ①

르봉(Le Bon)의 이론
개인들이 어떤 하나의 군중을 형성하게 되면 집합 심성을 소유하게 되는데, 이러한 집합 심성 때문에 사람들은 개인으로 홀로 남아 있을 때보다는 아주 다른 방식으로 생각하고, 느끼고, 행동한다.

40 정답 ④

세계체계론에 대한 이론 중 세계자본주의의 체계의 구조에 대한 설명이다.

제2회 정답 및 해설 | 사회학개론

01	02	03	04	05	06	07	08	09	10	11	12	13	14	15	16	17	18	19	20
①	④	①	①	①	②	①	②	③	②	①	④	④	③	③	③	③	③	④	①
21	22	23	24	25	26	27	28	29	30	31	32	33	34	35	36	37	38	39	40
④	④	②	②	③	②	①	②	①	②	②	②	④	①	①	①	①	③	①	④

01 정답 ①
뒤르켐은 『사회분업론』에서 분업의 발전에 따라 인간의 유대는 동질적인 사람들 사이의 기계적 유대의 사회로부터 이질적인 사람들 사이의 유기적 유대의 사회로 발전한다고 하였다.
- 기계적 유대로 맺어지는 사회 : 분업이 발전하지 않은 이전 사회로서 사회적 결속을 유지하고 통제는 주로 형법을 통해 이루어지는 사회
- 유기적 유대가 지배하는 사회 : 분업이 발전된 사회로 다양성, 이질성, 상호의존성이 특징이며, 사회 통제는 주로 보상법에 의해 이루어지는 사회

02 정답 ④
머튼의 아노미이론
- 문화적 목적과 제도적 수단 사이의 괴리에서 일탈 행위 발생
- 아노미에 대한 개인적 적응 방식 : 동조형, 개혁형, 의례형, 패배형, 반역형

03 정답 ①
가족은 사회를 구성하는 기본 단위로, 사회성원을 재생산하고 기초적인 사회화를 담당하며, 정서적 지지를 제공한다.

04 정답 ①
② 현재의 제도를 유지해야 한다고 생각하는 사람들이 현존 질서에 변동이 있을 때 저항하는 운동
③ 기존 사회질서의 일부에 개혁이 필요하다고 판단될 때 대항하는 운동
④ 일상생활에서 얻을 수 없는 믿음, 가치, 규범을 추구하는 운동

05 정답 ①
중요한 타자는 자아개념과 자아정체감 형성에 중요한 영향을 미치는 사람을 말한다. 예 가족, 선생님

06 정답 ②
상대화의 욕구란 절대적으로 신성하다고 주장하는 담론을 상대화하려는 욕구를 말한다. 상대화는 베버가 말한 마술로부터의 깨어남, 즉 각성과 일맥상통한다.

07 정답 ①
사회행위의 기본 요소
- 행위를 하는 행위자가 있어야 한다.
- 행위를 하는 시간적·공간적 상황이 필요하다.
- 주어진 상황에서 행위자가 특정 행위를 선택하게 하는 행위자의 지향이 있어야 한다.

08 정답 ②
체계이론에 대한 내용이다.

09 정답 ③
문화지체
문화가 변동할 때 문화 내용의 제 측면이 골고루 같은 속도로 변하지 않고, 어느 측면은 빠르게 변하는데 다른 측면은 천천히 변하기 때문에 생기는 문화의 부조화 현상을 말한다. 특히 기술적인 것에서 많이 일어난다.

10 정답 ②
미드(G. H. Mead)의 역할 학습 3단계
- 준비단계(1~3세) : 단순한 모방 행동만 일어나는 단계
- 유희단계(3~4세) : 소꿉장난을 하며 그가 맡은 역할의 의미를 이해하고 흉내내어 행동하는 단계
- 경기단계(4~5세) : 사회의 가치와 규범을 인식하고(Generalized others의 역할), 행동하고 억제할 수 있는 능력이 준비되는 단계

11 정답 ①
사회화의 피해자들
모든 사람이 완벽하게 성공적인 사회화가 이루어졌을 때 현존하는 사회에서 불리한 처지에 있는 소수 인종, 여성들, 정신적·신체적 장애인들을 말한다. 그들은 그들의 잠재적 가능성을 충분히 계발시키지 못하고 불리한 대로 그저 그런 것이려니 하고 현존하는 가치체계를 받아들일 가능성이 있다.

12 정답 ④
다렌도르프의 역할 기대
- 법적 기대 : 반드시 지켜야 할 기대이며, 어길 때에는 법원 판결에 의해 처벌을 받는 기대
- 사회·문화적 기대 : 사회적인 구속력은 가지지만 법적 제재력은 갖고 있지 않은 기대
- 용인적 기대 : 지키지 않아도 용서가 되고, 되도록이면 지키는 것이 좋은 기대

13 정답 ④
- 일차집단 : 인간을 성숙한 사회적 존재로 성장시키는 데 가장 중요한 기능을 담당하고, 초기 사회화 과정이 이루어지는 사회 집단으로 소규모, 면대면 관계, 강한 소속 의식, 가치체계의 공유, 인격적 대인 관계 등의 특징을 가지며, 가족 또는 놀이집단 등이 대표적 예이다.
- 이차집단 : 특정한 목표를 달성하기 위해 형성된 것으로, 형식적·비인격적 관계이며, 사회관계는 부분적인 성격을 띠게 된다.

14 정답 ③
① 공유성 : 한 집단의 구성원들이 공통적으로 가지는 생활양식이다.
② 축적성 : 언어, 문자 등을 통해 한 세대가 전 세대에서 전승받은 문화와 해당 사회에서 학습한 문화가 함께 다음 세대로 전승되면서 축적되어 간다.
④ 보편성 : 세계 어느 사회나 문화가 있고 사회 성원 모두에게 영향을 미친다.

15 정답 ③
자극 전파
다른 사회의 문화요소로부터 아이디어를 얻어 새로운 발명이 일어나는 것을 말한다.

16 정답 ③

가치판단

사실에 대한 주관의 가치 의견을 나타내는 것, 즉 어떤 현상에 대해 그것이 올바르고 바람직한지의 여부를 주장하는 판단으로, 경험적으로 검증 가능한 사건과 대상에 대한 진술인 사실판단과 대비된다.

17 정답 ③

인류의 지적 진화의 3단계 법칙

구분	지적 단계	지배자 유형	사회 단위
제1단계	신학적·운명적	사제와 군인	가족
제2단계	형이상학적·추상적	성직자와 법률가	국가
제3단계	과학적·실증적	산업경영자와 과학자	전 인류

18 정답 ③

병원의 산악 동호회는 자발적 이차집단으로서 일차집단적인 성격이 강하다.

공식조직과 비공식조직

- 공식조직 : 목적을 달성하기 위한 조직으로 인위적으로 형성되며, 업무가 세분화·전문화되어 있어 위계질서가 엄격하다.
- 비공식조직 : 정서적 교감이 목적인 조직으로, 친밀한 인간관계가 있으며 자발적으로 형성된다(일차집단적인 성격이 강함).

19 정답 ④

차별교제이론

서덜랜드(Sutherland)의 이론으로, 일탈자와 가까이 하면 일탈자와의 언어를 매개로 한 상호작용을 통해서 그도 일탈자가 될 개연성이 크다는 이론이다.

20 정답 ①

조직이론

- 과학적 관리이론 : 19세기 말~20세기 초 등장(테일러 시스템)
- 인간관계이론 : 1930년대 등장(호손 실험)
- 체계이론 : 1940년대 버틀란피가 제시
- 총체적 품질관리 : 1980년대부터 각광(밀라코비치)

21 정답 ④

경제 제도는 사회의 모든 재화와 용역의 생산과 분배, 소비에 관여하는 사회 제도로, 현대 사회로 올수록 점차 복잡해지고 능률적인 생산과 분배를 위한 분업화, 전문화가 진행되어 왔다. 따라서 현대 사회는 생산 증대와 함께 분배의 형평에 초점을 맞추려는 경제 제도가 필요하다.

22 정답 ④

마르크스는 즉자적 계급의 성원들이 그들의 이해관계를 인식하는 이른바 계급 의식(Class consciousness)을 가지고 부르주아에게 대항하는 진정한 의미의 계급, 즉 대자적 계급으로 발전한다고 보았다.

23 정답 ②

사회학자들은 일반적으로 계층 체제의 기본 유형을 카스트(Caste), 계급(Class), 신분(Estate)으로 나누었다.

24 정답 ②

빈 둥지 증후군

성인 자녀들이 독립한 후 부부만 남은 상태에서, 남성은 사회·경제적 활동으로 바쁜 반면, 전업주부인 여성은 소외감과 심리적 어려움을 경험하는 현상이다.

25 정답 ③

일차원적 사회는 본질적으로 정적인 사회로서 사회의 일차원성을 유지하기 위해 생산력의 끊임없는 발전을 필요로 하며, 문화적·정치적·경제적 권력의 집중화가 행해져서, 사회의 경제 상태는 정치에 의해 대부분 결정되고 경제는 국가의 직·간접적 개입에 의해 기능하고 있는 하나의 전체주의적 사회를 말한다.

26 정답 ②

신사회 운동은 중간 계급이 주체세력으로 등장하였다.

27 정답 ①

조직은 목표 달성을 위해 특정한 과업, 역할, 의사소통, 지원 구조 등의 체계를 갖는다.

28 정답 ②

① 계층의 원리 : 조직체의 공동 목표 달성을 위한 업무 수행에 관하여 권한과 책임의 정도에 따라 직위의 서열과 등급을 매기는 원리
③ 적도집권의 원리 : 중앙집권제와 지방분권제 사이에 적도의 균형을 취하는 원리
④ 통솔한계의 원리 : 한 사람의 지도자가 직접 통솔할 수 있는 부하의 수에는 한계가 있다는 원리

29 정답 ①

메이요(E. Mayo), 뢰슬리스버거(F. Roethlisberger) 등은 인간관계론을 주장한 학자이다.
②·③·④ 고전적 관리론의 학자이다.

30 정답 ②

과학적 관리론과 인간관계론

과학적 관리론	인간관계론
• 합리적·경제적 인간관	• 사회적·심리적 인간관
• 기계적 능률관	• 사회적 능률관
• 권위적 리더십	• 민주적 리더십
• 공식적 조직 중시	• 비공식조직 중시

31 정답 ②

파슨스는 모든 체계가 필수로 수행해야 할 4가지 기능을 주장하였는데, 그것은 '적응의 기능, 목표 달성의 기능, 통합의 기능, 잠재적 형태 유지의 기능'이다.

32 정답 ②

권력 평준화의 접근법은 과업의 성취뿐만 아니라 인간의 성장과 실현에도 많은 가치를 부여한다. 특히 이 양자 간의 인과관계의 정도를 파악하려고 한다.

33 정답 ④

사기는 만족감만이 아니라 개인의 욕구불만, 환경에 대한 집단의 적응도, 집단 분위기, 집단 목표의 내면화, 규범의 통제력 등도 작용하는 복잡한 구조를 지닌다.

34 정답 ④

리더십은 지도자의 권위(Authority)를 통해서 발휘되는데, 공식적·법적 권한이 있다고 행사되는 것이 아니며 직권력(Headship)과 구별된다.

35 정답 ①
사회 운동의 특성
- 뚜렷한 목표가 있어야 함
- 구체적인 프로그램이 존재해야 함
- 지도자와 추종자 사이의 역할 구분이 명확해야 함
- 사회운동의 당위성과 이데올로기 확립
- 일정한 의식행위를 통한 성원의 참여 촉진
- 조직성 및 계획성이 강하고, 지속적·반복적·장기적인 진행

36 정답 ①
② 종교, ③ 교육, ④ 정치 제도의 기능이다.

37 정답 ①
② 자생적 제도 : 무의식적·자연발생적으로 성립한 제도 예 혼인, 종교 제도
③ 보조적 제도 : 오락이나 휴양 등에 관여하는 제도
④ 기초적 제도 : 종족 보존, 사유 재산, 학교, 국가, 교회에 관여하는 제도

38 정답 ③
베버의 정치적 지배 유형
- 카리스마적 지배 : 초인간적인 자에 대한 신앙을 기초로 하여 성립하는 지배
- 합법적 지배 : 합리적으로 형성된 법률과 규준에 의한 지배 예 근대 시민사회 이후
- 전통적 지배 : 전통적 권위들을 신뢰하고 동의와 복종에 의한 지배 예 가부장적·가산제적 군주

39 정답 ①
브룸과 셀즈닉(L. Broom & P. Selznick)은 '제도화의 정도, 통합의 정도, 성원 충원의 범위, 참여의 정도'의 네 가지 기준에 따라 종교 조직을 '보편교단, 교파, 종파, 소종파'로 나누었다.

40 정답 ④
- 계층 구조 – 사회의 위계 서열이 고정화되어 일정한 유형으로 굳어진 현상
- 계층화 – 시간이 지남에 따라 사회층들이 점차 위계적·서열적으로 배열되는 과정

제3회 정답 및 해설 | 사회학개론

01	02	03	04	05	06	07	08	09	10	11	12	13	14	15	16	17	18	19	20
④	④	③	④	③	③	③	④	②	③	②	①	②	①	①	①	②	③	④	②
21	22	23	24	25	26	27	28	29	30	31	32	33	34	35	36	37	38	39	40
②	④	③	④	③	②	②	③	④	④	④	③	①	④	④	②	①	①	④	③

01 정답 ④

사회실재론은 사회는 존재하며, 사회가 없으면 개인이 존재할 수 없고, 개인은 사회를 위해서 존재한다고 본다. 반면에 '개인을 떠난 사회는 존재할 수 없는 것'은 사회명목론적 관점이다.

02 정답 ④

낙인이론

어떤 행동도 그 행위 자체는 본질적으로 일탈이 아니라 그 행위가 발생하는 상황과 여건에 의해서 일탈과 정상이 규정되며, 일탈은 일탈행위자와 일탈을 규정하는 자 사이의 이해와 가치의 갈등이라는 이론을 말한다.

03 정답 ③

순환론
- 발전, 퇴보와 같은 특정한 방향성 없이 단순히 생성, 성장, 쇠퇴의 과정을 되풀이한다고 보았다.
- 인류 역사가 질서 정연하게 긍정적인 영향으로 움직인다고 하는 단선 진화의 관념을 부인하였다.

04 정답 ④

허버트 스펜서(H. Spencer)의 진화론
- 스펜서의 사회학 사상은 콩트나 마르크스와는 달리 현실에 대해 긍정적이다.
- 진화론과 사회 유기체설을 결합한 사회 진화론적 관점의 주창자이다.
- 진화의 원리를 우주의 근본 원리로 보고 사회 발달의 기본 원리를 진화론에서 찾았다.

05 정답 ③

구분	군사형 사회	산업형 사회
지배적 기능 또는 활동	보존과 세력 강화를 위한 단계적 방어와 공격의 활동	개인적 서비스의 평화적·상호적 수수
사회조정의 원리	강제적 협동, 질서의 강요에 의한 조직 편성, 활동에 대한 긍정적·부정적 양면의 구제	자발적 협동, 계약과 정의의 원리에 의한 규제, 활동에 대한 제한이 거의 존재하지 않음
국가와 개인의 관계	• 개인은 국가의 이익을 위하여 존재 • 자유, 재산, 이동성 제한	국가가 개인의 이익을 위하여 존재, 자유와 재산, 이동성에 대한 제한이 거의 존재하지 않음
국가와 기타 제조직과의 관계	모든 조직은 공공 조직, 사적 조직들은 배제됨	사적 조직들은 고취됨
국가의 구조	집권적	분산적
사회의 계층적 구조	• 서열, 직업, 지역이 고정되어 있음 • 지위가 상속됨	• 서열, 직업, 지역이 탄력적이고 개방적임 • 지위 간의 이동이 존재

경제행위의 유형	• 경제적 자율성과 자족성, 외부와의 교역이 거의 없음 • 보호주의	• 경제적 자율성의 상실, 상호의존적이고 평화로운 교역 • 자유무역
가치가 있다고 여겨지는 사회적·개인적 성격	애국심, 용기, 존경, 충성, 복종, 권위에 대한 믿음, 원칙	독립, 타인의 존경, 억압에 대한 반항, 개인중심주의, 진실성, 친절함

06 정답 ③

짐멜(G. Simmel)
- 형식 사회학을 주장
- 개별적·전문적인 고유 영역을 갖고 있어야 한다고 주장
- 사회학이 다루어야 할 정당한 대상은 인간 상호작용의 특수한 형식과 형식의 집단적 특성을 묘사하고 분석하는 데 있음
- 사회학이 사회생활의 '형식'을 연구하는 학문이라 주장

07 정답 ③

갈등이론의 대표자로 평가받는 코저는 갈등 관계가 반드시 역기능적인 측면만 가지는 것이 아니라고 주장한다. 그는 갈등이 분열이나 해체만을 가져오는 것이 아니라 집단의 결속력을 강화하고 기존 사회 체계에 대한 비판을 가능하게 함으로써 사회의 변동과 안정 양면에 적극 기여한다고 보며, 갈등의 기능을 강조한다.

08 정답 ④

체계이론의 단점
- 역사적 파악과 동태적 분석이 힘들다.
- 이데올로기를 문제시하지 않는 이론이 되고 만다.
- 사회 문제를 본의 아니게 외면하는 인식 방법 자체에 이미 한계를 내포하고 있다.

09 정답 ②

미드(G. H. Mead)의 자아발달이론
미드(G. H. Mead)는 사회적 상호작용을 통한 자아발달이 사회화의 핵심이라고 하였다.
- 중요한 타자 : 자아개념과 자아정체감 형성에 중요한 역할을 담당하는 사람으로 주로 가족, 학교 선생님을 말한다.
- 일반화된 타자 : 선과 악의 판단의 기준이 되는 사람으로 전체사회를 대표하는 일반인을 말한다.

10 정답 ③

심리적인 요인(매슬로우의 이론)
- 기본적 생리적 욕구 : 최하위에 있는 가장 기초적인 욕구 예 음식, 공기, 물, 온도 등
- 안전과 보장의 욕구 : 위험이나 위협에 대한 보호, 경제적 안정·질서에 대한 욕구
- 소속과 애정의 욕구 : 친밀한 인간관계, 소속감, 애정·우정에 대한 욕구
- 자기존중의 욕구 : 다른 사람의 존경을 받으려는 욕구 예 지위, 명예, 위신, 인정
- 자아실현의 욕구 : 자아성취나 자기발전에 대한 욕구

11 정답 ②

역할 갈등
두 개 또는 그 이상의 지위들에 상응하는 역할들이 동시에 요구되어 양립 불가능하게 된 경우에 발생하는 사회 갈등

12 정답 ①

원초집단은 인성 형성에 일차적 영향을 미치는 집단으로 전인격적 관계로 맺어지며, 구성원들 간의 친밀한 대면 접촉을 통하여 이루어진 집단이다.

13 정답 ②
뒤르켐의 아노미적 자살
단순한 농경 사회에서 분업이 발달한 현대 산업 사회로 급속하게 변동하는 과정에서 많이 나타나는 자살 유형으로, 사회의 결속력이 약하거나, 개인이 자기가 속한 집단규범에서 비교적 자유로울 때 많이 나타난다.

14 정답 ①
피해자 없는 범죄는 알코올 중독, 마약 복용, 도박, 매춘 등으로, 직접적인 피해자가 없는 범죄이다.

15 정답 ①
관료제의 순기능
- 지위에 따른 임무를 명쾌하게 규정한다.
- 직책과 지위가 일정한 위계 체계에 따라 배열되어 있다.
- 관료의 직책은 아무에게나 맡겨지는 것이 아니고, 능력원칙에 따른 시험으로 해결된다.
- 직책 보유자의 능률적 직책 수행을 유발하고 보장하기 위해 재직의 보장에 필요한 수단들을 강구한다.

16 정답 ①
참여관찰법은 연구자가 직접 참가하여 현상을 조사하고 자료를 수집하는 방법으로 실험대상자의 반응과 관계없이 조사가 가능하다.

17 정답 ②
공식적 통제와 비공식적 통제
- 공식적 통제 : 사회질서 유지의 책임을 맡고 있는 공식기관, 즉 경찰, 검찰, 법원, 교도소, 소년원, 정신병원 등이 일탈자에게 일정한 방식으로 제재를 가함으로써 그 처벌 효과를 통하여 규범의 준수를 강제하는 통제이다.
- 비공식적 통제 : 일상생활에서 우리와 관련을 맺고 있는 가족이나 친족, 친구, 동료, 서클, 직장 내 등 비교적 규모가 작고 친숙한 관계에 있는 원초집단 안에서 매우 직접적으로 작용한다.

18 정답 ③
문화의 상대성은 세계 문화의 다양성을 인정하고, 각 문화의 독특한 환경과 역사적·사회적 환경을 고려하고 이해하는 것이다.

19 정답 ④
19세기 말에서 20세기 초, 미국 공장에서 작업과 경영 혁신을 주장하고 전파한 테일러의 경영 조직 혁신안을 말한다.

20 정답 ②
신지식 창출의 기능은 교육의 드러난 기능이다. ①·③·④ 외에 종교의 드러난 기능은 사회변동의 촉진, 심리적 위안 제공 등이 있다.

21 정답 ②
마르크스는 사회구성체를 상부구조와 하부구조로 구성되어 있는 하나의 체계라고 보았다. 하부구조는 생산력과 생산관계의 복합체인 '생산양식'이라고 규정하였다.

22 정답 ④

권력이 불평등하게 사회의 잉여 자원을 분배한다.

렌스키(G. Lenski)의 분배의 법칙
- 제1분배의 법칙 : 인간의 사회성과 이기심의 가정에서 도출
- 제2분배의 법칙 : 가치의 희소성과 천부적 능력 차이로부터 도출

23 정답 ④

도시화는 도시가 형성되고 변화하는 과정, 즉 인구가 도시로 집중되는 현상을 가리키는 말로 전체 인구 중 도시 인구의 비율이 증가함을 말한다.

24 정답 ③

종속이론
- 1960년대에 들어 라틴 아메리카 대륙의 학자들이 라틴 아메리카의 발전 문제를 다루면서 제시한 이론이다.
- 라틴 아메리카 발전 정책의 근간이 되어 온 근대화 이론에 대한 부정으로부터 출발한다.
- 제3세계의 발전이 늦은 이유를 세계 경제 체제에서 선진 자본주의 사회와 후진국 사이의 불평등한 교환관계에서 찾으려고 하는 이론이다.

25 정답 ④

사회 변동에 대한 두 가지 관점
- 진화론 : 모든 생물체가 단순한 것에서부터 복잡한 것으로 진화한다는 다윈의 진화론적 영향을 받은 이론으로, 스펜서, 뒤르켐, 마르크스 등이 속한다.
- 순환론 : 사회나 문명도 유기체의 일생처럼 생성, 성장, 쇠퇴를 되풀이 한다고 보는 입장으로, 칼둔, 소로킨, 파레토, 슈펭글러 등이 속한다.

26 정답 ③

사회운동은 처음에는 사회 조건을 개선하기 위해 발생하지만 목표를 달성하면 제도화되고, 다른 사람에 의해서 제도화된 사회조건을 개선하기 위해 또 다른 운동이 나타난다.

27 정답 ②

①은 신분제 계층제, ③·④는 폐쇄성 계층제에 대한 설명이다.

28 정답 ③

계급과 계층

구분	계급	계층
의미	• 사회 내에 존재하는 실제적·객관적 지위가 경제력이라는 단일 지표에 의하여 분류된 사회 불평등 구조 • 비연속선상에 있는 하나의 층으로 주관적·심리적 서열 구조 • 생산수단의 소유 여부에 따라 나누어진 대립 집단 → 자본가 계급과 노동자 계급	• 연속선상에 있는 지위의 서열로서 다원적 지표에 의하여 분류되는 불평등 구조 • 비교적 고정적·위계적 개념 • 경제적 계급, 사회적 지위, 정치적 권력 등에 의해 서열화된 위치가 비슷한 집단 → 상류층·중류층·하류층
특징	계급 간의 지배와 피지배, 갈등과 대립이 불가피함을 전제, 계급의식 강조, 소속감 강함, 사회적 이동 제한	사회적 희소가치의 불평등한 분배 상태를 범주화하여 이해하려는 분석적 의미로, 계층들은 수직적으로 하나의 연속선상에 배열되고, 사회적 이동이 자유로움

29 정답 ③

ㄱ. 평가적 방법, ㄴ·ㅁ. 객관적 방법, ㄷ·ㄹ. 주관적 방법, ㅂ. 지위불일치

30 정답 ④
계층 구조의 부정적인 역기능(튜민)
- 계층이 있으므로 유능한 인재 발견의 가능성이 제한된다.
- 계층은 유용한 재능의 범위를 좁힘으로써 사회의 생산적 자원을 확장할 가능성이 제약된다.
- 계층은 사회를 보수적으로 만든다.
- 긍정적 자기평가가 불평등하게 이루어지기 때문에 인간에게 고유한 창조적 가능성의 발달이 제한된다.
- 사회적 보수의 불평등은 각 계층 간의 적대·불신을 조장하고 사회 통합을 저해한다.
- 낮은 계층에게는 사회에 대한 충성심과 참여의식을 저하시키는 기능을 한다.

31 정답 ④
사회 계층의 본질

기능론에 의한 사회 계층의 본질	갈등론에 의한 사회 계층의 본질
• 계층은 보편적이며 필연적임 • 사회체제가 계층 체계를 만듦 • 계층은 통합·조정·응집을 위한 사회적 요구에서 생김 • 계층은 사회와 개인이 적절한 기능을 하도록 촉진함 • 계층은 사회적 공동가치의 표현임 • 권력은 늘 정당하게 배분됨 • 일자리와 보상은 평등하게 배분됨 • 경제적인 부분을 타 부분의 밑에 둠 • 계층 체계는 항상 진보적 과정을 통하여 변화됨	• 계층은 보편적일지 모르지만, 필연적인 것은 아님 • 계층 체계가 사회 조직(체계)을 만듦 • 계층은 집단 정복·경쟁·갈등에서 생김 • 계층은 사회와 개인의 적절한 기능을 제약함 • 계층은 권력 집단들의 가치의 표현임 • 권력은 늘 부당하게 배분됨 • 일자리와 보상은 불평등하게 배분됨 • 경제적인 부분을 사회의 맨 위에 둠 • 계층 체계는 항상 혁명적 과정을 통하여 변화됨

32 정답 ③
신중간 계급의 특징
- 교양 있고 안정된 생활을 하고 있지만, 점차 블루칼라와의 격차가 좁혀지고 있다.
- 예속적 퍼스낼리티의 소유자이며 대다수의 사람들이 취하는 성향을 따라가는 타자지향형의 인간형이다.

33 정답 ①
사회 이동의 요인
- 개인적인 원인 : 교육 수준, 상향 이동에의 열망, 가정이나 교우 집단의 사회화, 결혼, 개인적 행운 등
- 사회 구조적 원인 : 사회·경제적 요인(예 공업화), 인구학적 요인(예 출생, 사망, 계층별 출산력의 차이, 인구의 전·출입 유형)

34 정답 ④
- 수평 이동 : 동일한 계층 내에서의 위치 변화(예 다른 직종 선택, 동급의 타 부서 이전 등)
- 수직 이동 : 계층적 위치가 상승 또는 하강하는 것(예 상향 이동, 하향 이동)
- 세대 간 이동 : 한 세대와 다음 세대 간에 나타나는 계층적 위치의 변화(예 세대 간 하강 이동, 세대 간 상승 이동)
- 세대 내 이동 : 한 개인의 생애에 걸친 계층적 위치 변화

35 정답 ④
개방적 계층구조의 실현 : 수직적 사회 이동의 가능성 확대, 성취 지위 중시, 개인적 노력과 능력에 의한 사회 이동의 기회 확대 등

36 정답 ②
① 항상성 : 자기규제와 지속적인 상태를 유지할 수 있는 능력이다.
③ 동일귀착성 : 체계가 상이한 투입과 체계요소의 조합으로, 조합을 이용하여 그 목적을 달성할 수도 있으며 산출 시 여러 가지 다른 방법을 이용하여 투입을 변형시킴으로써 얻어질 수 있다는 원칙이다.
④ 시스템 진화 : 시스템의 진화능력은 보다 복잡한 형태의 분화와 통합으로 나아가는 능력이며, 시스템의 다양성을 증진시켜 환경의 도전과 기회에 대처할 수 있는 능력을 촉진시키는 것이다.

37 정답 ①
② 가족 : 사회를 구성하는 가장 기본적인 사회제도로 부부를 중심으로 아들, 딸, 손자, 손녀 등 가까운 혈육들로 구성
③ 친족 : 혈연관계에 입각한 집단으로 생물학적으로 동일 혈연관계에 있는 사람들
④ 동족 : 동일한 조상을 가진 혈연집단으로 부 혹은 모의 한 혈연을 따라 식별됨

38 정답 ①
현대 가족 제도의 문제점
사별과 이혼으로 결손 가족과 고아 발생, 노년층과 젊은층 사이의 사회적 단절, 정서적 불안정, 노인 문제, 청소년 문제 등

39 정답 ④
농촌 사회에 잔존하는 전통적·전근대적인 사회관계 및 비민주적인 사회규범·사회의식이 그 폐쇄성으로 인하여 농촌 문제를 자초하는 것이다.

40 정답 ③
방법론적 접근 방식(마르크스 : K. Marx)
- 전체적 접근법 : 사회를 하나의 전체 또는 체계로 보았다.
- 역사적 접근법 : 모든 사상, 사고, 교리, 진리 등은 역사적 특수성과 관련지어 이해해야 한다.
- 변동성 : 변동 사례를 연구하면 일정한 규칙성을 발견할 수 있다.

제4회 정답 및 해설 | 사회학개론

01	02	03	04	05	06	07	08	09	10	11	12	13	14	15	16	17	18	19	20
②	④	③	④	④	③	③	①	④	②	①	④	①	②	①	④	②	②	②	③
21	22	23	24	25	26	27	28	29	30	31	32	33	34	35	36	37	38	39	40
②	④	①	③	①	②	④	②	③	①	③	①	④	②	①	③	②	③	①	③

01 정답 ②

콩트는 사회의 진보가 인간 정신의 진보에 의해 이루어진다고 생각했으며, 인류의 지적 진화와 관련해, '인류의 진화 법칙' 또는 '인류의 지적 진화의 3단계 법칙'을 제시했다. 사회동학에서는 인간의 지적 능력이 신학적 단계에서 형이상학적 단계를 거쳐 실증적 단계로 발전하고, 사회도 이러한 지적 발전과 더불어 진보한다고 주장하였다.

02 정답 ④

베버의 '프로테스탄트 윤리와 자본주의 정신'은 마르크스 비판에 대한 성과 중의 하나이다.

03 정답 ③

사회 유기체적 접근
- 콩트는 사회정학에서는 생물학적 유기체적 관점을, 사회동학에서는 진화론적 관점을 강조
- 사회의 여러 가지 기능적 부분들 간의 조화와 균형을 강조하는 접근
- 유기체적 접근에서는 부분보다 전체를 중요시 하므로 질서를 중시

04 정답 ④

관료제의 특징
권한의 서열, 전문적 담당자, 직무 규정의 공식화, 업무 통제 규칙, 직무의 한정적 권한, 직무에 따른 차별 보수, 비인격적 접촉, 소유와 집행의 분리, 문서적 커뮤니케이션, 합리적 규율 등

05 정답 ④

① 공유성, ② 체계성, ③ 변동성에 대한 설명이다.

06 정답 ③

① 구성원들 간의 친밀한 대면접촉을 통하여 이루어진 집단으로 인간을 성숙한 사회적 존재로 성장시키는 데 가장 중요한 기능을 담당하는 사회 집단
② 자기 자신이 소속되어 있다고 느끼는 집단
④ 사회 집단 중 개인이 자신의 행동과 가치판단의 기준으로 삼는 집단

07 정답 ③

뒤르켐은 분업의 발달을 경제적 효율성의 기준으로 평가할 것이 아니라, 사회적 연대를 만들어주는 토대로 인식해야 한다고 주장하였다.

08 정답 ①

① 사회실재론에 대한 설명이다.

사회명목론
"전체는 각 구성원의 합 이외에 아무것도 아니다."라는 명제로 요약할 수 있다. 즉, 사회는 개인의 목표를 증진시켜 주는 도구에 불과하고 단순히 개인들의 집합체이므로, 개인은 존재하지만 사회는 실제로 존재하지 않는 명분에 불과하다.

09 정답 ④

사회적 결속이나 행위가 권력관계에 의한 것이며, 따라서 언제나 사회에는 갈등이 상존한다고 보는 입장은 갈등론적 관점이다.

10 정답 ②

영국의 인류학자 타일러는 『원시문화(Primitive culture)』에서 문화를 인간이 사회의 성원으로서 습득한 지식, 신앙, 예술, 도덕, 법, 관습 그리고 기타의 모든 능력과 습관을 포함한 복합적인 총체라고 정의했다. 이를 통해 백인 이외의 다른 인종들도 문화를 발전시켜 나갈 수 있다고 생각하게 되었고, 서구 백인 중심 문화의 개념을 보편적인 개념으로 바꾸어 놓는 데 크게 기여했다.

11 정답 ①

② 성취지위 : 노력에 의해 성취한 사회적 지위
③ 주된 지위 : 사회적 정체성을 결정하는 데 중요한 역할을 하는 지위
④ 형식지위 : 공식적인 지위

12 정답 ④

부분문화가 너무 많으면 가치관이 다양해지고 전체 사회의 규범이 약화될 수 있다. 더구나 서로 대립되거나 반대되는 가치관이 한 사회 속에서 공존할 때 사회성원들은 전체문화 속에서의 일체감 내지는 통일성을 잃게 되고 가치관의 혼란을 경험하며 다양한 가치 중 자신이 선택해야 할 가치를 찾지 못하고 방황하게 된다. 이런 경우 개인은 가치관의 혼란, 즉 뒤르켐(Durkheim)이 아노미(Anomie)라고 칭한 현상을 겪게 되며 사회적으로는 아노미 현상이 일어난다.

13 정답 ①

문화접변의 양상
- 문화수용 : 각각의 문화가 그 고유의 정체성과 가치체계를 그대로 지키면서 공존하는 문화현상 예 우리나라의 화교
- 문화동화 : 여러 가지의 독특한 하위문화를 가진 집단이 그 사회의 지배 문화로 통합되는 문화 현상 예 미국 문화에 동화하는 이민 집단의 문화
- 문화변형 : 두 개의 이질문화가 오래 접촉하는 동안 각각 본래의 유형을 잃어가고 새로운 문화를 창조하는 문화현상

14 정답 ②

쿨리(C. H. Cooley)는 인간의 자아의식이란 다른 사람들과의 끊임없는 상호작용을 통해서 서서히 형성하게 되는 사회적 산물이기 때문에 '다른 사람들'이 없는 상황 속에서 '나'라는 의식이 형성될 수 없다고 보았다. 이러한 맥락 속에서 쿨리는 '영상자아'라는 개념을 제시하게 되었다. 여기서 영상자아란 곧 '거울에 비친 자아'를 말한다.

15 정답 ②

전통지향형 퍼스낼리티는 역사적으로 볼 때 전근대적인 1차 산업이 지배적이던 사회의 퍼스낼리티 유형이다. 이것은 개인 행동의 기준이 개인적인 가치에 있는 것이 아니라 문화가 제시하는 행동 규범에 있는 퍼스낼리티를 말한다.

16 정답 ④

① 역할체제 : 특정 역할에는 상대역과 주위의 다른 역할이 있으며 이 역할들은 상호의존적 또는 상호결정적인 관계에 있는 것
② 역할행동 : 특정한 사람이 그 역할을 수행하는 활동 그 자체를 말한다.
③ 역할조 : 특정 지위와 관계가 있는 여러 역할들의 집합 혹은 총체

17 정답 ④

초기 사회화
일차집단에서 어린이는 부모와의 공감을 통해 사회규범과 도덕적 가치를 배우게 되는데, 이 같은 어린이의 학습 과정을 말한다.

18 정답 ②

① 이기적 자살 : 집단 결속력이 매우 낮을 때 생겨나는 자살이다.
③ 아노미적 자살 : 규범이 와해되어 아노미 상태에 빠졌을 때 나타나는 일탈의 자살이다.
④ 숙명적 자살 : 노예 상태와 같은 절망적 상황에서 발생한다.

19 정답 ②

통계적 집단은 사회학자나 통계학자가 연구를 위해서 임의로 범주화한 집단으로 집단 구성원이 집단에 속해 있는 지를 전혀 의식하지 못한다.

20 정답 ③

원규(Mores)
• 원규는 그 사회가 추구하는 가치를 실현할 수 있도록 구체화한 행동 규범
• 원규는 민습보다는 강력한 사회적 제재를 받는 규범문화
예 국가에 대한 애국심, 일부일처제와 배우자에 대한 정절, 근친상간 금지 등

21 정답 ②

신고전적 범죄이론
범죄를 처벌이나 형벌 차원에서 접근하지 않고 사회에서 범죄 자체가 일어나지 않도록 예방하고 억제하는 것이 더욱 중요하다는 관점에서 연구하는 범죄이론이다.

22 정답 ④

관료제는 능력원칙에 의한 충원이 가능하다.

관료제의 역기능
• 몰인정함과 비인간화를 들 수 있다. 관료제가 강조하는 합리성은 몰인정성을, 공식성은 경직성을, 위계질서는 개성 무시로 연결될 수 있다.
• 절차 합리성의 번문욕례(繁文縟禮, Red tape)를 조장할 수 있다. 즉, 도장 찍는 일이 지나치게 많다.
• 관료제에서 일하는 사람은 이른바 훈련받은 무능력자로 전락할 수 있다(형식주의).
• 관료는 윗사람의 눈치를 지나치게 본다. 능동적인 업무 수행이 아닌, 복지부동의 자세로 일을 하게 된다.

23 정답 ①
사회 통제의 기능은 교육 제도의 드러난 기능이다.
②·③·④ 외에 교육 제도의 숨은 기능으로는 아동 보호의 기능, 문화혁신의 기능, 학연을 형성하여 사회의 통합에 역기능적으로 작용하는 기능이 있다.

24 정답 ③
데이비스-무어의 기능주의적 관점은 개인이 직업을 통해 사회 유지의 기능을 수행하며, 다양한 직업들은 기능적 중요도에서 차이를 갖기 때문에 능력을 갖춘 자에게 적합한 보상을 해 주어야 한다는 입장이다. 따라서 기능주의적 관점에서의 불평등은 사회가 유지되는 과정에서 자연스럽게 형성된 사회질서이다.

25 정답 ①
페이블맨의 사회 제도의 구성요소

구조적 요소	목표 지향적 요소
• 설비: 제도 유지에 필요한 기물이나 시설 • 관행: 유형에 따른 행동 방식 • 인원: 제도에 종사하는 인원 • 조직: 집합적으로 조직화된 형태	• 신화: 철학적 원칙의 질적 표상 • 상징: 신화를 표출하는 의식이나 기호 • 양식: 신화의 세분화된 표형 • 강령: 위의 것들의 양적·구조적 측면

26 정답 ②
님비현상은 산업 폐기물, 장례 시설 등과 같은 시설이 자신이 거주하는 지역에 건설되는 것을 반대하는 현상이다.

27 정답 ④
코저는 갈등이 사회 변동과 안정 양면에 적극 기여하며, 갈등의 긍정적 기능에는 '집단 결속의 기능, 집단 보존의 기능, 집단 구조의 결정, 이데올로기의 창출, 세력균형의 창출, 집단 동맹의 확대' 등이 있다고 하였다.

28 정답 ②
사회실재론의 관점
- 사회중심적인 견해로 개인보다는 사회가 우선이라는 관점이다.
- 개인에 대한 사회의 구속성을 당연하게 생각한다.
- 사회 유기체설, 사회학주의 등의 이론에서 볼 수 있으며, 뒤르켐이 대표적 학자이다.
- 개인은 사회의 의지에 따라야 하고 사회의 목적 달성에 한 몫을 해야 한다.

29 정답 ③
① 손해 발생의 부인: 어느 누구에게도 손해를 입히지 않았다고 주장하는 것
② 비난자의 비난: 사회 통제 기관을 부패한 자들로 규정하여 자기를 심판할 자격이 없다고 함으로써 범죄 행동을 정당화하는 것
④ 고도의 충성심 호소: 자신의 행위가 옳지 않지만 친구, 가족 등 친근 집단에 대한 충성심에서 저지른 행동이라고 호소하는 것

30 정답 ①
의례주의형은 문화적 목표(성공 목표)는 갖고 있지 않고, 제도적인 수단은 갖고 있는 유형이다.

31 정답 ②

이타적 자살에 해당하며, 사회적 결속력이 강할 경우, 즉 사회적 의무감이 지나치게 강할 때 나타난다. 예 제2차 세계대전 당시 일본의 자살특공대

32 정답 ④

심리학적 접근 방법에 해당한다.

33 정답 ④

다양한 조직의 형태로 운영된다.

34 정답 ②

이차적 원인 – 역할 분담과 서열 체계의 무질서, 즉 개인과 다른 성원 사이의 역할 갈등과 마찰이 심한 집단은 내부 긴장이 계속되어 와해됨

35 정답 ①

② 표본 조사 : 통계학적인 원리에 의해서 표본을 추출하여 전체를 추리하려는 모든 조사
③ 현지 조사 : 직접 현장에서 관찰할 필요가 있을 때 사용하는 조사
④ 사례 조사 : 특정한 사례를 집중적으로 분석하는 조사

36 정답 ③

① 구조결정론적 관점 : 사회는 거대한 감옥이고, 인간은 그 감옥의 수인이다.
② 사회명목론적 관점 : 인간과 사회와의 관계에서 사회보다는 개인이 중요하다.
④ 상호작용론적 관점 : 실재론과 명목론의 단점을 극복하기 위해 등장했다.

37 정답 ②

역할 갈등의 해소 방법
• 결단 : 손익을 따져서 하나만 선택
• 합리화 : 변명, 자인
• 외적 요인의 변형 : 우선순위 부여
• 신념의 변화 : 역할 기대 내용을 변화시킴
• 역할 소원 : 역할의 참된 의미를 외면한 채, 외형적 역할만을 수행

38 정답 ③

1955년 반둥회의에 대한 설명이다. '77그룹 회의'는 라틴아메리카 지역 나라들이 대거 참여하여 남북 관계에서 경제 협력을 도모하기 위해 개최된 회의이다.

39 정답 ①

② 안전과 보장의 욕구에 대한 내용이다.
③ 자기존중의 욕구에 대한 내용이다.
④ 자아실현의 욕구에 대한 내용이다.

40 정답 ③

재사회화는 일차적인 사회화에 의하여 학습한 가치, 규범, 신조 등을 버리고 새로운 가치규범이나 신념을 내면화하는 것으로, 재사회화 기관에는 교도소, 정신병원, 군대 등이 있다.

제5회 정답 및 해설 | 사회학개론

01	02	03	04	05	06	07	08	09	10	11	12	13	14	15	16	17	18	19	20
①	④	①	④	④	③	②	②	②	②	①	④	②	③	①	④	②	③	③	①
21	22	23	24	25	26	27	28	29	30	31	32	33	34	35	36	37	38	39	40
③	②	③	②	①	①	④	①	②	②	④	④	②	④	②	②	②	①	③	②

01 정답 ①
합의론적 관점은 사회를 하나의 유기체로 보고, 사회를 형성하고 있는 많은 부분 요소들 사이에 의견의 합의가 있다는 것을 가정한다. 사회는 많은 개인들로 이루어졌고, 여러 개인들이 한 사회 내에서 질서를 유지하며 살기 위해서는 합의가 있어야 한다.

02 정답 ④
자발적 결사체는 비슷한 관심과 이해관계를 가진 사람들이 자기들의 관심과 이해관계를 옹호·증진시키기 위하여 자발적으로 결성한 집단이다.

03 정답 ①
사회실재론
- 사회중심적 견해로 개인보다는 사회가 우선이라는 관점
- 개인에 대한 사회의 구속성을 당연하다고 봄
- 사회 유기체설, 사회학주의 등의 이론에서 볼 수 있으며, 뒤르켐이 대표적 학자임
- 개인은 사회의 의지에 따라야 하고 사회의 목적 달성에 한 몫을 해야 함

04 정답 ④
서베이는 구조화 또는 반구조화된 질문지를 사용하여 우편, 메일, 면접조사를 통해 계획적, 체계적으로 자료를 수집하는 방법이다.
①·②·③ 질적 접근 방법이다.

05 정답 ④
상호작용론
개인과 집단이 따로 존재하는 것이 아니라 서로 의존하고, 상호작용하고 있다는 것이다. 즉, 개인 속에 사회가 있고, 사회 속에서 인간이 제구실을 할 수 있다고 보는 이론이다.

06 정답 ③
문화는 인간이 만든 것이고(창조성), 인간에 의해서 학습·전승되며(후천성), 그 내용은 축적(축적성)·공유되며(공유성), 일정한 체계를 이루고(체계성), 보편적이면서도(보편성) 다양하며(다양성) 늘 변한다(변동성).

07 정답 ②
하위문화는 한 사회는 여러 집단으로 구성되어 있는데, 각각 자기 집단 사람들끼리만 공유하는 문화이다.

08 정답 ②

심미적 문화
- 한 사회 내에서 아름답거나 예술적이라고 생각되는 신념 체계
- 아름다움에 대한 판단의 기준을 제공해 주는 문화

09 정답 ②

문화변형
두 개의 이질문화가 오래 접촉하는 동안 각각 본래의 유형을 잃어가고 새로운 문화를 창조하는 문화현상(A 문화와 B 문화가 접촉하는 동안 C 문화가 나타나는 현상)

10 정답 ②

피아제의 인지발달이론
- 지각동작단계(0~2세) : 모든 감각(미각, 후각, 시각, 청각, 촉각)이 발달하고 감각과 활동을 통해서만 사물을 인식함 → 대상 영속성 이해 시작
- 전조작단계(2~7세) : 사물을 생각과 감정으로 이해하고 내재화시키나 사고와 감정 표현은 자기중심적임 → 대상 영속성 확립
- 구체적 조작단계(7~11세) : 단순한 사항에 대해서는 논리적 사고를 할 수 있는 단계 → 보존 개념 획득, 조작적 사고 가능
- 형식적 조작단계(12세 이상) : 사춘기와 사춘기 이후의 단계 → 가설·연역적, 추상적 사고 가능

11 정답 ①

사회화는 인간이 타인과의 상호작용을 통해 그 사회의 가치와 규범, 도덕, 신념 등을 내면화함으로써 그 사회가 바라는 인간다운 인간으로 성장하는 과정이다.

12 정답 ④

지위의 구분
- 주된 지위(Master status) : 사회적 정체성을 결정하는 데 중요한 역할을 하는 지위 예 전통 사회에서는 신분, 현대 사회에서는 직업 등
- 귀속지위 : 본인의 의사나 노력과는 관계없이 주어진 사회적 지위 예 나이와 성, 인종 등
- 성취지위 : 노력에 의해 성취한 사회적 지위 예 교육 수준, 직업, 수입 등

13 정답 ①

머튼(R. K. Merton)의 아노미이론에서 일탈의 종류
- 동조 행위 : 문화적 목표와 제도적 수단을 모두 받아들이는 적응 양식으로, 일탈 행위가 일어나지 않음
- 혁신(고안형) : 성공하고 싶은 욕구는 갖고 있으나 제도적 수단은 갖고 있지 못한 경우
- 의례주의형 : 문화적 목표(성공목표)는 갖고 있지 않지만, 제도적으로 마련된 수단은 갖고 있는 경우
- 패배주의(은둔형) : 문화적 목표와 제도적 수단 모두를 포기 또는 부정하는 유형 예 알코올 중독자, 은둔자, 부랑아 등
- 반역(저항형) : 현존하는 문화적 목표와 제도적 수단 모두를 거부하고 새로운 목표와 수단을 대안으로 제시하는 경우 예 혁명가, 급진적인 여성해방운동가, 히피족 등

14 정답 ③

낙인이론은 어떤 개인의 행동을 통제하려는 행위가 머튼(R. K. Merton)이 말하는 자아완성적 예언의 효과를 발휘하여 통제 대상이 되었던 개인으로 하여금 자신이 일탈자라는 믿음을 갖게 하거나 일탈자로 전락시킨다고 보는 이론이다.

15 정답 ①

피해자 없는 범죄는 마약 사용, 도박, 매춘, 낙태, 알코올중독 등으로 인해 피해를 받는 사람이 없는 범죄를 말한다.
① 문서위조는 화이트칼라 범죄에 해당된다.

16 정답 ④

사기를 측정하는 기준 척도 – 카츠(Katz)
- 작업집단에의 긍지
- 자기과업에의 만족도
- 조직체에의 포락도
- 경제적 만족도

17 정답 ②

볼드리지(J. Baldrige)의 대학 진학에 대한 이론
- 모델이론 : 부모의 교육 정도가 높을수록 자녀가 대학에 진학할 확률이 높다.
- 기회이론 : 고소득층 집안의 자녀가 대학에 진학할 확률이 높다.
- 준거집단이론 : 친구나 이웃 중 대학에 다니는 사람이 많을수록 대학에 진학할 확률이 높다.
- 능력이론 : 개인의 지능이 높거나 열심히 공부하는 학생일수록 대학에 진학할 확률이 높다.

18 정답 ③

ㄴ. 화이트칼라 종사자가 블루칼라 종사자보다 많다.

19 정답 ③

관료제는 엄격한 권한의 위임과 전문화된 직무의 체계를 가지고 합리적인 규칙에 따라 조직의 목표를 능률적으로 실현하는 조직의 관리운영체제이다.

20 정답 ①

베버의 다차원론 – 구조화된 사회적 불평등
- 경제적 불평등 : 경제적 자원 예 계급
- 사회적 불평등 : 사회적 지위 예 신분 집단
- 정치적 불평등 : 정치적 권력 예 정당, 이익집단

21 정답 ③

① 메트로폴리스 : 고도로 집중화된 현대의 대도시, 즉 인구가 100만 명이 넘는 도시
② 테크노폴리스 : 첨단 산업을 전략 산업으로 육성하면서 산업·주거환경들이 잘 조화된 기술집적 도시
④ 세계도시 : 세계가 하나의 범위에 드는 것으로 전 세계에 영향력을 끼치는 도시

22 정답 ②

군중의 특성은 익명성, 비개인성, 무책임성, 감정성, 사회적 전염성, 일시성, 우발성, 조직 및 구조의 결여, 정서적 상호작용, 비암시성 등이 있다.

23 정답 ③

소로킨은 변동의 원천이 사회문화체계 내부에 있다고 보았고, 또 어떤 종류의 진리도 지나치게 개발되면 허위가 되거나 왜곡되고 만다는 '극한의 원리'를 주장했다.

24 정답 ②

대중은 군중보다 규모가 큰 많은 사람들로 선택된 소수의 엘리트를 제외한 모든 사람들을 말한다.

25 정답 ①

종속이론가에는 아민, 프랭크, 도스 산토스, 푸르타도, 에반스 등이 있다.

ㄹ. 파슨스(T. Parsons)는 사회체계론을 주장하였다.

26 정답 ①

마르크스는 인류의 역사를 계급 간의 끝없는 투쟁으로 보았다.

27 정답 ④

미드는 자아발달이론, 쿨리는 영상자아이론을 주장하였다.

28 정답 ①

문화융합 : 서로 다른 문화가 거의 전면적으로 융합되어 제3의 새로운 문화체계가 형성되는 문화현상
② 문화변형 : 서로 다른 문화가 접촉하는 과정에서 한쪽 또는 양쪽이 부분적으로 변화되는 문화현상
③ 문화동화 : 여러 가지 독특한 하위문화를 가진 집단이 그 사회의 지배 문화로 통합되는 문화현상
④ 문화수용 : 두 개의 이질적인 문화가 접촉할 때 각각 자체 문화의 가치관과 특성을 그대로 유지하면서 한 사회 내에서 공존하는 문화현상

29 정답 ②

① 전체 문화 : 한 사회의 성원 대부분이 공유하는 문화
③ 부분 문화 : 특정 집단에서 독특하게 나타나는 문화

④ 지역 문화 : 한 사회의 특정한 지역에서 나타나는 문화

30 정답 ③

가장 규제력이 낮은 사회규범은 민습이다.
사회적 제제의 정도 : 민습 < 원규 < 법률

31 정답 ④

한국의 사회학 발전 과정의 제2기에 해당한다.

32 정답 ④

사회 문제를 본의 아니게 외면하는 인식 방법 자체에 이미 한계를 내포하고 있다는 단점이 있다. ①은 실증이론의 비판, ②·③은 역사이론의 결점에 대한 내용이다.

33 정답 ②

사회·문화 현상의 탐구 자세
• 객관적인 태도 : 객관적 입장에 서야 하고, 선입관이나 특정 집단의 가치와 관점 및 이해관계가 개입되지 않도록 한다.
• 개방적인 태도 : 새로운 사실 또는 다른 사람의 주장을 아무런 편견 없이 받아들인다.
• 상대주의적 태도 : 각 사회와 문화의 특수성을 감안하여 그 사회와 문화를 인식하고 탐구해야 한다.
• 조화의 중요성 인식 : 참다운 조화를 이루는 생활을 하도록 노력한다.

34 정답 ④

실존사회학에 대한 접근법이다.

35 정답 ④
일차집단에 대한 설명이다.

이차집단
구성원 간의 간접적인 접촉과 목적 달성을 위한 수단적인 만남을 바탕으로 결합된 집단

36 정답 ②
집단의 분류 방법
- 집단 성원의 수에 따른 분류 : 소집단, 대집단
- 집단의 조직과 구조에 따른 분류 : 공식집단, 비공식집단
- 성원들의 가입 조건에 따른 분류 : 개방집단, 폐쇄집단
- 구성 형태에 따른 분류 : 일차집단, 이차집단
- 소속감과 애착심에 의한 분류 : 내집단, 외집단
- 행동 판단의 기준이 되는 집단 : 준거집단

37 정답 ②
소로킨(P. A. Sorokin)
- 사회학은 'N + 1'의 학문이다.
- 여러 사회 현상의 일반적 공통성이 연구 대상이다.
- 사회학의 고유 영역을 주장하였다.
- 사회학은 여러 사회 과학들의 기초 학문 또는 종합 학문이다.

38 정답 ①
괄호 안에 공통적으로 들어갈 말로 알맞은 것은 '외피적'이다. 어떤 특정 제도가 공식적으로 추구하는 목적과 직결되는 것으로, 공식적 상황판단 속에서 찾을 수 있는 기능이다.

39 정답 ③
콩트(A. Comte)의 사회학이론
- 사회학의 창시자로 최상위 학문으로서 사회학 용어를 처음 사용하였다.
- 사회학은 사회의 진보와 질서의 법칙들을 연구하는 학문이다.
- 사회학 연구에는 자연과학에서 사용하는 관찰, 실험 등이 사용될 수 있다.

40 정답 ②
노동자의 완전 고용과 노동조합 육성은 오늘날 복지국가가 지향해야 하는 것이다.

제6회 정답 및 해설 | 사회학개론

01	02	03	04	05	06	07	08	09	10	11	12	13	14	15	16	17	18	19	20
①	①	①	④	③	①	③	④	②	③	④	③	③	④	①	④	③	②	②	①
21	22	23	24	25	26	27	28	29	30	31	32	33	34	35	36	37	38	39	40
③	④	②	④	③	④	④	②	②	④	②	②	③	②	④	②	③	④	③	①

01 정답 ①
사회 변동의 동인은 물질적인 것이 아니라 기독교 정신과 같은 사회의 도덕, 규범, 가치, 종교 등 개인의 일상생활을 지배하고 있는 정신적인 측면이다.

02 정답 ①
마르크스의 사상은 변증법적 유물론을 제창한 독일 고전철학과 노동가치설의 영향을 받은 영국의 고전정치경제학, 이상사회 수립을 위한 이론 구상의 결정에 많은 영향을 주었던 프랑스의 유토피아적 사회주의 사상 등의 영향을 받아 형성되었다.

03 정답 ①
사회실재론은 사회가 주체이며 인간은 사회에 종속되어 사회가 행사하는 강력한 영향력의 범위를 벗어나지 못한다고 보는 견해이다. 이 이론은 인간의 종속성과 의존성이 강조되는 반면, 사회의 질서유지를 위해서 사회가 행사하는 강력한 구속성이 정당화된다.

04 정답 ④
서베이 조사는 많은 사람들을 대상으로 일시에 조사를 시행함으로써 시간과 비용의 측면에서 효율성이 높지만, 응답자들의 응답 내용이 인위적·피상적일 수 있다는 단점이 있다.

05 정답 ③
사회·문화 현상을 탐구할 때에는 객관적인 입장에 서야 하고 선입관이나 특정 집단의 가치와 관점 및 이해관계가 개입되지 않도록 해야 한다. 또한 새로운 사실이나 다른 사람의 주장을 아무런 편견없이 받아들이고, 각 사회와 문화의 특수성을 감안하여 그 사회와 문화를 인식하고 탐구하면서 참다운 조화를 이루는 생활을 하도록 노력해야 한다.

06 정답 ①
지위불일치
- 한 개인이 가지는 사회적 지위의 차원별 높이가 서로 다른 상황
- 한 개인의 사회적 위치가 그의 사회적 지위에 긍정적 효과와 부정적 효과를 동시에 미치는 상황
- 지속적으로 지위불일치가 일어난다면 기존 사회체제에 대한 불만이 표출되어 사회통합을 저해할 수 있음

07 정답 ③
상징적 상호작용론은 인간을 활동적·창조적인 주체로 보며, 개인의 자아의식 형성은 사회에서의 상호작용의 결과이고, 각 개인은 일상생활의 다양한 상황에서 접하는 타인의 눈을 통하여 자신을 알게 된다고 본다.

08 정답 ④
사회학은 보다 정책적인 공헌으로 근대화를 복지사회화로 유도하는 데 계속적인 노력을 기울였다.

09 정답 ②
문화 사대주의는 다른 문화권의 문화가 자기 나라의 문화보다 우월하다고 느끼고 자기 문화를 열등하게 생각하면서 다른 문화권의 문화를 무비판적으로 동경하는 것이다. 주체성이 없고 무비판적이며 글로벌 시대가 되어가면서 이런 관념을 가진 사람들이 늘고 있다.

10 정답 ③
문화지체란 문화가 변동할 때 문화 내용의 제 측면이 골고루 같은 속도로 변하지 않고 어느 측면은 빠르게 변하는데 다른 측면은 천천히 변하기 때문에 생기는 문화의 부조화 현상을 말한다. 급속히 발전하는 물질 문화와 비교적 완만하게 변하는 비물질 문화 간에 변동 속도의 차이에서 생겨나는 사회적 부조화, 즉 물질 문화의 변화와 발달의 속도를 비물질 문화가 따르지 못하는 것을 말한다.

11 정답 ④
아름다움에 대한 미적 기준도 시대와 공간에 따라 다르다. 심미적 문화는 우리에게 무엇이 아름다운가 하는 미에 대한 정의를 규정해 줄 뿐만 아니라 예술에 대한 감각도 규정해 준다.

12 정답 ③
집단 간 갈등이 생기면 집단 내부의 구성원 간 갈등은 완화되고 연대적 결속을 강화시키기도 한다.

13 정답 ③
근면성과 열등감의 단계는 초등학생의 연령 정도로 새로운 기술과 사회적 능력을 학습하는 단계이다. 노력이 충분히 보상되면 근면성이 발달하고, 계획했던 생각이나 행동이 늘 중간에 좌절하게 되면 열등의식이 생기는 단계이다.

14 정답 ④
내부 지향형
초기 공업화 사회에서 개인적인 표준에 따라 행동하는 퍼스낼리티 유형이다. 개인이 자기 스스로의 판단과 목표에 의해서 행동을 결정하는 유형이다.

15 정답 ①
역할은 어떠한 특정 지위를 차지하고 있는 개인으로 하여금 일정한 방식으로 생각하고 느끼고 행동하게 하는 힘으로, 역할의 내용은 개개인에 의해서가 아니라 사회 구조에 의해 규정되고 수정된다.

16 정답 ④
사회 집단이 공식적인 조직 체계를 갖추게 되면 그것은 일종의 결사체가 된다. 모든 공식 기구가 이 결사체에 속하며 관료제도 이 수준의 집단을 일컫는다.

17 정답 ③
예견적 사회화는 특정 집단의 성원이 되기 전에 그 집단의 가치와 행동을 받아들여 미리 사회화되는 현상을 말한다. 즉 원천 지위의 삶에 매이지 않고 종착 지위에 알맞은 삶의 방식을 배우려고 하는 현상이다.

18 정답 ②

머튼은 문화적 목표와 이를 달성하기 위한 제도적 수단 사이의 격차로 인해 일탈 행위가 발생하게 된다고 보았는데, 문화적 목표를 달성하기 위한 제도적 수단의 문제에 있어서 합법적인 수단에만 역점을 둠으로써 비합법적인 수단에 근접할 수 있기 때문에 일어나는 일탈 행위의 경우를 충분히 설명하지 못한다.
② 낙인이론의 문제점에 해당한다.

19 정답 ②

②는 사회실재론의 입장이고, ①·③·④는 모두 사회명목론의 입장이다.

사회명목론과 사회실재론
사회명목론은 사회보다는 인간을 강조하면서 사회를 구성하고 있는 실재는 개개인의 사람이라고 보는 입장이다. 그에 비해 사회실재론은 개인보다는 사회가 우선이라는 관점으로, 개인은 사회의 의지에 따라야 하므로 그에 반하는 행위를 하면 사회는 그 개인을 구속하거나 심지어 퇴출시키는 등의 방법으로 응징한다는 견해이다.

20 정답 ①

과학적 관리론은 과학과 과학적인 방법을 활용한 합리화와 능률성의 극대화를 추구하는데 인간의 사회·심리적인 측면을 도외시하고 기계적·물리적·생리적 측면만을 강조하는 이론이다.

21 정답 ③

체계의 기능(T. Parsons - AGIL)
- 적응 기능(Adaptation)
- 목표 달성 기능(Goal attainment)
- 통합 기능(Integration)
- 잠재적 유형 유지 및 긴장 관리 기능 (Latent pattern maintenance and tension management)

22 정답 ④

정치 제도는 어떤 개인들 및 집단들이 다른 개인이나 집단들에 대하여 권력을 획득·행사하는 제도화된 체계로, 권력의 집중 현상과 권력 엘리트 형성 등은 정치 제도의 역기능(숨은 기능)에 해당한다.

23 정답 ②

교육 제도를 통해 사회 구성원의 사회화, 새로운 기술의 교육, 신지식 창출, 사회 통제 등이 가능하며, 그 외에도 아동 보호, 실업 조절, 학연의 형성을 통한 사회 통합, 문화혁신, 지위 상승 등의 기능도 담당한다.

24 정답 ④

계층의 형태에는 불평등이 가장 심한 사회에서 나타나는 완전성층형과 하류 계층이 비대한 피라미드형의 부분성층형이 있다. 또한 모든 성원이 횡적으로 비슷한 위치에 있는 완전평등형과 노르웨이나 스웨덴에서 보여지는 부분평등형이 있다.

25 정답 ③

신중간 계급은 소비 지향적이고 사생활에 충실하다는 뜻의 소시민적 인간 유형으로, 이들은 교양 있고 안정된 생활을 하고 있지만 점차 블루칼라와의 격차가 좁혀지고 있다. 예속적 퍼스낼리티의 소유자이며 대다수의 사람들이 취하는 성향을 따라가는 타자 지향형의 인간형이다.

26 정답 ④

일반적으로 지니계수가 0.5 이상이면 상대적으로 불평등하다고 간주하고, 0.35 이하면 상대적으로 평등하다고 간주한다. 따라서 사회주의 국가의 지니계수는 대체로 0.35 이하가 많은 반면, 자본주의 국가는 0.35~0.40이 많으며 개발도상국은 0.5가 넘는 나라도 많다.

27 정답 ③

머독은 가족의 정의를 핵가족적 정의로 내리면서 주거와 경제적인 협력을 같이 하며 자녀의 출산을 특징으로 하는 집단으로 보았다. 레비-스트로스는 가족에 대해 확대가족적 정의를 내리면서 가까운 친척이 포함될 수 있고 가족 구성원은 법적 유대 및 경제적·종교적인 것 등의 권리와 의무·성적 권리와 금기·애정·존경 등의 다양한 심리적 감정으로 결합되어 있다고 보았다.

28 정답 ④

현대 사회에서도 내형적으로는 전통적인 효 관념, 부모·형제와의 경제적 및 정서적 관계의 중요성, 남아 선호 사상 등 가족주의적 가치는 상당 부분 그대로 유지되고 있다.

29 정답 ②

위성도시는 대체로 대도시의 주거 기능을 분담하는 경우가 많지만 공업이나 행정 등 특수 기능을 담당하는 경우도 있다. 고양, 성남, 안양, 부천, 광명, 과천, 안산 등이 그 예이다.

30 정답 ②

도시는 중앙 업무 지구(중심 상업 지대)인 도심을 동심원처럼 둘러싼 네 개의 특수한 지대로 틀이 잡힌다는 동심원지대 가설은 버제스가 주장한 이론이다.

31 정답 ④

사회체제가 공동사회로부터 산업형 사회로 이행한다고 본 것은 스펜서이다. 마르크스는 사회 체제의 발전단계론과 그 이행론을 전 역사에 걸쳐 총체적으로 정립하였다.

32 정답 ②

다렌도르프는 산업사회란 산업기업가가 공장의 소유자임과 동시에 노동자들을 직접 통제할 수 있는 권위를 갖는 사회라 하였다.
② 벨의 후기 산업사회론의 내용이다.

33 정답 ③

월러스틴은 오늘날 세계 경제가 단일한 분업 아래 복수의 문화체계를 지니며 정치적으로 분리되어 있다면서 제3세계의 경제 발전으로 중심부와 주변부 사이의 격차가 점차 심화될 것이라고 하였다.

34 정답 ②

문화동화란 여러 가지 독특한 하위문화를 가진 집단이 그 사회의 지배 문화로 통합되는 문화현상으로, 즉 사회의 문화요소는 없어지고 다른 사회의 문화요소로 대체되는 현상이다.

35 정답 ④

화이트칼라 범죄는 사회의 지도적·관리적 위치에 있는 사람이 직무상 지위를 이용하여 저지르는 범죄로, 횡령, 배임, 탈세, 외화 밀반출 등을 비롯하여 뇌물 증여, 주식이나 기업 합병, 공무원의 부패, 근로기준법 위반, 공정거래법 위반 등이 있다.
④ 피해자 없는 범죄이다.

36 정답 ②

군중은 공통된 관심사를 갖고 직접적으로 접촉하며 우발성, 조직 및 구조의 결여, 상호작용한 적이 없거나 일시적인 사회적 상호작용을 갖는다.
② 공중에 대한 설명이다.

37 정답 ③

2000년대 이후 한국 사회학자들은 보수주의적이기보다는 진보적인 이념 성향을 갖고 있다.

38 정답 ①

성취지위란 노력에 의해 성취한 사회적 지위로 사회가 복잡하고 전문화되면서 근대 이후에 증가하였다. 계층 구조가 개방적인 사회에서 강조되며 남편, 부모, 학생, 장관 등이 이에 속한다.

39 정답 ③

진화론은 현재 사회는 과거보다 더 나은 발전된 사회라는 전제에서, 균형론은 정상적인 사회는 각 부분들이 균형·통합되어 있다는 전제에서, 갈등론은 사회 각 부분 간에는 항상 갈등이 존재한다는 전제에서 주장하는 이론이다.

40 정답 ①

종래 수입해오던 상품을 자국에서 생산하여 국제수지를 개선하는 것은 수입 대체 단계인데, 생산재, 기술, 부품 등의 수입이 급증하여 선진국의 종속 관계를 벗어나지 못한다고 보았다.

제7회 정답 및 해설 | 사회학개론

01	02	03	04	05	06	07	08	09	10	11	12	13	14	15	16	17	18	19	20
③	④	②	④	①	④	③	④	②	④	④	③	①	①	②	④	④	②	④	③
21	22	23	24	25	26	27	28	29	30	31	32	33	34	35	36	37	38	39	40
①	④	④	②	②	④	③	①	②	③	②	②	③	④	④	③	④	②	①	④

01 정답 ③
사회학이 발전할 수 있는 사회는 다원주의가 공존하는 사회, 즉 자유주의 사회체제이다.

02 정답 ④
콩트가 주장한 내용이다.

03 정답 ②
사회학은 사회 현상의 전 영역을 연구대상으로 삼는 종합 사회과학으로 자리 잡고 있다.

04 정답 ④
사회 조사 방법
현지 조사, 사례 조사(사례 연구), 표본 조사, 서베이 조사, 실험, 관찰, 면접법, 내용분석법 등

05 정답 ①
제3세계의 여러 국가들은 현저한 경제 성장을 달성했음에도 불구하고 선진 자본주의 국가와의 상대적 격차가 줄어들지 않고 오히려 증가하였다. 또한 국내적으로 실업, 부의 사회적 격차들이 감소되지 않고 심화되는 현상을 보였던 것이다.

06 정답 ④
자유 진영은 사회학이 질서지향적이고 보수적인 색채를 기초로 하는 합의론적 관점이다. 공산 진영은 마르크스 주의를 사회학의 인식론적 기초로 하는 갈등론적 관점이다.

07 정답 ③
블라우는 교환이론을 개인과 개인 간의 관계만이 아니라, 개인과 집단, 집단과 집단, 집단과 국가, 국가와 국가, 나아가 세계 질서의 권력 구조에도 적용할 수 있는 거시적인 이론의 정립을 시도하였다.

08 정답 ④
역사이론의 결점
- 사회 발전을 위한 구체적인 계획, 경험적 연구의 자료 등을 제시해 주지 못하였다.
- 객관적 논리를 무조건 긍정적으로 수용함으로써 경험적 이해 이전의 이론을 전체로 받아들이기 쉽다.
- 사회 변동이론, 갈등이론의 기반이 되고 있다.

09 정답 ②
① 전파 : 전하여 널리 퍼트리는 것
③ 발명 : 이전에 없던 새로운 물건을 만들거나 기술과 지식 혹은 이념을 만들어 내는 것
④ 개발 : 지식, 재능 등을 발달하게 하는 것

10 정답 ④
문화지체는 문화가 변동할 때 문화내용의 제 측면이 골고루 같은 속도로 변하지 않고 어느 측면은 빠르게 변하는데, 다른 측면은 천천히 변하기 때문에 생기는 문화의 부조화 현상을 말한다.

11 정답 ④
사회적 상호작용은 긍정적인 측면과 부정적인 측면이 모두 존재하며, 전자는 사람들에게 좋은 측면, 후자는 나쁜 결과를 개인에게 가져다주기 때문에 그 중요성이 강조된다.

12 정답 ③
① 협동 : 공동의 목표를 달성하기 위해 성원들이 서로 힘을 합치는 것
② 갈등 : 목표나 이해관계가 충돌하여 상대방을 강제로 굴복시키거나 제거하여 목표를 달성하려는 것
④ 교환 : 서로 주고 받는 것

13 정답 ①
쿨리는 인간의 자의식은 다른 사람들과의 상호작용을 통해서 형성하게 되는 사회적 산물이기 때문에 '남들'이 없는 상황 속에서 '나'라는 의식이 형성될 수 없다고 보았다.

14 정답 ①
유전적 형질은 퍼스낼리티 형성 요인 중 생득적 요인에 해당하며 외모, 체격, 체질, 체력, 건강 상태, 지능 정도, 성별의 차이에 따라 다른 유형의 퍼스낼리티가 형성된다.

15 정답 ②
사회 집단은 어떤 목적을 향해 지속적으로 상호작용을 하는 다수 사람들의 집합체이다. 따라서 지속적인 상호작용이 없이 음악회나 경기장 등에 일시적으로 모인 사람들은 사회 집단으로 분류하지 않는다.

16 정답 ④
이차집단의 특성
- 특정한 목표를 달성하기 위해 형성된 집단이다.
- 인간관계가 형식적·비인격적·수단적인 관계이다.
- 상대방의 특정 기술이나 지위를 주로 본다.
- 상대방과의 의사소통이 사무적이고 형식적이다.
- 대규모의 집단 안에서 거리를 두고 간접적으로 접촉한다.

17 정답 ④
게젤샤프트(Gesellschaft)
- 기업, 조합, 국가, 단체 등과 같이 선택에 의해 인위적으로 만들어진 사회이다.
- 이익과 목적 달성이 중요하며 계약이나 규칙의 지배가 필요하다(타산적).
- 구성원들 사이에 적대감과 경쟁 관계가 형성될 수 있다.
- 특징은 형식적, 의도적, 인위적, 공식적, 타산적, 경쟁적, 계약적 관계이다.
- 상대방을 이해하려 하지 않고, 상대의 내면에 관심을 두지 않는다.
- 이차적 관계이며, 합법적이고 규칙에 의한 행위에 기반을 둔다.
- 현대 대도시에서 흔히 볼 수 있는 관계이다.

18 정답 ②
비동조자란 단순한 법법자가 아니라 고차원의 신념으로 실정법을 어긴 확신범이나 양심범이다. 현재의 법률은 어겼지만 자신만의 새로운 규범에 따르면서 그것이 정당하다고 여긴다.

19 정답 ④
이타적 자살은 사회적 결속력이 강할 경우, 즉 사회적 의무감이 지나치게 강할 때의 자살이다. 예컨대 제2차 세계대전 당시 전투기를 몰고 미군 군함으로 돌진했던 일본군 자살특공대(가미카제)가 있다.

20 정답 ③
뒤르켐은 사회 통제의 형태가 야만스러운 체벌 형태의 징벌 통제 방법에서부터 좀 더 가벼운 방법인 형무소 구금 형태로 변해간다고 보았다.

21 정답 ①
일차적 일탈과 이차적 일탈(레머트의 사회적 낙인으로서의 일탈)

일차적 일탈	이차적 일탈
• 규칙을 어긴 최초의 행위이나 발견되지 않아 낙인이 찍히지 않은 행위 • 일시적이고 경미한 것으로, 이런 행동을 한 사람도 자신을 일탈자라고 생각하지 않음	• 사회적 낙인이 찍힌 후 자신을 부정적으로 생각하게 될 때 생기는 행위 • 일차적 일탈로 인해 일탈자라는 낙인이 찍히게 되고, 자신이 일탈자라는 자아상을 갖게 되는 경우

22 정답 ④
파놉티콘(Panopticon, 판옵티콘)은 최소의 비용으로 최대의 감시 효과를 거둘 수 있는 원형 교도소이다.

23 정답 ④
이타적 자살 요인에 해당한다.

아노미적 자살
• 사회 정세의 변화라든가 사회 환경의 차이 또는 도덕적 통제의 결여에 의한 자살
• 갑작스러운 경제적 호황과 불황, 기술지식의 급속한 발전, 광활한 시장의 유혹 등이 규범 와해를 가져온다.

24 정답 ②
사회 구조의 개념
• 인간 상호작용의 규칙적인 양상이다.
• 인간의 상호작용을 통해서 이루어진다.
• 도표로 표시할 수 있는 모양을 가지고 있다.
• 권력이나 명예, 경제적 차원과 같은 상호작용에 있어서의 어느 측면을 표시한다.
• 사회 구성요소의 기본적 관계의 비교적 안정된 유형이다.
• 사회 구성원들이 구조화된 행위를 함으로써 안정된 사회관계를 유지한다.

25 정답 ②
사회 구조의 기능론적 관점에 대한 설명이다.

26 정답 ④
인간관계론 관리의 원리이다.

인간관계론 관리의 원리
기업 사회 안에서 개인의 존재는 경제 논리적인 존재가 아니고 협력 체제라는 사회적 인간관의 시각에서 인정되었으며, 노동자의 사회·심리적 욕구를 충족시킴으로써 기업의 생산성이 향상될 수 있다는 인식을 갖게 되었다.

27 정답 ②
비합리적이고 감정적인 요소를 배제한 공무 처리가 가능하다.

28 정답 ①
카츠가 정리한 사기를 측정하는 기준척도에는 경제적 만족도, 조직체에의 포락도, 작업집단에의 긍지, 자기과업의 만족도 등이 있다.

29 정답 ②
리더십의 3대 변수
리더십의 내용은 지도자, 피지도자, 상황적 요인들의 상호작용을 통해 결정된다.

30 정답 ④
자녀의 사회화는 가족의 사회 기능이다.

31 정답 ②
① 구성원의 사회화 기능 : 교육기능
③ 생산·분배·소비 기능 : 경제기능
④ 사회질서 유지 기능 : 정치기능

32 정답 ②
㉠ – 즉자적, ㉡ – 대자적
• 즉자적 계급 : 계급 의식은 형성되지 않았으나, 생산 수단의 소유 여부라는 단순한 기준에 따라 분류되는 집단으로, 참다운 계급인 대자적 계급의 전제가 된다.
• 대자적 계급 : 계급 의식을 가지고 부르주아에 대항하는 진정한(참다운) 의미의 계급이다.

33 정답 ③
신중간 계급
화이트칼라라고 불리며, 교양 있고 안정된 생활을 하고 있지만, 점차 블루칼라와의 격차가 좁혀지고 있다.

34 정답 ④
페이블맨의 사회 제도의 구성요소

구조적 요소	목표 지향적 요소
• 설비 : 제도 유지에 필요한 기물이나 시설 • 관행 : 유형에 따른 행동 방식 • 인원 : 제도에 종사하는 인원 • 조직 : 집합적으로 조직화된 형태	• 신화 : 철학적 원칙의 질적 표상 • 상징 : 신화를 표출하는 의식이나 기호 • 양식 : 신화의 세분화된 표형 • 강령 : 위의 것들의 양적·구조적 측면

35 정답 ④
㉠ – 사회 제도, ㉡ – 단일 가구

36 정답 ③
비난자 비난
• 사회 통제 기관을 부패한 자들로 규정하여 범죄자를 심판할 자격이 없다고 함으로써 범죄 행동을 정당화한다.
• 알고보면 자신의 행위를 비난하는 사람들(예 검사, 경찰 등)이 더 추악하고 타락해 있다고 주장하는 것이다.

37 정답 ④
차일드는 인류 역사에서 도시의 형성을 하나의 사회적 혁명으로 보아 도시혁명이라 명명하고, 산업혁명 이후 급속히 진행된 도시로의 인구 집중, 즉 '인구의 도시화'를 제2의 도시혁명이라고 하였다.

38 정답 ②

반주변부는 중심부에 의해 수취당하며 동시에 주변부를 수취하는 제3의 구조적 위치를 점유하고 있는 나라들이다.

39 정답 ①

베버의 프로테스탄트 윤리이론은 관념론에 속한다. 베버는 문화적 이념이나 신념이 어떻게 경제나 기술과 동일하게 사회변화에 영향을 미쳐왔는지를 입증하려 하였다.
또한, 프로테스탄트 윤리와 자본주의 정신에서 영국 청교도의 종교적 신념이 자본주의 발생의 원인이라 주장하였다.

40 정답 ④

㉠ - 분화된, ㉡ - 미분화된

제8회 정답 및 해설 | 사회학개론

01	02	03	04	05	06	07	08	09	10	11	12	13	14	15	16	17	18	19	20
②	②	③	①	②	①	③	①	③	①	③	④	①	②	④	②	③	②	④	③
21	22	23	24	25	26	27	28	29	30	31	32	33	34	35	36	37	38	39	40
④	②	①	④	③	②	④	③	②	③	④	④	③	③	③	③	③	③	④	④

01 정답 ②

머튼(R. K. Merton)은 특정 제도와 관행은 외피적(표면적) 기능과 이면적(잠재적) 기능을 갖고 있다고 했다.

외피적 (표면적) 기능	• 공식적 상황 판단 속에서 찾을 수 있는 기능이다. • 어떤 특정 제도가 공식적으로 추구하는 목적과 직결된다.
이면적 (잠재적) 기능	• 사회학과 사회학자들이 더 주목하는 기능이다. • 공식적 판단 속에서는 잘 드러나지 않지만 공식적 기능보다 더 중요한 결과를 낳기도 한다.

02 정답 ②

버거(P. Berger)
- 공식적 체계의 위선을 폭로하려는 동기를 사회의식의 본질로 파악하였다.
- 겉으로 보이는 것이 진실이 아닐 수 있다는 사회학적 시각은 겉과 속이 다른 경우, 그 위선을 폭로하려는 사회의식을 본질로 삼았다.

03 정답 ③

짐멜(G. Simmel)은 사회학이 다루어야 할 정당한 대상은 인간 상호작용의 특수한 형식과 형식의 집단적 특성을 묘사하고 분석하는 데 있고, 사회학이 구성원들의 상호작용들의 '형식'을 연구하는 것이라 주장하였다.

04 정답 ①

표본 조사의 장·단점

장점	단점
• 시간과 비용이 절감된다. • 폭넓게 조사한다. • 전수조사에 비하여 집중적으로 탐구한다. • 응답 내용을 세밀히 검토할 수 있다.	• 적절한 표본을 잡기가 어렵다. • 누구나 할 수 있는 것이 아니다. • 세분해서 대상의 다양한 부분까지 알려고 하는 경우에는 적절치 않다.

05 정답 ②

제2차 세계대전의 종전과 더불어 사회학이론도 이데올로기를 배경으로 공산 진영과 자유 진영으로 구분되었다.

06 정답 ①

합의론적 경향을 보이는 사회학설에는 사회 유기체설, 사회체계이론, 구조기능주의 등이 있다. 사회 유기체설은 사회를 하나의 유기체로 간주하고, 생물체 혹은 생물 진화라는 유추(類推)로 사회를 파악하려는 학설이다.

07 정답 ③

미국의 사회학자 프리드릭은 지식사회학의 방법을 사회학이론 및 사상에까지 적용시키는 '사회학의 사회학'이란 개념을 도입하였다.

08 정답 ①

체계이론
- 인간과 사회에 대한 이론
- 파슨스를 중심으로 한 미국 사회학자들의 경향
- 독일의 형식사회학도 그 이론적 바탕에 자리하고 있음
- 고도의 일반성을 가진 정태적 분석으로 사회구조를 파헤침

09 정답 ③

기존 사회질서를 인정하지 않고 그것을 파괴하려는 집단의 문화를 반문화라고 한다. (예 베트남 전쟁에 반대하는 히피문화, 동성연애자 등의 가치관 등)

10 정답 ①

자민족 중심주의가 자국 내에서 강조될 때에는 긍정적 기능을 한다. (예 민족의 자부심, 긍지, 일체감 조성 등)

11 정답 ③

① 발견 : 이미 세상에 존재해 있던 사물이나 지식, 이념을 새로운 방법으로 인식하고 사용할 수 있도록 깨닫게 하는 것
② 전파 : 접촉하지 않아도 외래문화의 내용이 전파되어 문화변용(文化變容)을 일으키는 것
④ 발명 : 이전에 없던 새로운 물건을 만들거나 기술과 지식, 혹은 이념을 만들어 내는 것

12 정답 ④

괄호 안에 공통적으로 들어갈 알맞은 말은 '이 항적'이다.

13 정답 ①

아폴로형 문화와 디오니소스형 문화(베네딕트)

구분	아폴로형 문화	디오니소스형 문화
종족	남부의 푸에블로족	서부의 콰키우틀족
성격	성격이 온화하여 상호협조적이고 경쟁심이 없다.	개인의 성격이 전투적·공격적이고, 횡포·과격하며, 극도로 정열적이고 경쟁심이 강한 것은 물론 이기적·비협조적·개인주의적이다.
개인주의적 성향	개인주의적 성격은 형성되지도 않고 나타나지도 않는다.	개인주의적 행동이 나타난다.
대인관계	안정과 평화	갈등과 불안
목적	중용 추구, 전통과 규율 중시	극단 추구, 초자연적 힘의 획득 중요시

14 정답 ②

① 역사회화 : 구세대의 문화 지식이 젊은 세대로 전해지는 것이 아니라 그 반대의 방향으로 일어나는 현상
③ 예기 사회화 : 학습 역할들이 현재가 아닌 미래의 역할에 지향된 사회화
④ 재사회화 : 일차적인 사회화에 의하여 학습한 가치, 규범, 신조 등을 버리고 새로운 가치, 규범, 신념을 내면화하는 것

15 정답 ④

사회 집단은 어떤 목적을 향해 지속적으로 상호작용하는 다수 사람들의 집합체이다.

16 정답 ②

가입과 탈퇴가 자유롭고 다양한 조직 형태로 운영된다.

17 정답 ③

구성원들이 역할의 분담과 조정을 통해 공동 목표를 추구하며, 각자가 맡은 역할을 처리하는 것이 집단의 유지 및 발전을 위해 바람직하다.

18 정답 ②

ㄴ. 군사형 사회 : 강력한 중앙집권적 지배 형태로, 개인은 국가의 이익을 위하여 존재하며 개인의 자유는 제한되는 사회
ㄹ. 신진화론 : 사회 발전을 한 방향으로의 변동으로 해석하는 고전적 진화론의 단점인 단선적이고 일반적 모형을 수정, 보완한 이론으로, 사회학적 측면과 문화인류학적 측면에서 문화의 변동을 설명하는 관점이다.

19 정답 ④

일탈의 상대성
- 일탈의 개념은 시간적, 공간적으로 상대적인 개념이다.
- 일탈 행위는 사회규범에 대한 위반 행위로서 많은 사람에게 부정적으로 평가되는 것이다.
- 일탈 행동은 사회적으로 상대성을 가지고 있다.
- 일탈 행위란 어떤 절대적인 기준에 의해서 규정될 성질의 것이 아니다.

20 정답 ③

패배주의(은둔형)는 문화적 목표와 제도적 수단 모두를 포기 또는 부정하는 유형이다. (예 알코올 중독자, 은둔자, 부랑아 등)

21 정답 ④

독립변수인 형벌의 객관적 조건들에는 형벌의 엄격성, 형벌의 확실성, 형벌의 신속성 등이 있다.

22 정답 ②

비공식적 통제
일상생활에서 관계를 맺고 있는 가족이나 친족, 친구, 동료, 동아리, 직장 내 등 비교적 규모가 작고 친숙한 관계에 있는 원초집단 안에서 매우 직접적으로 작용한다.

23 정답 ①

② 혁신형 : 성공하고 싶은 욕구는 갖고 있으나 제도적 수단은 갖고 있지 못한 경우
③ 동조 행위 : 문화적 목표와 제도적 수단을 모두 받아들이는 적응 양식으로, 일탈 행위가 일어나지 않음
④ 은둔형 : 문화적 목표와 제도적 수단 모두를 포기 또는 부정하는 유형 (예 알코올 중독자, 은둔자, 부랑아 등)

24 정답 ④

사회 구조는 개인이 비구조화된 행동을 할 때 사회관계를 흐트러뜨릴 수도 있으므로 개인의 행동을 구속하게 된다.

25 정답 ③

사회갈등론
- 대립적 불균형 상태
- 각 부분은 갈등, 강제, 변동 관계
- 긴장, 마찰에 의한 변화를 중시
- 강제에 의한 종속 관계

26 정답 ②

조정의 원리에 대한 설명이다.

조직의 원리
계층의 원리, 기능적 분업의 원리, 조정의 원리, 적도집권의 원리, 명령통일의 원리, 통솔한계의 원리가 있다.

27 정답 ④

테일러시스템에 대한 내용이다. 테일러시스템은 과학적인 방법에 의해 전 생산 과정을 최소 단위로 분해하여 각 요소 동작의 형태, 순서, 소요 시간 등을 시간 연구와 동작 연구에 의하여 표준화하고 차별능률급제를 채용하는 등 이른바 과학적 관리법을 개발하였다.

28 정답 ③

화이트(R. K. White)와 리피트(R. Lippitt)의 리더십 유형
- 권위형 리더십 : 지도자가 결정하고 지시하는 유형
- 민주형 리더십 : 인간관계, 즉 피지도자들의 참여와 만족이 강조되는 유형
- 자유방임형 리더십 : 피지도자들에 의하여 모든 결정이 이루어지고 완전한 자유가 보장되는 유형

29 정답 ②

사회 제도는 사회 구성원들이 추구하는 가치와 행동 규범의 복합체이다. 가치와 행동 규범은 대부분 성원들의 일상생활에서 습관화되고 상호 간 기대되는 것이다. 즉, 제도는 기대되는 행위 양식이다.

30 정답 ③

사회 제도의 특성
- 포괄성 : 사회생활과 인간 행위에 관련된 모든 것을 포괄함
- 통합성 : 사회 구성 집단들, 집합체들 및 지역 공동체들과 중복되면서 그것들 모두를 포용함
- 보수성 : 기존 질서와 규범을 지지하고 새로운 변화를 억제함
- 기본 욕구 충족성 : 사회 구성원들과 사회의 기본 욕구를 충족시킴

31 정답 ④

우리나라는 다양한 종교들이 혼재하며 공존하지만, 그 어느 종교도 한국 문화를 주도하지 못하는 이른바 문화 복합 현상을 이루고 있다.

32 정답 ④

지위(Status)에 대한 내용이다. 베버는 다차원적 접근 방법에서 계층 현상이 계급, 사회적 지위, 정치적 권력을 중심으로 전개된다고 주장하였다.

33 정답 ③

아비투스는 특정한 시간과 장소에 따라 특정한 사회적 환경에 의해 내면화된 성향의 체계로, 인간 행동의 생산자이며 인지와 평가의 행동의 일반적인 모습이다.

34 정답 ③

역U자 가설(쿠즈네츠의 가설)
- 쿠즈네츠에 의하면 경제가 발전하는 초기에는 불평등이 심화되는 경향이 있으나, 어느 단계를 지나 안정적인 경제 발전이 계속되면 그 후부터는 불평등의 정도가 축소되는 경향이 있다고 한다.

- 지니계수를 이용하여 불평등의 관계와 경제발전을 그래프로 나타내면 역U자 모양이 되므로, 쿠즈네츠의 가설을 역U자 가설이라고 한다.

35 정답 ③
레비-스트로스의 가족의 정의이다.

36 정답 ①
② 핵가족을 보편적 가족 형태로 해석한다.
③ 여성은 가족 내의 통합과 긴장 관리의 정서적·표출적 역할을 담당하며, 남성은 대외적 직업 활동을 통해 가족을 경제적으로 부양하는 역할을 담당한다.
④ 남성과 여성은 사회·문화적 조건에 의해서 결정 또는 규정된 개념이라 주장한 것은 미드의 자유주의적 관점이다.

37 정답 ③
역도시화(Counter urbanization, 탈도시화)는 도시의 중심부와 교외를 포함한 도시권 전체의 인구가 감소되기 시작하는 도시의 쇠퇴화 단계이다.

38 정답 ③
① 우연적 군중 : 어떤 사건에 주의가 끌려서 모인 군중
② 인습적 군중 : 어떤 특정 목적을 가지고 관례적인 규범에 따라 행동하는 사람들의 모임
④ 표출적 군중 : 특정 목적을 위해 집회에 참석했다가 감정이 격화되거나 흥분된 인습적 군중

39 정답 ④
레비의 근대화 사회의 속성에 대한 내용이다. 스멜서는 근대화를 '사회의 구조 및 기능의 분화와 통합'으로 파악하였다.

40 정답 ④
우리나라의 인구 변화 추세
- 한국 전쟁 후 '베이비 붐'으로 자연증가율이 급증
- '고출산/고사망 → 고출산/저사망 → 저출산/저사망'의 단계적 흐름 양상
- 유소년층 인구증가가 둔화되고, 노년층 인구가 증가 추세
- 2020년 이후에는 인구증가 둔화 및 노동력 부족 문제 발생이 예상

제 9 회 정답 및 해설 | 사회학개론

01	02	03	04	05	06	07	08	09	10	11	12	13	14	15	16	17	18	19	20
②	①	④	②	④	②	③	③	①	②	③	②	③	④	②	④	②	③	④
21	22	23	24	25	26	27	28	29	30	31	32	33	34	35	36	37	38	39	40
②	③	①	②	④	②	③	①	③	④	④	③	②	①	②	③	②	①	④	②

01 정답 ②
상대화의 욕구(베버)
사회학은 독특한 문제의식이고 열린 문제의식으로 열린 세계와 열린 사회에서 번성할 수 있다. 또한 사회학은 마술로부터 깨어남, 즉 각성과도 일맥상통한다.

02 정답 ①
사회정학 탐구 방법
- 사회 유기체적 접근을 통해 사회가 유지되고 기능하는 질서의 법칙을 추구한다.
- 현존하는 사회질서 문제를 다루면서 사회 구조를 과학적, 객관적, 실증적으로 분석한다.

03 정답 ④
사회실재론적 관점
- 인간과 사회와의 관계에서 개인보다는 사회가 우선이고 중요하다는 견해이다.
- 인간의 종속성과 의존성이 강조되는 반면, 사회의 질서 유지를 위해서 사회가 행사하는 강력한 구속성이 정당화된다.

04 정답 ②
사례 조사는 연구자의 관심을 충족시켜줄 만한 특정한 사례를 집중적으로 분석하는 방법이다.

05 정답 ④
체계는 언제나 스스로 균형과 조화를 이루려는 경향이 있다(체계의 항상성).

06 정답 ②
마르크스와 다렌도르프의 갈등 원인

구분	계급 구분의 원천	가진 자	안 가진 자
마르크스	생산 수단의 소유 여부	유산자 계급	무산자 계급
다렌도르프	상명하복의 권위 구조	지배 계급	피지배 계급

07 정답 ③
보편성
모든 사회가 자연적·사회적 조건이 다르나 인간의 생리적인 구조와 기본 욕구, 인간의 감정과 사유 능력, 상징 능력은 같거나 비슷하기 때문에 모든 사회의 문화는 구체적인 형태와 구조가 다르더라도 공통적인 요소들은 항상 존재한다.

08 정답 ③
㉠ - 물질적, ㉡ - 사회 통제

09 정답 ①
사회가 복잡해질수록 다양한 가치관이 나타나며, 사회성원들의 지배적인 가치관이 표현되므로 전체 문화를 지배 문화라고 한다.

10 정답 ②
문화 사대주의는 주체성이 없고, 무비판적이며, 옆에서 누가 좋다고 하면 생각도 해보지 않고 무조건 따라서 하는 경우가 많다. 글로벌 시대가 되어가면서 문화 사대주의 관념을 가진 사람들이 늘어나고 다른 나라의 문물을 서슴없이 받아들이고 있는 추세이다. (예 영어 지상주의, 서구인 모양의 성형수술 등)

11 정답 ③
'창씨 개명'은 여러 가지 독특한 하위문화를 가진 집단이 그 사회의 지배 문화로 통합되는 문화현상인 문화동화이다.
① 문화수용 : 두 개의 이질적인 문화가 접촉을 하면서도 각각 자체 문화의 가치관과 특성을 그대로 유지하면서 한 사회 내에서 공존하는 문화현상
② 문화변형 : 두 개의 이질적인 문화가 오래 접촉하는 동안 각각 본래의 문화유형을 잃어 가고 새로운 문화를 창조해 내는 문화현상
④ 문화융합 : 두 개의 문화가 거의 전면적인 접촉을 하는 과정에서 제3의 문화체계를 형성하는 문화현상

12 정답 ④
①·②·③ 이외에도 사회화의 기능은 기술 교육이 있다.

13 정답 ②
귀속지위와 성취지위

구분	귀속지위	성취지위
결정 요소	연령, 성별, 인종	재능, 노력, 업적, 교육
특징	• 선천적, 운명적, 불변적, 자연적 • 근대 이전에 중요한 지위 • 계층 구조의 폐쇄성이 높은 사회	• 후천적, 의도적, 가변적, 사회적 • 사회의 복잡·전문화로 근대 이후에 증가 • 계층 구조가 개방적인 사회에서 강조
예	남자, 성인, 딸, 노비, 나이 등	학생, 과장, 장관, 남편, 부모 등

14 정답 ③
역할이 지위의 역동적 측면을 구성한다.

15 정답 ④
준거집단은 자신이 속한 집단일 수도 있고 그렇지 않을 수도 있으며, 소속된 집단이 많을 경우에는 그중의 하나가 된다.

16 정답 ②
일정 수 이상의 사람이 공유하는 의식과 가치가 있어야 하지만 반드시 단체를 구성해야 하는 것은 아니다.

17 정답 ④
①·②·③은 친목 도모, ④는 이익을 대변하는 자발적 결사체이다.

18 정답 ②
일탈 행위는 중요한 사회규범의 위반 행위로 이탈되는 행위이다.

19 정답 ③
반역형(저항형) : 현존하는 문화적 목표와 제도적 수단 모두를 거부하고 새로운 목표와 수단을 대안으로 제시하는 경우이다. (예 혁명가, 급진적인 여성 해방 운동가, 히피족 등)

20 정답 ④
차별교제이론(서덜랜드)
- 일탈 행위는 차별교제의 과정을 통해 학습된다.
- 개인들은 범죄적 규범을 가지고 있는 다른 사람들과 접함으로써 일탈자나 범죄자가 된다.
- 범죄 행위는 범죄 문화를 깊이 수용한 자들과 상호작용하는 과정에서 이루어진다.

21 정답 ②
모든 사람은 법 앞에서 평등하다는 이념에도 불구하고, 일탈자들에 대한 통제가 불공평하고 선택적으로 이루어지고 있다.

22 정답 ③
클라워드와 올린의 일탈 문화의 분류에는 동조형, 고안형, 폭력형, 은둔형이 속한다.

23 정답 ①
피해자 없는 범죄에는 알코올 중독, 마약 사용, 도박, 매춘, 기타 다른 약물 중독 등이 있다.

24 정답 ②
개인이 구조화된 행동을 할 경우에는 안정된 사회관계를 유지하고, 개인이 비구조화된 행동을 할 경우에는 사회관계의 왜곡 또는 변형을 가져와서 사회 구조의 변동이 초래된다.

25 정답 ④
파슨스의 구조 기능주의적 체계이론이 대표적이다.

26 정답 ②
조직의 원리
- 계층의 원리 : 업무 수행에 관하여 권한과 책임에 따라 직위의 서열과 등급을 매기는 원리
- 기능적 분업의 원리 : 구성원들의 지식이나 숙련도에 따라 구성원에게 한 가지의 주된 업무를 분담시키는 원리
- 조정의 원리 : 조직의 목표 달성을 위해 집단적 노력을 질서 있게 배열하는 원리
- 적도집권의 원리 : 중앙집권제와 지방분권제 사이에 적도의 균형을 취하는 원리
- 명령통일의 원리 : 한 사람의 상관으로부터 명령, 지시를 받고 보고하여야 한다는 원리
- 통솔한계의 원리 : 한 사람의 상관이 직접 통솔 가능한 부하의 수에는 한계가 있다는 원리

27 정답 ③
합리적·경제적 인간관은 과학적 관리론의 인간관이고, 인간관계론은 사회적 인간관이다.

28 정답 ①
리더는 조직의 통일성을 확보한다.

29 정답 ③
블레이크(Blake)와 모우튼(Mouton)의 리더십
- 생산에 대한 관심과 인간에 대한 관심을 기준으로 5가지 리더십 유형을 분류함
- 빈약형, 친목형, 과업형, 절충형, 단합형의 5가지 리더십을 제시함
- 단합형을 이상적인 리더십이라고 봄

30 정답 ④
경제 활동을 통제하고 있는 제도적 기제에는 시장 기제, 문화적 규범, 공통의 문화적 목적, 행정부와 조직체의 통제가 있다.

31 정답 ④
사회적 서열 체계에서 지위에 따른 여러 가지 사회적 보상들의 접근 기회가 여러 범주의 사람들에게 차별적으로 구조화되는 불평등으로 규정할 수 있다.

32 정답 ③
평가적 방법
- 피조사자가 다른 사람의 계층을 평가하는 것
- 작은 지역사회를 선정하여 그 지역사회를 잘 아는 판정자나 평가자에 의뢰한 다음 전성원을 계층화하도록 하고 그 평가의 평균치로써 계층구조를 평가하는 것
- 이차적인 집단관계가 지배적인 대규모 도시지역에서는 사용하기 어려움

33 정답 ②
하류 계급인 임금 노동자에 대해 좀바르트는 '자본주의 제도의 그림자'와 같은 존재로 표현했다.

34 정답 ①
남녀 사이에서 소득 불평등이 가장 심하게 나타나는 직종은 미숙련 노동자층이다.

35 정답 ③
① 친족 : 혈연관계에 입각한 집단으로 생물학적으로 동일 혈연관계에 있는 사람들
② 동족 : 동일한 조상을 가진 혈연집단이라는 점에서 친족과 비슷하지만, 부계든 모계든 한 혈연을 따라 식별됨
④ 가정 : 가족이 생활하는 사회 중 가장 작은 집단

36 정답 ②
마르크스주의적 관점에 대한 설명이다. 이 관점은 각 시기에 있어서 경제체제와 생산관계의 성격에 따라 가족의 모습도 변화한다고 말한다.

37 정답 ③
① 선형이론 : 특정 용도의 구역이 교통로를 따라 방사형태를 띠면서 서로 격리되어 내부적으로는 동질적인 거주 지역이 형성된다.
② 동심원지대이론 : 도시는 중앙 업무 지구인 도심을 동심원처럼 둘러싼 네 개의 특수한 지대로 구성된다.
④ 자연지역이론 : 도시 공간 구조의 생태학적 유형이 물리적인 특성에 의해 자연스럽게 구획되며, 그에 따라 인간 집단의 사회·문화적 활동도 유형별로 구분된다.

38 정답 ①
공중에 대한 내용이다.

39 정답 ④

농지개혁법 제정은 1950년대 농촌 근대화의 길을 도모하였다.

40 정답 ②

도시화와 가족의 변화
- 도시화로 인하여 핵가족 형태가 확산되면서 이혼율도 증가
- 전통적인 효 관념과 친족의 중요성 약화
- 아이를 원치 않는 부부 증가 및 남아 선호 사상의 약화
- 결혼이 가족 간의 결합보다는 개인적인 목적을 위한 것으로 변질됨
- 자족적인 생산 기능보다 소비 기능의 증가

제10회 정답 및 해설 | 사회학개론

01	02	03	04	05	06	07	08	09	10	11	12	13	14	15	16	17	18	19	20
①	②	③	①	④	④	②	①	②	④	③	②	④	③	①	④	②	①	③	①
21	22	23	24	25	26	27	28	29	30	31	32	33	34	35	36	37	38	39	40
③	①	③	④	②	②	③	①	②	①	④	②	③	②	①	④	②	④	②	③

01 정답 ①

사회동학에서 인간이 지적 진화의 3단계 법칙으로 발전한다고 하였다.

02 정답 ②

유물사관은 마르크스만 해당된다.

03 정답 ③

사회의 외재성과 구속성(뒤르켐)
- 사회의 외재성(外在性) : 사회란 하나의 실체로서 인간 개개인의 밖에 존재함
- 사회의 구속성(영향력) : 사회가 밖에서 개인을 향해 무시하지 못할 영향력을 행사한다는 구속성을 강조함

04 정답 ①

서베이란 연구자가 자신의 연구 문제에 관한 일정한 설문을 구성하고 조사 대상자들에게 설문을 배포하여 자료를 수집하는 조사 방법으로, 사회과학자들이 자료 수집을 위하여 가장 많이 사용한다.

05 정답 ④

사회행위가 일어나기 위한 기본 요소에는 행위자, 상황, 지향이 있다.

06 정답 ④

타인과의 상호작용 상황에서 기계적으로 반응하는 것이 아니라 인간의 자율적·창조적 능력을 매우 강조하고 있다.

07 정답 ②

실증이론에 대한 비판이다.

08 정답 ①

사회·문화 현상을 탐구하는 자세
- 조화의 중요성 인식 : 참다운 조화를 이루는 생활을 하도록 노력
- 상대주의적 태도 : 각 사회와 문화의 특수성을 감안하여 그 사회와 문화를 인식하고 탐구해야 함
- 개방적인 태도 : 새로운 사실 또는 다른 사람의 주장을 아무런 편견 없이 받아들임
- 객관적인 태도 : 객관적 입장에 서야 하고, 선입관이나 특정 집단의 가치와 관점 및 이해관계가 개입되지 않도록 해야 함

09 정답 ②

①·④는 규범적 문화, ③은 경험적 문화에 대한 내용이다.

10 정답 ④
규범이 규범으로서 지켜지고 존속되기 위해서 정당성, 강제력(구속성), 내면화 조건이 충족되어야 한다.

11 정답 ③
경쟁은 협동과 달리 상대방보다 먼저 목표를 달성하려 하고, 규칙에 따라 정당하게 목표를 달성하려 한다는 점에서, 규칙을 지키지 않고 서로를 적대시하며 제거 또는 파괴하려는 갈등과 구별된다.

12 정답 ②
역사회화에 대한 현상이다.

역사회화
구세대의 문화지식이 젊은 세대로 전해지는 것이 아니라 그 반대의 방향으로 일어나는 현상

13 정답 ④
사회적 정체성을 결정하는 데 중요한 역할을 하는 지위는 주된 지위로, 전통 사회에서는 신분, 현대 사회에서는 직업 등이 해당한다.

14 정답 ③
역할의 성격(R. Dahrendorf)
- 역할은 일종의 준객관적 복합체로서 원칙적으로는 개개인과 관계없는 행위 처방이다.
- 역할의 내용은 개개인에 의해서가 아니라 사회구조에 의해 규정되고 또 수정된다.
- 역할은 사회구속력 또는 제재력을 갖고, 역할기대를 무시할 때에는 스스로에게 불이익이나 손상을 초래한다는 뜻에서 역할은 개개인의 행위를 통제한다.

15 정답 ①
도이치(Deutsch) & 크라우스(Krauss)의 집단형성과 결속의 요인
- 사회적 근접성
- 사람들의 태도와 배경의 유사성
- 성공과 실패의 공통 경험
- 주위 사람들보다 뛰어난 사람과 집단
- 퍼스낼리티 간의 조화
- 상호 관계를 맺으려는 기대와 이와 유사한 요인

16 정답 ④
여성과 남성, 특정 지역 출신, 피부 색깔 등으로 다른 사람들과 구별될 때 동류의식은 생기지만 상호작용은 일어나지 않는 집단을 준사회 집단이라 한다.

17 정답 ②
①·③·④는 특정 이익을 대변하기 위한 결사체이고, ②는 사회의 공익을 위해 결성된 결사체이다.

18 정답 ①
일탈의 순기능에 해당한다.

19 정답 ③
중화이론의 문제점에 대한 내용이다.

20 정답 ①
직업 혹은 중산층 범죄에 해당한다.

직업 혹은 중산층 범죄
- 중산층에 있는 사람들이 직업을 수행하는 과정에서 하는 불법 행위
- 대부분의 사람들이 이들을 범죄자라고 생각하지 않는 경향
- 공금 횡령, 수뢰, 장부 위조를 통한 탈세, 허위 광고, 상품 가격의 사기, 암거래 등

21 정답 ③
중화이론이란 자신의 행위가 실정법상으로 위법함을 알지만, 그럴듯한 구실이나 이유를 내세워 자신의 행위를 도덕적으로 문제가 없는 정당한 행위로 합리화시키는 능력이다.

22 정답 ①
① 아노미이론, ② 차별교제이론, ③ 중화이론, ④ 낙인이론

23 정답 ③
공식적 사회 통제 기관의 제재를 강조하고, 가족, 학교, 친지 등에 의한 비공식적 낙인은 경시하는 경향이 있다.

24 정답 ④
행위체계의 구성요소(파슨스)
행위의 환경, 문화체계, 사회체계, 퍼스낼리티 체계, 행동유기체계 등이 있다.

25 정답 ②
사회적 구조 관계의 유형
- 경쟁 관계 : 집단 상호 간에 이해관계의 대립이 생기는 관계
- 적대 관계 : 특정 집단 사이의 인지된 경쟁 형태(사회적 긴장)의 관계
- 갈등 관계 : 상대 집단의 약점을 폭로하고 조작하면서 서로 상대를 붕괴시키려는 관계

26 정답 ②
조직의 원리
- 계층의 원리 : 업무 수행에 관하여 권한과 책임에 따라 직위의 서열과 등급을 매기는 원리
- 기능적 분업의 원리 : 구성원들의 지식이나 숙련도에 따라 구성원에게 한 가지의 주된 업무를 분담시키는 원리
- 조정의 원리 : 조직의 목표를 달성을 위해 집단적 노력을 질서 있게 배열하는 원리
- 적도집권의 원리 : 중앙집권제와 지방분권제 사이에 적도의 균형을 취하는 원리
- 명령통일의 원리 : 한 사람의 상관으로부터 명령, 지시를 받고 보고하여야 한다는 원리
- 통솔한계의 원리 : 한 사람의 상관이 직접 통솔 가능한 부하의 수에는 한계가 있다는 원리

27 정답 ③
리스먼은 엘리트를 적응형, 아노미형, 자치형으로 분류하였다.

리스먼(D. Riesman)에 의한 엘리트 분류
- 적응형 엘리트 : 기존 사회체제에 동조하고, 사회의 요구에 부응하는 반응을 보이는 보수적 지도 세력을 형성한다.
- 아노미형 엘리트 : 사회체제에 대한 적응에 실패하여 심리적 안정과 평형을 상실한 인간집단들의 대표로 구성된다.
- 자치형 엘리트 : 사회체제의 신화나 이데올로기로부터 자유로우며, 새로운 사회의 전망과 유토피아를 가진다.

28 정답 ①
화이트(White)와 리피트(Lippitt)의 리더십
- 권위형 리더십 : 직무 수행, 즉 임무를 성취시키는 측면이 중시되며 지도자가 결정하고 지시하는 유형
- 민주형 리더십 : 인간관계, 즉 피지도자들의 참여와 만족이 강조되는 유형
- 자유방임형 리더십 : 피지도자들에 의하여 모든 결정이 이루어지고 완전한 자유가 보장되는 유형

29 정답 ②
제도의 중요성에 따른 분류
- 기초적 제도(원초적 제도) : 종족 보존, 사유재산, 학교, 국가, 교회에 관여하는 제도
  - 다목적·다기능 위주 : 가족
  - 수단적 기능 위주 : 경제, 정치
  - 표출적 기능 위주 : 종교, 교육
- 보조적 제도(파생적 제도) : 오락이나 휴양 등에 관여하는 제도
  - 수단적 기능 위주 : 후생복지, 기술체계
  - 표출적 기능 위주 : 대중통신, 여가, 오락

30 정답 ①
합리적으로 형성된 법률과 규준에 의한 지배로서 근대 시민사회 이후에 형성 지배 형식이다.

31 정답 ④
사회적 지위 – 한 개인이 점유하고 있는 각 집단들에서의 개별 지위들을 종합한 단일 지위

32 정답 ②
다렌도르프의 갈등론적 이론에 속한다.

33 정답 ③
사회 이동이 일어나는 개인적 원인이다. 사회 구조적 원인에는 사회·경제적 요인(공업화), 인구학적 요인(출생, 사망, 계층별 출산력의 차이, 인구의 전·출입의 유형)이 있다.

34 정답 ②
산업화의 진전으로 급속하고 광범위한 세대 간 이동은 점차 감소하는 추세이다.

35 정답 ①
② 배우자의 선택 범위에 따른 결혼 형태
③ 가족원의 구성 방식과 주거 형태에 따른 가족 형태
④ 가족 내 구성의 소재에 따른 분류 형태

36 정답 ④
조선시대의 실제 가족 형태는 직계가족, 확대가족이고, 현대에는 도시화로 핵가족 형태가 널리 확산되고 있다.

37 정답 ②
① 집중적 도시화 : 중심도시의 교외 지역은 정체된 가운데 중심도시에 인구와 산업이 집중하여 급격히 팽창하는 현상
③ 역도시화 : 도시의 중심부와 교외를 포함한 도시권 전체의 인구가 감소되기 시작하는 도시의 쇠퇴 단계
④ 재도시화 : 고소득층을 중심으로 도심 중심부로 고급 주택가, 상가, 음식점 등이 다시 부활하여 집중되는 현상

38 정답 ④

제도권 외부에서 집합 행위를 통하여 공통의 이익을 증진시키거나 공통의 목적을 달성하려는 집합적인 시도이다.

39 정답 ②

우리나라의 사회 문제
- 산업화 위주 정책으로 인한 환경오염 문제
- 급속한 경제 성장으로 인한 계층·세대 간 갈등 심화
- 무분별한 서구 문물의 도입으로 농경 사회의 전통모습과 단절
- 인간이 거대 조직의 부속품으로 전락하여 나타난 인간소외 현상
- 과잉 도시화로 교통, 주택, 환경, 빈민, 범죄문제 등 사회 문제 야기

40 정답 ③

부르디외(P. Bouridieu)
- 사회학을 구조와 기능의 차원에서 기술하는 학문으로 파악
- 신자유주의자들을 비판하며 범세계적인 지식인 연대의 필요성 주장
- 자본을 경제적 자본, 사회적 자본, 문화적 자본, 상징적 자본의 4가지로 구분
- 그중 문화적 자본인 교육, 예절, 말투, 취향, 예술 감상 능력 등의 행동양식은 계급을 결정하는 중요 요인
- 특정 계급에서 획득된 취향, 인지, 판단 등 문화적 자본을 통해 인간의 행동 체계인 아비투스(Habitus)를 설명
- 저서로는 『구별짓기』, 『호모 아카데미쿠스』, 『알제리 사회학』 등

지식에 대한 투자가 가장 이윤이 많이 남는 법이다.

– 벤자민 프랭클린 –

독학학위제 1단계 교양과정인정시험 답안지(객관식)

컴퓨터용 사인펜만 사용

★ 수험생은 수험번호와 응시과목 코드번호를 표기(마킹)한 후 일치여부를 반드시 확인할 것.

전공분야

성 명

수 험 번 호

(1)
(2)

※ 감독관 확인란

(인)

관리번호
(연번)
(응시자수)

답안지 작성시 유의사항

1. 답안지는 반드시 컴퓨터용 사인펜을 사용하여 다음 보기와 같이 표기할 것.
   보기 잘 된 표기: ● 잘못된 표기: ⊘ ⊙ ◐ ○○
2. 수험번호 (1)에는 아라비아 숫자로 쓰고, (2)에는 "●"과 같이 표기할 것.
3. 과목코드는 과목코드번호를 보고 해당과목의 코드번호를 찾아 표기하고, 응시과목란에는 응시과목명을 한글로 기재할 것.
4. 교시코드는 문제지 전면 의 교시를 해당란에 "●"와 같이 표기할 것.
5. 한번 표기한 답 코드나 수정액 및 스티커 등 어떠한 방법으로도 고쳐서는 아니되며, 고친 문항은 "0"점 처리함.

과목코드	응시과목
	1 ① ② ③ ④ 21 ① ② ③ ④
	2 ① ② ③ ④ 22 ① ② ③ ④
	3 ① ② ③ ④ 23 ① ② ③ ④
	4 ① ② ③ ④ 24 ① ② ③ ④
	5 ① ② ③ ④ 25 ① ② ③ ④
	6 ① ② ③ ④ 26 ① ② ③ ④
	7 ① ② ③ ④ 27 ① ② ③ ④
	8 ① ② ③ ④ 28 ① ② ③ ④
	9 ① ② ③ ④ 29 ① ② ③ ④
	10 ① ② ③ ④ 30 ① ② ③ ④
교시코드	11 ① ② ③ ④ 31 ① ② ③ ④
① ② ③ ④	12 ① ② ③ ④ 32 ① ② ③ ④
	13 ① ② ③ ④ 33 ① ② ③ ④
	14 ① ② ③ ④ 34 ① ② ③ ④
	15 ① ② ③ ④ 35 ① ② ③ ④
	16 ① ② ③ ④ 36 ① ② ③ ④
	17 ① ② ③ ④ 37 ① ② ③ ④
	18 ① ② ③ ④ 38 ① ② ③ ④
	19 ① ② ③ ④ 39 ① ② ③ ④
	20 ① ② ③ ④ 40 ① ② ③ ④

[이 답안지는 마킹연습용 모의답안지입니다.]

독학학위제 1단계 교양과정인정시험 답안지(객관식)

컴퓨터용 사인펜만 사용

★ 수험생은 수험번호와 응시과목 코드번호를 표기(마킹)한 후 일치여부를 반드시 확인할 것.

답안지 작성시 유의사항

1. 답안지는 반드시 컴퓨터용 사인펜을 사용하여 다음 [보기]와 같이 표기할 것.
   [보기] 잘 된 표기: ● 잘못된 표기: ⊗ ⊙ ⊕ ◐ ○
2. 수험번호 (1)에는 아라비아 숫자로 쓰고, (2)에는 "●"와 같이 표기할 것.
3. 과목코드는 뒷면의 "과목코드번호"를 보고 해당과목의 코드번호를 찾아 표기하고, 응시과목란에는 응시과목명을 한글로 기재할 것.
4. 교시코드는 문제지 전면의 교시를 해당란에 "●"와 같이 표기할 것.
5. 한번 표기한 답은 긁거나 수정액 및 스티커 등 어떠한 방법으로도 고쳐서는 아니되고, 고친 문항은 "0"점 처리함.

[이 답안지는 마킹연습용 모의답안지입니다.]

독학학위제 1단계 교양과정인정시험 답안지(객관식)

독학학위제 1단계 교양과정인정시험 답안지(객관식)

2026 시대에듀 A⁺ 독학사 1단계 교양과정 스피드 단기완성 사회학개론 + 무료특강

개정14판1쇄 발행	2026년 01월 15일 (인쇄 2025년 11월 06일)
초 판 발 행	2012년 02월 15일 (인쇄 2011년 11월 29일)
발 행 인	박영일
책 임 편 집	이해욱
편 저	독학학위연구소
편 집 진 행	천다솜 · 심수연
표지디자인	박종우
편집디자인	차성미 · 이다희
발 행 처	(주)시대고시기획
출 판 등 록	제10-1521호
주 소	서울시 마포구 큰우물로 75 [도화동 538 성지 B/D] 9F
전 화	1600-3600
팩 스	02-701-8823
홈 페 이 지	www.sdedu.co.kr
I S B N	979-11-434-0130-4 (13330)
정 가	20,000원

※ 이 책은 저작권법의 보호를 받는 저작물이므로 동영상 제작 및 무단전재와 배포를 금합니다.
※ 잘못된 책은 구입하신 서점에서 바꾸어 드립니다.

독학사 시험 합격을 위한
최적의 강의 교재!

심리학과 · 경영학과 · 컴퓨터공학과 · 간호학과 · 국어국문학과 · 영어영문학과

심리학과 2·3·4단계

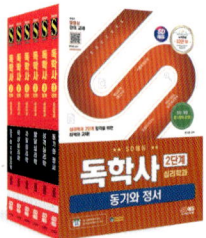

2단계 기본서 [6종]

이상심리학 / 감각 및 지각심리학 /
사회심리학 / 발달심리학 / 성격심리학 /
동기와 정서

2단계 6과목 벼락치기 [1종]

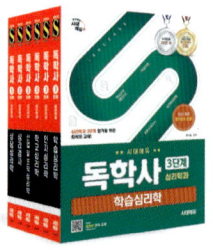

3단계 기본서 [6종]

상담심리학 / 심리검사 / 산업 및 조직심리학 /
학습심리학 / 인지심리학 / 학교심리학

4단계 기본서 [4종]

임상심리학 / 소비자 및 광고심리학 /
심리학연구방법론 / 인지신경과학

경영학과 2·3·4단계

2단계 기본서 [7종]

회계원리 / 인적자원관리 / 마케팅원론 /
조직행동론 / 경영정보론 / 마케팅조사 /
원가관리회계

2단계 6과목 벼락치기 [1종]

3단계 기본서 [6종]

재무관리론 / 경영전략 / 재무회계 / 경영분석 /
노사관계론 / 소비자행동론

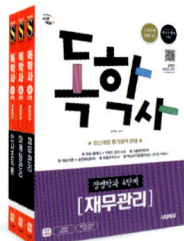

4단계 기본서 [3종]

재무관리 / 마케팅관리 / 인사조직론

※ 4단계 회계학은 2·3단계 교재로 겸용
  2단계 겸용 : 원가관리회계
  3단계 겸용 : 재무회계

컴퓨터공학과 2·3·4단계

2단계 기본서 [6종]
논리회로 / C프로그래밍 / 자료구조 /
컴퓨터구조 / 운영체제 / 이산수학

2단계 6과목 벼락치기 [1종]

3단계 기본서 [6종]
인공지능 / 컴퓨터네트워크 / 임베디드시스템 /
소프트웨어공학 / 프로그래밍언어론 / 정보보호

4단계 기본서 [4종]
알고리즘 / 통합컴퓨터시스템 /
통합프로그래밍 / 데이터베이스

간호학과 4단계

4단계 기본서 [4종]
간호연구방법론 / 간호과정론 / 간호지도자론 /
간호윤리와 법

4단계 적중예상문제집 [1종]

4단계 4과목 벼락치기 [1종]

국어국문학과 2·3·4단계

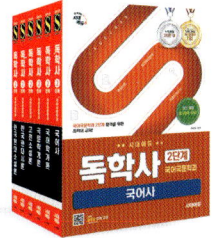
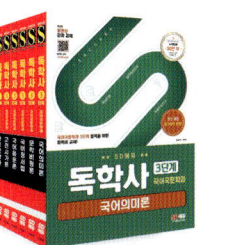

2단계 기본서 [6종]
국어학개론 / 국문학개론 / 국어사 /
고전소설론 / 한국현대시론 /
한국현대소설론

3단계 기본서 [6종]
국어음운론 / 고전시가론 /
문학비평론 / 국어정서법 /
국어의미론 / 한국문학사

※ 4단계는 2·3단계에서 동일 과목의 교재로 겸용
　2단계 겸용 : 국어학개론, 국문학개론
　3단계 겸용 : 문학비평론, 한국문학사

영어영문학과 2·3·4단계

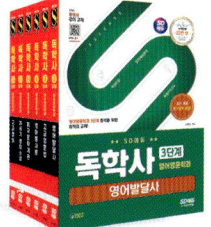

2단계 기본서 [6종]
영어학개론 / 영문법 / 영어음성학 /
영국문학개관 / 중급영어 /
19세기 영미소설

3단계 기본서 [6종]
영어발달사 / 고급영어 / 영어통사론 /
미국문학개관 / 20세기 영미소설 /
고급영문법

※ 4단계는 2·3단계에서 동일 과목의 교재로 겸용
　영미소설(19세기 영미소설 + 20세기 영미소설), 영미문학개관(영국문학개관 + 미국문학개관)

※ 본 도서의 이미지 및 구성은 변동될 수 있습니다.